一九三八年在海上航行的企業號，接下來七年她將開始前無古人、後無來者的服役生涯。（©U.S. Navy）

在「穿越赤道儀式」中扮演皇室成員的官兵，右邊數過來第二人飾演的角色就是皇家嬰兒。（©Joel Shepherd, Enterprise Assn.）

進入降落航線的諾斯諾普 BT-1 轟炸機，隸屬第六轟炸機中隊。
（©Commander Pete Clayton, U.S. Navy Ret.）

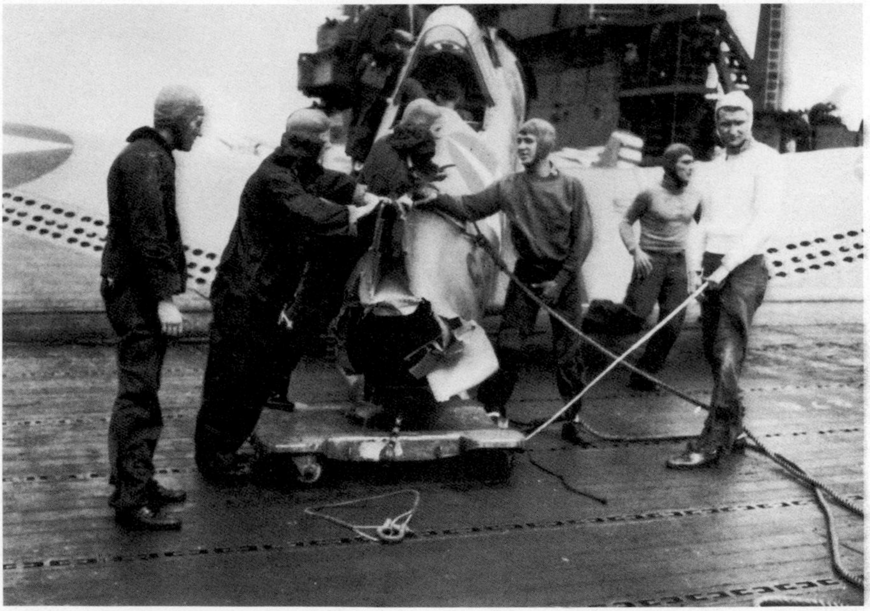

一九四二年二月在馬紹爾群島外海，一位意志堅決的日本轟炸機飛行員企圖衝撞企業號飛行甲板時，其右翼翼尖將圖中這架無畏式的尾翼整個切斷，還差點撞上在該機後座操作機槍的機械士蓋德。（©USN via Tailhook Assn.）

企業號飛行大隊大隊長麥克勞斯基少校。他在中途島海戰的關鍵時刻，決心持續搜索日本航空母艦。（©USN via Tailhook Assn.）

中途島海戰中，第六魚雷轟炸機中隊的道格拉斯毀滅者式機群準備自企業號起飛，時間是一九四二年六月四日。當天共有十四架毀滅者式出發，卻只有四架返回航艦；其中一架最後因受損過重，不得不推入海中。（©U.S. Navy）

轉守為攻：一九四二年八月，企業號、沙拉托加號和大黃蜂號連袂出征瓜達康納爾。這是長達六個月血戰的開端，最後企業號成為唯一還能作戰的航空母艦。（©USN via Tailhook Assn.）

（左）　企業號所遭遇最頑強的敵人，日本海軍航空母艦翔鶴號的有馬敬一大尉。他的座機飛行員是古田清人一等飛曹。有馬帶領的轟炸機在一九四二年八月的東所羅門海戰與十月的聖塔克魯茲海戰，兩度投彈命中企業號。（©Ron Werneth）

（右）　偵察轟炸機中隊飛行員史壯，是企業號表現最突出的人員之一。在東所羅門海戰後，他發誓再也不錯過任何攻擊日本航空母艦的機會。史壯在聖塔克魯茲海戰中表現傑出，推薦頒授「國會榮譽勳章」，最後獲頒次之的「海軍十字勳章」。（©National World War II Museum）

佛萊利少校和綽號「死神」的第十戰鬥機中隊成員，他們在聖塔克魯茲歷經一番苦戰。（©USN via Tailhook Assn.）

當敵人轟炸機穿越企業號戰鬥機防線時，防衛航艦的任務就落在兩舷的高射砲上，例如圖中這些正在進行對空射擊的二十公厘機砲，時間是一九四二年。（©Joel Shepherd, Enterprise Assn.）

戰技高超的戰鬥機飛行員維塔薩上尉，他在一九四二年十月二十六日一舉擊落七架來犯日機。佛萊利稱讚維塔薩是最優秀的航艦飛行員。（©National World War II Museum）

日機來襲，企業號向右急轉彎；甲板組員忙著將戰鬥機與俯衝轟炸機移到定位，以便讓飛機盡快起飛升空。（©USN via Tailhook Assn.）

降落信號官林塞在聖塔克魯茲海戰時展現大師級指揮能力，成功導引艦載機降落在最後一條可用的攔截索上。（©USN via Steve Ewing）

聖塔克魯茲海戰後，正在維修中的企業號。炸彈破片在左舷艦首留下清晰可見的彈孔。（©USN via Tailhook Assn.）

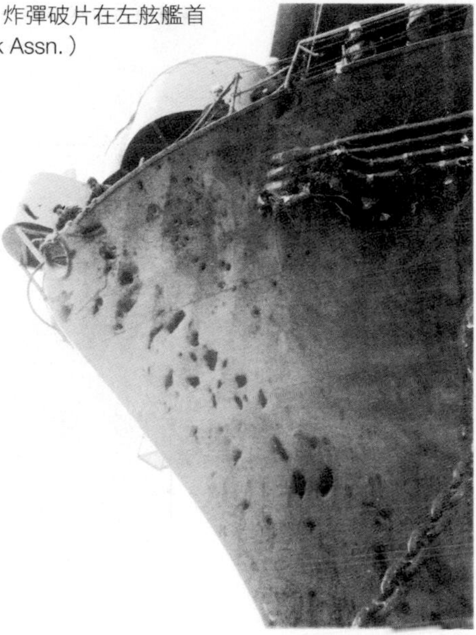

一九四三年五月上旬，在瓜達康納爾之役後，企業號由戰鬥艦華盛頓號護航，返回美國。（©USN via Tailhook Assn.）

典型的行前任務簡報場景，地點是飛行員待命室。黑板上的是導航和戰術資料。（©USN via Tailhook Assn.）

企業號最強悍的官兵之一，飛行大隊大隊長「殺手」肯恩，他是一位能激勵部屬的領導者、一位熱情的飛行員，也是日本帝國最頑強的敵人。（©USN via Tailhook Assn.）

在一九四四年的戰役中，拉瑪奇離開無畏式的座艙，一旁站立的是無線電士兼射擊士考利。座艙旁的水兵則準備接手替飛機添加燃料和重新掛彈，為下一次任務做好準備。（©USN via Tailhook Assn.）

第十轟炸機中隊的機組員在飛行待命室玩牌打發時間。
（©National WW II Museum）

演習中的企業號損害管制小組。在缺乏氧氣瓶的情況下，部分水兵會用手帕遮住口鼻，減少濃煙的吸入。
（©National WW II Museum）

第十魚雷轟炸機中隊中隊長馬丁（中央），和他的機組員威廉斯（左）與哈格羅夫（右）。當馬丁的復仇者式魚雷轟炸機在一九四四年六月於塞班島外海被擊落時，威廉斯與哈格羅夫雙雙失蹤。（©National Museum of Naval Aviation）

在塞班島落海的馬丁少校（第十魚雷轟炸機中隊）返回企業號後，與「殺手」肯恩（第十飛行大隊）交換意見。（©USN via Tailhook Assn.）

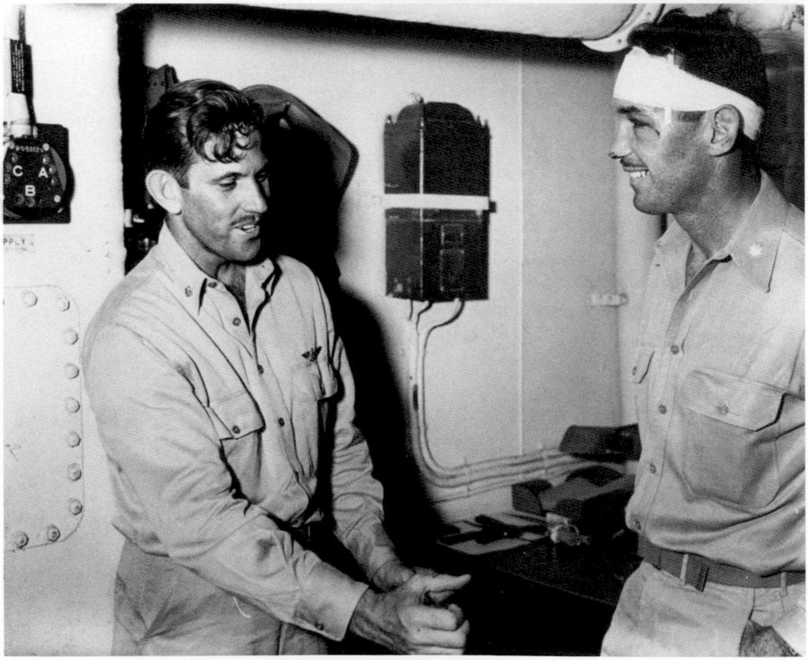

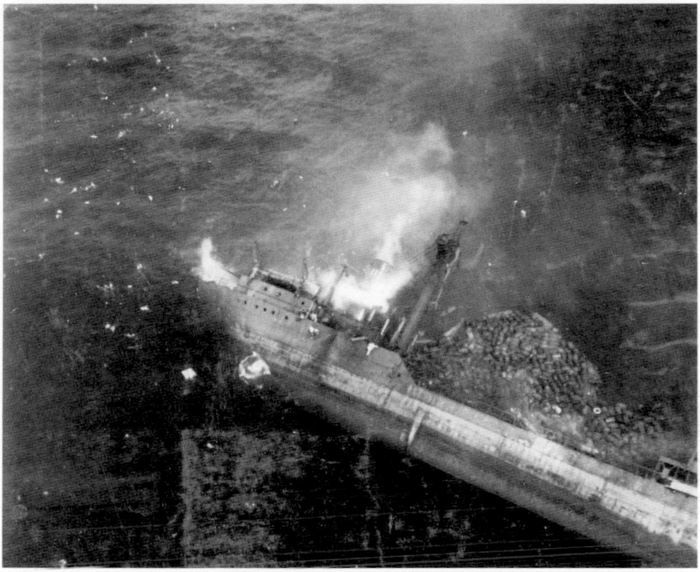

一九四四年六月十二日，企業號的復仇者式魚雷轟炸機在關島外海攻擊一支日本船團，並成功擊沉貨船日頂丸，船上絕大部分貨物也隨之落海。這張照片是當時最廣為流傳的照片之一。（©National Museum of Naval Aviation）

一九四四年十月二十五日，企業號麾下各中隊在雷伊泰灣海戰中，協助擊沉日軍久經戰陣的瑞鳳號航艦。（©USN via Tailhook Assn.）

航艦航空部隊的諸多無名英雄中，包括飛機維修技師與軍械人員。上圖是一九四二年年初，企業號的維修技師正在機庫甲板，為這架 F4F 戰鬥機的升空做準備。（©USN via Tailhook Assn.）

一九四四年夏，企業號的軍械人員正在將集束燃燒彈裝進一架復仇者式的機腹彈艙。（©USN via Tailhook Assn.）

一架地獄貓夜間戰鬥機的油箱失火，企業號的緊急應變小組成員立刻出動滅火。（©National Museum of Naval Aviation）

在戰區執行作戰任務時，艙面組員通常每天工作十四個小時，有時甚至更長。因此，這些企業號官兵只要一有機會，就會立刻躺下休息。
（©USN via Tailhook Assn.）

甲板組員正合力將一位受傷的機組員移出受損的地獄俯衝者式機，時間是一九四四年秋天。（©USN via Tailhook Assn.）

飛行甲板上的復仇者式，前方是即將西下的落日——第九十夜戰大隊的另一個「工作天」即將開始。（©USN via Tailhook Assn.）

一個漂亮的飛行動作，剛好被一位優秀的攝影師拍下。一九四五年五月十四日，企業號所遭遇的最後一架神風特攻機，可能拍攝於撞擊前兩秒鐘。（©USN via Tailhook Assn.）

一九四五年五月十四日，從戰鬥艦華盛頓號拍攝。企業號前升降機遭日本神風特攻機撞擊後，炸飛到近四百英尺的空中。（©USN via Tailhook Assn.）

一九四六年一月十四日，企業號執行完最後一次「魔毯行動」後，停泊在紐約的史塔登島。艦上共有三千五百五十七位陸軍官兵與陸軍婦女輔助隊成員。（©Joel Shepherd, Enterprise Assn.）

企業號艦尾漆有艦名的鋼板，陳列於紐澤西州溪谷鎮的老兵紀念公園，攝於二〇〇〇年十二月的揭幕儀式。（©Robert Secor via Joel Shepherd, Enterprise Assn.）

永遠的企業號

太平洋戰爭中的美國精神

全新修訂版

揭仲——譯

巴瑞特・提爾曼
Barrett Tillman——著

Enterprise

America's Fightingest Ship
and the Men Who Helped Win World War II

獻給美國海軍的航艦飛行員、空勤人員與水兵
他們參與二戰並取得了勝利

永恒聖父，恩能無邊，
揮舞聖臂，制壓深海，
導引狂浪，劃分界限；
今為海上眾人呼求，
使彼安然，無險無憂。

主啊，指引齊飛之人，
掠過廣浩蒼穹；
在漆黑風暴與明媚陽光之中，
與眾人永恆常在。
今為空中眾人呼告，
使彼安然，無險無憂。

——〈海軍讚歌〉（The Navy Hymn）

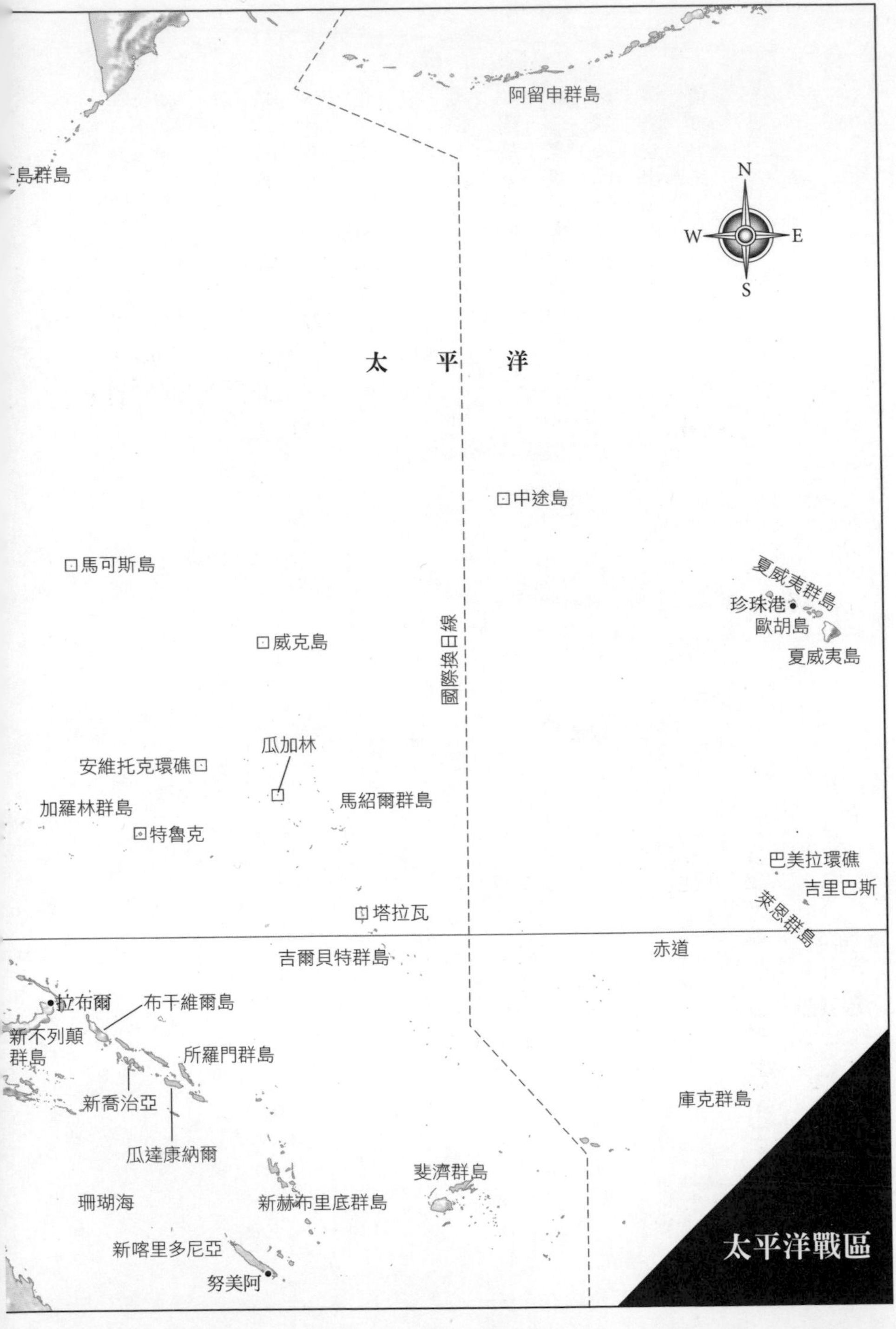
阿留申群島
島群島
N
W
E
S
太　平　洋
中途島
馬可斯島
夏威夷群島
珍珠港
歐胡島
威克島
國際換日線
夏威夷島
瓜加林
安維托克環礁
加羅林群島
馬紹爾群島
特魯克
巴美拉環礁
吉里巴斯
萊恩群島
塔拉瓦
赤道
吉爾貝特群島
拉布爾
布干維爾島
新不列顛
群島
所羅門群島
新喬治亞
瓜達康納爾
庫克群島
斐濟群島
珊瑚海
新赫布里底群島
新喀里多尼亞
努美阿
太平洋戰區

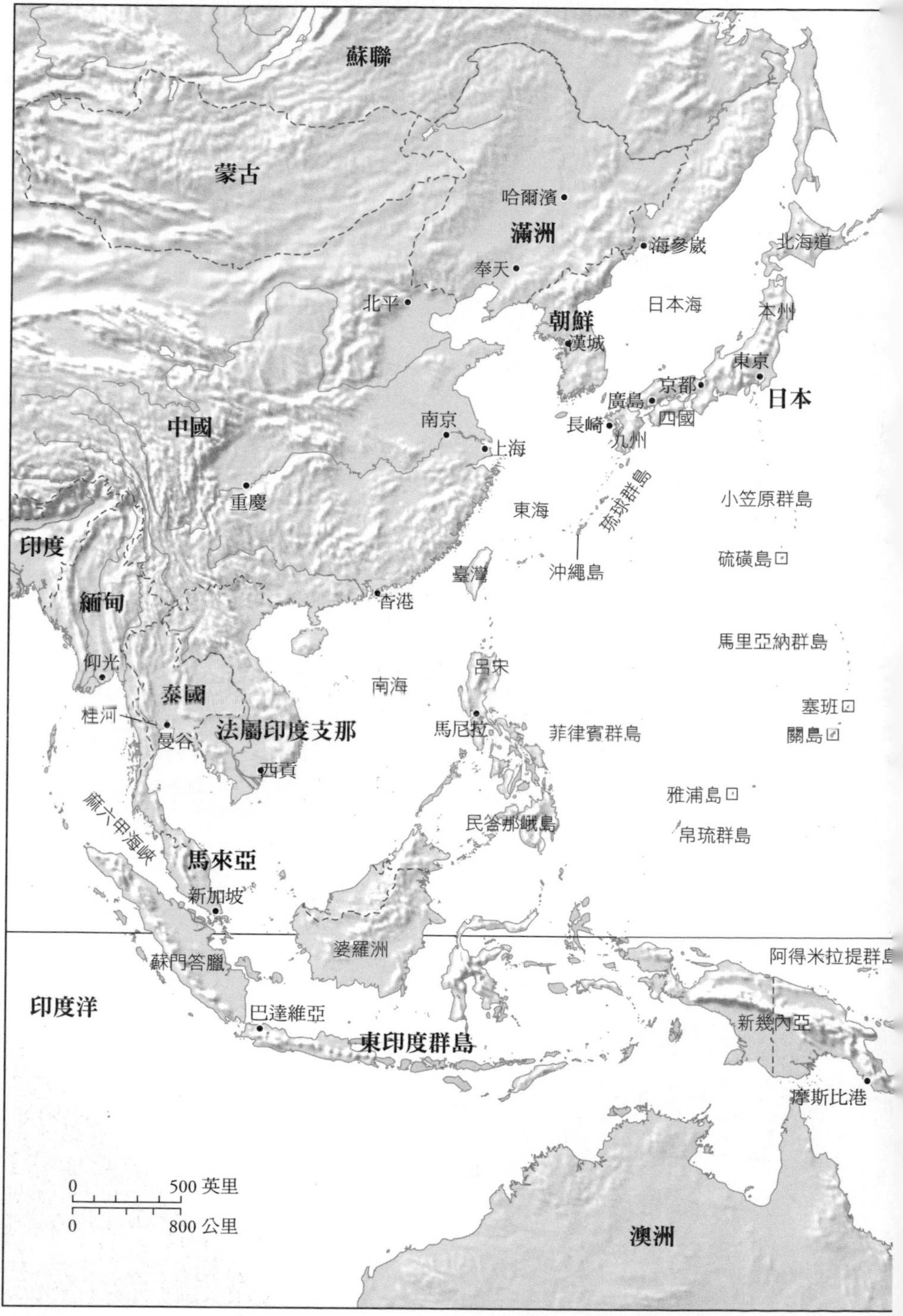

蘇聯
蒙古
哈爾濱
滿洲
海參崴
北海道
奉天
北平
日本海
本州
朝鮮
漢城
東京
京都
廣島
日本
中國
南京
長崎
四國
上海
九州
琉球群島
重慶
東海
小笠原群島
印度
沖繩島
硫磺島
臺灣
緬甸
香港
馬里亞納群島
仰光
呂宋
泰國
南海
塞班
桂河
曼谷
法屬印度支那
馬尼拉
菲律賓群島
關島
西貢
雅浦島
麻六甲海峽
民答那峨島
帛琉群島
馬來亞
新加坡
婆羅洲
阿得米拉提群島
蘇門答臘
印度洋
巴達維亞
新幾內亞
東印度群島
摩斯比港
0
500 英里
0
800 公里
澳洲

目次

前言

一九五八年，美國紐澤西州卡尼市

在紐澤西州哈肯薩克河（Hackensack River）的淺灘，一艘軍艦在此等待最後時刻的到來。她是美國歷史上戰功最為彪炳的軍艦，但此刻，一九五八年的春天，美國航空母艦、舷號CV－6的「企業」號，只是河畔一長串待解體的軍艦之一。

李普賽特公司（Lipsett Incorporated）在拆卸方面的經驗十分豐富，以往承接過拆解紐約市第二大道和第三大道的高架鐵路，以及先前許許多多的船艦。

一九五六年十月，已過時的企業號，從美國海軍船冊中註銷，轉售拆卸公司。李普賽特公司在估算後認為，只要將這艘花五十萬美元購入的航艦拆卸，並當作可運用的材料轉售，就能從中獲取不錯的利潤。

企業號獨特的三腳桅杆已經在布魯克林的海軍碼頭中被移除，放倒在飛行甲板上，使該艦可以從東河（East River）的幾座橋下通過，拖往紐澤西州的卡尼市（Kearny）——或者說，她的「刑場」。在拖船的拖曳下，企業號最後一次經過布魯克林高地（Brooklyn Heights）和總督島（Governors Island），轉向西南方進入上灣（Upper Bay），再橫越上灣進入紐澤西。儘管濃霧密布，沿途仍有數千名群眾和許多小船守候，見證這艘航艦最終且憂傷的旅程。

現在，企業號靠泊在李普賽特公司的碼頭旁，依然完好無損。她的機庫甲板如今空空如也，再也看不到人員與飛機。只有那塊大型的戰績板，還能讓來訪者想起她在大戰期間所立下的汗馬功勞，提醒人們她經歷了哪些事、曾開往哪裡，以及她曾為國家做過些什麼。艦上的武器裝備早已全部移除；一九四五年後，就不曾有飛機在她的甲板上起降。除此之外，高射砲也全數移除，通訊和雷達設備也拆卸一空。

艦上的飛行待命室中，飛行員和空勤人員的座椅空空蕩蕩。座位前方的大型黑板上，還掛著航圖、飛行任務分派表與天氣資訊。

這一切讓人不由得想到，**她真的成為「幽靈」了**。

上到旗艦司令艙，海爾賽中將（William F. Halsey）在一九四一年十二月七日星期天，聽到珍珠港遭日軍奇襲此一令人震驚的消息後，就是在這說出那句名垂千古的誓言：「只要我和企業號還有一口氣在，只有在地獄才能聽到日本話。」

在飛行甲板靠後位置，一位航空機械士在一九四二年二月一日，跳進一架停放在甲板的俯衝轟炸機後艙，用白朗寧三〇機槍，朝衝向這艘航艦的日本轟炸機猛射。他的英勇行為讓他在空勤組員中揚名立萬，但在中途島海戰（Battle of Midway）後，他不幸成為日本的俘虜，慘遭謀殺。

在一度很喧嘩的飛行待命室中，一九四二年六月四日，第六魚雷轟炸機中隊正在為他們命運中這慘烈卻光榮的一天，進行任務簡報。在那天，共有十四架道格拉斯公司的毀滅者式魚雷轟炸機從企業號上出發，前往攻擊威脅中途島的日本艦隊；最後，只有四架回來，其中一架還因受創過於嚴重，而直接從甲板推進海中。

在左舷後方的降落信號官指揮平臺上，一九四二年十月二十六日，當企業號飛行甲板因為敵人炸彈攻擊受損，一位略帶憂鬱、英俊的海軍上尉，在這個平臺上施展出大師級的手法，指揮艦載機一架接著一架，降落在異常擁擠的甲板上。

在戰情中心，受過特別訓練的軍官和人員，曾在這執行第一代的電子戰。透過追蹤雷達幕上的光點，經由對電子訊號的分類，將各式各樣的光點區分為友機、不明機和敵機，並採以不同的因應措施應對這些光點。

在企業號的前升降機，一位日本飛行員曾在一九四五年五月十四日，駕駛飛機從這邊撞進企業號內部，不僅造成他自己與艦上十二位官兵陣亡，也讓企業號的戰鬥生涯劃下句點。

但所有這一切，如今已成昨日黃花。在這個人類為邁入太空時代、呼拉圈和電視而興奮不已的時代，企業號正快速地消失在人們的記憶中。

拆解企業號的任務委由一位大師級的劊子手負責，全部拆完預計要花十八個月。這位劊子手霍夫曼（W. Henry Hoffman），一生與大海結下不解之緣。他在第一次世界大戰時，曾在挪威的商船上親眼目睹與德意志帝國海軍的戰鬥。之後，他隨船來到美國，憑著個人的直覺，選擇朝工程方面發展。霍夫曼先是成為紐約地鐵的領班，接著他決定加入李普賽特公司，重新跟大海打交道。

到一九五八年止，霍夫曼已經拆解三艘戰鬥艦和一艘豪華郵輪「諾曼地」號（Normandie）。由於霍夫曼先前曾在海上討生活，他每接受一項新的拆船任務時，都會去了解每艘船背後的歷史。至於他對企業號的感覺，可明顯地從他將整個拆卸過程完整記錄下來的舉動看出端倪：霍夫曼用一百五十張照片，小心記錄每個過程，詳細記錄企業號如何從一艘軍艦，變成兩萬噸的廢鐵。

一九五九年，在拆卸工作完成前，霍夫曼將企業號艦尾一塊漆有艦名的鋼板，捐贈給鄰近的紐澤西州溪谷鎮（River Vale）。

同一時間，拆卸工程持續進行。木製的飛行甲板被氣錘擊成碎片，以便工程人員進入下層猶如一個個洞穴的機庫甲板。當三座升降機被切割後，就進入拆解結構的步驟。這是個棘手的工作，因為移走這些鋼板會影響到船艦的平衡，而李普賽特公司可不希望看到艦體翻覆過去。隨著艦首和艦尾被大片大片地切割下來後，接著要拆除的就是艦體的中央部分。五十噸級的起重機連續幾個月，每天不停地將鋼板一塊塊地從艦體上吊走。

過去高馬力引擎加速旋轉，帶動三葉螺旋槳的甲板，那個昔日那些高射砲朝來襲敵機猛烈射擊、發出巨響的地方，如今發出的卻是另一種聲音。企業號的艦體被劃上了十字，當氣錘落在這些十字線上時，會發出刺耳的聲響。當工人用氧乙炔焊槍將艦體切割成一塊塊滾燙的鋼板，火星也不斷地從艦體上冒出。

企業號用花旗松製成的飛行甲板，拆除後就被直接送去焚燒。長達數英里的銅線則有利可圖，只要將外圍的絕緣層剝下，就能當作可重覆使用的材料出售。

艦上的大軸與俥葉共有四個，每個重量都接近四十噸。但即使是巨大上層結構全部拆卸一空後，這四個大傢伙仍然還在水面下。霍夫曼只得派潛水夫潛入水中，設法將大軸切割成幾段，以減輕整體重量，等重量下降到某個程度，就可用大型起重機將它們吊起。這是最後一項艱困的工作，完成後就只剩艦體中段的拆除工程了。

當企業號的龍骨在一九六〇年五月被拖上岸，整個拆卸工作就告一段落了。上岸的龍骨被切割成數段，以方便將它們拖走。拆卸後的鋼材，大部分都賣給了幾家日本公司。回顧企業號一生的經歷，這個結果確實頗具諷刺意味。

李普賽特公司花費五十六萬一千三百三十三美元購入企業號。與二十年前美國納稅人為建造這艘航艦所花的二千萬美元相較，李普賽特公司的支出只能算是零頭。但在一九五八年，當企業號被當作兩萬噸的鋼鐵、鋁、銅、橡膠、石棉、木材和其他種類的材料出售時，就只值這個價錢。

然而，在一九四二年時，企業號曾經是無價之寶。

第二次世界大戰期間，美國海軍在太平洋共經歷四十一場會戰或戰役，企業號就參加二十場。這個記錄在美國海軍中，沒有任何軍艦能與之匹敵。排名第二的「舊金山」號（USS San Francisco，CA-38）巡洋艦則參加了十七次。參戰次數第二多的航空母艦是「艾塞克斯」號（USS Essex，CV-9），一共十三次。但企業號非凡的記錄不僅僅在參戰的次數，更重要的是她所參與的會戰，本身即具備相當的特殊性。當美國海軍最迫切需要航艦時，企業號、連同艦上的水兵和飛行部隊總是在現場；從偷襲珍珠港直到日本投降的過程中，幾乎都是如此。一九四二年太平洋艦隊所轄的五艘航艦，只有企業號倖存下來；如果沒有企業號，美國恐怕會輸掉關鍵的中途島海戰。八個月後，在血腥的瓜達康納爾之役（Battle of Guadalcanal）末期，她是美國唯一一艘還在太平洋巡弋的大型航艦。

基於她傲人的戰績，企業號被尊稱為美國海軍「最具戰鬥力的軍艦」。少數幾艘覬覦企業號地位的軍艦，包括若干後來才參戰的航艦，與一些長期服役卻只有少數實戰經驗的水面艦，後來都證明根本不夠格。

即使不考慮她的戰績，企業號仍舊是個有高度彈性的女士；她的排水量從原本的二萬五千噸，增加為三萬二千噸，以便容納更多的東西。戰時遠比平時需要更多的人員、食物、燃料、飛機、火砲和電子設備，使得塞進艦中的事物遠超過設計者原先的預期。到大戰結束時，企業號活像個原本僅能承重十磅，卻被硬塞進十三磅東西的沙袋。

人員配置是艦上最有彈性的資產，當然也是最重要的。企業號的人員從一九三八年時的二千一百名水兵與飛行部隊人員，最後成長到將近三千人。他們當中有年輕、渴望為國服役的十七歲年輕人，也有年近五十，體驗過人生百態、久經戰陣的老兵；在每一次長達數週、甚至幾個月的任務中，他們都在狹小的空間內並肩生活在一塊。在企業號九年的役期中，共經歷十五位艦長（大戰期間則有九位），但只有少數讓人印象深刻。企業號飛行甲板上實際的領導者，是那些已登艦好幾年、對工作和麾下官兵瞭若指掌的士官和士官長。最具影響力的軍官是兩位副長，都是航空部隊出身的他們，已將生命與這些戴白帽的官兵連結在一起，並隨時將他們的福祉放在心中，即使離艦後也是如此。

企業號也是率先嘗試讓飛行員於夜間從航艦起飛，這一神秘戰技的先驅。她的夜戰飛行員變成會飛的傳教士，四處向人證明夜間飛行的價值。藉由此種獨特的戰技，他們完全剝奪敵人原有的夜間優勢，讓企業號飛行員可以每天二十四小時不間斷地對敵人進行攻擊。

二戰結束時，美國海軍共擁有近一百艘各種型式與大小的航艦。但那些付錢製造企業號的納稅人到這時才得知，沒有任何一艘航艦曾像企業號一樣，跨越過世界最大的海洋。她名為企業號、或艦上官兵口中的「大E」。戰爭結束十三年後，仍有美國人記得她曾在太平洋戰區艱難時刻以「唯一」一艘美軍航艦之姿作戰，所以他們竭盡全力想把企業號從分解者的碼頭拯救出來。當他們的嘗試失敗後，數以千計的人前往紐澤西州的河岸旁，向企業號致敬。

企業號是屬於所有美國人的軍艦，從此之後再也不會有其他軍艦和她一樣。這本書所講述的就是她的故事。

第一章

末戰先立功

（一九三八至一九四一年）

©Joel Shepherd, Enterprise Assn.

一九三六年十月三日，美國海軍部長夫人露西．史文森（Lucy L. Swanson）出席企業號（USS Enterprise）的命名下水儀式。

羅斯福家族對美國海軍的領導階層有長久、深遠的影響。在一八九七年到一九三六年這四十年間，從未有哪個家族跟羅斯福家族一樣，共有多達五位家族成員擔任過海軍部的副部長。[1] 他們的任期合計長達二十年，其中兩位對美國海軍作出了歷史性的貢獻。

第一位是狄奧多・羅斯福（Theodore Roosevelt，即老羅斯福），他熱愛海軍史。從哈佛大學畢業後，老羅斯福隨即在一八八二年出版了一本有關一八一二年戰爭的經典著作。由於內容嚴謹、文筆流暢，這本書在一個世紀之後仍然還未絕版。

儘管帶著一副夾鼻眼鏡、身材肥胖，老羅斯福年輕時對藝術絕非一知半解；他對一首名叫〈戰鬥的高貴〉（The Fighting Races）的詩歌讚不絕口，渾身上下更散發了好戰的氣息。他在一八九七年時甚至宣稱：「我歡迎任何戰爭，而且我認為我們的國家就需要一場戰爭。」當機會在一年後到來時，老羅斯福立刻用他粗壯的雙手緊緊地抓住了它。

一八九八年，當美國戰艦「緬因州」號（USS Maine，BB-10）在古巴哈瓦那港爆炸時，時任海軍部副部長的「泰迪」（Teddy，老羅斯福的暱稱）在部長不在部內，且美國也還沒有對西班牙宣戰的情況下，主動下令美國艦隊進入戰備。隨後，他更從海軍部辭職，去籌組一個由東岸社會名流和西岸牛仔共同組成的志願兵團，並在古巴戰場上取得了光榮的勝利。在這場勝利的九年後，因為麥金萊（William McKinley）在一九〇一年不幸遇刺身亡而繼任總統的「泰迪」，又興高采烈地派遣了一支「大白艦隊」（Great White Fleet），執行前後長達十四個月的環球巡航，為「洋基」艦隊曾擊倒歐洲強權的事件補上了一個驚嘆號，並提醒歐洲強權記得此事。

「泰迪」的第五個堂弟法蘭克林．羅斯福（Franklin Roosevelt，即小羅斯福），也在一九一三年至一九二〇年擔任海軍部副部長，是有史以來任期第二長的副部長。在一九二一年，小羅斯福被診斷出得了脊髓灰質炎，自腰部以下全部癱瘓，這個事實在他有生之年都沒有對外公開；但小羅斯福卻成功地讓公眾留下了精力充沛的形象，幫助他連續贏得四次美國總統兼三軍統帥的寶座。

當小羅斯福在一九三二年贏得總統選舉後，有如貴族的他著手解救因為大蕭條而飽受煎熬的美國民眾。儘管他的經濟政策正確與否仍有爭議，但有一件事是確定的，在美國歷史上，沒有任何一位總統像小羅斯福這樣，把總統的行政權運用得如此廣泛、如此地淋漓盡致。

由於小羅斯福所屬的民主黨在第七十三屆美國國會中擁有絕對多數，遂在一九三三年投票通過了兩億三千八百萬美元的預算替公眾創造就業機會。六月十六日，小羅斯福簽署第六一七四號行政命令，要求在這些新創的就業機會中，有部分應用於建造海軍軍艦。根據這個指令，美國聯邦「就業促進總署」（Works Progress Administration）獲得資金，替美國海軍基地所在的諾福克地區（Norfolk）創造就業機會，其中包括建造兩艘全新打造的航艦。

1 譯注：原文是 assistant secretary，照字面翻應該是「助理部長」。但依照當時美國海軍部的組織，部長之下即為 assistant secretary。為了更貼近事實，並避免使讀者混淆，誤以為此處的 assistant secretary 與現在的美國國防部一樣，是部長與副部長之下的第三號人物，因此翻譯為「副部長」。

邁入航空母艦時代

小羅斯福出任海軍部副部長時，與老羅斯福擔任同一職務的時期相較，在海軍事務上最大的變化就是飛機的問世。第一次世界大戰時，英國皇家海軍首開先例，讓飛機從船艦上起飛執行作戰任務，引起其他國家海軍的注意。美國和日本也隨後跟進，並逐步、緩慢地完善相關的船艦、飛機和作業程序。這些成果，日後都實際運用於第二次世界大戰之中。

到了一九三四年，美國已經有四艘航艦服役。第一艘「蘭利」號（USS Langley，CV-1）在一九二二改為航艦後，就擔任實驗艦的角色。在她那又短又窄的甲板上，第一代的海軍飛行員們不斷摸索著僅限於圈內人了解的飛行技藝，偶爾還要付出血的代價。

繼蘭利號後，海軍在一九二七年又建造了兩艘航艦：「萊克辛頓」號（USS Lexington，CV-2）和她的姊妹艦「沙拉托加」號（USS Saratoga，CV-3）。為了符合《華盛頓海軍條約》中的規定，這兩艘修改自戰鬥巡洋艦的航艦，為排水量三萬三千噸的龐然大物，航速為三十二節，可以搭載七十多架艦載機。萊克辛頓號於一九四二年五月在珊瑚海海戰（Coral Sea battle）中沉沒，而沙拉托加號則從魚雷和日本神風特攻隊的攻擊中倖存，直到一九四六年毀於比基尼環礁（Bikini Atoll）的原子彈試爆之中。

設計拙劣的「遊騎兵」號（USS Ranger，CV-4）是《華盛頓海軍條約》排水量限制導致的產物。遊騎兵號船體狹小、速度緩慢，無法適應太平洋戰區嚴峻的水文環境。在第二次世界大戰中，遊騎兵號只在歐洲和非洲海域短暫地參加過戰鬥任務，其他絕大部分的時間則當作訓練艦。很顯然，美國海軍需要更大、性能更強的航艦以贏得未來的戰爭。

「約克鎮」級航艦就在這種情況下登場。一九三三年八月，美國軍方與紐波特紐斯公司（Newport News Shipbuilding Company）簽署了造艦合約，舷號CV－5是所有同級艦的第一艘，而後續的同級艦也都稱為約克鎮級。「約克鎮」號（USS Yorktown，CV-5）於一九三四年五月安放龍骨動工興建。企業號（USS Enterprise，CV-6）則是在同年七月安放龍骨開始建造，一九三六年十月三號下水試航。

約克鎮級極其昂貴，平均每噸造價高達一千美元。當時，由於海軍條約對戰艦規模仍有所限制，噸位就成了一項至關重要的因素。

一艘航艦就是一個龐大、複雜的3D拼圖，同時也是一個兩萬噸重的魔術方塊。在既定的噸位限制中，眾設計者除了要設法提供足夠的空間讓艦上二千多名官兵工作、吃飯和休息，還要找到空間設置提供動力的機械設備、七十多架艦載機、數以千噸計的燃油與航空汽油。此外，當然還有放置數量龐大的炸彈、魚雷、彈藥和食物，以及讓艦隊通訊與旗艦參謀進駐的空間。

約克鎮級的設計藍圖，是經過無數對艦體和航海性能研究後的產物。在一九三一年整年當中，海軍針對下一代航艦，審核了十五種設計方案，噸位從一萬三千八百噸到兩萬七千噸，長度從七百三十英尺到九百英尺不等。最後脫穎而出的是第九種、代號「方案一」的設計，標準排水量兩萬噸，長度七百七十英尺，並以此為依據來進行後續的改裝。

在設計下一代航艦時，設計者必須具備足夠的遠見。在一九三二年時，航艦上搭載的都是老式的雙翼機；但是等到這些新一代航艦服役時，即一九三七至一九三八年，要搭載的飛機已經包括了一些全金屬的單翼機。這種單翼機不僅比一九三二年的飛機速度更快，重量也更重。於是，設計者又做了相應的調整，以提供更大的機庫、更大的飛行甲板升降機，以及更強力的彈射器以便彈飛更重的飛機。艦體上易受炸彈和魚雷攻擊的部位安裝厚重的裝甲——這個決定在一九四二年的戰鬥中被證明非常有價值。

但是，每艘軍艦的建造都是一個不斷妥協的過程，約克鎮級也不得不在設計上做出若干讓步，特別是她吃水線下防魚雷的防護隔艙。受限於艦身設計，約克鎮級的吃水深度只有二十四英尺，在需要安裝更多的設備、排水量卻無法大幅增加的情況下，艦體中央部分的空間就無法擴大。這導致這型航艦的魚雷防護隔艙只能涵蓋從龍骨往上四英尺的範圍，超過這個高度就沒有安裝，而防護隔艙和艦體之間的空間也很小。

最後定案的設計自然也影響到約克鎮級的耐波性。異常狹窄的艦首和艦尾只能提供有限的浮力；這意味著她在海上時會承受較大的彎曲應力，並成為此型航艦的物理特性，連帶影響到她在海上的表現。因此，早在正式出海前，該型航艦的操縱性和耐波力就已經決定、難以改變了。

另一項因素是飛行甲板的重量。相較於木造的飛行甲板，鋼製的飛行甲板由於重量較重，導致航艦的重心提高，增加了航艦在惡劣海象中翻覆的機率。因此，美國海軍偏愛採用以花旗松製作的飛行甲板，因為這種甲板有足夠的抗壓性，足以承受飛機反覆起降所造成的壓力。新航艦的飛行甲板長八百零二英尺，寬八十六英尺，每個飛行甲板都有一點五英畝大，全都是用來自美國大西北地區的花旗松鋪設而成。

CV－6的命名

在四分之三個世紀後，我們已經無法得知究竟是誰建議將CV－6命名為企業號，只知道企業號之名來自美國海軍部所保存的一份艦名清單中。萊克辛頓號、沙拉托加號和約克鎮號等艦名是用來表彰美國革命戰爭中的光榮會戰，而遊騎兵號則是來自美國海軍傳奇人物約翰．保羅．瓊斯（John Paul Jones）曾指揮過的一艘風帆戰艦；這些艦名都遠比企業號威名遠播。從美國革命戰爭到CV－6被命名為企業號的這段時間裡，一共有六艘軍艦被命名為企業號，包括一艘在一七七六年的尚普蘭湖（Lake Champlain）之戰中被英國人俘獲的帆船，一艘曾成功對抗英國、法國及的黎波里（Tripoli）等國船艦的私掠船，以及一艘第一次世界大戰的巡邏艦；其中沒有任何一艘稱得上是「赫赫有名」，但CV－6卻讓企業號名留青史，永久鐫刻在海軍萬神殿的穹頂上。

在安放龍骨後，約克鎮級各部位的設計圖大批地從海軍部建造及維修署辦公室（Bureau of Ships），移交給紐波特紐斯造船廠，並轉換成鉚釘工人手中的鋼鐵。隨著艦身各部位逐漸完成，起重機也開始將艦上的機器設備安放到定位，包括蒸汽渦輪發動機和燃料庫，每一項的大小都和一棟房子差不多。

約克鎮號的艦體雖然比萊克辛頓號小，但以當時的標準來看仍然算得上是龐然大物：長八百二十七英尺、寬一百一十四英尺，從最底部龍骨到火控桅杆頂端最高點的高度是一百四十三英尺，滿載排水量則是兩萬五千五百噸。

艦載機的相關設施是航艦上不可或缺的部分。萊克辛頓號上只安裝了兩部升降機，後來發現這樣的數量並不夠使用，因為每架飛機平均要花超過三十秒的時間，才能從機庫升至飛行甲板、或是從飛行甲板下降到機庫。遊騎兵號記取了教訓，將升降機的數量增加為三個，有效提升了艦載機的操作效率；這個設計也被CV-5、CV-6，以及這兩艘航艦在一九四一年服役的親戚CV-8「大黃蜂號」（USS Hornet）所沿用。

除了升降機，約克鎮級還在飛行甲版上安裝了兩部液壓彈射器，並且在機庫也安裝了一部，能夠將重達六噸的飛機彈射上天。但實地操作後，人員發現外加在機庫的彈射器並不實用，遂在一九四二年移除。

在防護力方面，約克鎮號和企業號都安裝了能抵禦輕巡洋艦的標準主砲（六吋砲）的裝甲；同時，為了對抗俯衝轟炸機日益增加的威脅，她們也都裝有自動武器。原始的防禦火力設計包括八門五吋砲和四十挺五〇機槍，但實際操作後發現，五〇機槍火力不足。

約克鎮號的命名下水儀式在一九三六年四月四日舉行，由當時的第一夫人、同時也是老羅斯福總統的姪女艾蓮娜·羅斯福（Eleanor Roosevelt）親臨主持。作為約克鎮級的第一艘，CV-5約克鎮號在一九三七年九月三十日正式升旗服役。

CV-6則是在一九三六年十月三日星期六舉行命名下水儀式，距安放龍骨正式開工約二十七個月。儀式由美國海軍部長克勞德．史文森（Claude A. Swanson）的夫人露西（Lucy L. Swanson）主持。她在儀式中引述莎士比亞劇作《奧賽羅》（*Othello*）的一段話：「願企業號也能自豪地說：『我已為我的國家做出貢獻』。」[2]隨後，她切斷預先準備好的細繩，讓細繩另一端的香檳酒瓶從高聳的船首上方滑落，並在擊中灰色船首後破裂，這艘航艦從此刻起就正式被命名為企業號。

在擲瓶儀式結束後，固定艦身的障礙物隨之移除，這艘嶄新的航艦沿著坡道滑入海中，準備航向世界。

然而，企業號上還有許多工作必須完成。在命名下水儀式後，又經過了十九個月，企業號才在一九三八年五月十二日正式成軍服役——從安放龍骨正式動工到全部完工服役，前後總計花了將近四年。企業號的成軍典禮當天黎明，一陣風暴侵襲維吉尼亞半島，降下的暴雨差點危及整個成軍典禮。但就如同官方公告中所提到：「週四早上，非常幸運地，一道陽光破雲而出。」典禮最終順利舉行。

新手登場

企業號的首任艦長是年屆五十七歲的懷特（Newton H. White, Jr.）上校。成長於田納西州鄉間的

2 譯注：當時露西說的是 I have done the State some service，原莎翁劇本後面還有一句「and they know't」。由於企業號是以提振經濟、製造工作機會為前提而打造的，因此光把她給建出來，就已經是一項貢獻了。

懷特，先是進入家鄉附近、只有單獨一棟校舍的小型學校接受基礎教育，當他進入位於馬里蘭州安納波利斯（Annapolis）的海軍官校後，吃了不少苦頭才讓自己成為校隊的一員，最後以一九〇七年班吊車尾的成績畢業。任官後，他曾在戰鬥艦和巡洋艦上服役；第一次世界大戰結束後，在歐洲擔任助理武官。在輪調擔任岸上勤務時，懷特進入美國海軍戰爭學院（Naval War College）深造，也先後任職於海軍情報局（Office of Naval Intelligence），並曾擔任美國海軍艦隊司令助理。懷特看出飛機的潛力，並在一九一九年完成飛行訓練，掛上金翼徽章成為合格的飛行員；接下來懷特就在航空部門中先後擔任要職，逐級晉升。他是萊克辛頓號航艦上最初幾位副艦長之一，然後又出任水上飛機母艦「萊特」號（USS Wright，AV-1）的艦長和約克鎮號的參謀長。

在一九三八年五月的某個早晨，企業號艦長懷特上校宣讀命令，下令出海執行首次巡航任務——直到此刻，企業號才真正動了起來。當企業號駛出港口，港內的其他船隻都把汽笛聲開到最大，向這艘軍艦致意。接下來，飛行甲板上的兩百位賓客將親眼目睹此一壯觀景象：由第二航艦分隊（Carrier Division Two）所屬各中隊飛機混合編組的空中編隊，發出轟隆巨響通過企業號上空；其中，紅色尾翼的飛機隸屬於約克鎮號，藍色尾翼則隸屬於企業號。

按照編制，企業號航艦上有官兵一千五百二十九人，加上配屬的飛行大隊的五百四十人，使全艦官兵總數將近二千七百人，包括軍官、水兵和陸戰隊員。與這些官兵關係最密切的是蒙福特中校（James C. Monfort）；身為企業號的副艦長兼執行官，他負責管理大部分的人事業務。蒙福特中校也不是門外漢，他是美國海軍最初幾批完訓的飛行員之一（當時只有三十五位飛行員），並且曾在萊特號和萊克辛頓號上與懷特上校共事。

一九三八年六月十五日，甫成軍不久的企業號航艦執行了首次飛行任務。飛行長福雷格少校（Allan P. Flagg）在當天的飛行日誌上，記錄了企業號艦載機首度著艦成功。企業號飛行大隊指揮官，四十二歲的蕭特（Giles E. Short）少校麾下共有七十七架飛機，分別隸屬於四個中隊和一個後勤分遣隊。由於企業號的舷號是CV－6，所屬的艦載機中隊也全部以「六」作為部隊番號：包括第六戰鬥機中隊（VF-6）、第六轟炸機中隊（VB-6）、第六偵察機中隊（VS-6）和第六魚雷轟炸機中隊（VT-6）。

當企業號加入大西洋艦隊後，第二航艦分隊就全員到齊了。當時的分隊指揮官是時任海軍少將的海爾賽，一位下巴突出的老練水手；在海軍歷史中，他被稱為「公牛」海爾賽。在接下來的四年中，企業號與海爾賽結下了不解之緣。

懷特上校立刻著手增加他對這艘航艦的了解。在企業號的輪機艙中，安裝了四座帕爾森（Parsons）蒸汽渦輪發動機，並由九座巴布柯克－威爾科斯（B&W）鍋爐提供所需的動力，每座最高可產生四百磅壓力，總共可輸出多達十二萬匹同軸馬力，讓企業號在海試時跑出三三點五節的極速。雖然這個速度比預估值少了一節，但仍然將近每小時三十八英里。當企業號以十六節經濟速率巡航時，航程可達一萬兩千英里。

企業號是一艘運動性佳的航艦，她可以在八百碼的直線距離內，將前進方向倒轉一百八十度；更大、更笨重的萊克辛頓號雖然速度較快，但作同樣動作所需的距離幾乎是企業號的兩倍。企業號的轉向能力，日後被證明在時間和戰鬥中極具價值，使她成為一個動作敏捷的輕重量級拳手，可以在擂台上急速扭轉閃身，然後迅速揮拳、重擊身型較大的對手。

企業號啟航前往南美進行試航前，懷特艦長開始策劃海上的活動：他召集了一次秘密會議，僅有少數士官長和一小群他挑選的水兵參加，其中包括槍帆中士馬布爾（Carl Marble），一位年紀雖輕、卻已經在兩艘航艦上服役過的老手。當他按照命令到艦長室報到時，內心直犯嘀咕：「我又犯了什麼事？」這位年輕的軍需品管理員不記得最近有犯下什麼過錯。

會議中，馬布爾和其他同夥才得知他們的任務。懷特艦長授權他們可以隨時離艦上岸執行下列任務：搜括所有在「穿越赤道儀式」中必須使用的衣服、鞋子和其他配件。他們也依照傳統，分配了每個人在儀式中所扮演的角色。士官克魯伯（Michael Krump）扮演主角海神尼普頓。一位資深的機械士除了替自己打造演出所需的王冠，也替海上宮廷的其他成員製作道具，包括皇后（由文書士派頓〔F. L. Patton〕飾演）和公主（馬布爾飾演）。一位矮胖的二級電工負責飾演皇家嬰兒。體格魁武的安全官飾演傳奇的「深海閻王」海盜戴維・瓊斯（Davy Jones）。軍需士艾斯勒（Charlie Esler）扮演皇室女官。至此全部角色到齊。

馬布爾解釋他為何雀屏中選並且扮演公主：「因為我不但年僅十九歲，還有一雙全艦最好看的腿。」其實，馬布爾對這個儀式並不陌生，當他還在萊克辛頓號航艦上服役時，就已經隨艦穿越國際換日線與赤道的交會點，取得了「金水手」（golden shellback）證書。

一九三八年七月十八日，企業號由一艘艦齡僅兩年的驅逐艦「蕭」號（USS Shaw，DD-373）護航，搭載戰鬥機和魚雷轟炸機自諾福克軍港啟航。參與新軍艦的首次巡航，對全艦人員、不論老兵或新兵，都是十分難得的機會。對當時在軍艦上服勤的官兵來說，這種海上勤務也具有特殊的意義：當企業號的官兵隨艦抵達加勒比海後，就可以獲得令人稱羨的「甲板主人」地位。[3]

幾天後，企業號錨泊在波多黎各南方海岸，並在七月二十五日派出軍樂隊和一支由一百五十名官兵所組成的地面部隊，在龐塞市（Ponce）遊行。這是美國駐波多黎各總督溫希普（Blanton Winship）所舉辦的活動，以紀念美軍在美西戰爭中登陸波多黎各四十週年。第六戰鬥機中隊和第六魚雷轟炸機中隊也派出飛機，以低空編隊通過市區上空。

但波多黎各的民族主義份子難以忍受此一慶祝活動。於是，參加遊行的企業號水兵看到了一幅難以置信的畫面：一輛四人座汽車高速闖入企業號軍樂隊和地面部隊之間，然後在刺耳的緊急煞車聲中將車子停住，接著從車內跳出三位身穿白色西裝外套的男子持手槍向人群射擊。

參加遊行的企業號地面部隊人員雖然手持武器，卻未攜帶彈藥，因此也只能逃離現場或尋求掩蔽。一位手持攝影機、初出茅廬的少尉，因為太專注於拍攝遊行，一時之間搞不清楚發生了什麼事。在千鈞一髮之際，企業號上最強悍的成員之一，綽號「傑利」的瓊斯（C. F. "Jelly" Jones）士官朝這位年輕的軍官大聲喊道：「他們射的是實彈！」然後，他將少尉推到旁邊。

在觀禮台上身穿白軍服的企業號與蕭號軍官，就地趴在地板上尋求隱蔽。這些槍手大約開了十五

3　譯注：甲板主人（Plank owner）指的是，過去按照美國海軍與海岸防衛隊的傳統，當一艘新艦開始服役，她的第一梯成員在船解體時，能夠獲得船上的一塊甲板以作紀念。今天，這個傳統不只限於軍艦，所有新成立單位或新裝備服役時的第一梯人員都可享有和甲板主人相同的地位。

槍，造成當地一名軍官死亡、另有多人受傷。波多黎各警察開槍還擊，當場擊斃一名槍手，另外逮捕第二人，第三位槍手則趁亂逃逸。

在攻擊結束後，企業號的水兵們目瞪口呆地看著當地警察將死亡沒多久的槍手屍體拖走，死者所穿的白色西裝外套上處處可見鮮紅色的血跡，然後警察把這具屍體像丟一麻袋的小麥一樣丟上汽車。世界各地新聞報導的焦點則是溫希普總督的沉著冷靜。由於在美西戰爭中曾親臨火線，對所發生的攻擊事件，他僅僅說了一句「一群差勁透頂的槍手」，然後就按照原本準備好的講稿致詞。

在重新集合後，大部分的企業號人員轉移到鄰近的天主教堂周邊地區吃三明治、用些簡餐。許多水兵在飲料中攙入了一些當地民眾所提供的不知名的液體，可能是特別濃烈的加勒比海蘭姆酒。不管飲料中攙了什麼，它所造成的結果可說是非常驚人。當水兵們從教堂走回碼頭，搭乘划艇返回軍艦時，身著白衣、爛醉如泥的水兵在小艇內倒成一片，一動也不動。在途中，有位水兵還不得不抓住他朋友的腳，讓這位仁兄可以把身體伸到小艇外嘔吐，以免弄髒其他船員的制服。

馬布爾回憶道：「我加入海軍三年了，從來沒有看過這種場面，過去和未來都沒有過。」這些站都站不穩的傢伙，像拖屍體一樣拖著自己的身軀走向跳板；由於爛醉如泥的人太多，梯口值更人員根本沒打算登記這些人的名字。有個喝得爛醉的水兵甚至是被其他人用運送貨物的網子硬拖上船的，如同電影《羅勃茲先生》（*Mister Roberts*）的情節。

這是地獄般的一天：遊行、槍擊事件，以及一場足以載入史冊的酒醉事件。

企業號官兵的身分認同，有相當部分就是在一九三八年七月二十五日這一天形成的。當天，個體被結合成群體，群體再融合到企業號這個大家庭。

三個星期後，他們會更加一體同心。

一九三八年八月二十日，企業號的航海長、後來官拜海軍中將的奧斯蒂（Ralph Ofstie）少校，計算出企業號已經在西經三十七度零分，也就是巴西的福塔雷薩港（Fortaleza）以北三百海浬的海域穿越了赤道。依照一個起源早已不明、卻代代相傳的慣例，地位卑微的新兵「蝌蚪」將要領會一場深奧且神秘的儀式。

儀式的開場地點是在機庫甲板，懷特艦長則受邀擔任皇室的貴賓。所有的皇室成員，即海神尼普頓、皇后、嬰兒、公主、女官和深海閻王等人，都在由艦上一小撮資深水兵盛裝打扮成的皇家衛兵的陪同下登場。這些皇室成員由前升降機送上飛行甲板，然後前往這片從艦島至艦尾都擺放著各式各樣令人作嘔的東西的地方，準備招呼苦苦哀求的新兵們。

因為企業號上有多達六百名人員是剛結訓的新兵，因此整個儀式變得十分冗長。然而，在懷特艦長開明的管理下，前半段的水兵即時被授予「模範老兵」（Trusty Shellback）的資格，然後他們就可以將這些傳統的整人招術，施加在後排的新進同仁上。

這些整人招術不但多、而且花樣百出。所有的新兵蝌蚪必須走到皇室嬰兒跟前，然後親吻所謂的「皇家火腿」，也就是皇室嬰兒露出的圓胖肚子上的一團黏滑、來路不明，且令人作嘔的黏液。其他的招術還包括，一些被隨機挑中、或是因為表現得畏畏縮縮而被老兵盯上的蝌蚪，會被放到「皇家棺木」中接受輕微的電擊，以及許多蝌蚪連偷瞄一眼都會感到不安的「皇家斷頭台」。有些人還會被浸泡在「熊穴」——也就是一個裝滿發出惡臭味的水的盆子，或是被丟進大型獸籠裡承受消防水管中高壓水柱的潑灑。此外，還有許多受難者會被送到皇家理髮師跟前，他在接近島嶼的地方設了一家店，然後憑個人喜好「整理」蝌蚪的頭髮，剪成什麼模樣都可以。

有些軍艦因為這些入會儀式的過程特別粗野而惡名昭彰。但是懷特艦長則不同，他親臨現場作鎮，以確保不會有人失控。儘管如此，還是有一名水兵喪生。這位一等輪機兵在過程中，因為太過激動導致心臟病發而亡。水兵們認為，從這位死者的身體狀況來看，也許根本就不應該讓他入伍。

在入會儀式結束後，企業號官兵滿心期待在里約熱內盧的假期，他們在那裡有充分的時間可以登岸自由活動。企業號的水兵們愛找的樂子和其他水兵沒什麼不同，而十七比一的匯率，讓這些美國大兵可以用十天一百美元的價格，在科巴卡巴那海岸（Copacabana）租一間海灘小屋，外加一位「臨時女友」。另一個著名的海灘是伊帕內瑪（Ipanema），雖然有壯觀的兩兄弟山（Dois Irmãos）位於此地，但更秀麗的景緻還是在海灘上；在那個年代，伊帕內瑪就已經因為海灘上穿著泳裝的女性身影而聞名。有一小部分的水兵冒險爬到山上，以便欣賞那尊一百三十英尺高的里約熱內盧基督像，但多數的人則寧願留在海邊享受。

帶著美好的記憶，企業號和蕭號於九月二十日從里約熱內盧啟航，在古巴稍事停留以收發郵件後，就繼續北上。

雖然在龐塞市的刺激遭遇和里約熱內盧的醉人魅力，盤據在水兵的腦海中久久未能散去，但這次試航的目的並未因此受到干擾。利用這次試航，海軍對這艘軍艦、其官兵和飛行大隊的表現進行了一次完整的考核；考核項目除了各部門的表現外，還有更重要的全艦各部門協同運作的能力——從負責操作主動力系統的M部門、負責電力系統的E部門、負責補給的S部門、負責維修的R部門，乃至負責艦載機運作的V部門。每經過一天，CV-6就來越接近她的目標，也就是成為一支整體運作良好、具備遠洋航行與作戰能力的團隊。

然而，一個遠比任何個人或國家還強大的敵人正在前方等著企業號。在返國途中，企業號接獲通知指出，有一個強烈的颶風正朝東岸直撲而來。懷特艦長下令全速前進，希望能趕在颶風之前進入港口；但懷特輸了，企業號在哈特拉斯角（Cape Hatteras）外海碰上了颶風，高聳的巨浪以驚人的力量一次次地拍打兩萬噸的企業號。在巨浪和狂風的侵襲下，企業號艦身各部伸縮縫都已伸展到最大限度，人員根本無法在飛行甲板停留；灌進機庫的強風把一塊金屬板給吹落，因此就連機庫甲板也不安全。還有一架備用機被湧起的巨浪拋起，猛烈地撞上機庫頂部，然後機鼻朝下重摔在地上，導致螺槳和發動機嚴重破裂。就在這個時候，艦長下令「所有人員到主甲板下方待命」，於是接下來這段颶風肆虐的時間，大部分官兵都在下層的臥舖和工作間中渡過。

回到位於維吉尼亞州的漢普頓錨地（Hampton Roads）後，企業號馬上開始投入正事。當飛行甲板的組員努力精進他們複雜難懂的技藝，轟炸機和偵察機中隊則開始換裝諾斯諾普公司（Northrop）的BT單翼機和寇蒂斯公司（Curtiss）的SBC雙翼機。戰鬥機中隊和魚雷轟炸機中隊也在稍後開始換裝格魯曼公司（Grumman）的F3F雙翼機與道格拉斯公司（Douglas）的TBD單翼機。但這絕不是一項簡單的任務，因為負責操作飛機搬運設備、彈射器和攔阻裝置的人員中，有多達三分之二是新手，他們只能邊做邊學。那些曾在萊克辛頓號和沙拉托加號上服役的人員，則對企業號上快速的升降機讚不絕口；這讓地勤人員可以在很短的時間內，完成將飛機從機庫送上飛行甲板，或是將飛機下降至機庫重新整備，並清出飛行甲板讓在空機降落等任務。

企業號上，從輪機室到待命室，各部門的專業訓練持續不斷地進行。艦上人員於是在很短的時間內，先是變成一名組員，然後再進一步整合成彼此能密切合作的團隊。官兵對其他人的優缺點都了然於胸：一名執勤時行事方正的船員，可能在休假時變成邋遢的醉漢；一名在執勤時懶散的人員，可能會毫不猶豫地對在岸上找他同伴麻煩的岸巡人員抱以老拳。事實上，一肩扛起美國海軍成敗的關鍵，是艦上的上士與士官們。他們是低階官兵身邊隨處可見的導師；那些長期在艦上服役的中士和下士雖然未能通過筆試，卻熟悉所有與軍艦有關的專業知識，包括蒸汽動力、電力、水力或飛機的發動機。

「禿頭佬」艦長

有時，艦長人選產生來自突然的靈光乍現。懷特艦長在某次前往華盛頓特區時，突然到航空署拜訪比他海軍官校晚三期的學弟波納爾上校（Charles A. Pownall），且一開口就問：「查爾斯，你願不願意接掌企業號？」

波納爾被這突如其來的問題嚇了一跳，但隨即表示道：「當然願意啊！」聽到波納爾的答覆後，懷特很滿意地說：「那我們今天早上就去找喬將軍（Joe，瑞查生少將的小名）」。於是，這兩位好友就一起到辦公室拜會海軍人事部門的主管，也就是未來的太平洋艦隊司令瑞查生少將（Rear Admiral J. O. Richardson）。

在一九三八年的耶誕節的前四天，企業號舉行了首次艦長交接儀式。艦上的官兵全部身著白軍服，在企業號上列隊聽取波納爾上校宣讀他的任命。命令宣讀完後，他轉身向懷特上校說：「我正式接下您的艦長職務。」具老派紳士風格、宅心仁厚的懷特認可了繼任者的任命，然後把行李打包、步行離艦。四個月後，懷特退伍回到馬里蘭州的米契爾維爾（Mitchellville），然後在企業號路二七〇八號的喬治王子鄉村俱樂部旁，蓋了一棟宅邸居住。

在擔任艦長的近八個月內，懷特解決了大部分企業號在人員和設備上所遭遇的難題。他制訂計畫，讓這艘軍艦開始執行繁重的訓練，以便替未來的戰爭做準備。當懷特卸下指揮權後，他的繼任者發現，此時企業號和艦上飛行大隊的戰備水準已經高於原定的目標值。

當企業號進港渡假時，日子過得不太平靜。新艦長回憶道：「諾福克海軍碼頭始終問題不斷。在我上船的第一天，彈射器發生爆炸……有人故意在那裡放置了一個爆裂物，但我們沒有太多的線索。接下來……我們又發現部分攔截索遭人用鋼鋸鋸斷。」

這些對美國最新軍艦的破壞行動，並不是外國特工做的。波納爾艦長說：「這是那些維修工人搞的鬼，為得是讓企業號成為他們的飯票。」當他們察覺是本地工人動了手腳、企圖延長企業號的維修時間，波納爾和海軍碼頭的指揮官就決定將企業號轉移到基地內，然後動員艦上人力、加上少數幾個幫手協助，就把船修好了。

一九三九年，人員集結

波納爾上校在就讀海軍官校時的綽號是「禿頭佬」（Baldy），一九一〇年畢業時成績屬於後段班。他投入海軍航空的時間比較晚，在一九二七年獲得金翼徽章時已經三十九歲。他個性開朗、與人相處時非常和藹，雖然有許多同僚因此認為他太過謙和，以至於無法妥善運用手中的權力。貴格派（Quaker）[4]的宗教信仰，也使他後來被一些人認為對戰鬥抱持反感，但還是有許多人認為這無關宗教信仰，認為波納爾純粹只是生性太過仁慈，不願意見到有人傷亡。

像馬布爾這樣的老兵在日後指出：「波納爾艦長用盡全部的心力在訓練上。」波納爾和某些高級軍官不同，他不認為航艦「僅僅是一艘搭載四個中隊飛機的軍艦」，因此在他直接督導的V－1部門，他努力提升效率、要求顧好在飛行甲板和機庫中的每一架飛機。

航艦上的空勤組員很快就體會到，對他們而言，沒有什麼「承平時期的例行性任務」這回事。舉例來說，從一九三九年到一九四一年，第六魚雷轟炸機中隊就折損了五架飛機，另有一架還必須返廠大修。大多數的意外都在海上發生：一位老經驗的飛行員在駕駛他的「大D（道格拉斯）」準備從航艦升空時，發動機突然熄火；一位少尉飛官在降落時重飛失敗；還有一位資深飛官因為發動機故障，在歐胡島（Oahu）附近墜海。該中隊在戰前唯一一次有人殉職的意外，發生於一九四一年四月：少尉飛行員羅力（Edgar Rowley）明顯沒有依規定完成所有的檢查工作，當他駕機從聖地牙哥起飛爬升後不久，左翼突然摺起，使飛機從一百五十英尺的空中重重墜落在海面，導致羅力少尉和同機二位機組員羅伊（H. J. Roy）與羅斯（W. L. Rose）不幸殉職。

不管他有什麼缺點，「禿頭佬」波納爾很受艦上官兵的肯定。他們認為波納爾雖然十分嚴格，卻能充分了解他們的需求，並盡可能地達成。在「禿頭佬」擔任艦長期間，企業號的通訊部門在評比中獲得難能可貴代表「表現卓越」的「C」評比，M部門獲得輪機「E」評比、其五吋砲位更是三度獲得代表海上作戰課目卓越的「E」獎。[5]這證明了企業號上各部門的表現都達到了相當高的水準，比艦隊中其他的航艦更勝一籌。

此外，在波納爾的領導下，企業號在棒球、籃球、壘球和划船等項目上，也都替艦隊爭取了許多榮譽。艦上每支球隊都有著名的運動選手加持，包括航海士官米勒（C.J. "Bing" Miller）、鍋爐士官傑利·瓊斯和前拳擊冠軍水艙士官索貝羅夫（H.N. Sobeloff）等。企業號在體育競賽中的優異表現，建立了官兵的信心，使他們更能勝任軍事任務。在CV－6的服役生涯中，艦上官兵很少出現士氣方面的問題。

一九三九年年初，雖然歐洲大陸戰雲密布，但海洋的分隔使美國得以不受影響。企業號和約克鎮號仍然按照原定計畫，在大西洋和加勒比海海域進行演習。航艦是從一九二三年開始參加艦隊演習，並在過程中發掘了不少問題，然而隨著第二航空母艦分隊的加入，美國海軍開始演練更多的戰術。按

4　譯注：貴格派反對任何形式的戰爭與暴力，主張和平與宗教自由。
5　譯注：即戰技獎（Battle Efficiency Award），美國海軍的獎評制度。自一九七〇年代開始實施的「作戰效率獎章」（Battle Effectiveness Award）就是延續此制度。

照第二〇號演習（Fleet Problem XX）計畫，扮演防守方的「黑軍」負責防禦美國東岸，對抗來自歐洲「白軍」的圍攻（在那個年代，只有英國略具這種能力）。這是少數幾次由約克鎮號和企業號共同參與的演習之一，由於兩艘軍艦側面的剪影十分類似，使得分辨這兩艘姐妹艦的唯一方法，就只有從高處俯瞰她們漆在飛行甲板上、黃色的識別標誌：約克鎮號是YKTN，企業號是EN。

儘管第二〇號演習是以歐洲國家海軍來犯作為想定，之前的八次演習都是在太平洋水域舉行，演習區域從西海岸到夏威夷，甚至阿留申群島，明顯是以日本帝國海軍、而非希特勒的德國海軍為假想敵。或許因為如此，美國海軍在一九三九年四月下令第二航艦分隊加入太平洋艦隊。由於有傳言指出日本計劃炸毀巴拿馬運河，因此艦隊快馬加鞭前往太平洋，而當艦體寬度八十三英尺的航艦通過運河閘門時，兩側離閘門還有大約十二英尺。順利進入太平洋之後，艦隊於五月二日抵達加州聖地牙哥。兩個月後，兩艘航艦由企業號帶領前往舊金山訪問，並參加在金門大橋附近所舉行的國際博覽會。

在博覽會期間，海軍各艦艇之間舉行了划船比賽，而企業號的船員更是對比賽上了癮。先前在戰鬥艦「加利福尼亞」號（USS California，BB-44）參加過划船比賽，當時則在企業號上擔任輪機中士的凱利（O.E. Kelley）突然來到艦長面前並表示道：「長官，我代表大家向您請求，我們需要一艘競賽艇。」事實上，這些船員們是希望艦長能夠授權，讓他們有更多的時間可以練習。波納爾欣賞船員這種旺盛的鬥志，遂說道：「既然船員們都想要一艘競賽艇，艦長當然也想要。」

由於在當地只有四艘航艦，企業號的對手還包括其他重巡洋艦，而每艘重巡洋艦官兵人數只比航艦少一點點。老凱利證明了他的能耐；在七月的比賽中，凱利率領企業號的划船隊擊敗了其他由重巡洋艦「彭薩科拉」號（USS Pensacola，CA-2）、航艦約克鎮號、重巡洋艦「芝加哥」號（USS Chicago，CA-29）、重巡洋艦「印第安納波里斯」號（USS Indianapolis，CA-35）、重巡洋艦「路易斯維爾」號（USS Louisville，CA-28）、航艦萊克辛頓號，以及航艦沙拉托加號上所派出的代表隊。獲勝的船員們拿到了一個大獎盃，但更令他們高興的則是舊金山市政府頒給他們每人一面價值約二十美元的金牌。在一九三九年剩下的日子裡，企業號划船隊持續到各地征戰，包括在西雅圖和古巴關達那摩灣（Guantánamo Bay）等地的比賽，全艦士氣也因為這些比賽而越來越高昂。

當年夏天，十六名剛從海軍官校畢業任官的少尉在聖地牙哥登艦報到。整理得煥然一新的企業號讓這些新科少尉目瞪口呆：艦上的不銹鋼閃閃發亮，銅金屬部位則發出耀眼的光澤，連地磚也被擦拭得一塵不染。在這些少尉眼中，企業號活像一艘高檔的郵輪，而不是用來作戰的軍艦。出生愛荷華州滑鐵盧鎮（Waterloo）的拉瑪奇（James D. Ramage）少尉回憶道：「她是如此地美麗……是我見過最好的東西。」

這些身著軍裝、腰繫配劍的少尉在甲板上向波納爾艦長報到。波納爾首先歡迎這些初出茅廬的年輕軍官，然後問他們當中有多少人是主動申請要上企業號的。結果，只有拉瑪奇和他的官校室友羅傑（Grant Roger）舉手，其他人若不是聽天由命、任憑海軍分配，就是從未完工的航艦「胡蜂」號（USS

Wasp，CV-7）上轉調的。接下來，波納爾又問這些少尉在官校時對航空所持的看法。一位新科少尉承認，有人建議他最好不要到航艦。聽到這樣的答覆後，「禿頭佬」波納爾向這些年輕少尉們保證道：「日後，你們當中絕對不會有人對被分發到企業號上感到遺憾！」

一九三九年十月，在南加州外海所舉行的夏季演習結束後，企業號和約克鎮號就奉命轉向西，前往珍珠港，向太平洋艦隊夏威夷分遣隊報到。緊接著，海爾賽少將從第二航艦分隊暫時輪調到第一航艦分隊擔任司令，並在聖地牙哥登上了航艦沙拉托加號。

海爾賽很晚才投入海軍航空的領域。由於高階軍官中，具航空專業且夠資格擔任指揮職的人選非常少，所以長年在驅逐艦隊任職的前駐柏林大使館海軍武官海爾賽，才獲准於一九三四年接受飛行訓練，並通過考核取得飛行員的金翼徽章——這時他已經五十二歲了。在短暫接掌第一航艦分隊後，海爾賽又登上了企業號，重新出任第二航艦分隊司令。他的參謀長胡佛（John H. Hoover）上校有著一個極為諷刺的綽號「和善的約翰」（在安納波利斯海軍官校，學生會故意替人取與當事人完全不同的綽號，例如一九一八年班中最醜的學員竟被大家稱為「美人」，這個綽號後來跟著他一輩子）；胡佛在一九〇七年以優異的成績從海軍官校畢業，但大家公認他的人緣奇差無比。

雖然同樣官拜上校，但胡佛卻自認高波納爾一等。由於海爾賽已經被提名將於一九四〇年晉升中將，下屬批評胡佛仗著海爾賽的權威對波納爾狐假虎威，事實上他也的確如此。企業號的初級軍官對「和善的約翰」竟然在人不在艦橋的情況下，透過傳音管下達改變航向的指令而驚訝不已。波納爾的個性太過隨和，以致很難對抗胡佛，而海爾賽似乎認可這種情形。波納爾和胡佛之間這種冷若冰霜的關係，一直到一九四一年波納爾離艦時都沒有改善。

這種階級間的不和也存在於高層軍官中。當企業號抵達珍珠港後，就成為太平洋艦隊所轄夏威夷特遣隊的旗艦。司令官是身材矮胖、結實的安德魯斯（Adolphus Andrews）少將，飛行員私下稱他為「如假包換的超級大渾球」。

時年六十歲的安德魯斯長年在戰鬥艦上服役，對航艦所代表以艦載機而非艦砲來作戰的趨勢感到憤怒。拉瑪奇少尉回憶道：「我們不是很喜歡這些人，因為他們不喜歡飛行員。」安德魯斯甚至下令飛機在中午時間禁飛，以免飛機的聲響打擾他用餐，而這個命令，使他麾下的飛行員們更為氣憤。

安德魯斯對航空的態度其實很常見，當時人們對航艦究竟只是一艘平頂船，還是一艘真正作戰艦，還在持續爭論之中。現在的美國海軍術語中，仍然還有一九三〇年代用語的影子，例如「黑皮鞋對棕皮鞋」：當穿卡其制服時，水面艦和潛艦軍官依規定穿黑皮鞋，而飛行員則穿顯眼的棕皮鞋，和他們身上所配戴的金翼徽章一樣引人注目。

當時，人們對飛行員普遍懷有很深的敵意。原因之一，照拉瑪奇的解釋，是穿黑皮鞋的船員往往得辛苦、用力地將從飛機發動機滴到木質飛行甲板上的油漬給擦乾淨，而這都是拜那些穿棕皮鞋、有禮貌的飛行員所賜。

其他的水兵也感受到了這種不平等。魚雷轟炸機第六中隊的無線電士格雷茲（Ron Graetz）後來指出：「在戰前的承平歲月中，絕大多數的老水兵都無法將飛機與海上作戰連想在一起，認為我們是某種沒必要的廢物。我們常常聽到他們三不五時地叫我們『該死的飛官』，而他們也對空勤人員總是與其他人員分開用餐這點很有意見，」格雷茲繼續說道，「這種情形直到我們在首次作戰中，證明艦載機的價值後才改變。」

一九四〇年，軼事

在安德魯斯之後登上企業號的，是新上任的太平洋艦隊司令官瑞查生上將；兩年前就是由他核准由波納爾接替懷特，繼任企業號的艦長。一九四〇年，瑞查生在率領他陣容龐大的幕僚群登上企業號，在夏威夷各基地間進行為期一週的視察。對企業號官兵來說，整個視察從一開始就令人厭惡透頂，因為他們得在一艘空間有限、先天就不適合擔任遊船的作戰艦艇中，騰出空間來安置多達六十餘人的幕僚群。瑞查生的幕僚登艦後，「很快地就接管了所有的東西」，而要做出犧牲的，往往就是企業號的低階軍官。拉瑪奇少尉說：「我們只得像流浪狗和流浪貓一樣自己想辦法，沒有任何東西讓人覺得愉快。」瑞查生的手下像國會議員一樣，要求企業號人員的舉止必需符合「軍官與紳士」的標準，但空勤人員總是不太甩這一套，他們自嘲說「誰叫我們天生就是又髒又吵的一群」。

讓企業號人員歡欣鼓舞的一刻終於到了，瑞查生和他的隨員回到了戰鬥艦「賓夕法尼亞」號（USS Pennsylvania，BB-38）上。臨走時，瑞查生的侍從官留下一個信封，裡面裝有司令幕僚在企業號上這幾天的伙食費。這使預備役少尉希米爾（Bill Himmel）逮到了一個千載難逢的機會可以惡作劇；他想辦法拿到那封信封，然後放進一些俗稱「遊樂套件」的東西，包括一個保險套和被戲稱為「陸戰隊牙膏」的性病預防藥膏。

企業號伙委羅普（Joe Roper）少尉打開信封後，馬上就看到希米爾放的那些東西。海軍官校出身的羅普很快做出合理的假設，然後親自帶著這封信和信中的物品去見副長。

企業號副長司徒普（Felix Budwell Stump）中校是一位受人愛戴的維吉尼亞人，是出了名的容易發脾氣。但在同一狀況下，即便換了另一個脾氣比較好的人，這些「遊樂套件」也太超過了。「那些天殺的黑鞋佬，」司徒普大吼，「他們是在羞辱企業號！」

司徒普立刻帶著羅普去找波納爾艦長，並當面向他報告此一犯行。連生性溫文儒雅的禿頭佬都被激怒了，認為司令官的幕僚必須給個交代。若是在以前，發生這種事就可能意味著黎明時分的一場決鬥，要不是拿軍刀互砍，就是在相隔二十步的距離開槍朝對方射擊。不過在二十世紀，唯一可以做的就是大家面對面把話說清楚。於是，波納爾帶上副長司徒普和仍是十足菜鳥的少尉軍官羅普，搭小艇橫越整個港灣，來到旗艦賓夕法尼亞號。

波納爾等人登艦後，對眼前所見感到印象深刻。賓夕法尼亞號根本就像條示範艦，一位軍官說：「甲板上乾淨的程度，讓你不敢把鞋踩在它上面。」

經過層層上報後，波納爾一行人被帶到司令官跟前。當航艦軍官說明來意後，瑞查生上將很紳士地向他們致歉。波納爾一行隨後回到了他們那艘有點髒的軍艦上，全艦官兵都因為企業號掙回面子而歡聲雷動。

一個多禮拜後，希米爾問羅普：「有沒有收到我送給你的小東西？」

羅普被問得一頭霧水，希米爾進一步解釋道：「就是那些東西啊……司令官參謀的信封裡的那些。」

聽到這番話後，羅普少尉不禁大喊：「我的天啊！」這位海軍官校一九三九年班排名在前百分之十五的優秀畢業生，無法不替自己在海軍中的前途擔心。但儘管如此，他唯一能做的，就是自己硬著頭皮去向司徒普中校報告，而司徒普也只能帶著他去見波納爾艦長。最後，波納爾只好帶上一干人等前往賓夕法尼亞號，經過層層上報後，他們再次被帶到總司令面前。

低頭認錯對軍人來說並不容易，所幸瑞查生上將沒有太為難這些下屬，沒有人因此被追究。不管瑞查生的幕僚對這件事抱持何種態度，司令官願意在這麼小的一件事情上，仔細聆聽相關細節，證明他確實很替部屬考量。但上將心中確實還有其他更重要的事情要處理。羅斯福總統正在考慮把太平洋艦隊從加州移防到夏威夷，希望能藉此嚇阻日本日益高漲的野心。羅斯福認為，單靠外交手段無法阻止東京對中國的侵略（最早可溯自一九三一年，然後又在一九三七年發動侵略戰爭並延續至今），美國似乎有採取強硬行動的必要。之後，因為瑞查生一再向羅斯福陳述，將艦隊移到珍珠港這一舉動只會刺激日本先動手進攻，使他在一九四一年二月被免去司令官一職。

企業號在夏威夷駐防的實際情形，與官方兵宣傳的有所落差。在戰前的日子裡，招募官有時對

夏威夷的描述簡直跟首田園詩歌一樣；當然，他們所說的內容也有幾分真實。司徒普中校就曾寫下：「海浪拍打著船舷，海面上擠滿了衝浪的人，而在卡那卜海灘（Kanaka beach）上，有許多年輕誘人的女孩，任憑那些年輕小伙子挑選。」

然而，對許多水兵和陸軍大頭兵來說，檀香山被描述得有點言過其實。「夏威夷皇家」（Royal Hawaiian）和「蒙娜」（Moana）兩家當地最有名的旅館永遠人滿為患，結果使這些大兵們往往只能在中國城的旅館街棲身；在那裡，他們可以找到便宜的食物、被稀釋過的酒水，以及付錢就有的伴侶。有些軍艦甚至規定水兵們必須取得島上居民的書面邀請函，才能獲准上岸休假，許多人根本就死了這條心。有一位水兵就指出，在夏威夷駐防近二年的時間裡，他總共只獲准上岸休假二次。

在那段時間裡，企業號常常往返於夏威夷和美國西岸之間，例如從聖地牙哥運送物資到夏威夷，或是前往華盛頓州布雷默頓（Bremerton）的海軍造船廠進行改裝。相較之下，飛行訓練的時間就顯得不足，這讓飛行大隊大隊長艾文（Edward C. Ewen）中校非常不滿。

當年秋天，海軍部長諾克斯（Frank Knox）登上企業號時，艾文大隊長的表現格外引人注目。新任海軍部長一行人在艾文大隊長的引導下，逐一視察了停放在飛行甲板上的各式艦載機：包括道格拉斯TBD魚雷轟炸機、裝有半隱藏式起落架的諾斯洛普BT俯衝轟炸機，另外還有格魯曼F3F雙翼戰鬥機，以及機輪可完全收起的寇蒂斯SBC偵察機。

諾克斯是個飽經世故的政治人物。他曾經是老羅斯福麾下莽騎兵團的一員，後來成為記者和著名的共和黨報紙發行人，還曾在一九三六年出馬角逐副總統。儘管如此，諾克斯卻支持現任民主黨政府的外交政策，還接受小羅斯福的邀約，於一九四〇年七月出任海軍部長。

視察完這些閃閃發光、尾翼漆上藍色的飛機後，諾克斯表示他對所看到的一切印象深刻。艾文本來可以像應付例行公事般隨便敷衍兩句，但他沒有。這位身材高壯的前美式足球和長曲棍球球員說：「報告部長，這些飛機的性能不適合作戰。」

諾克斯可能壓根就沒想到有人竟會如此坦率，因此有點吃驚，但艾文不理會部長的反應，只顧繼續往下說。他逮到機會給部長上了一堂各國航空發展現況的課，並解釋諾克斯所掌管的海軍在航空方面是如何地落後於其他國家。站在一旁的拉瑪奇少尉偶然聽到了兩人的談話；在許多年以後，他說：「我認為那是一堂有關領導的課程。」

一九四〇年的聖誕假期中，上映了一部米高梅公司（MGM）的電影《飛行太保》（*Flight Command*），由勞勃．泰勒（Robert Taylor）和露絲．赫希（Ruth Hussey）主演，而企業號也在片中露面。本片的導演法蘭克．鮑沙其（Frank Borzage）在拍攝本片時早已享有盛名，曾於一九二七年獲得生平首座奧斯卡最佳導演獎。

海軍部指派第六戰鬥機中隊支援電影的拍攝，全片於一九四〇年六月在聖地牙哥的北島開拍。當企業號在八月奉命返回夏威夷時，則由一支陸戰隊戰鬥機中隊來填補艦上的空缺。雖然航艦在這部電影中的鏡頭只有一點點，F3F戰鬥機也隱姓埋名變成了虛構的地獄貓中隊，但電影中有著這樣一段台詞：「最優秀、最勇敢、最忠誠的人，爬進一架山姆大叔的飛機，然後駕著它飛向屬於上帝的藍色天堂。」事實證明，這部片是那個時代最好、也最成功的募兵電影。

一九四一年，現身電影

一九四一年四月，第二航艦分隊被拆散，約克鎮號返回美國東岸，參與小羅斯福口中、讓人聽不太懂的「中立巡航」，以防止歐洲國家的戰鬥艦艇接近美國水域。但實際上，這個巡航根本是衝著德國而來的。企業號的水兵們要等到七個月以後，才會在完全不同的情況下，再見到這艘姊妹艦。

一九四一年春天，企業號返回聖地牙哥，在當地又支援了另一部電影《俯衝轟炸機》（*Dive Bombe*）的拍攝工作，由艾羅爾・弗林（Errol Flynn）和佛瑞・麥克穆雷（Fred MacMurray）主演。本片的劇本是由前海軍飛行員、後來因為身體因素退役的魏德中校（Frank "Spig" Wead）所撰，而魏德本人的故事也成為二次大戰後、一部由約翰・偉恩（John Wayne）主演的電影的題材。《俯衝轟炸機》的導演是專斷但才華洋溢的麥可・柯蒂斯（Michael Curtiz），他在一九四四年以《北非諜影》（*Casablanca*）這部電影贏得了奧斯卡獎。柯蒂斯和弗林共同合作的作品還包括一九三九年上映的歷史電影《江山美人》（*The Private Lives of Elizabeth and Essex*）。

在拍攝《俯衝轟炸機》時，弗林正處於演藝事業的巔峰。他傳奇般的聲譽固然有部分來自於他所主演的《喋血上校》（*Captain Blood*）、《海鷹》（*The Sea Hawk*）和《羅賓漢冒險記》（*The Adventures of Robin Hood*）等電影，但更多來自於八卦小報所報導的一連串關於他在銀幕下的私生活和醜聞。不過，如果要找某個演員來代表「魅力」這個詞，那就是艾羅爾．弗林了。但海爾賽從看到他的第一眼起，就不喜歡這個人。

華納公司（Warner Brothers）為了《俯衝轟炸機》這部電影，投入了一百七十萬美元；在那個時代算是相當高的預算，和《海鷹》差不多，只比《羅賓漢冒險記》少一些些。儘管國際情勢緊張，但海軍仍出動了一千多人，在聖地牙哥和洛杉磯支援電影的拍攝。

電影的主要部分在三月開拍，由於本片預定在夏天上映，拍攝行程因此變得非常緊湊。柯蒂斯的劇組在企業號上待了一個星期，拍攝飛行甲板作業的畫面。在過程中，海爾賽因為電影拍攝干擾了訓練而一直很不高興，但他除了配合，別無選擇。這使海爾賽的不滿越發溢於言表，可說是艦上人盡皆知。目擊者指出，電影殺青那天，海爾賽靠在艦橋的欄杆上向下大吼道：「馬上滾出我的船！」目擊者還說，弗林聽到後，轉身用一根手指向海爾賽回禮，然後就從飛行甲板上跳進聖地牙哥灣。劇組人員看到這個場面，都忍不住高聲大笑起來。

人們都知道麥克穆雷是個好人。他在離艦前，曾向一名軍官借用廁所，而為了紀念這件事，艦上官兵特地做了一個告示牌，上面寫道：「麥克穆雷曾在此尿尿！」

《俯衝轟炸機》在一九四一年八月正式上映。雖然片中都是使用美國當時最好的「特藝七彩」（Technicolo）的彩色底片來拍攝企業號的戰機，但技術水準還是落後於歐洲一大截。儘管如此，樂觀的氣氛依舊瀰漫全艦。雷吉・圖米（Regis Toomey）是《俯衝轟炸機》的演員之一，他後來接受電影史學家詹姆斯・法爾默（James H. Farmer）的訪問，而後者回憶道：「圖米說，飛行員們在拍攝過程中都在討論迫在眉睫的戰爭，堅定認為他們能速戰速決、三兩下就取得對日本的勝利。他們相信那些不知從那聽來的故事，認為日本飛行員盡是近視眼，飛機則都是些抄襲和二流的貨色。」

幸運的是，第六戰鬥機中隊已經在不久之前完成了格魯曼F4F單翼戰鬥機的換裝；同一時間，偵察機中隊和轟炸機中隊也接收了道格拉斯SBD俯衝轟炸機。他們替這些新飛機取名為「野貓式」（Wildcats）和「無畏式」（Dauntlesses），然後叫已經服役四年的TBD魚雷轟炸機為「毀滅者式」（Devastators）。這些艦載機將和企業號一起迎接戰爭。

另類艦長

在一九四一年三月，企業號迎來了第三任艦長。波納爾在三月二十一日卸任；他在企業號當了二十七個月的艦長，這個紀錄堪稱空前絕後，是企業號歷任艦長中任期最長的一位。波納爾在餘生中也始終心繫企業號，認為企業號「是一艘棒得不能再棒的船，有最棒的士官兵和最優秀的軍官」。

新艦長是一位與波納爾截然不同的人物。喬治・多米尼克・莫瑞（George Dominic Murry）是一位瀟灑的波士頓人，海軍官校一九一一年班畢業，對深海垂釣和飛行十分著迷，並在一九一五年贏得金翼徽章、成為合格的飛官。

莫瑞上任後首先要處理的事情中，就包括重新調整與海爾賽幕僚人員的關係。他早已耳聞波納爾與胡佛之間的關係，遂決定保持耐心、等待最佳的出手時機，好會一會這位「和善的約翰」。

在某天傍晚，莫瑞等到了這個時機。當時他正在艙房內淋浴，值更的軍官卻收到了由胡佛所下達、要求改變航向的命令。這位機警的軍官口頭上回答胡佛「遵命、長官」，同時又派人向艦長室通風報信。幾分鐘後，身上還有些濕淋淋的莫瑞現身在艦橋上，然後開口問值更軍官：「年輕人！你在做什麼？」

「報告長官，我正在左轉，朝新航向前進」。

莫瑞假裝不知情，繼續問：「為何？」

「報告長官，我是奉參謀長的命令」。

經過一陣短暫、不尋常的沉默後，莫瑞艦長做好了以最嚴肅的態度來面對胡佛的心理準備，然後快速轉動他還有點濕淋淋的腳後跟，大踏步朝司令官艦橋疾馳而去。接著，就從裡頭傳出激烈、高分貝卻簡短的對話。在艦橋上的官兵彼此交換了一下眼色，或許還帶著點竊笑。

過沒多久，莫瑞重新出現在艦橋，開口就問：「年輕人，誰是這艘軍艦的艦長？」

值更軍官馬上接口：「報告長官，是你。」

「永遠別忘記這一點！」

就這樣，艦長轉身離開艦橋，而從此之後，「和善的約翰」胡佛上校再也沒有對艦橋下令。但接下來幾個月，司令官幕僚和企業號人員間的關係降到了冰點，而且越來越糟。就連胡佛調差、新的參謀長走馬上任後也未見好轉。

海爾賽讓自己置身於麾下這些上校的爭吵之外，顯然很滿意這個現狀——把絕大多數的庶務交給手下打理，讓自己這個老頭子可以好好地待在司令官宿裡。海爾賽對這些事情的輕率，透露出這位將軍對細節漠不關心的態度，這個特質還會越來越明顯，讓他在一九四四到四五年的戰事期間一再承受苦果。

——

從住艙到各個工作區，尤其是在餐廳裡面，水兵對於艦長和將軍間所上演的勾心鬥角戲碼毫無興趣，就算知道了也不當回事。正所謂「吃飯皇帝大」——沒有什麼東西能比食物更重要。

企業號上的伙食是頂尖的，而這對水兵來說可是件非常重要的事。由於企業號的伙食的名聲在艦隊中越來越響亮，使傳說中的企業號美食竟然成為募兵的利器。一位來自通信室的第一梯企業號老兵就曾對負責遊說留營的士官長說：「如果你能書面保證我一定可以留在企業號的話，我就簽下去！」

企業號停泊在珍珠港時，多數的夜晚都會在機庫甲板播放電影，好讓官兵輕鬆一下。這個消息很快就傳開了，來自港內其他艦艇的水兵紛紛利用這個時間登上企業號。不過，他們到這裡不是因為播放的電影比較好，而是為了艦上廚師和麵包師傅所準備、名聞遐邇的盛宴而來。當電影放完後，伙房兵就會擺出好幾桌的甜餅乾、脆皮水果派和各式餡餅；官兵知道訪客會將機庫甲板上大部分的餐點打包帶走，所以他們會下到餐廳去享用咖啡和其他當天提供的餐點。對企業號上的人來說，日子過得還真不賴。

軍官與士兵們

企業號除了是艘軍艦，同時也是航速可達三二節、重達兩萬噸的教室。軍官們從日常的勤務中學習如何領導統御，而且通常是跟基層士官學習。另一方面，企業號人員之所以具備高水準的領導能力，原因之一就是許多人在艦上待了非常久的時間。文書士官長馬丁（James M. Martin）在企業號上一待就是難以置信的七年半。當他到企業號的M部門（主動力系統）報到時還是個中士，但他在一九四五年十一月離艦時已經是士官長。除了馬丁之外，只有三個人在企業號上服役的紀錄跟他一樣久。

夠專注的初階軍官可以在企業號上學到許多官校沒有教的學問。身為艙面部門的初階軍官，拉瑪奇少尉從老練的庫倫（Joseph Van Kuren）士官身上學到許多東西；身為帆纜士的庫倫是一位真正的老薑，他的前胸有一大片刺青，是一艘揚起風帆的帆船。拉瑪奇後來回憶道：「對我而言，和這些老士官相處從來就不是問題，因為我很早就被告知不必過分干涉他的做事方式。事實證明這樣是正確的，因為他把整個部門運作得井井有條，如同時鐘一般。」

艙面部門的帆纜士官長是菲爾比（Fred Filbry），他總是透過實地操作來傳授重要的知識。這些新科軍官發現，只要按照菲爾比說的去做，很快就能學會如何解決問題。在這個職位上，菲爾比表現得比較像是個督導者，而不是只顧下令的指揮者；他願意授權底下那些高竿的士官主導部門運作。他提醒這些少尉：「永遠待在附近，但不要出手干預。」

企業號在服役期間，艦上官兵之間始終維持良好的關係，在多數的時間裡還可用「非常好」來形容。一些在二次大戰前就已經上艦服役的老兵認為，這應該歸功於波納爾；他在任內替這種和諧的上下關係奠定了良好的基礎，而士官兵們也非常感激這位出身正統，卻又十分替他們設想的長官。

高階軍官對低階人員的體恤也影響了初階軍官。格瑞茲（Ron Graetz）中士的經歷就是一個很好的例證。他在一九四一年初從無線電學校完訓後，被分發到企業號上服役；但是在最初的六個月，格瑞茲卻感到很挫折，因為他雖然在名義上隸屬於轟炸機中隊，卻在餐廳和第一部門的艙面小組之間被丟來丟去。格瑞茲回憶道：「在艙面部門支援時，我在將近一個月的時間裡，每天的工作就只是一成不變地刮油漆和漆油漆。」

後來，一位弟兄幫了格瑞茲一把。一位無線電士把格瑞茲的情形，告訴了隸屬第六魚雷轟炸機中隊、二十七歲的通信官羅巴赫（Severin Rombach）少尉。羅巴赫對這個消息很感興趣，就要求格瑞茲一等兵當他的無線電士兼後座機槍手。突然間，格瑞茲發現他坐進了一架在機身上漆著「T-2」標記（代表這是該中隊的二號機）的道格拉斯 TBD 魚雷轟炸機的後座，然後飛向天際。從此之後，格瑞茲和羅巴赫變成交情非常好的朋友。格瑞茲說：「我們處得非常好，羅巴赫甚至在寫給住在俄亥俄州的母親信中，提到我母親在愛荷華州的住址，後來她們兩人就常常通信。」

在工作和訓練之餘，有些中隊還會舉辦軍官和士兵一起參加的聚會，這在其他軍艦並不常見。

一個戲劇性的場面發生在一九三九年十一月，第六戰鬥機中隊在夏威夷舉辦的一次聚會。年方二十七歲、身形瘦長的格雷（Jim Gray）中尉也參加了這個聚會。格雷畢業於海軍官校，他在一九三〇年就開始學習飛行，後來以年僅十六歲之姿成為當時美國最年輕的飛行員。在這場海灘盛宴中，機工士馬可夫（Frank Malkov）突然跳進海中，試圖援救另一名水兵卻沒有成功，自己也被捲入底層朝外的海流和表層洶湧的海浪中。格雷馬上衝進海中，卻無法接近馬可夫，後者不幸溺斃。但格雷卻成功游到水兵狄更斯（J.E. Dickens）的身旁，把他拖到岸上，然後又在其他人的協助下，救起另位一位機工士維斯尼斯基（Joseph Wisniewski）。

一年後，格雷獲得了海軍部的表揚，後來更成為企業號的標竿人物。

另一個可以證明企業號官兵之間十分融洽的例證，發生在克萊斯（Norman J. Kless）中尉身上。當他在一九四一年五月向第六偵察機中隊報到時，這位德州青年非常興奮；他一直認為能駕機從企業號上起飛是世界上最美好的事。

年方二十六歲、綽號「灰塵」的克萊斯中尉正在準備他的首次著艦飛行時，遇到了二十一歲的航空機械士蓋東（Bruno Peter Gaido）。這位一無所有、只剩爛命一條的威斯康辛水兵突然問克萊斯「可否載他上天空轉轉」。被這個問題嚇得目瞪口呆的克萊斯，好不容易說出：「老兄，這將是我首次駕飛機降落在航艦上，我想這趟唯一適合坐後座的，除了沙袋以外沒別的。」

但蓋東毫不動搖，還以略帶不敬的口氣回答說：「你不是已經取得飛行員資格了嗎？」蓋東於是動手把沙袋從後座搬開，再把自己肥胖的身體塞進去。這反倒鼓勵了克萊斯，後來他回憶道：「蓋東的舉動讓我突然間充滿了自信，接著就連續飛了六次完美的起降。」

在那年踏上企業號的飛行員，都注意到艦上的氣氛與以往大不相同。在前些年，大家對飛行員沒什麼好感，只是不得不忍耐。但當克萊斯報到時，他說道：「艦上的夥伴們知道我們需要什麼、也知道我們做得到與做不到什麼。他們可能覺得飛行員都是怪人，倒不會覺得我們是過度驕傲的菁英。在一九四一年，『棕皮鞋』與『黑皮鞋』互看不順眼的問題已不復存在。莫瑞艦長和副長基特（Tom Jeter）中校也開始整頓紀律和抓違規，他們的嚴厲程度堪比聖經的『十誡』，有過之而無不及。」

從飛行待命室的角度，克萊斯觀察到：「軍官和士兵之間，彼此都能相互尊重。士兵尊重軍官的知識和經驗，軍官則尊重士兵的技術、能力和堅持不懈的毅力。」

不過還是有些水兵，例如航空軍械兵科楠（Alvin Kernan）則有其他的想法。他說：「其實，大多數的士兵都和軍官沒什麼交情，以免當有飛官殉職時，自己會受到太大的衝擊。」科楠進一步表示：「我們看待這些軍官的角度，就像自己支持的球隊明星球員一樣。若有軍官發生不幸，感覺就像是支持的球隊輸了一場比賽……事實上，士兵和軍官的關係總是帶點緊張，主要的原因是士兵對軍官心存畏懼，而軍官總是輕視他們。同樣地，軍官也擔心命令無法被有效執行，因為他們從來沒有真正信任過這些士兵。」

不過，從企業號上多數水兵的評論來看，故然有些人的看法和科楠相同，但只是少數。多數人其實認同偵察機飛行員「灰塵」克萊斯的看法：「我們就像一家人。」

海爾賽對士兵們出奇地友善；在那個將軍總是高高在上、幾乎只和高階人員談話的年代，海爾賽的行為更顯得非比尋常。電機兵凱利奇（John J. Kellejian）的戰備部位恰好就在司令艦橋，使他有許多機會接近海爾賽這位特遣艦隊司令官。某次拉戰備操演時，在司令艦橋上沒事可做的海爾賽竟然開口問凱利奇會不會玩克里比奇紙牌（cribbage）。在發現這個年輕人似乎從來沒有聽過這種遊戲時，海爾賽大聲說：「沒關係，孩子，我來教你。」

在經過一對一的指導後，海爾賽宣布這位電機兵可以下場來上一局了。雖然每局輸贏只有五美分，但凱利奇仍然「輸到脫褲」，一連輸了五十多局。還好，海爾賽似乎知道凱利奇沒有多少薪水，就把這筆賭債給忘了。

一九五九年，海爾賽過世後，當時已從海軍退伍多年的凱利奇突然收到一封從司令官那寄來的帳單，要求他支付所積欠的兩塊八毛賭債。為此，凱利奇打電話給海爾賽的妹妹，後者卻在電話中說：「海爾賽一直保留這張帳單，三不五時就拿出來和他的朋友們說笑。」賭債雖然不必付了，但凱利奇把那張帳單保存下來，紀念那堂由海爾賽上將親自教授而貴重的課程。

由於艦上提供免費的伙食，所以如果水兵（他們也常被稱為「白帽」，因為他們頭戴白色的水兵帽）和士官們懂得省吃儉用的話，是可以存下一筆還過得去的積蓄。在一九四二年時，士官長每個月至少可以領到一百三十八美元（相當於二〇一〇年的一千八百美元），若與二等兵每個月五十四美元相較，堪稱一筆可觀的收入。而每服役滿三年，就可以加薪百分之五，但累積加薪幅度不得超過基本薪資的百分之五十——簡單地說，就是當越久、領得越多。

照今日的標準來看，美國海軍在二次大戰時的薪水確實有點偏低。這只要和當時的物價對照一下就知道了：在一九四〇年，一部新車要價八百五十美元，每加侖汽油是十五美分。換句話說，一部汽車就相當於海軍士官長年薪的一半，更不用說當時每棟新房子的售價還高達四千到六千五百美元了。

戰爭前兆

一九四〇年，亞洲地區的形勢發展讓許多美軍官兵相信與日本一戰無可避免。為了報復日本侵略中國，羅斯福政府決定對日本採取更嚴厲的禁運措施，限制對日本出口石油和鋼鐵。當日本與德國和義大利簽署三邊同盟條約後，與其在地緣政治上有關聯的國家無不感到戰雲密布。在美國西部海岸港口駐防的「公牛」海爾賽，從艦橋上以猜疑的眼光，端詳那些正在裝載汽油和廢鋼材的日本船隻。海爾賽可以感受到，戰爭要來了。

企業號上也開始有動作了。一九四一年二月，太平洋艦隊奉命移防至夏威夷；企業號也在同年四月開始清理船艙，移除艦上所有不必要的易燃物和易碎品，例如木造小艇、家具、帆布雨蓬、鋪在地板上的油布、多餘的繩索……還有大量的油漆。在承平時期，油漆可以防鏽、保護艦上的金屬部分不受海上鹽分的侵蝕，但油漆同時也是易燃物，在作戰時非常危險。由於戰爭隨時可能爆發，船員們奉命將軍艦上的油漆敲掉，這是一個吃重、骯髒的工作，船員們十分厭惡。

一位博學的水兵回憶替企業號刮油漆的過程時說道：「我們人手一把敲鏽錘，將油漆一片一片地敲掉……這弄得大家累個半死。船艙裡熱得要命，我們把內衣脫掉，頭上紮了塊毛巾就上工了，一直不斷地敲、敲、敲……每個人邊敲邊罵像『狗娘養的』之類的粗話。這是一件令人抓狂的差事，不但麻煩、看似永無止盡，而且當下還會覺得毫無意義。整個作業花了我們好幾個月，占用了我們所有的空閒時間。生鏽甲板上的油布移除後，每個艙間都鏽跡斑斑，整艘軍艦看起來就像是被大火燒過一樣慘不忍睹。」

相較之下，校正航艦上的雷達一事就顯得是小菜一碟。一九四一年安裝的第一部CXAM雷達能夠很精確地測出飛機的距離，但在高度方面的效果就非常糟。因此，要了解戰機正確的高度、弄清楚飛機在戰場上的空間位置，就有賴於那些窩在艦島內空間狹小雷達站中的戰機攔截管制官。當雷達的信號變得模糊、甚至消失不見時，戰機攔截管制官就要記下飛行員報出的高度，以及當時的天候條件。等雷達重新恢復後，攔截管制官也要記下雷達訊號會失效的「盲區」。在攔截管制官將空域按照高度劃分為每隔一千英尺的區塊，並在各區塊內反覆追瞄後，就有可能繪製出具備正確高度資料的戰情圖，供作戰之用。憑藉其龐大的雷達天線，CXAM雷達可在八十英里的距離外，偵測到一架在一萬英尺高度飛行的雙引擎飛機，也可以在五十五英里外，偵測到來自航艦上體積較小的艦載機。

偵測到飛機是一回事，但要鑑別、甚至攔截它們又是另外一回事。軍艦和在空掩護友機間的無線電通聯，是整個艦隊防空體系的重要因素；同樣重要的，還包括如何協調、引導在各個空域執行任務的戰鬥機，這些都得仰仗戰機攔截管制官。從秋天到冬天，大家都一直在致力於解決這許許多多的問題。

不過，並非所有的問題都與技術有關。在十一月的一次夜間演習中，企業差點撞上戰鬥艦「奧克拉荷馬」號（USS Oklahoma，BB-37）；過程中，企業號的飛行甲板把奧克拉荷馬號的艦尾旗給桿撞彎了。這樣的事並非單一事件，例如奧克拉荷馬號和「亞利桑那」號（USS Arizona，BB-39）在當年十月就曾發生過擦撞，而企業號的老搭檔、驅逐艦蕭號則是在十一月和油料補給艦「沙賓」號（USS Sabine，AO-25）互撞。雖然在海上，光是擦撞就有可能導致航艦沉沒，但海爾賽決定讓莫瑞繼續留任企業號艦長。

在一九四一年的最後幾個月，企業號操課操得非常兇，以彌補先前因為種種差使而浪費掉的訓練時間。對企業號來說，已經沒有多少時間可以浪費了，特別是艦上剛換裝了兩款新飛機——野貓式戰鬥機和無畏式偵察轟炸機。無畏式偵察轟炸機部隊飛得尤其勤快，飛行員每個月的飛行時數將近四十小時；有些時候，飛行員一天要飛三趟。在整個十月份，第六轟炸機中隊針對轟炸、機槍射擊、戰術和航艦起降等科目進行密集的訓練。但訓練過程中，難免會付出一些代價；十月二十一日，這天晚上的夜間降落訓練就出了事，二十一歲的艾許沃斯少尉（Ashworth）不幸殉職。

時序邁入十一月，企業號飛行大隊開始進行協同攻擊訓練，使得勤務更加繁重。掛載發煙器的偵察機首先施放煙霧，掩護在低空慢速飛行的魚雷轟炸機朝目標接近。同時，空勤組員也開始進行貼海飛行導航，無畏式轟炸機則對老舊的「猶他」號（USS Utah，BB-31）戰艦投擲練習彈。以第六轟炸機中隊的貝斯特（Richard H. Best，綽號「迪克」〔Dick〕）為例，他在十一月份共執行了二十二次任務，累積飛行四十三小時；其中八次是落在航艦上，其餘則是降落在陸地。

十一月二十八日，企業號奉命載運一支陸戰隊戰鬥機中隊前往威克島（Wake Island）。不管怎麼看，這都是一趟來回九天、輕鬆的任務。無線電士格瑞茲對這趟任務的看法，反應了大多數官兵的感受：「我不記得有任何人談到戰爭。在我們啟航前往威克島前，上頭對所有人、特別是那些妻小在夏威夷的官兵宣布，從威克島返航後，接著就要準備在十二月十三日出發回到美國本土，請盡快將妻小送回老家——所有的跡象都顯示，我們要準備回家了。」

在布雷默頓過耶誕節——這聽起來棒透了。

第二章

保持冷靜、專注，然後好好地幹上一場

（一九四一年十二月至一九四二年五月）

一九四二年五月十一日，珊瑚海。企業號飛行大隊整裝待發，油料補給艦沙賓號則正在接近企業號。

那個星期天的飛行任務從一開始就顯得有些不同，彷彿某種預兆。

狄金遜（Clarence F. Dickinson）上尉和無線電士米勒（William C. Miller）在他們的無畏式偵察轟炸機中就位，開始進行起飛前程序。米勒從當天早上就顯得有些怪怪的，雖然他還是一如往常地冷靜和有條不紊，卻有些坐立難安。「狄金遜老兄，我的四年海勤任務再過幾天就結束了，你知道有什麼事情特別有意思嗎？」

「什麼事，米勒？」

後座的米勒用卡羅萊納腔慢條斯理地說：「跟我一起從無線電學校結訓的二十一個人當中，我是唯一沒有掉進過海裡的。希望您今天不要讓我泡水，長官！」

狄金遜提醒這位二十二歲的無線電士，這是他倆最後一次搭檔飛行，而且還是一趟輕鬆、前往珍珠港的偵察飛行。等他們落地後，兩人的任務就結束了。如果米勒願意的話，他可以選擇退伍；至於從海軍官校畢業九年的「狄克」狄金遜，還得繼續幹這些苦差事好一段時間。

戰爭謠言

面對華盛頓和東京持續緊張的外交情勢，海爾賽中將別無他法。在十一月二十八日從珍珠港出發後，他立刻下達第一號作戰命令，要求特遣艦隊備戰，準備隨時與日軍進行遭遇戰。他的格言是「如何有任何東西擋住我的路，我會先開火，然後再爭論」。同時，海爾賽也提醒部下：「當試煉來臨時，所有人必須保持冷靜、保持專注，然後好好地幹上一場。」

奉命載運陸戰隊戰機前往距離東京不到兩千英里的威克島，海爾賽要求作好一切準備。訓練彈換成實彈，而飛行員也接獲明確命令，可以攻擊任何發現的船艦和飛機，因為不會有友軍機艦出現在那附近。這道要求美軍在未受到攻擊前就可開火的命令，就算不是絕無僅有、也是非常罕見。

儘管上級三申五令，但很少有人認為戰爭會真的發生在他們身上。文書士諾爾伯格（Bill Norberg）指出：「我們在艦長室幾乎沒有談到任何跟戰爭有關的事。在我們眼中，日本人都是些缺乏知識的斜眼小矮子。第一號作戰命令對我們而言就好像是『耶穌再臨』一樣：它必然會發生，但絕不會發生在這一週或這個月。十二月六日晚上，我們會一如往常地在檀香山慶祝。」

當企業號從威克島返航時，惡劣天候使護航的驅逐艦無法在海上補給燃料，使艦隊無法按原定計畫在十二月六日返回珍珠港，必須延後一天。但海爾賽還是小心翼翼，要求對艦隊和歐胡島之間的海空域進行空中偵察。

十二月七日星期天早上，企業號從距離歐胡島約兩百二十五英里外，起飛十八架無畏式飛機，向東搜索艦隊前方九十度的區域；這十八架飛機每兩架一組，負責搜索各自被分派到的扇形區域。任務結束後，這些偵察機就直接前往珍珠港裡的福特島（Ford Island）降落，艦隊則預定在當天下午入港。

與飛行大隊大隊長楊格（Howard L. Young）中校同機的，是海爾賽的助理作戰官尼可（Bromfield Nichol）少校；七年前，當時還是上尉的尼可曾擔任過海爾賽上校的飛行教官（他對海爾賽的評語是「天氣越壞、飛得越好」）。落地後，綽號「布羅姆」（Brom）的尼可少將向艦隊司令部呈交此行前往威克島的報告。

偵察機在途中看到幾艘船，但都沒有什麼可疑之處。然後，在飛抵任務區邊緣後，這九組無畏式就調頭朝珍珠港飛去。由於奉命在任務執行時需保持無線電靜默，某些機組人員利用這個機會演練無線電歸航，後座人員則調整頻率、收聽檀香山KGU或KGMB電台的廣播。

楊格（綽號是「布里翰」〔Brigham〕或「塞」〔Cy〕）和由塔夫（Perry Teaff）少尉駕駛的僚機負責搜索範圍涵蓋歐胡島的E區。他們飛過巴貝爾角（Barbers Point）時，[1]看見位於伊娃島（Ewa）的陸戰隊基地上空有飛機飛行，但他們認為是陸軍飛機起了大早——畢竟現在也才不過早上八點。

這時，楊格注意到從港口上空傳來了高射砲砲彈爆炸的聲響。尼可則對陸軍居然會在星期天舉行防空演習，感到十分訝異。

就在這個時候，塔夫看見一架單引擎飛機採追瞄飛行曲線，快速朝他逼近。尼可也看到了這名闖入者，但他認為「又是一個對規定不熟悉的年輕陸軍菜鳥飛行員幹的好事」。

然而，這名入侵的飛行員非但不是陸軍，他甚至不是美國人。他把飛機保持在機上槍砲的最小射程，大約是二十五公尺左右，然後扣下扳機。機上的七點七公厘機槍開火時發出連串的噠噠聲，在無畏式長機的尾翼造成了幾個大洞。

楊格在稍後的報告中指出，攻擊他的是一種「低單翼、起落架可收起的飛機」，這是美國海軍第一批關於日本三菱重工零式戰鬥機的報告內容。

這位日本飛行員對自己和目標間的距離判斷錯誤，射擊角度也過高。這架灰色、兩翼上各漆有一個紅太陽的戰鬥機調整方向，打算再發動另一波攻擊，卻讓塔夫後座的機槍手有了還擊機會。無線電士金克斯（Edgar Jinks）面朝機尾拉開座艙罩，腳踩金屬踏板、打開座位後方的安全門，將白朗寧機槍前後移動，調整好位置後固定，然後兩度拉動槍栓，讓子彈上膛。

這位如假包換的敵機飛行員停止攻擊金克斯和塔夫的飛機，然後駕著零式戰鬥機追擊這支美軍分隊的長機。黑色機鼻的零式戰鬥機對準楊格，並衝了過去。楊格將他的操縱桿往前推向內陸俯衝，塔夫也跟著衝下去。

這是一場說到就到的戰爭，沒有任何警告，也沒有時間思考。

參與此次攻擊歐胡島的「機動部隊」包括六艘日本航艦，又稱為「第一航空艦隊」，可說是前所未見。運用一場戰術上十分傑出，但在戰略上卻形同自殺任務的攻擊行動，東京希望能使美國太平洋艦隊癱瘓上好一陣子，讓日本有足夠的時間攫取支撐日本野心所需的資源。日本在一九三七年發動侵華戰爭，現在又把目標對準盛產石油的東印度群島，並尋求在菲律賓群島的地緣戰略優勢。東京甚至期望能擊敗這個經濟規模是自己六倍、全世界最大的工業強權。

1　譯注：位於歐胡島西南邊，當地有一座海軍航空站。

在企業號上，正當海爾賽準備喝下他當天的第二杯咖啡時，一位參謀報告：「將軍，珍珠港此刻正遭遇空襲！」

就連極富戰鬥精神、早已命令特遣艦隊可率先對敵軍開火的「公牛」海爾賽，這時也懷疑消息的真實性。他從座位上站起來大叫道：「告訴金默爾！他們射擊的是我的飛機！」就像此刻在艦上的所有人一樣，海爾賽認為是美國陸軍在朝他的飛機射擊。他直覺地想到要通知他那位海軍官校一九〇四年班的同窗好友金默爾（Husband Kimmel）上將，要金默爾下令停止射擊。

不久之後，艦隊收到了一封由金默爾署名的電報，證實珍珠港正遭到空襲，電文內容如下：

發文者：太平洋艦隊司令部
受文者：所有軍艦
內　文：珍珠港遭空襲，這不是演習。

隨後，由加勒荷（Earl Gallaher）上尉所傳回的報告也證實了這個消息。加勒荷是企業號所派出、在距歐胡島約一百五十英里範圍內搜索的偵察機飛行員之一。在他駕機朝歐胡島飛行時，還想著落地後要去俱樂部喝些啤酒輕鬆一下。但此刻他打開無線電報告：「日本人正在攻擊珍珠港，我沒有在開玩笑！」

艦橋上，值更官多塞特（John Dorsett）上尉下令全員就戰鬥位置。十九歲的水兵巴恩希爾（Jim

Barnhill）此時正站在操舵室外；他是艦上四個司號兵之一，才剛剛和他的好朋友克萊爾（Calvin St. Clair）交班。聽到艦橋的命令，巴恩希爾舉起手中閃閃發亮的黃銅色軍號，對準擴音器吹出嘹亮的「全員戰備號」；這是一段由三十個斷音所組成的軍號，原本是騎兵部隊通知全體官兵「上馬、列隊」，準備行動之用。在這個時刻，巴恩希爾不禁想起自己正在與家鄉德州斯科鎮（Cisco）相距三千七百英里的地方，參加一場世界大戰。

當號聲響起時，一位快滿三十歲的老兵馬克斯・李（Bosun Max Lee）立刻大喊：「備戰！備戰！全體就備戰部署。」

語音剛落，李轉身望著在艦橋上值勤的同僚，他們之中大多數都知道李的役期快要結束了。李用一種莊重的語氣，緩慢地告訴他們：「我們在打仗了，我想我恐怕很難活著離開海軍了。」

全艦官兵分秒必爭地奪路衝往各自的部位，往上、往前衝向右舷，或者往下、往後衝到左舷，他們從差不多有膝蓋高的水密門下緣跳過，逐一在各個艙間內移動。官兵們戴上第一次世界大戰時使用的步兵鋼盔，打開彈藥庫，將零點五英寸、一點一英寸和五英寸等口徑的彈藥搬出來，然後開始擔憂這天接下來會發生什麼事。

第六轟炸機中隊的無線電士克雷格（Claude Clegg）回憶道：「當我來到飛行甲板時，首先映入眼簾的，就是我以前從未看過、最大的一幅美國國旗在旗桿上飄揚。」接著，他聽到艦長的聲音從對講機中傳來艦長：「我是艦長，珍珠港現在正遭到日本人的攻擊。」經由座機上的無線電通訊，克雷格甚至可以聽到一些來自攻擊現場的聲音。

巨幅國旗令艦上所有官兵印象深刻，包括平日十分含蓄的貝斯特上尉。抬頭看著自己國家紅、白、藍三色的國旗在戰爭第一天迎風招展，這位第六轟炸機中隊的飛行員回憶道：「這是整場戰爭中，最令我感動的時刻。」

炸彈、魚雷和彈藥紛紛送到機庫和飛行甲板上，軍械士忙著替所有飛機裝彈、掛彈。炸彈被固定在無畏式轟炸機的掛架上，紅衣的軍械兵也將炸彈的引信和魚雷的保險絲調整到定位。至於其他人，有的吃力地將重達一噸的魚雷吊掛在毀滅者式魚雷轟炸機機腹下方，有的則從彈藥箱中取出五〇機槍的彈藥，再裝入野貓式戰鬥機四方形的機翼中。那天早上，企業號活像個在海上航行的蜂窩，艦上到處都是忙得團團轉的人。所有人都將注意力集中於即將到來的任務上；他們打起精神，強迫自己壓下心頭的懷疑：**我們在打仗了嗎？我們真的已經在打仗了嗎？**

有些人還是很難接受這個事實。他們想當然爾地認為，這肯定是某個涉及海軍、海軍陸戰隊和陸軍的聯合演習，就連檀香山的廣播電台也參與其中。

一位士官長大步走過某些第六魚雷轟炸機中隊的機組員身旁，邊走邊揮舞手中的百元大鈔，要找人打賭說眼前這一切不過是一場攻擊演習。無線電士格瑞茲說：「沒有人要和他打賭，因為當下我們的想法都和他一樣。」

艦上的無線電通訊室內，操作人員從主通信頻道中，收聽到許多莫名其妙、驚慌失措的呼叫。有些呼叫提到發現敵機，有些則指出空襲正在進行，但他們還是覺得不太合理。誠然，軍艦已經處在備戰狀態下好幾天了，但有誰會在星期天早上發動攻擊呢？

此時，通信網中傳來更多的訊息。無線電士收聽到有人高聲呼叫：「這裡是6-B-3，是美國飛機！請不要開火！」

呼叫者是負責搜索最北方海域的岡薩雷斯（Manuel Gonzalez）少尉；他和由韋伯（Fred Weber）少尉所駕駛的僚機在執行任務時，突然遭到六架有固定起落架的陌生飛機攔截。西班牙裔的岡薩雷斯和他波蘭裔的無線電士兼機槍手科扎爾克（Leonard Kozalek），是企業號在第二次世界大戰中最早陣亡的兩個人。當岡薩雷斯被擊落，韋伯則將座機向下俯衝到離波浪頂端僅約二十五英尺的低空，如果有任何日本飛機打算追擊，看到他這樣也就自動放棄了。

儘管飛行大隊指揮官楊格和僚機塔夫成功穿越密集的自動武器砲火，僥倖地衝進福特島，其他人就沒有這麼幸運了。軍方後來在一架墜毀的零式戰鬥機旁，發現沃格特（John H. Vogt）少尉的飛機殘骸，這二架飛機顯然是在空中互撞了。沃格特和他的機槍手皮爾斯（Sydeny Pierce）雙雙陣亡。

在歐胡島南方的「G區」，由狄金遜上尉和麥卡錫（John R. McCarthy）少尉所組成的分隊，以一千五百英尺的高度通過巴貝爾角時，發現狀況明顯不太對勁：從珍珠港傳來高射砲砲彈的爆炸聲，伊娃島則籠罩在煙霧中。

更糟的是，停泊在福特島旁邊的戰鬥艦列不斷冒出大量濃煙。這天早上，有許多停泊在港內的巨艦慘遭屠宰。

為了更清楚看見發生什麼事，這兩架無畏式向上爬升，但他們立刻就被至少兩架日本帝國海軍的戰鬥機飛行員盯上並對他們展開攻擊。狄金遜率領他的分隊從四千英尺的高度急速下降，卻又迎頭遇上另一批黑色機鼻的日本戰機。敵機開火擊中麥卡錫，使他的座機起火、被迫跳傘。最後，麥卡錫降落在一片樹林裡，過程中摔斷一條腿，但後座的柯恩（Mitchell Cohn）則不幸跟飛機一起墜落身亡。

為了求生，狄金遜只得奮戰，但他成功的機會非常渺茫。他估計至少有三架敵機聯手對付他，而他唯一能做的就是不斷轉向，並信任他後座機槍手有足夠的本事，能讓這些零式戰鬥機無法尾隨他的飛機。米勒不斷用手中的單管白朗寧三〇機槍進行射擊，同時透過內部通話系統告訴狄金遜他受傷了。但沒過多久，他又報告擊中一架戰鬥機。接著，他用光了所有彈藥，並且再次負傷。

狄金遜用眼角餘光瞥見一架零式戰鬥機已經起火，不過他沒有時間仔細觀察。另一架敵軍戰機從他機鼻前方掠過，他用機首的五〇機槍朝對方射擊一梭子子彈。但隨即發現他的飛機逐漸喪失控制，左翼也已經起火，開始盤旋下墜。

當飛機下墜到約一千英尺的高度時，狄金遜解開安全帶、卸下他的無線電駕駛帽，然後通知米勒趕快跳傘。狄金遜費力地從飛機中跳出去；他拉開開傘索，隨即感到繫在身上的傘帶被猛力拉開，降落傘順利張開，讓他降落在一片甘蔗田中。狄金遜落地後，朝遠方地平線上升起的煙霧前進；他在半路上搭了一輛便車前往海軍基地。在這最後一次任務中，米勒雖然沒有弄濕他的腳，卻成為那天早上首批陣亡的美國人之一。

同樣位在歐胡島南方的「F區」，第六偵察機中隊的霍平（Halstead Hopping）中隊長對整個空襲有清楚的觀察，並以無線電向企業號傳送確認空襲的報告；他在大約在早上八點四十五分落地，正好在日本兩波空襲之間。在霍平四處尋找軍械士時，楊格大隊長和尼可少校則正在向金默爾上將報告。霍平讓自己的情緒跨過戰爭與和平間那個模糊不明的分界線，接受這糟透的事實，然後迅速調整自己並面對它。他說服一位准尉，替他中隊的三架無畏式裝上炸彈。

楊格大隊長用他專業的眼光，親眼觀察日本飛機的第二波空襲。他描述這些前來攻擊的敵機是一種「低單翼、具有固定起落架」的機種，並且說道：「我對這次攻擊唯一的批評，就是他們還是從相同方向進入……然而，由於我們的防空火力欠缺效率，空中也沒有多少飛機與他們對抗，再加上日本人對這種攻擊方式早已演練得非常純熟，這些因素加在一起，使這次攻擊實施得近乎完美。」在未來一年，企業號的官兵還將多次領教此種由愛知時計株式會社（一九四三年成立愛知航空機會社）所生產、盟軍稱為「瓦爾」（Val）的「九九」式俯衝轟炸機所發動的攻擊。

少數企業號官兵眷屬目擊了這次空襲，其中包括珍．多布森（Jane Dobson），她的先生也參加了今早的搜索任務。由於以前曾見識到她先生所屬中隊訓練的情形，她注意到日機俯衝的角度不如第六偵察機中隊所實施的那麼險峻。後來，她把所看見的情形告訴她的先生克里歐．多布森（Cleo Dobson）少尉時，後者高興地把她抱起來，不斷地誇讚她是「一位真正的俯衝轟炸機飛行員之妻」。

在這天早上進行偵察任務的十八架飛機上，共有三十六名機組員，他們蒙受極為慘重的損失。除了當天有六人陣亡，他們之中有八人在接下來的幾個月殉職，另有兩人被俘、一人因傷成殘，傷亡率高達百分之四十七。

由於同時遭受日本飛機與美軍地面砲火的攻擊，到當天中午，從企業號派出的偵察機中只剩下一半還能服勤。綽號「長釘」（Spike）的霍平仍舊率領九架無畏式自福特島起飛，並編成三支三機分隊，前往搜尋日本特遣艦隊。他們的機隊成扇形分布在一個大約六十度角的範圍內，採三三〇轉〇三〇的航向，先朝西搜索珍珠港西北方，然後再向東搜索珍珠港的東北方。

這些飛機什麼都沒發現，因為此時日本海軍中將南雲忠一早已調轉船舵，率領麾下六艘航艦和其他支援軍艦返回日本。這或許是件好事：這九架沒有戰鬥機護航的無畏式，若真對上了日本機動部隊，肯定絕無生還機會可言。

當天上午，企業號的偵察轟炸機有一半不是降落在陸地上，就是已被擊落而無法執行任務。如此一來，企業號若要對任何日本軍艦發動攻擊，就只能仰仗林賽（Eugene Lindsey）上尉的十八架毀滅者式魚雷轟炸機了。

戰爭向來是由混亂主宰的領域，十二月七日那天自然也不例外。一個錯誤的情報指出在東南方發現敵軍航艦，企業號於是立刻派出第六魚雷轟炸機中隊，以及六架攜帶發煙器的無畏式俯衝轟炸機前往攻擊；他們希望這些發煙器所製造的煙霧，能掩護這批慢速的毀滅者式慢慢地朝敵艦接近。六架野貓式戰鬥機也在蒼茫暮色中升空，參與此次任務。

在起飛一小時後，林賽除了下方深灰色的海洋，什麼也沒看到，於是他開始搜索附近的海域。到後來，他們才終於搞清楚，顯然是一架偵察機飛行員將友軍的軍艦與飛機誤判為敵軍，然後發出錯誤的警報。夜幕即將降臨，林賽率領這二十四架轟炸機調頭返回航艦。

赫貝爾（Francis F. Hebel）上尉所率領的戰鬥機，和俯衝轟炸機及魚雷轟炸機失去了目視接觸，於是這位高大、金髮的前飛行教官只得調頭返航。這些野貓式戰鬥機早轟炸機一步抵達企業號，卻接獲命令轉往陸地降落，以便艦上騰出更多的空間，讓這些很少實施夜間降落的飛機有比較高的成功機會。綽號「符立茲」（Fritz）的赫貝爾於是率領這批F4F戰鬥機，在漸深的夜色中轉頭向陸地飛去。

飛行大隊並未接受完整的夜間著艦訓練，但此時飛行員們別無選擇，只能硬著頭皮嘗試。企業號的飛行甲板燈火通明（由於附近可能有敵人潛艦，這是一個很冒險的舉動），已準備好引導返家的「小雞」們降落。負責指揮的是哈登（Hubert B. Harden）上尉，一位前偵察機飛行員，現任降落信號官（LSO）。他手中的綠色指示板，讓這些摸黑飛行的飛行員增添不少信心；這批飛行員表現得異常出色，除一架外，其他都安全降落在航艦上。出錯的是一架TBD型魚雷轟炸機，它降落時撞到升起的攔阻網，重達一噸的魚雷從機腹掛勾脫落，導致這個彈頭帶有四百磅高爆炸藥的魚雷就這樣在飛行甲板上滑行——所幸這條「魚」最後還是被甲板上的人員成功制伏。飛機降落後要到那個位置煞車、固定，則由飛行甲板管制官、有著一雙長腿的湯森（William E. Townsend）少校負責。

在歐胡島上空，第六戰鬥機中隊正飛進一場混亂中。

在夜色中，赫貝爾機隊的飛行員們看見大火依然在珍珠港四周燃燒，但福特島上的機場跑道燈火通明。飛行員在五百英尺的高度進入起落航線，戰鬥機紛紛放下起落架與機輪準備降落。赫貝爾帶領機隊照往例從機場左邊進入；當他和其他五位飛行員駕機從乾船塢，以及還在持續燃燒、遭受重創、遍體鱗傷的戰鬥艦列上空通過，幾艘軍艦突然要求這些入侵者們提供當天的識別信號，但企業號的戰鬥機飛行員哪曉得這些。由於這批飛機未能做出正確的回應，戰鬥艦賓夕法尼亞號的高砲指揮官下令開火射擊。

在今日，此一戰術被稱為「火力接觸」。在賓夕法尼亞號的防空機槍開火射擊後，其他人也如法砲製。為了追瞄在夜空飛行的目標，砲手會發射照明彈照亮天空，然後朝這些野貓式戰鬥機猛烈射擊。短短幾分鐘內，就有四架格魯曼戰機被擊落。最先被擊墜的是曼吉斯（Herb Menges）少尉，他的座機撞進一棟面海的住宅，引燃的大火將飛機燒成灰燼。曼吉斯在艦隊服役了十三個月，是第二次世界大戰中第一位陣亡的美國海軍戰鬥機飛行員。

幾秒鐘後，艾倫（Eric Allen）中尉的座機也數度遭防砲命中而起火。儘管高度過低，他還是爬出飛機，並拉開他的降落傘，但在下降過程中仍持續遭到射擊，直到落入布滿油汙的海水裡。落海的艾倫身負極重的內傷，一名岸上的水兵又開槍擊中他。這位三年前才從海軍官校畢業、年方二十五歲的飛行員憑著堅強意志力在海面游泳，最後被一艘掃雷艇救起，然後緊急送往基地醫務室。

其他四架戰鬥機別無他法，唯一能做的就是關掉機上所有的燈、收起機輪，然後加足馬力從持續不斷的防空砲火中衝過去。赫爾曼（Gayle Hermann）少尉座機的普惠發動機被一枚五吋砲彈直接命中，所幸沒有爆炸。赫爾曼置身越來越密集的防空砲火中，只得調轉機頭，迫降在福特島上的高爾夫球場。但在那裡，赫爾曼遭到一群殺紅眼的陸戰隊瘋狂射擊。不過赫爾曼毫不驚慌，他把降落傘夾在腋下，徒步走向第六戰鬥機中隊的機棚。後來，他回到現場，在他那架F4F戰機強韌的機身上，數到了十八個彈孔。

在這個時候，赫貝爾對飛到海軍航空站已不抱任何希望，遂轉頭朝惠勒機場（Wheeler Field）飛去，希望陸軍能對他友善一點。但他的座機因為中彈而嚴重受損，只能在熱帶的黑夜中勉強向東飛行，最後墜落在一片甘蔗田裡。赫貝爾的野貓式戰鬥機翼尖著地，機尾整個折斷、彎到機鼻上方，整架飛機近乎解體。目擊者從殘骸中將不省人事的飛行員拖出來，然後把他送到斯柯費爾德軍營（Schofield Barracks）。

對大衛・弗林（David Flynn）少尉而言，一九四一年十二月七日不僅是他二十七歲的生日，也是他一生中最值得紀念的日子。由於無線電故障，他只得隻身朝伊娃島的海軍陸戰隊機場飛去，但在飛到距機場跑道只剩四英里時，他的座機發動機故障，迫使他在黑暗中棄機跳傘。落地時，弗林摔傷了背，但仍忍痛在野地點起一把火，附近士兵隨即趕到，將他送往崔普勒醫院（Tripler Hospital）。

最後是能力傑出、向來直言不諱的丹尼斯（Jim Daniels）少尉。他猛踩節流閥朝西南方飛去，躲過濃密的防空砲火，隨後又聯絡上福特島機場塔台，並在塔台指引下順利降落在機場。當丹尼斯從五十英尺高度，從擱淺的戰鬥艦「內華達」號（USS Navada，BB-36）前桅樓附近飛越時，又遭到艦上水兵和附近希甘姆機場（Hickam Field）守軍的猛烈射擊。

丹尼斯回憶道：「不久之後，我的機輪接觸到了跑道。但我落得太後面了，眼看就要撞上兩部停在跑道末端的緊急應變卡車——我猛踩煞車，讓飛機在跑道旁的高爾夫球場上整整轉了一圈。」丹尼斯在離赫爾曼迫降地點沒有多遠的地方停下，然後重新啟動飛機，朝飛行線滑行。丹尼斯不清楚究竟是哪一個海軍陸戰隊員幹得好事，只記得一個陸戰隊員舉槍朝飛機掃射，差點打爆他的頭。

從軍官宿舍的窗戶，丹尼斯看到戰鬥艦亞利桑那號的殘骸依舊烈焰沖天。他找到了一支還能用的電話，幾分鐘後就和居住在珍珠城的妻子通上了話。他後來評論道：「我是一九四一年十二月七日那天，全海軍中最幸運的人。」

次日清早，消息傳來，艾倫因為傷勢過重、不治身亡，而赫貝爾也因為顱骨破裂不幸去世。在那可怕的一天裡，企業號損失了九位飛行組員和十一架飛機。唯一的戰果，就只有那架與沃格特座機互撞的零式戰鬥機。

珍珠港的震撼場面

十二月八日星期一，燃料將盡的企業號和護航艦減速通過歐胡島外海，朝珍珠港前進。當天傍晚，企業號駛入珍珠港內狹窄的水道。艦上每位軍官、水兵和陸戰隊員終於能從高處，親眼目睹港內慘烈的景像。布滿油汙的海水和燃油燃燒所引發的惡臭，清楚說明了一切。

儘管天色昏暗，但悲慘景像依然清晰可見，尤其是那些平日熟悉的船艦的殘骸，格外令人傷心。

兩個月前差點與企業號互撞的戰鬥艦奧克拉荷馬號，翻覆在福特島旁。驅逐艦蕭號殘破的船骸還在乾塢內；她在三年半前曾陪同企業號前往加勒比海，進行那次刺激的首航。經常被企業號的轟炸機與偵察機中隊拿來當作練習目標的戰鬥艦猶他號，也被炸得很慘。戰鬥艦亞利桑那號被炸得尤其嚴重，讓第六偵察機中隊的感到特別難過，他從官校畢業後所分發的第一艘軍艦就是亞利桑那號。加勒荷說他「非常、非常地憤怒」。

不過，企業號上的許多官兵這時也感到背脊發涼。因為他們意識到，要不是那個「幸運」的風暴延誤了回程，企業號鐵定也會和這些軍艦一樣，被摧毀在珍珠港內。

——

海爾賽靜靜地站了一會兒，然後自言自語地說道：「只要我和企業號還有一口氣在，只有在地獄才能聽到日本話！」

此時的企業號已經成為一個堅實的團隊，一支由職業水兵和飛行組員所組成的完美隊伍。但是在一九四一年，美國國內對是否繼續維持孤立主義的大辯論還沒完全結束。羅斯福總統在那個時間點上所說和所做的並不一致，但這看似矛盾的中立，也只獲得部分人士的讚同。他曾祕密授權在北大西洋採取行動對抗德國，也同意派出一個大隊的僱傭飛行員前往中國對付日本。與此同時，他仍然與東京和柏林維持貌似正常、實際上卻非常緊張的外交關係。

不過，企業號的官兵對這種地緣政治考量，不僅所知不多、也鮮少關心。莫瑞艦長和海爾賽麾下所有官兵，不論服勤的地點是在船艦內部、飛行甲板上方，或是在艦橋上，在內心深處都迫切地想讓敵人付出代價。對羅斯福究竟是要拯救美國還是毀滅美國這種爭論，他們根本不在乎。在艦上，有部分支持新政的民主黨官兵非常尊敬羅斯福；有來自南方、與三K黨有淵源的民主黨官兵鄙視羅斯福；有出身華爾街的共和黨官兵曾在連續三次大選中興高采烈地反對羅斯福；還有許多人則是因為年紀太輕，還沒有投過票。

企業號的官兵誓言，要向日本連本帶利的討回這筆血債。企業號不僅僅是參加一場大戰，而是要去復仇。艦上的老兵奧格勒斯比（Bobby J. Oglesby）的感受，反映了許多同袍的心聲。他說道：「艦上每位官兵都深信，我們的職責就是去報珍珠港的仇。我們在十二月八日進入珍珠港時，舉目所見都是燃燒中的船艦，所聞到的盡是死屍所散發的惡臭。靠港後，每個人都瘋狂地替船艦重新添加燃料、補充彈藥，想盡快返回海上殺敵。我在幾個月後離開企業號時，殺敵的渴望依然在我的心中沸騰，即使在我回到美國本土很長的一段時間後，仍未完全平息。」

東京方面完全沒有意識到，他們已經將企業號轉變成日本帝國最恐怖的敵人。

獵殺潛艦

此時，敵軍依然觸手可及。

日本帝國海軍「伊七〇」潛艦全長三百四十四英尺，於一九三五年開始服役。一九四一年十一月二十三日，在艦長佐野孝夫中佐的指揮下，伊七〇號連同其他兩艘姊妹潛艦從瓜加林環礁（Kwajalein Atoll）啟航前往夏威夷。他們預定部署在歐胡島南方，等待十二月七日早晨的到來。

十二月十日，「伊六」潛艦發送一份報告，指出有一艘美國航艦正在朝東北方航行。隨即，瓜加林環礁傳來一道命令，要求所有潛艦立刻追擊這艘航艦，務必將她擊沉。但企業號此時也正在搜尋她的獵物；從當天早上起，至少有四架飛機對日本潛艦發動攻擊。雖然沒有具體戰果，但情況再清楚不過，夏威夷海域有大批日本「伊」型潛艦出沒。

有這麼多與日本潛艦接觸的消息，使海爾賽顯得既擔心、又急於求戰。在快到中午時，海爾賽派出偵察轟炸機前往稍早曾發現日本潛艦的水域，希望能有所斬獲。狄金遜奉命出擊，由於他原本的機槍手米勒已經在星期天上午陣亡，遂由加勒荷上尉的後座無線電士梅里特（Thomas E. Merritt）頂替。梅里特是一位非常可靠的無線電士兼機槍手，讓狄金遜感到十分欣慰。

無畏式朝南飛行，尋找敵人在六個多鐘頭前留下的蹤跡。到達任務區後，狄金遜開始進行擴張式箱型搜索，先朝南飛二十英里，再向東飛三十英里，然後再向北飛四十英里。當時能見度十分良好，幾乎超過二十英里，海面湧著白色的浪花。

狄金遜在任務區北部角落搜索時，發現在東北方大約十五海浬，有一艘大型潛艦在海面航行。他簡直不敢相信自己的好運。他立刻發電表示「準備與敵人接戰」，然後開始爬升進入攻擊姿態。

在爬升過程中，狄金遜將飛機所攜帶的五百磅炸彈完成「備炸」，測了測風向（風幾乎正對著他鼻子吹來），然後開始從空中發動攻擊。眼前，他最擔心的是他的獵物會突然停止航行、迅速潛入海中。他說：「倘若這艘日本潛艦躲進海中，我無法想像我會有多失望。」

佐野中佐卻不打算這麼做，反而下令部屬用甲板上的兩門砲朝飛機開火。日本人的砲彈在飛機四周爆炸，讓狄金遜想到這已經是他在四天內，第二次遭到敵火攻擊，而他已經厭倦了老是挨打。

同一時間，梅里特也在善盡他的職責，不斷地詢問「炸彈完成備炸了嗎？」梅里特接二連三地詢問同樣的問題，惹得狄金遜厲聲怒吼：「炸彈已經備炸了。看在老天的份上，趕快把它丟下去！」

在狄金遜進行攻擊航路的這八分鐘內，這艘潛艦動也不動，只管用艦上的兩門砲不停地朝狄金遜射擊。這顯示這艘潛艦很可能已在先前其他美軍的攻擊中受損，但艦上的自動武器仍舊密集地朝飛機開火。

狄金遜伸展襟翼，將操縱桿猛力往後拉，揚起機首騰空而去。

狄金遜事後寫下：「當飛機朝下俯衝時，我可以看到那些野蠻人還在持續不斷地射擊。」然後他投下了炸彈，接著猛催油門，同時向後猛拉操縱桿。

這枚重達五百五十磅的炸彈命中了艦體中央部分，然後爆炸。當狄金遜繞了一圈回到現場後，他注意到只有一門砲還在射擊，但這艘大型潛艦正逐漸朝海中翻覆。幾分鐘後，伊七〇潛艦就從視野中消失，只有一層油沫殘留在海面。接著，一聲巨響傳來，這艘殘破的潛艦就此沉入海中。

在返航途中，狄金遜透過機內通話系統對後座的梅里特說：「好在你沒有讓我忘記替炸彈完成備炸。」

這是企業號戰績紀錄的第一筆進帳。

十二月十日的戰果，讓企業號更是卯足了勁、全力對付潛艦。十天後，企業號的艦載機又轟炸另一艘潛艦，但飛行員卻不具備狄金遜對船艦的識別能力和精確度——他們攻擊的是美軍潛艦「鯧鯵」號（USS Pompano，SS-181）。這艘潛艦在這次烏龍攻擊中倖存，然後在一九四三年失蹤前，用魚雷收拾掉了五艘日本船艦。

不過，反潛作戰有得有失。一九四二年一月十一日，沙拉托加號在歐胡島西北方海域被一艘日本潛艦所發射的魚雷命中。沙拉托加號不得不蹣跚地駛離戰場，以便修理並進行現代化的改裝工程，一缺席就是五個月。這使太平洋艦隊只剩下企業號和萊克辛頓號兩艘航艦，所以美軍緊急從美國東岸調來約克鎮號，於一月份順利抵達。遊騎兵號和胡蜂號則仍留在大西洋戰區，而約克鎮級的最後一艘大黃蜂號，此時還在諾福克港進行試航。

一九四二年一月十六日，一架無畏式俯衝轟炸機墜毀在企業號的飛行甲板上，負責操作攔截索的勞恩（George Lawhon）士官長被機上拋出的機輪砸中，身負重傷。勞恩是第一批在企業號上服務的官兵，此時已在艦上服役超過三年，是一位十分熟悉飛行甲板設備且善於創新的行家老兵。他在第二天就因為傷重不治，是企業號上第一位在非戰爭行動中死亡的官兵。

在發生墜機意外的同一天，機工士官長迪克森（Harold F. Dixon）和其他第六魚雷轟炸機中隊的毀滅者式，從航艦上起飛執行搜索任務。巡邏任務快結束時，迪克森發現自己迷航。他於是用無線電和航艦連絡，要求航艦提供方位，但一切都太遲了。他最後發出的訊息，是他正試圖迫降在海面上，然後就再也沒有人收到迪克森、軍械士帕斯圖拉（Anthony J. Pastula）和無線電士阿德利希（Gene D. Aldrich）等人所發出的消息。

這三位機組員知道自己麻煩大了。一位飛行員指出：「在戰爭的第一年，根本沒有海空聯合搜救這檔事，每次飛行都可能是最後一次。」

迪克森將這架大型的道格拉斯飛機降落在海面上，飛機在停下前彈跳了二次。三位機組員只有少量補給品，縮在一艘長八英尺、寬四英尺的橡皮艇上，面對未知的命運。一架飛機從他們頭頂上飛過，卻沒有看見這艘在灰色大海中的小黃點。儘管如此，迪克森卻根據專業，對這一切看得非常開。他曾回憶道：「我入行已經很久了。我知道我們的司令官不會讓整個艦隊冒著風險，派人執行機會渺茫的搜救任務，來尋找我們三個人。畢竟，我們現在正在打仗……這一切不過是簡單的軍事邏輯。」

這三位機組員穿著身上僅有的單薄衣物，開始長達五週、極度難熬的海上漂流，但最後得以倖存。他們靠偶爾補獲的魚、鳥、海藻，以及雨水和最原始的勇氣努力存活下來。他們不知道接下來還有什麼事等著他們，在精神和肉體上都承受巨大的痛苦，但他們就是拒絕向太平洋低頭。

最後，這三位嚴重脫水、飢腸轆轆、衣不蔽體、全身上下嚴重曬傷的機組員，在漂流三十四天後，成功地踏上一個叫普卡普卡（Pukapuka）的小島，離他們迫降地點約七百五十英里。海上的眾神和風暴眷顧著這些企業號的官兵——如果他們再晚一天登島，就有可能死於一場海上風暴。

該我們出手了

一九四二年一月十一日，企業號奉新任太平洋艦隊總司令尼米茲（Chester Nimitz）上將之命，再度出擊。尼米茲上將是一位頭髮花白的德州人，一心只想趕快對敵人展開反擊。在無戰鬥艦可用的情況下，他下令派出航艦，對日本所占領、位於夏威夷西南方兩千英里處的馬紹爾群島（Marshall Islands）和吉爾貝特群島（Gilbert Islands）發動攻擊，由數量不明的潛艦提供支援。企業號奉命攻擊馬紹爾群島的三個環礁，約克鎮號則在同一時間向吉爾貝特群島發動打擊。他們對敵情所知甚少，飛行員即使聽了一個小時的簡報，也沒有比簡報前多知道多少。

但這一切都不重要。攻擊在二月一日發動，由海爾賽所指揮的第八特遣艦隊首先襲擊瓜加林環礁、馬洛拉普環礁（Maloelap）和沃結環礁（Wotje），但美國所不知道的是，在這些環礁上駐有三十架日本戰鬥機和九架雙發動機轟炸機。企業號官兵的心情之激動可想而之，他們終於有機會反擊這些狡猾的敵人，替陣亡的同袍復仇。

二月一日攻擊發起日當天，企業號的副長基特中校有感而發，寫下了幾首詩。基特曾在一九二四年的奧運會上，代表美國參加跨欄競賽；雖然他在詩歌上的造詣無法和運動成績相提並論，但卻真實反應出內心的感受：

以眼還眼，以牙還牙。

這個星期天該我們出手了，勿忘珍珠港。

按照計畫，飛行員將在凌晨三點四十五分就位，這意味著他們需在三點鐘起床和吃戰鬥早餐。在擁擠的軍官艙中，到處飄散著熱咖啡、吐司麵包和燻肉等食物的味道。美國海軍飲用爪哇咖啡像軍艦吃油一樣，但艦上還是替那些不喜歡喝咖啡的人準備了罐裝果汁。

這些穿著卡其制服軍官的反應各不相同。有些人安安靜靜地用餐，有些人則一直喋喋不休，不知道是很認真在說話，還是因為焦躁所致。有一、兩個沒有食慾的人離開餐桌，跑去找房間內的長官。有些人，例如在珍珠港被空襲時僥倖逃生，然後在開戰後擊沉第一艘日本潛艦的狄金遜，則突然食不下嚥。他說：「嘴裡的那顆雞蛋好像突然開始膨脹，感覺只比一顆網球小不了多少。我一把抓起吐司、塞進嘴裡，然後喝一大口水把它吞進去。」在用完簡單的早餐後，狄金遜向第六偵察機中隊的待命室報到。

就在此時，企業號從北方向沃結環礁前進，準備下令艦載機起飛。其他巡洋艦也向其他島嶼靠近，準備用艦上的六吋或八吋艦砲實施岸轟。受限於戰鬥機和魚雷轟炸機的航程，空中攻擊的打擊半徑最遠為一百五十英里。

在滿月月光照映下，飛行甲板排滿等待起飛的艦載機。飛行員和機槍手爬進他們的座機，各自進行例行性檢查；然後，他們停下動作，用最虔誠的態度、簡短地向上帝禱告：「全能的主，請別讓我給搞砸了。」（foul up，也就是搞砸的意思。也許有少部分人說漏了一個 up 字，使禱告詞聽起來像是

「讓我犯規」。）有些天主教徒還在胸前劃十字。但大多數的飛行員則將注意力集中於座艙中的例行公事，使自己在掛載真槍實彈起飛前，盡可能不要胡思亂想——他們知道在回來之前，有些現在還活著的同袍，很可能會陣亡。

首次戰鬥任務對飛行組員們來說，是一個里程碑。這是存在於時間和空間中的一道界線，一旦成功跨越，就會從一名訓練有素的空勤人員，轉變成一名空中戰士。除了那些在無意中被捲入珍珠港事變的人，對大多數飛行組員來說，空襲吉爾貝特和馬紹爾是他們的首次戰鬥任務。這些菜鳥們故意裝成若無其事的樣子，例如第六魚雷轟炸機中隊的無線電士格瑞茲就回憶道：「不管在什麼時候，我都沒有感覺到絲毫的緊張，但在去程中，我用尿桶尿了四次，在回程時又用了五次。看來，我遠比自己所以為的緊張得多。」

黎明前十五分鐘，楊格大隊長首先起飛。三十六架無畏式偵察轟炸機和九架毀滅者式魚雷轟炸機接續著起飛，極度忙碌的一天開始了。

企業號艦載機共發動四波攻擊：轟炸機與偵察機中隊負責空襲瓜加林環礁，緊接著由一小批戰鬥機跟進攻擊馬洛拉普環礁和沃結環礁，而戰鬥機也要趕在轟炸機前面，飛臨日軍機場上空掃射敵機。

第一天的空中攻擊引發一場很棒的空中纏鬥。格雷上尉所率領的野貓式戰鬥機四機分隊，在接近馬洛拉普環礁的塔洛亞島（Taroa）時，迎頭碰上正在進行晨間巡邏的敵機。這二架沒有座艙罩、起落架固定的老舊戰機是三菱重工所生產、型號為A5M的「九六式艦載」戰鬥機。後來，美軍替這型戰機取了一個綽號：「克勞德」（Claude）。

格雷麾下的每架F4F戰鬥機都掛載一百磅的炸彈，以便轟炸日軍機場。當拉維（Wilmer E. Rawie）中尉的飛機從對地攻擊中拉起時，發現前方有三架日本飛機正加速逃離。拉維愛死他眼前的一切，這幾架日本飛機有如盤中的美食一樣任他宰割；他猛踩油門，從敵機的後上方追過去。

與其說這是戰鬥，不如說是單方面的屠殺，這是每位戰鬥機飛行員最夢寐以求的位置。拉維將瞄準鏡對準那三架日本飛機中最右邊的僚機，然後按下操縱桿上的扳機——拉維機上的四挺五〇機槍立刻將那架三菱戰機輕薄的機身啃成碎片，然後又瞬間變成一團火球，在清晨的天空之下，格外醒目。

第六戰鬥機中隊在剛剛的戰鬥中，贏得了美國海軍戰鬥機飛行員自一九一八年以來首次的空戰勝利。不過，美軍飛行員沒有注意到，被擊落的日本飛行員成功跳傘逃生。

拉維將飛機爬升到其他「克勞德」的前方，然後做了一個困難的迴轉，以便對頭攻擊這些日本飛機。迎面而來的是日本海軍飛行士官阿武富太，但這兩位飛行員都沒有機會向對方的機鼻開火，這二架飛機遂在空中彼此互相追逐，宛如一場高速的懦夫博弈。

雙方平分秋色。

當拉維駕機從阿武富太的機翼尖端高速掠過時，他感覺他的野貓式戰鬥機機腹好像被撞了一下。不過，這款由長島工廠所製造的戰鬥機，正因為機體結構強韌，被暱稱為「格魯曼鋼鐵機」。但那架三菱戰鬥機就慘得多：它的翼尖被折斷，副翼也遭重創。阿武富太緊急迫降成功，得以在日後繼續駕機升空作戰。

交戰仍在進行，戰志昂揚的拉維降低高度，從低空掃射日軍機場。但他的機槍卻在此時故障，僅存的第三架「克勞德」也用七點七厘米機槍對他開火。拉維加大普惠發動機的馬力，迅速脫離戰場、準備返航。

第六偵察機中隊由中隊長霍平率隊攻擊若伊島（Roi Island）。當霍平帶領第一支分隊向機場俯衝，中隊其餘機群在上空盤旋，為攻擊待命。加勒荷看到了那電光火石的一瞬間：「老霍做了一個非常淺的俯衝，我則率領我的第二分隊轉了一個圓圈，預備盡快往下衝……但這時，天空出現日本的戰鬥機，我看到老霍的機尾被擊中，隨即墜入海中。然後，這些敵機開始朝我飛來，我們都開火向對方射擊。當這架日本飛機爬升時，我突然來了個急轉彎，使後座機槍手得以將一連串的子彈打在敵機身上。」

加勒荷將兩枚一百磅的炸彈投在日軍機場上，但留著另一枚五百五十磅的炸彈轉往瓜加林港，攻擊據報停泊在那裡的日本軍艦。他選了一艘排水量五千八百噸的防空巡洋艦「香取」號作為目標，然後率領僚機進行攻擊。在俯衝過程中，加勒荷作了一個八字迴旋、然後迅速改正，以便對狀況有清楚的掌握，接著投下炸彈。當加勒荷奮力掙脫地心引力、拉起飛機向上爬升時，他瞥見那顆炸彈命中香取號艦尾。

同一時間，執行首次作戰任務的毀滅者式魚雷轟炸機也飛抵瓜加林港。在林賽少校帶領下，九架飛機共投下了五十四枚炸彈，但只對日本人造成輕微的損失。在他們返航前，一個錯誤的警報突然傳來，指出在環礁的潟湖中有兩艘航艦，促使他們進行第二次出擊。由於出現新的敵情，使這次出擊改由對狀況了解最多的馬賽（Lance Massey）少校領軍，率領九架飛機進行美國歷史上的首次空投魚雷攻擊。這群魚雷機以慢速在低空進行漫長、沉悶的飛行，緊跟在一艘運輸艦和兩艘油輪之後。

當機群進入潟湖，羅巴赫少尉的後座無線電士格瑞茲雙手緊握著機槍。雖然天空不見日本戰鬥機的蹤影，格瑞茲卻已開始感受到防空砲火在四周爆炸，同時也感受到飛官已決定發動攻擊。格瑞茲說：「他已經把速度降到低於九〇節，離水面可能只有五十到六十英尺。當飛機距目標五百碼時，他沒有投下魚雷、繼續前進，直到距目標只剩二百五十碼到三百碼時，他才投下魚雷。」當一噸重的魚雷從機腹投落時，格瑞茲覺得整個飛機突然向上飄了起來。

羅巴赫不顧飛機爬升時可能會成為日軍絕佳射擊目標的風險，將座機下降到接近海浪頂端的高度。在近距離投下魚雷後，羅巴赫的飛機以近乎甲板的高度，從日本船艦上飛過。格瑞茲說道：「我看見甲板上的日本機槍手正要旋轉槍身，以便朝我們射擊，所以我朝他所在的方向射擊了一長串子彈，阻止他開火。」

羅巴赫將飛機飛到預定的會面點，發現在那裡只有另外五架毀滅者式。格瑞茲當時內心一沉：「我們有九架飛機衝進去，卻只有六架安全脫離。」懷著哀傷、憂鬱的心情，剩下的毀滅者編隊返回航艦。

突然間，飛機上的無線電響起；第三分隊分隊長回報，他率領分隊的三架飛機正在返航途中。第六魚雷轟炸機中隊全員到齊。大家高聲歡呼，得知戰友平安的喜悅，是非當事人難以體會的。毀滅者機群的空勤組員宣稱有四枚魚雷命中目標，但只有一枚在稍後獲得確認。

企業號的空勤組員在瓜加林環礁擊沉一艘六千五百噸的運輸艦「波爾多丸」，還擊傷巡洋艦香取號，另外造成一艘潛艦和七艘其他船隻受損。一位毀滅者式的飛行員在無意間立下大功：一枚由他投下的炸彈穿透日軍在瓜加林的司令部的屋頂，炸死了日本海軍少將八代祐吉。八代祐吉是日本帝國海軍在二次大戰中首位陣亡的將領，那天剛好是他五十二歲生日。

但日本人也沒有坐以待斃。當天上午，他們派出八架有著雙發動機、雙尾翼的「三菱」轟炸機（九六式陸上攻擊機），由果敢的中井一夫海軍大尉率領，向美軍艦隊發動攻擊。這群轟炸機炸傷了美國巡洋艦「卻斯特」號（USS Chester，CA-27），造成艦上八人陣亡，然後返回基地重新裝彈。

企業號的艦載機也一再掛彈出擊。當天下午對塔洛亞島的攻擊，是由迪克·貝斯特的第六轟炸機中隊領軍。他在這次大戰所扔的第一枚炸彈摧毀了一座機棚（「那場面超美的。」貝斯特說），但當他拉起飛機、從目標區上方飛過時，眼前突然冒出兩架日本「九六式」艦載戰鬥機。

貝斯特顯得異常鎮定。他先前曾在傳奇性的「飛行士官長」（The Flying Chiefs）中隊服勤，[2]還是該單位為數不多的幾位軍官之一。由於貝斯特曾在該單位以照相槍實施空中對抗演習時擔任過目標機，他知道該如何從眼前的處境脫身。他加速從日本戰鬥機旁飛過，耳朵聽到的盡是七點七厘米機槍

2 譯注：即 VFA-2，一九二七至一九四二年之間以飛行士官為飛官的戰鬥機中隊。

彈打在自己飛機上的聲音。平安返回企業號後，他在飛機上數到四十多個彈孔，但只有兩個在座艙附近。貝斯特甚至用專業、彷彿事不關己的口吻指出：「其他四十幾發子彈，則是打在機尾和左翼尖附近。」

在首度出擊的四個半小時後，企業號的轟炸機由霍林斯沃斯（Holly Hollingsworth）領軍，出發執行當天第二波攻擊任務，目標仍然是馬洛拉普環礁的塔洛亞機場。霍林斯沃斯帶領轟炸機群從一萬三千英尺開始俯衝，九架無畏式用五百磅和一百磅的炸彈，橫掃日軍機棚與機場上停放的飛機，然後漂亮地全身而退。

二月一日一整天，企業號始終在沃結環礁目視可及的海域內活動。或許是意識到他的好運應該已經用得差不多了，海爾賽下令艦隊停止攻擊，開始調頭脫離。但海爾賽千算萬算，還是漏算了積極進取的中井大尉。當天下午過後，中井又率領五架轟炸機回來攻擊美軍；這些雙發動機的九六式轟炸機在雲中穿進穿出，成功躲過大多數巡邏的美軍戰機。雖然科瓦迪（Frank Quady）中尉與荷森（Norman Hodson）少尉開火擊中了中井的飛機，但這架轟炸機隨即向側面傾斜、壓低機首，快速地朝企業號衝過去。這是企業號首度置身於敵火之下。

這時在企業號上，官兵們只要抬起頭，就可清楚看見這架轟炸機有如高空烏雲般的身影。穆特（Elias B. Mott）中校當機立斷，他下令：「右舷開火！」企業號的砲手們開火射擊，這架轟炸機隨即籠罩在高射砲彈的彈幕中。同一時間，莫瑞艦長也忙得不可開交，他不斷往返於在舵輪和艦橋的窗戶，以掌握敵機位置，情急之下甚至還親自操舵。企業號以三〇節的速度在海面疾馳，並不斷地左右改變航向，讓轟炸機無法瞄準。

中井的轟炸機群在企業號三千英尺上空投下炸彈，大部分是朝企業號的右舷飛來；不過最後只有一枚炸彈命中左舷，引發一場小火，但很快就撲滅了。

當這群轟炸機投完所有炸彈飛離後，有一架突然折返，機身還拖著長長的煙霧——駕駛這座分機的人正是中井大尉。中井的座機被美軍戰鬥機和高射砲打得遍體鱗傷、嚴重受損；他知道這架飛機絕對無法飛回基地，遂決定與美軍來個同歸於盡，以不負天皇和國家的期待。中井的飛機朝企業號艦尾衝過去，艦上水兵目瞪口呆地看著眼前的景象：一架大型、注定死路一條的轟炸機正決心朝他們發動自殺攻擊。

企業號所有的防砲都開火射擊，卻無濟於事。這架九六式轟炸機的兩個發動機早已冒出熊熊火光，但它仍然繼續接近、正對著停滿飛機的飛行甲板而來。

目擊者指出，在這個關鍵時刻，莫瑞艦長親自掌舵，來了一個急右轉，整個飛行甲板因此向右傾斜；而這架轟炸機卻沒能調整方向，機上的飛行員此時可能已經陣亡。

在企業號的飛行甲板，機械士蓋德（Bruno Gaido）跳進一架編號「S－5」的無畏式後艙，架起白朗寧機槍朝日本轟炸機就是一輪猛射。在蓋德的三〇機槍彈，以及艦上的五〇機槍和一點一英寸砲所形成的彈幕中，這架起火的轟炸機突然向右急轉，從企業號的左舷往右舷掠過整片飛行甲板上空，其右翼翼尖幾乎從蓋德那架無畏式的尾翼前方擦過。

這架轟炸機機翼斷裂，破損的機翼在狹窄的甲板上旋轉，把高揮發性的燃油灑得到處都是，機體其餘部分則墜入海中。

蓋德往後看了看日機殘骸，他的機槍還在發燙。中井大尉的飛機機翼與無畏式擦撞，就在距離蓋德座位不到十英尺的地方。

但企業號和中井大尉麾下其餘人員的恩怨還沒完。在他們的指揮官壯烈犧牲後兩個半小時，又有兩架轟炸機找上美國特遣艦隊。他們無視美軍的戰鬥機和高射砲，在下午班駁的天空中奮力前進，然後朝美國航艦丟下每枚重達五百五十磅的炸彈。不過，莫瑞艦長的表現十分傑出，他精準地推算炸彈的彈道，下令航艦來個左滿舵，閃過了這些炸彈。

當這兩架轟炸機調頭準備脫離時，他們遇上了第六戰鬥機中隊。中隊長麥克勞斯基（Wade McClusky），和另外兩架由米洪（Roger Mehle）與丹尼斯駕駛的戰鬥機擋住日機去路，然後開火射擊。他們擊中這兩架日本飛機好幾次，但就是未能將他們擊落。於是，丹尼斯加足馬力衝上去，在近距離朝日機就是一輪猛射，把這架日本飛機打得熊熊火起，然後進入死亡螺旋、朝海面墜落。丹尼斯高興地大叫道：「成功了！我幹掉一架了！」丹尼斯曾在一九四一年十二月七日那天，因為日本偷襲而差點命喪美軍砲火之下；對他來說，此刻的感覺很複雜：「我覺得非常棒，但同時也覺得非常恐怖。」

在沃結環礁之役，美日雙方都展現出勇氣與決心，這將會是一場漫長的戰爭。

開始攻擊後的十四個小時內，企業號艦載機一共出擊了一百五十八架次，平均每位飛行員飛超過兩次，有些飛行員甚至出了好幾次任務。在這段時間內，企業號為了讓飛機起降，一共頂風前進二十二次，使飛行甲板的地勤人員一刻也不得閒。事實證明，企業號花在快速升降機上的錢花得一點都不冤枉；它使企業號可以快速地將飛機從飛行甲板下降到機庫，然後再從機庫把飛機送上飛行甲板。

分析指出，在此次作戰中，企業號的飛行大隊擊沉一艘日艦，另有八艘水面艦和一艘潛艦被擊傷。然而，企業號所付出的代價也不輕：一共損失七架無畏式俯衝轟炸機，其中一架的機組員於飛機墜海時獲救；另外還損失一架野貓式戰鬥機，飛行員則在飛機墜海時不幸淹死。

———

企業號於四天後回到珍珠港，等著他們的是盛大的歡迎儀式。當這艘航艦緩緩駛入港區，艦上升起最大幅的國旗，官兵們身著白軍服站在船舷邊，向岸邊鼓掌歡迎他們的人群致敬。港內其他船艦都大聲鳴笛，水兵們則高聲歡呼，而岸上的人群更是不停揮舞手中的毛巾、步槍，甚至拖把。平心而論，吉爾貝特—馬紹爾群島之役算不上是一場了不起的勝利，但美軍勉強算是打勝了，特別是在當時那種連戰皆北、迫切需要一場勝仗的情況下。

企業號在珍珠港停留的時間非常短暫，戰時的宵禁也使找樂子的時間大為縮短。即使掛出「三分鐘三美元」的高價，妓院的人龍還是從店門口一路排到外面的人行道，再延伸到街上。有些猴急的人還嘟囔著：「你不知道現在正在打仗嗎？」部分幸運的傢伙成功搭上「婦女防空組織」（Women's Air Raid Defense）的成員，這個組織的英文縮寫WARD，被一語雙關的戲稱為「孩子他爹，我們在等著你」（We Are Ready Daddy）。

在企業號待在夏威夷的十天當中，尼米茲上將為表彰海爾賽在最近這段期間的努力，頒給他一枚「特殊功績勳章」；在當時，這是僅次於「國會榮譽勳章」、在海軍中排名第二的勳章。雖然幾個月後，「海軍十字勳章」取代了這枚勳章排名第二的地位，但某些獲頒「特殊功績勳章」的人仍然認為，高級軍官只有在展現傑出的指揮能力時，才會獲頒此種勳章。

在獲頒勳章的當天晚上，海爾賽出現在機庫甲板的例行性電影放映會中；他的現身引發一陣騷動，維持秩序的軍官一再下達「起立、肅靜」的命令。海爾賽指示所有人坐下，但他自己仍然站著。在場官兵察覺到，這老頭子肯定有話要說。

面對這群跟隨他進入戰場的菜鳥和老兵們，海爾賽舉起手中的「特殊功績勳章」，用他低沉的嗓音大聲說道：「我簡單說幾句，我只想告訴你們，你們真他媽的令我感到前所未有的驕傲！」

然後他坐下，放聲大哭。

前往威克島

企業號在威克島還有未竟之業。一九四一年十一月底，她曾奉命將陸戰隊的戰鬥機送往威克島，然後在十二月七日返回珍珠港。島上格外足智多謀的陸戰隊，憑者少數幾架野貓式戰機，奮力對抗數量遠較龐大的日軍，並堅守到十二月二十三日才被攻陷。現在，復仇的時刻到了！一九四二年二月二十四日清晨，三十六架艦載轟炸機，加上好幾艘巡洋艦和驅逐艦，已準備好要狠狠痛擊威克島上的日本駐軍。

第六偵察機中隊的加勒荷上尉通常會領先艦上的其他無畏式機群，第一個從甲板起飛。但這天，他一點都不想繼續保有這個榮譽。當他坐進飛機駕駛艙，整個座艙罩盡是黎明前大雨所造成的濃密雨點，使他幾乎什麼都看不到。高速旋轉的螺旋槳，加上發動機運轉排出的廢氣，形成一種令人毛骨悚然的景象——活像在聖像頭部光環燃燒的火焰。

但無論如何，任務總是優先。起飛管制官揮手示意，加勒荷只得硬著頭皮加油門，同時用手輕輕將方向舵推向右方以抵銷扭力，然後將飛機滑向定位。雖然他幾乎什麼都看不見，但還是成功完成了首次、甚至可能是唯一一次單靠儀器從航艦起飛的紀錄，這是一個近乎奇蹟的成就。

第二個起飛的是塔夫少尉，另一位在珍珠港事變中存活的老手。但在昏暗、閃爍不定的燈光下，塔夫失去方向感，他的飛機撞上砲座，然後從甲板邊緣翻落海中。當飛機墜海時，塔夫被拋出機外（當時飛機上還沒有從肩部固定的安全帶）。他因頭部撞擊海面而失去意識，還好刺骨的強風使他及時甦醒。塔夫被一艘驅逐艦救起，但後座機槍手兼無線電士金克斯則不幸身亡。塔夫的飛行生涯因為一眼失明，在這天清晨劃下了休止符。但儘管如此，他仍繼續在海軍服役，到日本投降時已經官拜少校。

當後續起飛作業因意外和惡劣天候而延遲，加勒荷只好在天空中不斷地兜圈子。當天氣好轉，五十多架各型飛機陸續從潮溼的甲板上起飛，還花了不少時間在空中編隊，然後才飛往威克島。這次任務取得不錯的戰果；美軍摧毀島上的儲油槽和許多建築，但佛爾曼（Percy Forman）少尉的座機被擊落，他和他的機槍手都被俘。似乎，第六偵察機中隊總是會承受最慘重的損失。轟炸機飛行員戴波特．海爾賽（Delbert Halsey）少尉，他因為姓氏與司令官相同，常常成為同袍開玩笑的對象。這位少尉雖然不是司令官的親戚，卻是一位積極主動的年輕飛行員；當他駕機搜索敵軍船艦時，在威克島以東發現一架水上飛機，就改變航向追上去。然而，這架川崎重工所生產的大型水上飛機速度頗快，很快就把追兵甩開，讓海爾賽少尉別無他法，只得不斷呼叫支援。在附近巡邏的麥克勞斯基透過無線電表示：「我們來收拾他。」

靠著從一萬五千英尺向下俯衝來增加速度，這幾架F4F戰機追上了這架四發動機的偵察機。麥克勞斯基和他的僚機飛行員拜爾（Ed Bayers）少尉，很快地就使這架日機的兩個發動機起火，然後麥克勞斯基麾下的第二分隊上前。已經擊落兩架敵機的米洪中尉向來以具侵略性而聞名（他在海軍官校的學弟記得米洪「活像大廳盡頭的黑色魔鬼」），但米洪知道他在駕駛戰鬥機上的能耐。他駕機穿過濃煙，然後在近距離開火射擊，直到目標在他眼前爆炸為止。返航後，米洪發現機翼上被嵌上了紀念品：一塊刻有「一九三八」字樣的日本飛機配件。

另一方面，海爾賽麾下的兩艘巡洋艦和兩艘驅逐艦，也對威克島造成一些輕微的損傷。

奇襲馬可斯島

八天後，即三月四日，企業號又執行一次作戰任務，對馬可斯島（Marcus Island）發動迅速打擊——這是一次大膽的躍進，因為攻擊目標距日本東南部本土只有不到一千英里。由於航程太遠，海爾賽決定只由巡洋艦護航前往，讓航程比較短的驅逐艦，連同油料補給艦在原地待命。

事後回憶此次任務時，加勒荷說道：「為了振奮人心，我們航行了很長一段距離，對距離日本如此之近的小島發動奇襲。」

企業號再次於熱帶滿月的月光下，在據攻擊目標約一百四十五英里的海面讓機群起飛。但當攻擊機群出發時，天空的雲層使飛行員陷入一片黑暗中。對楊格大隊長麾下，由三十七架各式飛機組成、大部分飛行員都還很生嫩的機群而言，要在這片涵蓋四千英尺以上高空、厚密的層積雲中飛行，無疑是莫大的考驗。飛行員在紅燈不停閃爍的座艙中，費力盯著眼前各種儀器：姿態儀、轉彎傾斜指示儀和空速表等。他們在雲層中慢慢爬升，以避免與友機互撞。

當他們爬升至一萬五千英尺後，終於穿雲而出。空勤人員開始呼吸從氧氣瓶中送來的氧氣，覺得自己好像是停在灑滿月光的雲層甲板上。由於看不到海面，飛行員在航程大多數時間裡，只能仰仗航位推算，也就是基本的時間與航向來飛行。

企業號的袖裡還有乾坤。

在企業號的雷情中心，包麥斯特（John Baumeister）上尉和空中的楊格持續保持無線電接觸。包麥斯特是一名精明的佛羅里達人，他以優異成績畢業於海軍官校一九三六年班；在學校時，人們形容他是「頭腦清晰、善於思考的人」。包麥斯特確實沒有浪得虛名，他開發出一套全新、以前沒有在戰場上被運用過的程序。他先用油性筆在雷達幕上畫出前往馬可斯島的航線，當雷達訊號顯示攻擊機群的飛行路線往左偏離預定航線後，他立刻拍發摩斯電碼給楊格的後座無線電士兼機槍手，提醒他們修正。

這個方法非常管用。在上午六點三十分，雲層逐漸散開，機群已經可以看見馬可斯島的海岸線，以及深色的海水打在海岸上所湧出的白色浪花。

儘管如此，整個編隊還是十分零散。加勒荷說：「我們不得不花上一段寶貴時間，來重整編隊。」加勒荷讓第六轟炸機中隊先行攻擊，然後率領幾架偵察機跟著衝向目標，在灰白色的卷雲中進進出出。但等他看清周遭情況後，發現高度已經太低，無法使用俯衝投彈。於是，他以滑翔轟炸的方式，投向這座小島。

除了一架以外，其他參與攻擊的飛機都平安返航。人緣很好的希爾頓（Dale Hilton）中尉所駕駛的無畏式俯衝轟炸機，被地面防空砲火鎖定，飛機中彈起火；他在近海來了個海上迫降，然後和他的無線電士雷明（Jack Leaming）——另一名企業號的「甲板主人」——爬進一艘橡皮艇內。他們眼睜睜地看著同袍飛回航艦，然後懷著對落入日本人手中的不安，在小艇上等待救援。後來，雷明描述俘虜他們的日軍「是一群還不錯的人」，但等俘虜們被送到日本本土後，一切都變了個樣。

當企業號在三月十日返回夏威夷後，魚雷轟炸機中隊的副中隊長馬賽調往沙拉托加號，接任毀滅

者式魚雷轟炸機中隊的中隊長。沙拉托加號這回真的撿到寶——馬賽也許是全美國海軍中，實戰經驗最豐富的魚雷轟炸機飛行員。馬賽從小就是老練的水手，在海軍官校就讀時雖然為數學和外語所苦，但最後仍然以優異的成績從一九三〇年班畢業。

三月下旬，資深的戰鬥機中隊長麥克勞斯基接替楊格，出任飛行大隊大隊長。麥克勞斯基推薦格雷上尉接替自己，接掌戰鬥機中隊。由於格雷一九三六年才從海軍官校畢業，此一推薦算得上十分大膽，但還是被上級接受了。

第六戰鬥機中隊還發生了其他的轉變。機翼無法折疊、裝有四挺機槍的F4F－3戰鬥機，被機翼可折起、六挺機槍的F4F－4所取代。這使得原本只能容納十八架戰鬥機的甲板，現在可以容納二十七架。但只有少數飛行員喜歡新款的格魯曼；大部分飛行員抱怨飛機的重量增加了五百磅，馬力卻沒有增加。儘管如此，在接下來這段期間，F4F－4戰鬥機將是美國航艦制式的艦載戰鬥機，直到一九四三年。

未知的目標

企業號的偵察機中隊在最近幾次出擊中，都蒙受了頗重的損失。因此，上級決定在下次任務時，讓加勒荷的中隊留在基地休整，將目前因為沙拉托加號還在整修、沒有航艦可待的第三轟炸機中隊，暫時調到企業號上。黎士禮（Max Leslie）少校麾下的機組員們是一支可信賴的團隊，他們有豐富的經驗，缺少的只是讓他們好好表現的機會。

一九四二年四月八日，企業號自珍珠港啟航，隨行護航的是由沉著、能幹的海軍少將史普勞恩斯（Raymond A. Spruance）所指揮的巡洋艦「北安普敦」號（USS Northampton，CA-26）和「鹽湖城」號（USS Salt Lake City，CA-25），加上四艘驅逐艦和一艘油料補給艦。然而，此次出航的氣氛卻相當抑鬱——因為這一天，菲律賓群島的最後一批美菲聯軍於巴丹島向日軍投降。

企業號離港後的第三天，艦上關於攻擊目標為何的傳言不脛而走，各種純屬瞎猜與看似煞有其事的傳言充斥，但沒有人能提供正確答案。直到四月十二日，艦隊抵達中途島北方海域後，答案才逐漸明朗。在企業號後方，有一艘外形與企業號幾乎雷同的大黃蜂號；後者是企業號的姊妹艦，剛從美國本土趕到。大黃蜂號是約克鎮級航艦的第三艘、也是最後一艘，企業號的官兵以前從來沒有看過她。在大黃蜂號的護航艦加入後，這支艦隊的護航兵力達到四艘巡洋艦、八艘驅逐艦，以及兩艘油料補給艦。

儘管外形相同，但大黃蜂號上有一樣事情顯得很不尋常：在飛行甲板原本停放ＳＢＤ俯衝轟炸機、ＴＢＤ魚雷轟炸機和Ｆ４Ｆ戰鬥機等銀灰色機群的地方，此時卻停放著十六架漆成橄欖綠色、雙發動機的陸軍Ｂ-25轟炸機。這批轟炸機很明顯是要載往某個地方，但要載去哪？

謎底在當天稍晚時揭曉。海爾賽向特遣艦隊全體官兵宣布：「本艦隊的攻擊目標是東京」。

企業號官兵的情緒頓時沸騰，亢奮的尖叫聲此起彼落、響徹全艦。攻擊偏遠的基地已經夠讓人振奮了，更何況是東京！

這支B－25機隊的指揮官，是全美國最炙手可熱的飛行員杜立德（Jimmy Doolittle）中校；他是競賽紀錄的締造者、超級傑出的飛行員，也是一位航空工程師，堪稱是美國那群在兩次世界大戰之間成長的世代的偶像。他和麾下的機組員將前往轟炸東京和其他日本城市，為珍珠港報仇。這批轟炸機計畫在距日本本土約五百英里的海域起飛，前往轟炸選定的目標，然後飛往中國降落。

一九四二年四月十七日，從油料補給艦裝滿燃油後，兩艘航艦和護航的巡洋艦開始朝起飛點高速前進。不過，企業號在當天也一度暫停非必要勤務，讓官兵見證這一歷史性的里程碑。薩姆洛（Howell Sumrall）士官長預備駕駛一架戰鬥機，完成該艦自一九三八年服役以來，第二萬次以尾鈎成功著艦的紀錄。但這個慶祝活動並未持續多久，因為狂風加上巨浪，使降落信號官哈登（Bert Harden）需要有人站在他後面扶著，才能勉強站在落艦指揮平台上。最後，由於四〇節的狂風捲起層層巨浪，整個飛行計畫被迫取消。

每個軍事計畫都不過是一連串隨機應變的起點。正所謂「計畫趕不上變化」，杜立德的任務代號「第一號特別飛行計畫」（First Special Aviation Project）也是如此。四月十八日清晨三點鐘，企業號的雷達監看人員報告，在西南方十海浬的海面，發現有兩個疑似船隻的雷達接觸。一時之間警鈴大作，全艦人員進入備戰狀態。海爾賽下令艦隊向右轉，改變航向朝北行駛，以避免和西南方那兩個雷達發現的「東西」打照面，不管它究竟是什麼。一個小時後，艦隊恢復朝西航行，而日本顯然還沒發現這支美軍艦隊。

首次雷達接觸的三小時後，第三轟炸機中隊的懷斯曼（Osborne "Obie" Wiseman）上尉，從凌晨搜索任務中調頭返回企業號。當他駕機低空橫越甲板上方時，後座人員丟出一個重要的白色信號袋，內容提及他們在艦隊前方四十英里海域，發現一艘日本哨戒船；懷斯曼還報告，這艘船應該已經看到了他們的飛機。

為了在日本還沒有發現前抵達起飛點，海爾賽下令艦隊以二十三節的高速前進；他麾下的軍艦在海中疾馳時，掀起的海浪甚至打上了艦首甲板。

海爾賽的好運用完了。上午七點三十八分，大黃蜂號的瞭望人員發現在海平面上有幾根桅杆，這是日本布下的另一條海上哨戒線。不久之後，特遣艦隊的無線電通訊人員就監聽到用日語發送的報告。

美軍被發現了。

海爾賽下令輕巡洋艦「納許維爾」號（USS Nashville，CL-43）去摧毀這些哨戒船。此外，他別無選擇，只能讓轟炸機比預定計畫提前起飛，這時艦隊距東京還有七百五十英里。

海爾賽指示企業號向大黃蜂號發出下列信號：

請轉告杜立德中校和他英勇的隊員們，
祝好運，願上帝保佑。海爾賽。

在B－25從航艦起飛期間，企業號為了掩護毫無防衛力量的大黃蜂號，派出八架戰鬥機和三架由黎士禮率領的無畏式俯衝轟炸機。

身為航艦人員，企業號官兵對大黃蜂號的作業情形特別感興趣。當他們看著杜立德將第一架機鼻翹著老高的B－25，奮力從飛行甲板上起飛時，所有人都目瞪口呆，以為這架轟炸機會失速墜海。水兵們不知道的是，這些陸軍飛行員為學習在航艦上短場起飛，接受了密集的訓練。迎面吹來的強風和航艦前進所產生的動能，足以替重達十四噸的轟炸機提供適當的升力，讓他們飛向天際。

杜立德起飛後，他駕機在艦隊上空繞了一圈，然後設定航向朝東京飛去；其他十五架B－25也在杜立德之後，以四到五分鐘的間隔從航艦上起飛。這批B－25轟炸了六座日本城市，過程中沒有一架被擊落。然而，由於這些轟炸機在距目標比較遠的海域提前起飛，每架B－25都耗盡了燃油；除了有一架在蘇聯迫降，其餘的十五架則都墜落在中國沿海地區。雖然損失了十六架轟炸機，但這次空襲成功提振了美國人民的士氣，並迫使日本必須尋求摧毀美國航艦的方法。

讓我們將注意力轉回到那些日本哨戒船。

企業號官兵占有極佳的位置，得以從上方觀賞納許維爾號如何收拾這些哨戒船。當這艘巡洋艦用艦上的五座三連裝主砲，以像機砲般極高的射速對目標密集開火時，企業號的官兵都看得目眩神迷。許多人，例如無線電士格瑞茲，在這之前從來沒有看過戰艦主砲齊射的景象。格瑞茲說道：「這是我第一次看到軍艦上所有的砲塔對一艘船開火，然後從艦首的前砲塔開始，各砲塔依次陸續實施齊射，如此循環好像打字機滑架打完換行一樣，真是令我大開眼界。」

納許維爾號縮短與哨戒船（一艘九十噸補鯨船）的距離。艦長克瑞文（Francis Craven）上校隨後下令以六吋砲痛擊這些補鯨船，儘管這麼做會讓他們無法再對敵人展開奇襲。在附近盤旋的飛機被艦砲開火的景象吸引，開始往這邊靠近。幾架無畏式俯衝轟炸機和野貓式戰鬥機對這些哨戒船實施了一打以上的掠襲，如同在美國本土進行槍砲射擊訓練一樣。機上的布朗寧機槍把第二艘改裝補鯨船砍成碎片，它在海上頑強地飄浮了一陣子，然後緩緩下沉。

由於機上還有彈藥，米洪駕著他的座機「殺人不眨眼的惡棍們」號又回頭掃射第一艘捕鯨船，直到船上都是五〇機槍的彈孔為止。這艘捕鯨船「第二十三日東丸」是一艘船身堅韌、航速緩慢的舊船，在它沉沒前，共消耗了納許維爾號的一百多枚六吋砲彈，外加野貓式戰鬥機所有剩餘的子彈。

當艦上的十六架轟炸機順利起飛後，大黃蜂號把艦載機送上飛行甲板，開始派出戰鬥機與偵察機，分別執行戰鬥空中巡邏和搜索任務。當天剩餘的時間，全體艦隊都進入備戰狀態，船艦和飛機密切注意所有可疑事物。特遣艦隊並未遭受什麼了不起的威脅，但眾多的敵船中，只有一艘對特遣艦隊開火。一位槍法精湛的日本船員用機槍讓一架第六轟炸機中隊的無畏式挨上許多子彈，史密斯（Lloyd A. Smith）上尉因此被迫將飛機降落在海面上；後來，他和後座機槍手都獲救。為了報復，至少有五艘日本哨戒船被擊沉。海爾賽的艦隊調頭返航，所有軍艦都毫髮無傷。但一道命令讓全體官兵感到非常洩氣：不准對任何人透露艦隊此行幹了哪些好事。

四月三十日，以企業號和大黃蜂號為核心的第十六特遣艦隊再度出擊，朝南方海域前進。企業號又奉命載運一支陸戰隊的野貓式戰鬥機中隊，前往新赫布里底群島（New Hebrides）中的艾菲特島（Efate）。然後，這兩艘姊妹艦還要設法讓自己在距東所羅門群島約三百五十海浬的區域，讓日本發現；同一時間，由萊克辛頓號和約克鎮號所組成的特遣艦隊，將襲擊日本在所羅門群島和新幾內亞的偏遠據點。這是一場以廣大海洋為棋盤所進行的地緣戰略博弈，棋盤上的每個方格都是由經度線和緯度線所組成。

艦上水兵一直抱怨，因為直到狀況真正發生前，上級幾乎從不向他們透露接下來會發生什麼事。會發生這種情形，部分是基於保密的需要，但更多時候是因為漠不關心；艦長很少對官兵透露自己這艘軍艦以外的事情，如果水兵們想多知道些什麼，就必須設法和無線電通訊人員打好關係。五月的第一個禮拜過後，消息才逐漸傳開：五月七日與八日，萊克辛頓號和約克鎮號在珊瑚海與好幾艘日本航艦交戰，破壞了東京奪取新幾內亞群島主要港口摩斯比港（Port Moresby）的計畫。

珊瑚海海戰象徵海軍作戰的新貞。這是有史以來第一次，兩支艦隊在彼此都看不到對方的情況下交戰。這在以前被認為是幾乎不可能發生的事情，未來將成為航艦作戰的常態。

在珊瑚海海戰的第一天，當時世上最大的兩艘航艦，即美軍的萊克辛頓號和約克鎮號，擊沉日本小型航艦「瑞鳳」號。但在八日那天，這兩艘重量級航艦遭遇兩位勁敵：日本新銳的航艦「翔鶴」號與「瑞鶴」號，都是曾參與攻擊珍珠港的老手。雙方都有損失：萊克辛頓號被擊沉，約克鎮號遭炸彈命中，蹣跚脫離戰場；這些情形，外界要等幾個月後才知道。與此同時，美軍也重創翔鶴號，她的姊妹艦瑞鶴號的飛行大隊也損失慘重。從戰略角度看，珊瑚海海戰算得上是美軍的一場勝利，因為美國成功阻止日本登陸摩斯比港；但若從噸位的角度，小型的瑞鳳號與大型、多功能的萊克辛頓號根本無法相提並論。

企業號空勤人員和水兵都在替過去與他們同船的同袍感到擔憂，尤其是萊克辛頓號的飛行大隊大隊長奧特（Bill Ault）；他在一九三八年——感覺已經是好久以前的承平時期中，出任第六魚雷轟炸機中隊中隊長。奧特曾用無線電報告他的炸彈命中一艘航艦，然後就消失在這世上最廣闊無涯的海洋中。

在趕往戰區和從珊瑚海返航的過程中，企業號飛行大隊在十九天內損失了十架飛機。戰鬥機的損失尤其嚴重，共有多達五架野貓式戰鬥機在航艦日常作業中全毀或重損。損失名單中還包括兩架無畏式俯衝轟炸機：其中一架隸屬於第三轟炸機中隊，但有一位機組員後來安全地在一座島上獲救；另一架折損的無畏式隸屬於第六轟炸機中隊，機組員包括性格外向、人緣極佳的華爾特（Bucky Walter），和他的後座乘員、經驗豐富的無線電士強生（Parham Johnson）。華爾特是企業號另一位在珍珠港事變中存活的人員，但再也沒有人見過他。

五月十一日，當企業號將陸戰隊的戰鬥機送抵潮溼炎熱的艾菲特島，本次任務至此已大抵完成；但企業號隨即奉尼米茲之命，準備執行下一項任務。憑藉優異的情報作業，尼米茲總部察覺日本計劃攻占歐申（Ocean）和諾魯（Nauru）這兩座在瓜達康納爾東北方六百海浬的小島。如果不談其他，太平洋戰爭像是變成了一堂規模宏大的地理課，讓大家把注意力放在那些絕大多數美國人聽都沒聽過的地方。

十二艘日本船艦在向歐申和諾魯進發時，無意中通過美國潛艦所布下的警戒線。美國潛艦發動攻擊，用魚雷擊沉一艘驅逐艦，另有一艘日本船隻遭到伏擊。光是這些情況，就已經讓日本人覺得糟透了；但一架從瓜達康納爾附近的圖拉吉島（Tulagi）起飛的偵察機，在五月十五日又以無線電傳來一個更駭人的報告：在東方四百五十英里的海面，發現兩艘美國航艦和其他護航艦隻。海爾賽奉命要故意被日本人發現，他達成了任務。面對這預料之外的情況，日本入侵艦隊調頭離去。

第十六特遣艦隊也一樣。在達成欺敵的目的後，海爾賽下令各艦改變航向，朝珍珠港前進。

在企業號返回夏威夷途中，有個緊急情況正在醞釀當中。

第三章

甜蜜的復仇

（一九四二年六月）

©USN via tailhook Assn.

一九四二年六月四日，一架隸屬企業號第六轟炸機中隊的無畏式，因機身受損，降落在約克鎮號上。這架由飛行員高史密斯（G. H. Goldsmith）少尉，和航空電信上兵柏特遜（J. W. Patterson）搭檔的轟炸機，在當天上午突擊日本航艦加賀號。[1]

一封由尼米茲上將拍發的急電，傳到還在珊瑚海的第十六特遣艦隊，內容只有兩個字：「速歸」（Expedite return）。

這是一個海軍術語，意思就是「趕快回來，盡快」。海爾賽馬上下令全速前進，以最快的速度將企業號和大黃蜂號帶回珍珠港。

五月二十六日，企業號靠港後沒多久，立刻以前所未有的速度進行整補。官兵們把每樣所需要的東西搬上艦，包括食物、燃料和軍品彈藥等。在艦上，消息迅速傳開：本艦將只在港口停留一天隨即出動，目的地不詳。

當多數官兵忙著將各式補給品搬上航艦儲存時，飛行甲板卻有一場氣氛截然不同的活動準備舉行。出席官兵身著白色軍常服，照所屬中隊和單位列隊。航艦升起四星上將將旗，在夏威夷醉人的微風中飄揚。甲板擴音器首先傳出航海士的口笛聲，然後按照海軍傳統宣布道：「太平洋艦隊總司令蒞艦。」

在軍樂隊為迎接總司令所演奏的〈鼓號齊鳴〉（Ruffles and Flourishes）樂聲中，尼米茲上將登上企業號。在號令聲中，贈勳儀式隨即展開，由尼米茲上將親自將勳章頒給那些在珍珠港、威克島、馬可斯島和吉爾貝特群島與日本血戰的有功官兵。在將「特殊飛行十字勳章」別在麥赫爾（Roger Mehle）上尉胸前後，總司令突然趨前，向第六戰鬥機中隊的成員透露道：「今後幾天，我想你們還有機會得到更多這種勳章。」

然而，不管企業號要去哪，這次將沒有海爾賽同行；贈勳儀式結束後，他離開了企業號。因連日征戰而消瘦、疲憊的海爾賽，在回應長官離艦敬禮過程中顯得非常暴躁。這一切是那麼令人難以置信，當企業號準備趕赴戰場、投身大戰中最重要的一場會戰，海爾賽卻因為嚴重的皮膚病，必須留在後方的岸上休養。即使在許多年後，這段回憶還是令海爾賽非常難受，所以他在他的回憶錄中，對這場大戰只用三言兩語一筆帶過。

接下來馬上要解決的問題是：「誰來代替野蠻比爾擔任第十六特遣艦隊司令？」尼米茲詢問海爾賽的意見，後者馬上回答：「史普勞恩斯（Ray Spruance）。」

史普勞恩斯少將是海軍中，公認前途最被看好的軍官之一。他以頂尖的成績自海軍官校一九〇七年班畢業，隨後在軍中建立「既是思想者、同時也是實踐者」這種非常罕見的聲譽。在珍珠港事變前，史普勞恩斯就在海爾賽麾下指揮所有負責護航的巡洋艦，他甚至贏得若干死忠航空支持者的尊敬。儘管如此，問題依舊存在。作為黑皮鞋的艦砲派軍官，史普勞恩斯根本沒有飛行員資格，他唯一有的，就是海爾賽和尼米茲的信任。

但史普勞恩斯並非特例。以約克鎮號為核心的第十七特遣艦隊，在另一位不是飛行員出身的司令官弗萊契（Frank Jack Fletcher）少將的指揮下，表現也十分不俗。在弗萊契的領導下，這支艦隊剛完成戰爭中最艱苦的一次作戰；從一九四二年二月到五月，他們一共在海上航行和戰鬥了一百零一天。現在，約克鎮號進入乾塢，一群海軍碼頭技工正快馬加鞭地修理她在珊瑚海被炸彈命中所造成的損

1 譯注：原書圖說寫的是赤城號，但根據後文與其他參考書籍，應該是加賀號。

害。尼米茲穿著青蛙裝，視察約克鎮號的艦體損害情形，並問要多久時間才能完成修理。當工程師回答需要六週時，尼米茲只簡短地說：「我們要在三天內讓這艘船回到海上。」尼米茲做到了。

中途島作戰計畫

即將到來的下一場會戰，是以歐胡島西北方一千三百英里的美屬中途島為作戰軸心。由於形成中途島的兩座小島可以支援長程飛機和潛艦作業，使它成為前往歐胡島的踏腳石。於是，東京為攻占中途島，派出一支強大的艦隊，由聯合艦隊司令長官山本五十六親自指揮。

然而，尼米茲擁有一項無價資產：他已經洞悉敵人的作戰計畫。他手下的密碼破譯小組從無線電監聽中擷取到可觀的訊息，使尼米茲能充分了解山本的作戰計畫，就好像他跟山本共同參與討論一樣。這位日本上將是個難以對付的賭徒，卻在無意間將手中大多數的牌攤在尼米茲眼前，還押下雙倍賭注向尼米茲叫牌。南雲忠一海軍中將的航艦機動部隊，由四艘曾參與偷襲珍珠港的航艦組成，支援對中途島的兩棲登陸攻擊。日本相信，這個奪取離珍珠港近在咫尺的海空軍基地的行動，會迫使美國太平洋艦隊投入僅存兵力，成為一場決定性會戰。

在陣容上，日軍有壓倒性的優勢，甚至還足以派出一支兵力，對位於潮濕且霧氣瀰漫的阿拉斯加水域的阿留申群島進行佯攻。南雲的機動部隊由兩艘戰鬥艦、三艘巡洋艦和十一艘驅逐艦組成護航。在中途島攻略部隊和支援部隊中，還有好幾打其他類型的作戰艦艇、運輸艦和輔助艦艇。

緊跟在南雲部隊之後的，是山本大將親自率領、由十八艘軍艦組成的主力部隊，其中包括三艘超大型戰艦和一艘輕型航艦。但日本帝國海軍犯了分散兵力的嚴重錯誤；假使東京能多派兩艘航艦到中途島，美國就幾乎不可能贏得這場海戰。但這兩艘缺席的大傢伙，航艦翔鶴號與瑞鶴號，因為在珊瑚海海戰中受損，還在港口中搶修。

中途島海戰是整個二次世界大戰中，唯一一次三艘約克鎮級全部到齊的會戰；企業號和大黃蜂號在第十六特遣艦隊，約克鎮號則在第十七特遣艦隊。替這三艘航艦護航的是八艘巡洋艦和十五艘驅逐艦。

儘管日本在水面艦火力有壓倒性的優勢，但空中兵力則雙方不相上下。南雲的四艘航艦共有艦載機兩百五十架，對上美國的兩百三十架。中途島上，另外還有一百三十架美國海軍、陸戰隊和陸軍的飛機可提供支援，但其中約有五十架僅能用於偵察。

尼米茲下的是著險棋。如果他的計畫成功，美國的兩支特遣艦隊就會在日本發現他們以前，從中途島附近海域先下手攻擊日本艦隊。和珍珠港一樣，這次會戰的結果極其仰賴奇襲。

期別較為資深的弗萊契少將負責在戰場上指揮這兩支特遣艦隊。但史普勞恩斯指揮的第十六特遣艦隊中的大黃蜂號卻成為一個薄弱環節；這艘航艦還很菜，一九四一年十月正式服役，今年四月以後才調到太平洋艦隊，此外杜立德空襲占去了她迫切需要的許多訓練時間，而艦長的作風又使訓練機會進一步受限。在大黃蜂號上，許多無畏式的空勤組員從來沒有丟過一顆炸彈；在毀滅者式魚雷轟炸機部隊中，也只有少數人曾實際投過魚雷。儘管如此，艦長密茲契（Marc Mitscher）上校和飛行大隊大隊長林恩（Stanhope Ring）卻禁止偵察機飛行員在任務結束時，於返航途中練習俯衝轟炸。

幸運的是，美國海軍還有企業號和她艦上經驗豐富的船員和飛行大隊可以仰仗。約克鎮號則接收大多數原本隸屬沙拉托加號，目前暫時沒有航艦可待的飛行中隊。這些從沙拉托加號轉來的飛行部隊十分優秀，使約克鎮號的飛行單位成為當時所有同行中素質最佳的一支。

SBD－3無畏式俯衝轟炸機已在實戰中證實是優秀的船艦殺手，是美國航艦飛行大隊的中流砥柱；新加入的F4F－4野貓式也是一款堅韌、耐用的戰鬥機。但TBD－1毀滅者式魚雷轟炸機就令人十分擔憂；這款飛機不但早已過時，讓情況雪上加霜的是，她所搭載的魚雷性能不佳，不是投放後在水中運動不規則，要不然就是命中目標後不會爆炸。

這些問題嚴重困擾著企業號的魚雷轟炸機中隊中隊長林賽少校，已達無時無刻的地步。在孩提時期，林賽住過四個州、待過六所高中，並從其中兩所高中畢業。他在海軍官校就讀時，在潛水和體操等項目表現傑出，但在學業方面，就不是那麼得心應手。不過，他的同學指出：「林賽從沒有因為學業皺過眉頭。」在校期間，林賽就證明自己是個狡猾的戰術家；據說他常常在碰到艱難課程時稱病請假。儘管如此，他還是以中段班的成績，自海軍官校一九三〇年班畢業。

三十七歲的林賽擔任第六魚雷轟炸機中隊中隊長近兩年。這個中隊裡有許多經驗豐富的人員：出發執行中途島會戰首次任務的十四位飛行員中，有十位在一九四〇年、甚至更早以前，就在企業號上，其中有兩位更是從企業號開始服役時，就已經待在艦上的老鳥。他們之中只有一位是一九四二年時才到中隊報到。此外，這支中隊的後艙無線電士兼機槍射手中，也包含高比例的老手。

第六魚雷轟炸機中隊所欠缺的，是大洋作戰經驗。從一九四二年二月以來，該中隊雖然出擊了二十七次，但絕大多數都是攜帶炸彈，只有在瓜加林環礁時曾投放九枚魚雷。在戰前，美國海軍因部分官僚的驕傲自大，加上為節省開支所犯下的錯誤，使這些毀滅者式中隊未曾在接近實戰的情況下，投擲此種 Mk 13 型魚雷。海軍要等到開戰後好幾個月，經過許多次失敗後，才逐漸了解這種魚雷竟然存在那麼多的缺失。

不管遭遇多少困難，由企業號和大黃蜂號兩艘航艦，與十五艘護航艦組成的第十六特遣艦隊，於五月二十八日自珍珠港啟航。當天下午，艦上的飛行大隊從歐胡島飛來時，第六魚雷轟炸機中隊飛在其他中隊之前抵達航艦上空。林賽一馬當先，駕駛他那機身龐大、穩重的毀滅者式進入起落航線。但他把速度降得太低，使毀滅者式薄薄的機翼無法產生足夠的浮力，讓這架連同油料和機組員在內、總重約四公噸的飛機無法在空中飛行。林賽的飛機失速，隨著螺旋槳的扭力轉向左邊，從航艦左舷外側墜海。這架毀滅者式鼻朝下，在海上漂浮了一段時間，使三位機組員得以順利爬出，讓一旁待命的驅逐艦將他們救起。

林賽的臉部和身體在墜海時負傷，成為另一位因為座艙未配備肩部固定式安全帶而受害的海軍飛行員。他雖然能走動，但必須忍受強烈的背痛，沒有人確定他何時能再度飛行。

情報指出，南雲將在六月四日對中途島發動攻擊，這讓史普勞恩斯獲得一星期的時間，學習如何指揮航艦作戰。他是一名非常勤奮，而且學得很快的學生；他讓麾下軍官輪流在他每天例行性的散步時間，陪他在飛行甲板上上下下，不斷詢問各種問題，藉此從下屬的集體智慧中汲取知識，卻也使這些軍官筋疲力竭。

史普勞恩斯必須仰賴海爾賽的參謀，但這多少有些好壞參半。這群參謀由大約十七位軍官組成，個個經驗豐富，而且從珍珠港事變前就開始共事。但海爾賽卻沒有花心思去挑選一個比他戰前那位好管閒事、人緣奇差的胡佛更好相處的參謀長。新任參謀長布朗寧（Miles R. Browning）上校以優秀的成績自海軍官校一九一七年班畢業，在戰鬥艦、巡洋艦和驅逐艦上有多年的經驗；他在一九二四年成為合格飛行員，並在一九四一年擔任約克鎮號的飛行大隊大隊長。他雖然為人精明，卻是一位粗魯、認為自己絕對不會有錯的人。

六月二日，接近中午時，兩架從約克鎮號起飛的無畏式通過在中途島東北方待命的企業號上空。其中一架丟下裝有弗萊契命令的信號筒，指示史普勞恩斯率部前往中途島東北方、被樂觀地命名為「幸運點」（Point Luck）的某處會合。幾小時後，美軍艦隊集結完畢，準備戰鬥。

與大多數海軍將領不同，史普勞恩斯總是盡可能讓手下知道會發生什麼事。當艦隊抵達中途島東北方海域，大多數飛行作業因為寒冷和毛毛細雨取消時，他在一道說明當天計畫的指令中，加了一段附錄指出：「如果敵人沒有發現第十六和第十七特遣艦隊出現在這，我們就能出奇不意地對敵軍航艦發動側翼攻擊。」

有些軍官知道的更多，包括第六偵察機中隊的狄金遜上尉；他私下打聽到一些只有高階人員才能接觸的情報，但卻不知道情報來源。他回憶指出：「因為我是俯衝轟炸機和偵察機部隊的作戰官，所以我是少數幾位可接觸到相關情報的人。我對雙方的數量瞭若指掌，我認為相關情資足以讓飛行大隊了解，在某處有什麼東西在等著他們。我們知道將起飛對抗的是何種軍艦，所以我不認為我們對將發生的一切存在任何幻想。」

儘管為了安全，海軍採取嚴格的保密措施，但還是有部分水兵知道的遠比任何將軍所料想的還多。航空軍械兵科楠就是其中之一；他想起在企業號抵達珍珠港以前，他就從四處流傳的謠言中聽到某些驚人的細節：「這些謠言指出日本艦隊可能打算攻擊中途島，同時對阿留申群島進行佯攻。我們已經破譯了日本的情報，打算躲在中途島外海，然後打它個出奇不意。」

六月三日，作戰前夕

六月三日晚上，企業號上每個人都十分忙碌。軍械兵、後座射手，甚至飛行員，都在對飛機上每一挺三〇或五〇機槍進行檢查，然後把彈藥裝滿。射擊電門更是經過反覆的檢查；某些飛行員曾喪失擊落敵機的機會，因為在他們好不容易將準心對準「肉球」（美軍對日本飛機上的紅色太陽圖案的戲稱），在機會稍縱即逝的關鍵時刻，系統卻無法擊發。失去擊落敵機的機會已經夠糟了，倘若因此不必要地失去一位朋友，更是無法忍受。

機長們還有一些時間，可以用來替機身上些額外的蠟，希望能使飛機飛得快一些。飛行員們將他們的繪圖板擦乾淨，以便在隔天清晨填上更新過的航向數據。

那天晚上，大多數官兵都已十分疲憊，但還是有些人，即便不是全部，會因為焦躁而睡不安穩。在企業號上，很少有人能像第六轟炸機中隊中隊長貝斯特那樣沉著。有一雙藍眼睛、身材高瘦，操著一口紐澤西腔且語速極快的貝斯特，時年三十一歲，已經是一位專業飛行員，而且非常熱愛他的工作。他把自己全然奉獻給這場戰爭，總是能準確地去到他想去的地方、做到他想做的事。珍珠港事變後，貝斯特將妻女送回美國本土，並期望自己在戰爭接下來的階段，都能留在太平洋地區參戰。他說：「我感覺到這是一場大戰，而我想留在這直到戰爭結束。」

貝斯特一心想成為太平洋艦隊中，最傑出的俯衝轟炸機飛行員。那些崇拜他的人則說，如果奧運比賽項目中有俯衝轟炸這項，他們會把錢全押在貝斯特身上，賭他會拿下金牌。貝斯特也對自己的中隊深具信心，他說：「當時，全體俯衝轟炸機部隊的平均命中率為百分之十二，我保證我的中隊能達到百分之二十，但史普勞恩斯的參謀長卻要求要達到百分之百。」

在德文中有一個詞彙 schussfest，翻譯後的意思是「刀槍不入」，但更像是某種神祕的信念——深信自己必能全身而退、不會有任何傷害降臨。不管你怎麼稱呼這種信念，反正貝斯特有的正是這樣的信念。六月三日晚上，他睡得跟嬰兒一樣熟。

第六偵察機中隊中隊長加勒荷也抱持類似態度：「我們的感受，與其說是害怕，不如說是我們知道終於有機會讓日本人為他們在珍珠港的所作所為付出代價。這是我的感受，而我知道隊上許多飛行員的感受跟我一樣。在那天晚上，我沒有什麼好操心的，三兩下就睡著了。」

六月四日，等候起飛

對大多數官兵而言，「中途島會戰」開始得太早了。清晨一點三十分，事務士官柯林斯（J. Reddell Collins, Jr.）已開始替企業號官兵張羅他們喜歡的早餐；柯林斯到企業號近三年，知道官兵在乎或喜歡哪些東西。在與補給官福克斯（Charles Fox）中校通力合作下，柯林斯為艦上官兵提供「獨眼特餐」——在一片吐司上挖洞，並在洞內打上一顆蛋，然後連同奶油一起放進烤箱烤，直到蛋半熟和麵包變成金黃色為止。第六戰鬥機中隊中隊長格雷承認：「如果在我們之中，有人的老婆可以做出一樣好的『獨眼特餐』，那她永遠不必再接受考核。」

第六魚雷轟炸機中隊中隊長林賽少校小心翼翼地將僵硬的身軀移到座位上。他麾下一名飛行員萊利（P. J. "Pablo" Riley）上尉問他在二十八日墜海受傷後，現在覺得如何？林賽沒有直接回答，僅說：「今天可是要來真的，我們受那麼久的訓就是為了這個，我要帶全中隊飛去。」

一切都已準備就緒。第六魚雷轟炸機中隊將出動十四架飛機，連同其機組員。由於全中隊共有十八組機組員，勢必有四組多餘的人馬被留在後方，其中之一是無線電士格瑞茲。他回憶指出：「再也沒有比呆坐在機庫且無任務可出更令人沮喪的事了。我和我的好朋友巴特（Dick Butler）一起到中隊部，希望長官能重新調整飛行計畫，讓我們兩個可以隨同出擊，但中隊長拒絕做任何變動。」

在起飛前，林賽找上格雷，就戰鬥機掩護魚雷轟炸機事宜進行協調。根據珊瑚海海戰的報告，俯衝轟炸機最容易被敵機擊落，所以戰鬥機需要和俯衝轟炸機一起待在高空；然而，當魚雷轟炸機中隊覺得有需要時，也可呼叫戰鬥機馳援。兩位中隊長決定不使用無線電呼號，而是直接呼叫名字。如果第六魚雷轟炸機中隊遭遇日本戰鬥機，或是遇上類似麻煩，林賽就用無線電大聲呼叫格雷：「下來吧，吉姆。」

莫瑞艦長和他的航空參謀決定，一旦確認敵軍航艦位置，企業號除保留少數擔任戰鬥空中巡邏的飛機外，將以整個飛行大隊的兵力出擊。為了能從航艦較短的飛行甲板起飛，第六偵察機中隊的十八架無畏式偵察機將只掛載五百磅的炸彈，以減輕起飛重量；其中十二架在兩側機翼下，又各掛載一枚一百磅的燃燒彈。貝斯特的十五架無畏式俯衝轟炸機則各掛載一枚一千磅（即五百公斤）的炸彈出擊。

在經過兩次假警報的虛驚後，企業號在接近上午七點時收到一則消息：從中途島出發的巡邏機在特遣艦隊西南方兩百英里海面，發現至少兩艘日本航艦。史普勞恩斯直覺地認為機群應立刻起飛攻擊，但他的參謀長布朗寧強力主張應等雙方的距離再縮短一些時，方可出擊。由於約克鎮號正在回收第十七特遣艦隊執行完晨間搜索的艦載機，因此指揮官弗萊契放手讓企業號上的史普勞恩斯單獨行動，而史普勞恩斯的確做到了。

此時，海面上吹著風速僅五到六節的東南風。這個風向將使他們遠離目標，所以莫瑞艦長下令加速到二十八節，靠企業號自身的速度，來提升飛行甲板上方的風速，讓滿載的飛機可以獲得足夠的風速、安全起飛。

第六轟炸機中隊中隊長貝斯特的後座射手是詹姆斯．莫瑞（James F. Murray），同時也是中隊的領導士官長。莫瑞士官長已在海軍服役十五年，待過航空與潛艦部隊。很久以後，莫瑞士官長仍記得當時的情景，他說：「當貝斯特爬進編號6－B－1的中隊長機時，他對我說『老莫，這就是了，我們等的就是這個』，就好像電影情節一樣。」

貝斯特的部屬中，有一位新報到的飛行員霍普金斯（Lew Hopkins）少尉，這是他第一次掛載一千磅的炸彈從航艦上起飛，同時也是他首次嘗試在高空用氧氣面罩飛行。

第六偵察機中隊，連同飛行大隊大隊長麥克勞斯基少校所率領的三機分隊，在上午七點六分開始起飛，接著起飛的是貝斯特的十五架轟炸機。當這三十三架無畏式在天空繞圈時，甲板工作人員則忙著讓十四架毀滅者式與十架野貓式就定位，這是一個慢到令人抓狂的過程；在等了將近四十分鐘後，史普勞恩斯的耐心耗盡，下令人員以閃光信號向麥克勞斯基發送指令：「執行指定的任務」。七分鐘後，麥克勞斯基率領手邊兩個無畏式中隊轉向西南方，並對各機傳達下列指令：「航向二三一，目標距離約一百六十英里。」

然而，問題依然層出不窮。帕特利希卡（Frank Patriarca）上尉的發動機故障，另一架飛機也因增壓器發生問題折返，使麥克勞斯基剩下三十一架偵察轟炸機可繼續執行任務。

企業號飛行大隊採用一種稱為「延緩出發」的集結程序。這是一個非常耗時的過程，因為它要求全部四個中隊都起飛後，再編成一個打擊部隊，然後整個機群一起朝設定的航向飛去。這個程序的優點是能保持機群的完整性，但代價是非常耗油，而燃油可是飛行中最寶貴的物資。與企業號不同，約克鎮號久經戰陣的飛行大隊則採用「飛行中集合」方式，讓慢速的轟炸機先走，快速的戰鬥機隨後趕上，各中隊在前往目標途中陸續集結，這是一種比較理想的安排。

麥克勞斯基率麾下兩支中隊的機群爬升到高空，以便搜索日本艦隊。天氣十分適合搜索：在一千五百英尺到兩千五百英尺的天空中，只有一些稀疏的雲層和從東南方吹來的微風，海面上的一切盡收眼底。

當麥克勞斯基的無畏式機群飛向目標區時，格雷的十架野貓式戰鬥機卻與他們失去聯繫。格雷原本期望能與轟炸機群保持緊密的接觸，但卻錯過史普勞恩斯那道要求轟炸機群先行前往目標區，不要等候戰鬥機的命令。於是，格雷做了一個合理的假設：他認為在他座機下方飛行的魚雷轟炸機中隊，應該就是林賽的第六魚雷轟炸機中隊，所以就跟著這支隊伍飛行。由於兩種機型的速度相去甚遠，格雷的野貓式戰鬥機即使是在爬升階段，都能輕易超越毀滅者式。這使戰鬥機必須不斷地在上空迂迴前進，才能從雲層的空隙，與下方毀滅者式群保持目視接觸。

事實上，這個毀滅者式群是大黃蜂號的第八魚雷轟炸機中隊。林賽的中隊直到上午八點都還沒出發，而此時距第一架飛機從企業號起飛已將近一個小時。

勇敢的第六魚雷轟炸機中隊

一週前的墜機事件使林賽在此時仍跛著一條腿，但他依然決定率領中隊前往攻擊日本艦隊。他緩慢、吃力地走向領頭的毀滅者式，然後在一位機工兵的協助下，忍著疼痛慢慢爬進座艙。林賽的機槍射手兼通信士官長格勒納（Charles T. Grenat），也隨即在新撥交的雙聯三〇機槍後方就位。

該中隊第二編隊的七架飛機，由伊力（Arthur V. Ely）上尉率領。伊力是賓州人，海軍官校一九三五年班畢業，在校時有許多綽號，包括「專校生」（trade-school boy）、「伊哥」（Brother Eli）和「豆哥」（Doc）等。伊力上尉身高不高、皮膚黝黑，總是面帶微笑，是體操和越野賽跑的好手；他從一九三八年起就待在這個中隊，是個經驗豐富的飛行員。

當第六魚雷轟炸機中隊起飛，格瑞茲站在瞭望台上，目送每一架毀滅者式起飛；其中，T－2機還是和往常一樣，由他的好友羅巴赫駕駛，後艙無線電士則由格倫（Wilburn Glenn）擔任。在甲板上時，格倫總是將雙手握緊高舉過頭，活像個在比賽中獲勝的拳擊手。這是格瑞茲最後一次看到他們兩人。

林賽將航向設在二百四十度，即朝西南方飛行，並維持在兩千英尺的高度巡航；這個高度可以抵銷風向（東南風）對飛行造成的影響，同時又能讓飛行員清楚看見海面的浪花。因為偵察機與轟炸機已先魚雷轟炸機一步出發，使林賽幾乎是直接朝目標區飛去。大約上午九點三十分，林賽在西北方海平面附近發現一些煙柱，那正是日本艦隊。他率領機群轉彎時，清楚知道接下來的情勢對他們極為不利，且勝算極為渺茫。

同一時間，大黃蜂號的四十九架俯衝轟炸機和戰鬥機，在大隊長林恩中校的帶領下，來到中途島正西的位置，卻沒有發現任何敵人的蹤影。許多飛機因燃油即將耗盡，只得調頭嘗試飛回航艦。

由於不清楚兩支魚雷轟炸機中隊是處於無線電靜默狀態還是怎麼的，格雷和他的十架野貓式戰鬥機在日本艦隊上方四英里的空域盤旋，等林賽發出「下來吧，吉姆」的訊號。格雷就這樣在上空盤旋約三十分鐘，然後調頭返航。

格雷後來寫道：「大約在兩萬英尺的高度，我望了望油表，希望指針顯示我只用掉四分之一的燃油。但實際的情形是，我只剩下四分之一的燃油……只有傻瓜才會枯坐在飛機裡等燃油耗盡。我們與雲端下方的第八魚雷轟炸機中隊失去接觸，那是我最後一次聽到他們的消息……我們返回航艦，這使我們可以活著去打另一場仗。我們飛到日本艦隊上空，然後在那耗盡所有燃料，對此感到十分遺憾。」

格雷的解釋令人難以置信。我們很難理解一位中隊長看到油箱還有四分之一的燃油時，竟會產生「只有傻瓜才會枯等燃油耗盡」這種想法。他的行動使魚雷機部隊損失慘重。五十多年後，前戰鬥機飛官貝斯特仍然堅持道：「戰鬥機的責任，就是拼死也要把轟炸機護送到目標上空。」

格雷調頭返航時，第六魚雷轟炸機中隊則面臨噩夢般的場景：在沒有戰鬥機護航的情況下，於白晝攻擊一支處於警戒狀態，有高射砲和戰鬥機防衛的敵軍艦隊。根據戰前頒布的教範，是要求魚雷轟炸機在友軍戰機和煙霧的掩護下，與俯衝轟炸機協同發動攻擊。但此時的林賽什麼也沒有，只能駕駛老舊過時的飛機，掛載因為軍中的政客干預而未經測試、性能低劣的魚雷，去和日本艦隊拼命。但這一切都不會讓他們停止前進：第六魚雷轟炸機中隊從不退縮，因為他們每個人都是勇敢、專業，和鐵錚錚的漢子。

在發現煙柱後十分鐘，毀滅者機群開始朝南雲艦隊接近；日本艦隊組成一個長十四英里、寬六英里的圓陣，中央是南雲的四艘航艦，並由戰鬥艦、巡洋艦和驅逐艦組成屏障。林賽命令伊力上尉的第二編隊朝艦尾方向轉移，希望能從艦首和艦尾兩個方向，夾擊距離最近的日本航艦。換言之，林賽將中隊分成兩個編隊，對一艘日本航艦發動鉗形攻勢。這艘航艦是「加賀號」，正以二十六節以上的速度在海面疾馳。

水兵們常說，「最漫長的追擊就是向後追擊」，而加賀號正打算這麼做；她隨即轉向朝北前進，試圖拉開與美軍魚雷轟炸機的距離。就在這個時候，某艘日本軍艦向毀滅者機群射出第一波高砲砲彈，它的作用與其說是想擊落這些魚雷轟炸機，倒不如說是警告艦隊敵機來襲。其他軍艦馬上做出回應；砲手們將火砲轉向美機來襲的方向，其中包括二十五公厘機砲，和能發射高爆彈的五吋砲。

這些魚雷轟炸機沒打算離開，只死命地朝加賀號前進。在接下來的十五分鐘，第六魚雷轟炸機中隊陷入日本防空火力的火網中，損失開始出現。日本戰鬥機飛行員看到高砲射擊時的火光，立刻就知道發生什麼事，紛紛衝向美軍飛機。有少數飛行員聽到伊力上尉用約定的信號「下來吧，吉姆」，呼叫格雷提供掩護，但這些野貓式戰鬥機顯然從未聽見。這十四架毀滅者式單獨向日本艦隊發動攻擊，遭遇近三十架日本戰鬥機的攔截，而這些戰機的時速比毀滅者式快上兩百英里。日本零式戰鬥機的二十公厘機砲是一種致命的武器，能輕易地將毀滅者式的鋁質機身啃成大塊碎片，或是重創它的機翼，把這種體積龐大的魚雷轟炸機打進海中。

不過，至少有一架零式戰鬥機太過粗心大意。拉布（Robert Laub）中尉的無線電士兼射手亨弗萊（W.C. Humphrey），用他那挺雙聯三〇機槍，對一架追得太緊的日本戰機來了一次乾淨俐落的射擊；這款機槍的殺傷力還不賴，那架日本戰機墜海，但其他日本戰機持續屠殺這些速度緩慢、又無人護航的毀滅者式。

第六魚雷轟炸機中隊的飛行員中，也許沒有人做到以小於七十度的角度，從距離加賀號八百碼以內的位置，將魚雷投下。有五、六架毀滅者式對準這艘三萬六千噸的航艦投下魚雷，然後看著這些魚雷從海面下十二英尺的深度，朝目標前進，但無一命中。

五架魚雷轟炸機從敵軍艦隊四周漫天橫飛的高射砲彈中脫離，但由溫徹爾（Albert Winchell）所駕駛的那架最後還是迫降在海面上。最後，由於拉布是中隊倖存飛行員中最資深的一位，遂由他帶領其他三架返航。但當他們飛到行前簡報所宣布的航艦位置時，卻發現海面上空空如也。他們駕機四處搜尋，用盡各種手段讓燃油的效益發揮到最大，終於在燃油要耗盡時，在距簡報所說「可能選點」（point option）約四十英里的海面，找到第十六特遣艦隊。

接替哈登出任降落信號官的羅賓．林塞（Robin Lindsey），以信號指示這四架毀滅者式安全著艦。機械士官長史蒂芬．史密斯（Stephen B. Smith）的任務機卻因多處中彈、機身嚴重受損，甲板人員只得把飛機推到海中——史密斯好不容易從零式戰鬥機的槍口逃脫，卻在返航時遭自家野貓式戰鬥機射擊。傳言指出，史密斯降落後，大步踏進第六戰鬥機中隊的待命室時，手槍的槍套並未蓋上。

林賽中隊長一去不返，而和他一起失去音訊的還有其他十八位空勤組員，包括伊力上尉、羅巴赫少尉和萊利上尉。在失蹤者當中，只有兩人最終獲救。

飛無畏式的狄金遜上尉在談到第六魚雷轟炸機中隊的戰友時表示：「他們個個勇往直前，我能想像他們的樣子。我認為每個人都會像他們一樣。這些魚雷轟炸機的弟兄只有一個念頭：不管接下來會發生什麼事，他們就是勇敢的往前衝，直到最後一個人犧牲為止。他們就是這樣的人。」

麥克勞斯基的決斷

對麥克勞斯基大隊長來說，這天似乎沒有一件事順心。首先，固定和他搭擋的後座射擊士在上機前突然不能飛行，只得臨時找人替代。接下來，企業號機群的起飛時間較表定嚴重落後，使他被迫浪費寶貴的燃油，在天空中繞圈等待戰鬥機和魚雷轟炸機起飛。然後，在經過約四十分鐘的等待後，他奉命在沒有戰鬥機和魚雷轟炸機同行的情況下，前往「執行指定任務」。最後，當他率隊飛往目標區時，麾下兩架無畏式又因機械故障，不得不退出攻擊。

麥克勞斯基飛在其他三十架偵察機與轟炸機前頭，努力搜索那些至今仍拒絕露面的移動目標。麥克勞斯基時年四十，這位矮壯的紐約佬是位經驗豐富的行家，十八年前自海軍官校畢業後就投入飛行直到現在。不過，眼下他所能做的，就是從儀表板下方取出繪圖板，核對相關的時間與距離，檢查是否有誤差。他反覆核對航向，確認座艙罩框架上的指南針是指向西南方。麥克勞斯基沒發現有任何錯誤，他在正確的時間到達正確的地方，但就是沒有日本艦隊的蹤影。

麥克勞斯基收起繪圖板，面臨指揮生涯的重大抉擇。他已經在天上飛了將近三小時，而他非常清楚，此刻麾下兩支中隊的飛行員全都緊盯著油表不放。僚機總是比長機更會吃油，因為他們必須常常調整油門以保持隊形。更糟的是，薛內度（Tony Schneider）少尉的座機由於發動機注入過多燃油，冒出陣陣濃煙。儘管如此，薛內度仍舊埋頭苦撐，努力保持編隊。

在機群到達簡報所說的「預定與敵接觸點」十五分鐘後，麥克勞斯基綜合運用直覺與推理，開始推敲敵人可能的動向：既然敵軍艦隊沒有出現在預期的地方，很可能是轉向北方，偏離先前朝向中途島的航線。想到這點，麥克勞斯基緩緩將機群帶向右方。他計畫朝與日軍原本航線相反的方向，飛上大約半小時；如果還是一無所獲，因油料所剩無幾，他別無選擇，只能率機群返回企業號。

企業號的俯衝轟炸機保持在一萬九千英尺的高度，朝西北飛行。由於高空空氣稀薄，飛行員和射擊士都從氧氣瓶中吸取氧氣，而其飛機的萊特發動機在最低巡航動力下，不斷發出噹啷、噹啷的聲音。

飛在第六轟炸機中隊最前方的貝斯特，挫折感越來越重。在機群轉向西北後，他跟著麥克勞斯基又飛了二十分鐘，眼看寶貴的燃油又耗掉十五加侖，心裡也越來越焦急。就在貝斯特惴惴不安時，大隊長開始搖擺機翼，通知機群「全體注意」。在機群下方、水平距離大約四英里的海面，麥克勞斯基發現有一艘船正朝東北方前進。麥克勞斯基判斷是一艘日本船艦，而他是對的。為對付惹人厭的美國潛艦，日本派出一艘驅逐艦，脫離主力執行反潛任務——現在這艘驅逐艦正加足馬力，以便重新加入特遣艦隊。麥克勞斯基率領機群右轉，沿著這艘驅逐艦前進的方向飛行；後者在海面高速航行所捲起的浪花，宛如深藍畫布上一隻白色的箭頭。

五分鐘後，帝國海軍中將南雲忠一的機動部隊映入麥克勞斯基眼簾。

對於眼前景象，駕機飛在麥克勞斯基後方的第六偵察機中隊中隊長加勒荷被嚇到目瞪口呆。他說：「我知道日本艦隊陣容龐大，但沒想到竟能占滿整個海面。」

第六轟炸機中隊的霍普金斯少尉則從十五英里外看到這些航艦。他記得「從這麼遠的地方看過去，這些日本航艦好像在水面快速移動的水蟑螂」。

薛內度少尉剛望見這支特遣艦隊時，不由得鬆了口氣；駕著一架不斷冒煙的飛機，他滿心以為大隊長已經把機群帶回己方艦隊。就在這個時候，薛內度座機的萊特「旋風」式發動機開始打嗝、震動，然後完全停止；他於是推機頭向下、設法維持空速，試圖將飛機迫降在「友軍」船艦附近。突然，薛內度看見一艘有寶塔式桅杆的大型軍艦——只有日本戰鬥艦才有這種桅杆。他立刻轉向，只期望迫降地點能離日本機動部隊越遠越好。

同一時間，美軍機群的編隊也出了狀況。在貝斯特左後方擔任僚機的克勒格（Ed Kroeger）中尉，發現機上氧氣已經用完，馬上以手勢通知長機。貝斯特於是下降到一萬五千英尺；在這個高度，空氣才有足夠的含氧量，使飛行員可以不靠氧氣瓶呼吸。但是當貝斯特重新戴起氧氣面罩時，感覺卻像吸進滿口的灰塵一樣。在一陣猛咳後，貝斯特好不容易恢復清醒，能將注意力集中在戰事上。此時在他飛機機翼的白星下方，有四艘上空沒有戰鬥機警戒、門戶大開的日本航艦，任憑美軍攻擊。

麥克勞斯基從西南方朝南雲艦隊的左舷接近。當企業號的俯衝轟炸機群快要到達合適的地點、可以即刻推機頭向下俯衝之時，遠處下方有位老同袍卻已命在旦夕。第六魚雷轟炸機中隊前副中隊長，受人愛戴、臉上總是掛著笑容的馬賽少校，率領十二架約克鎮號的毀滅者式來到目標區。他們被南雲艦隊外圍的戒哨艦發現，隨即遭到擔任戰鬥空中巡邏的零式戰機痛擊。馬賽的魚雷機群中，沒有一架能順利返航，而參與此次任務的機組員中，最後只有三人倖存。

海面上有十二艘、甚至更多的日本軍艦在移動，同時放出遮蔽敵機視線的煙霧和掩護火力。此時，企業號的無畏式機組員還不知道，他們那群飛毀滅者式的戰友，正在下方無助地遭到日本戰鬥機和防砲的屠殺，傷亡十分慘重。但正因為如此，在接下來關鍵的幾分鐘內，日本航艦上空看不到要來攔截他們的戰鬥機。麥克勞斯基，這位成績平平的海官畢業生，乘著命運的列車來到上天為他安排的地點，獲得一生難得一次、可取得歷史性光環的機會。於是，麥克勞斯基這位「紅色領隊」開始呼叫「紅色基地」（企業號無線電代號），向後者報告南雲艦隊的位置、航向和速度，然後下令機群展開、準備攻擊。

眼前，麥克勞斯基馬上要決定的是對攻擊目標的分配。面對四艘敵人航艦，他只能攻擊其中二艘。麥克勞斯基率領無畏式群飛向距離最近的兩艘航艦，然後透過無線電下令，由加勒荷的偵察機攻擊左手邊的航艦，而貝斯特的轟炸機則攻擊右手邊那艘引人注目的長方形航艦。由於大隊長通常跟偵察機中隊一塊飛行，麥克勞斯基遂率領他的三機分隊，加入加勒荷的十四架飛機，攻擊左邊的航艦。

第六轟炸機中隊的編隊不僅在位置上落後，高度也比較低。貝斯特在座艙中忙個不停，不斷地確認麾下各機的位置，同時準備按照先前準則的規定，對距離最近的敵軍航艦進行俯衝攻擊。

此刻，麥克勞斯基對自已的部署感到十分滿意；他收油門、手握菱形的俯衝減速板控制桿，然後啟動儀表板右方的液壓系統。接著，他感受到機翼尾端和機腹下方的襟翼逐漸張開，迎向稀薄的空氣——這使飛機在稍後進入俯衝時，速度可以降低，以獲得足夠的穩定度，讓美國海軍飛行員可以好好瞄準所要轟炸的目標。

完成這些準備後，麥克勞斯基按下麥克風按鈕對加勒荷說道：「艾爾，跟我衝下去。」一就在此時，當貝斯特準備發動攻擊，突然被眼前意料之外的景象嚇了一跳：一串藍灰色的身影從他正前方垂直往下衝，差點撞上他和他的僚機。貝斯特馬上就知道發生什麼事：麥克勞斯基並未按準則規定，攻擊比較遠的目標，反而率領幾乎整個機群朝最近的航艦俯衝，那原本應該是他的目標。貝斯特甚至已經看見眼前這艘艦身很長、有著黃色飛行甲板的航艦前進時，艦尾捲起的長串白色浪花。

貝斯特別無選擇，只能從俯衝狀態下改平，然後調轉方向朝右邊航艦飛去，但只有兩架分別由克勒格中尉和韋伯少尉所駕駛的僚機跟著他。貝斯特很快地朝右方看一眼，發現以前常常在編隊時掉隊的韋伯，今早可是黏得非常緊。

不論是麥克勞斯基或貝斯特所導致的混亂，結果證明都是「殺雞焉用牛刀」，共有多達二十七架俯衝轟炸機朝同一個目標俯衝。不管怎樣，企業號飛行員們開始朝那艘航艦陳舊的松木飛行甲板，投下大量炸彈——這艘倒楣的航艦，正是天皇陛下的加賀號。

加賀號的末日

為了讓艦上的零式戰鬥機起飛，加賀號轉向左邊頂風前進。當近乎兩個中隊的無畏式俯衝轟炸機接連不斷地從這艘航艦的左舷尾部上空衝下來，艦長岡田次作大佐原本還想改變航向，希望能躲過美軍炸彈，但加賀號龐大的艦體使她無法很快地改變航向。事實上，如果岡田大佐維持原本航向，說不定還好一些，因為這會使美軍機群為了持續追擊加賀號，不得不一邊俯衝、一邊往左修正方向。

有好幾架無畏式飛行員在事後報告中指出，加賀號的甲板上擠滿掛彈完畢、準備起飛的日本飛機。但那並非事實：當麥克勞斯基的機群進入俯衝時，所有四艘日本航艦都在替俯衝轟炸機和魚雷轟炸機加油掛彈，而這些工作是在機庫內進行；這時在飛行甲板上只有少數幾架戰鬥機，準備依表定時間起飛，執行戰鬥空中巡邏任務。

由於之前不曾駕駛無畏式執行投彈任務，麥克勞斯基沒有炸中加賀號，他的兩架僚機也失手。加勒荷則沒有失手，他回憶指出：「那是一次完美的俯衝，因為加賀號當時正在頂風前進，所以我就順著風向，衝向這艘沿著固定方向移動的航艦。我俯衝的角度非常陡，然後將瞄準鏡對準艦首甲板所漆的紅太陽。」

加勒荷認為無畏式是一種「棒透了的俯衝轟炸機」，所以他有足夠的自信，讓他的飛機俯衝到他「膽量所及的最低點，然後投下炸彈」。

在投彈練習時，飛行員往往會在投彈後來個急轉彎，以便觀察有無命中。但加勒荷告誡部屬不要那麼做，因為打仗和練習是不一樣的。「不過，我實在無法抵抗這種誘惑，還是一邊拉起飛機，一邊轉頭看看。」加勒荷如此說道。

加勒荷的後座射手兼無線電士官長梅里特興奮地大叫：「好樣的，你幹得真漂亮，機長！」炸彈命中加賀號艦尾，然後爆炸。加勒荷認為炸彈落在幾架待命起飛的日本飛機中間，但應該不超過三架。接著，在加勒荷後俯衝的史東（Reid Stone）少尉沒有命中，羅勃特（John Q. Robert）少尉的座機被高砲命中，機身嚴重受損，所幸他在飛機墜海前成功跳出機外。

下一個衝下來的是科勒斯。他看見加賀號艦尾因為卡拉漢的命中而陷入一片火海，於是這個德州佬將瞄準點往前移一大截，然後將炸彈投到前部升降機旁邊的甲板上。僚機飛行員德克斯特（James C. Dexter）少尉將一枚五百磅炸彈投到再好不過的位置，引爆艦島前方一部油罐車，對艦橋和飛行甲板人員造成一場災難。她的艦橋幾近全毀，艦長、副長、砲術長、飛行長和通信官當場死亡，加賀號慘遭斬首。

第二分隊由狄金遜上尉領先俯衝。他宣稱有一枚炸彈命中艦體中央，隨後又至少有兩位飛行員炸中目標。多數人的想法和霍普金斯一樣，他說：「我無法確切知道我的炸彈是否命中。我知道我做了一次漂亮的俯衝，將瞄準鏡持續、穩定地對準目標，而當我投下炸彈時，飛機也飛得很平穩。」

加賀號受創情形之嚴重，以致無人能清楚紀錄究竟有哪些飛行員命中目標。狄金遜認為，在威爾（Charles R. Ware）上尉的分隊進行攻擊時，他看到一次爆炸。無論如何，至少有五枚炸彈命中加賀號，將她徹底擊毀。

企業號偵察機投彈後，飛行員白俯衝狀態改平、收回襟翼，然後猛踩油門加速脫離。後座射擊士總是擁有最佳視野，他們面向機尾而坐，沿著他們的雙聯三〇機槍望過去，見到一幅畢生難忘的壯觀場景：那艘大型軍艦仍然以近三十節的速度行駛，但到處都是汽油燃燒所噴出的熊熊大火；有一處地方宛如一座小火山，不斷冒出濃密的黑煙。

這堪稱當時地球上最壯觀的一場表演。

日本戰鬥機不斷地追逐三支美軍魚雷攻擊機中隊（約克鎮號的中隊也已抵達），並造成可怕的損失：共有三十五架毀滅者式魚雷轟炸機被擊落，只有六架勉強飛回所屬航艦。這些零式戰鬥機將剩餘的彈藥全用來復仇了。

加賀號的損失十分驚人：全艦一千三百四十名官兵中，有超過八百人在她嚴重損毀、被烈焰吞噬的艦體中陣亡。

貝斯特與赤城號

南雲的旗艦「赤城」號整個早上都在閃避分別來自航艦和中途島美軍軍機的空襲。有那麼一陣子，赤城號和其他三艘日本航艦彷彿燒了柱好香，躲過好幾次攻擊，直到加賀號開始噴出濃煙和火光。

在放棄對加賀號進行俯衝後，貝斯特將飛機改平，卻驚訝地發現只有長機分隊的兩架僚機還跟著他。短短幾分鐘內，原本良好的計畫變成一團混亂。但事到如今，也只能將錯就錯。他調整一下編隊，然後帶領僚機朝四英里外的另一艘航艦殺去，打算就用這三架飛機來對付當時位列全球最大軍艦之一的赤城號。

通常，貝斯特喜歡對著敵艦艦首的方向俯衝（因為這使得他必須以很陡的角度俯衝），但此刻，他面對的是敵艦的船舷——不過沒關係，他決定見招拆招。貝斯特一直飛到接近敵艦正上方的位置，然後再度伸展襟翼，讓俯衝速度維持在時速二百七十五英里。在克勒格與韋伯分別在左右兩側就僚機位置，貝斯特則對準南雲的旗艦，準備發動攻擊。貝斯特十分熟練地操作控制桿與方向舵，將瞄準鏡的準星對準艦體中段，然後推機頭俯衝；後座的詹姆斯．莫瑞盯著高度計，不停地報告讀數，大約每秒降低四百英尺。

這是一次很棒的俯衝，可說是棒透了。貝斯特將目光鎖定在瞄準鏡中的準星，俯衝過程中，幾乎沒有產生橫向誤差；他把準星對準敵艦甲板，然後不斷地往下衝。詹姆斯．莫瑞對貝斯特十分推崇，他說道：「沒有人的俯衝角度可以像他那樣陡，也沒有人能像他一樣堅持那麼久。」

克勒格與韋伯在一千五百英尺的高度，將所掛載的一千磅的炸彈投落。貝斯特又多等了幾秒才拉起投彈柄，接著把操縱桿用力往後拉。這三架無畏式將襟翼收回，猛推油門，然後在刺耳的聲響中，從俯衝狀態改出，再以緊貼著海面的高度迅速飛離。

貝斯特的一千磅炸彈，以近乎完美的準確度命中敵艦中央。炸彈落在緊鄰中部升降機的地方，穿透木製飛行甲板，然後在機庫爆炸，接著又引起無數次的爆炸。貝斯特回憶道：「我很想看看炸彈命中的樣子，於是我讓飛機側飛，將頭略為轉向後方，想看看情況究竟如何。詹姆斯．莫瑞回報炸彈命中艦體中央、幾乎與艦橋平行的位置。」

韋伯給赤城號來了顆近彈，炸彈在離左舷不到三十英尺的地方落海，激起的水柱將整個艦島浸在海水中。克勒格則來了個「擦邊球」；他的炸彈從飛行甲板突出艦體的部分擦過，然後在艦尾左舷水線下方命中了赤城號。

但光是貝斯特的炸彈即足以致命。他的炸彈可能摧毀了分隔上層機庫與中央升降機的防火幕，燃燒的殘骸掉落到下層機庫，左舷部分高砲的砲彈可能也被引燃，使火勢整個蔓延開來。

讓情勢雪上加霜的是，這枚一千磅的炸彈顯然引爆了一架剛完成加油掛彈的中島「九七式艦上攻擊機」。這時，赤城號一整個中隊的魚雷轟炸機都停放在上層機庫，準備送上飛行甲板。這枚炸彈在密閉的鋼鐵空間中，引發一連串猛烈的連鎖爆炸，蔓延的火勢又引爆更多的飛機，瞬間將上層機庫化為煉獄。大火已經完全無法控制。

人們要到好幾年後，才知道當時的慘狀。有兩百六十七人在爆炸和大火中喪命，差不多是赤城號上六分之一的官兵。

從現場脫離後，企業號的飛行組員個個興高采烈、得意洋洋。他們知道自己剛剛重創了兩艘敵軍航艦，現在這些敵艦已經無法作戰。此外，附近還有第三艘日本航艦正在冒出濃煙和大火。證據顯示，約克鎮號的無畏式群也差不多在同一時間締造了奇蹟。在事先沒有計畫協調的情況下，約克鎮號的轟炸機恰巧在此時趕到，對著「蒼龍」號投下三枚一千磅的炸彈，決定她的命運。

貝斯特回頭望了望，細細品嘗這難忘的一刻，腦海中浮現一九四一年十二月八日晚上，在珍珠港看到的情景。

加勒荷也有同樣的感受，他高聲大喊道：「亞利桑那號，我們永遠記得妳！」

狄金遜上尉則說：「我們都能看到這些航艦在燃燒，我們知道這是這場戰爭中，最意義非凡的一刻……我們逮到這四艘日本航艦，並且把其中三艘打到起了熊熊烈火，我確信每個人都為之振奮。」

現在，這群圍攻加賀號的美軍機組人員必須替自己打開一條血路。麥克勞斯基在俯衝投彈後，將座機突然下降，並盡可能地低飛，以躲避數十門對他射擊的防空砲火。麥克勞斯基在離海平面大約二十英尺的低空快速飛行，等衝出日本艦隊的火網後，他減速並轉向東北方準備返航。十五分鐘過後，當麥克勞斯基還在駕駛艙忙著返航，他和後座射手卻查拉維斯基（Walter G. Chochalousek）突然被朝向他們猛烈射擊的曳光彈包圍——兩架日本零式戰鬥機盯上了這架獨自在低空飛行的無畏式。

戰鬥機中隊長出身的麥克勞斯基尚且知道如何應付這種情形。當一架零式戰鬥機開始朝他射擊時，他立刻來個大轉彎，迎面衝向第一架攻擊他的日機，然後又一個翻轉、快速地衝過第二架日機。在這場持續約五分鐘、敵我態勢不對等的空中纏鬥中，日本戰鬥機將五十五發機槍子彈和三發二十公厘砲彈打在麥克勞斯基的座機上；雖然沒有命中發動機和油箱，卻打傷了機組員。麥克勞斯基回憶道：「突然間，日本戰機一輪猛射，將我的飛機陷入槍林彈雨中。我的駕駛艙左側遭破壞，同時感覺左肩好像被人用大鐵鎚狠狠敲了一記……看來我的死期到了。但不知過了多久，也許不過兩到三秒，我突然察覺周遭陷入一陣不尋常的寧靜，除了我這架老飛機發動機所發出的嗡嗡聲外，沒有任何聲音。」

終於，一架零式戰鬥機犯了錯。卻查拉維斯基瞄準這架灰色的攻擊者，雙手拇指同時扣下扳機，雙聯三〇機槍立刻對這架戰鬥機射出長串的子彈。這架日本戰鬥機飛離，很可能是被擊落。但更重要的是，另一架日本戰機也放棄追擊麥克勞斯基，轉而尋找其他目標。

第六偵察機中隊第三分隊的長機是威爾上尉；這位來自田納西州的神槍手畢業於海軍官校一九三四年班，而他原本服役於約克鎮號，在二月威克島攻擊戰前夕才及時轉調到企業號。

麥卡錫（John McCarthy）少尉，這位珍珠港事變的倖存者用目光檢視四周，看見由威爾上尉、歐弗萊赫帝（Frank W. O'flaherty）少尉和謝爾頓（James A. Shelton）少尉所組成的分隊，遂駕機加入威爾的編隊；與麥卡錫一起加入的，還有少尉菲佛（Carl Pfeiffer）和拉格（John C. Lough）。分隊的整合所代表的不僅僅是飛機數量增加；更重要的是，六架配備可朝後方射擊機槍的無畏式編隊，代表當他們遭到日本戰機攻擊時，有較大的存活率。

威爾採取波浪式編隊，讓日本戰鬥機無法從編隊下方，如同潛艦一般發動偷襲。零式戰鬥機接二連三地從編隊左方快速接近，但在面對十二挺點三零口徑機槍的情況下，沒有任何日本戰鬥機敢過於逼近。如同麥卡錫所說：「這些日本戰機的表現令人印象深刻。」

不具決定性的射擊戰持續約十二分鐘。過程中，這六架無畏式始終維持編隊，用他們射速高達每分鐘二千四百發的雙聯裝布朗寧機槍，朝日本戰機射擊。當最後一架零式戰鬥機放棄交戰後，這些無畏式的彈藥和燃油也所剩無幾。出擊前的任務簡報時，飛行員奉命先朝中途島的方向飛行，以誤導日軍，但此刻時間非常寶貴；在花去不少時間繞行這三艘燃燒的日本航艦，以擺脫日本戰機的追逐後，他們設定航向朝企業號飛去。

但企業號在那裡？

威爾將飛機爬升到一千兩百英尺，然後調整油門，此時他的油量表已來到最低值。在飛離目標區後，威爾和他的無線電士史坦柏（Wiliam H. Stambaugh）看到一幅令人毛骨悚然的景象：十八架從倖存的「飛龍」號航艦起飛、準備前往攻擊美國航艦的日本俯衝轟炸機，從後方追上他們，並有六架零式戰鬥機護航。日本戰鬥機的領隊就是不想放過這些剛一舉將南雲麾下四艘航艦中的三艘變成火球的美軍艦載轟炸機。重松康弘大尉將座機黑色機鼻對準下方重達兩噸的無畏式機群，率領部屬由上往下發動攻擊。

於是，另一場空戰爆發。

空戰中，歐弗萊赫帝少尉的座機的油料用罄，其萊特公司旋風式發動機因為吸進遠比燃油還多的空氣，開始劈啪作響，不得不迫降在海面。當歐弗萊赫帝最後一次被看見時，他和後座組員，即在馬紹爾之役聲名大噪的機械士蓋德「狀況都十分良好」。

這次追擊驚人地持續了二十分鐘，是太平洋戰爭中歷時最久的空戰之一。威爾和其他四架無畏式努力維持平穩，在每次遭遇日機攻擊時，他們就以編隊轉向的方式，讓後座射手有機會對從眼前呼嘯而過的零式戰鬥機，來上一陣短促、精準的射擊。他們雖然沒有擊落任何零式戰鬥機，卻重創其中兩架，使這兩架不得不退出戰鬥；其他四架零式戰鬥機還得趕緊追上他們的轟炸機。

這些美軍飛行員終於有時間交換意見了。威爾和麾下飛行員討論在哪個方向才能找到企業號，他們透過手指的張開或閉合，以代表摩斯電碼的點畫來溝通。麥卡錫相信威爾打算朝北方飛行，於是不斷地向他示意，建議他向右轉；但威爾確信自己航向正確，遂回以麥卡錫一個「吻別」訊號，讓麥卡錫自己找路返航。拉格少尉則採取一條偏向南方的航線飛行。他們座機間的距離逐漸拉開，只能各自掌握自己的命運，最後他們再也看不見其他同僚的飛機。

麥卡錫最後獲救。他在座機油料用盡後，迫降在驅逐艦「海麥恩」號（USS Hammann，DD-412）附近，他和後座射手霍威（Earl Howell）都獲救，卻再也沒有其他五架飛機機組員的消息。

狄金遜上尉就幸運得多。他順利迫降在距企業號約五英里的海面，剛好在一艘驅逐艦前方。狄金遜看著這艘「錫罐」，覺得出奇地眼熟，後來才認出這是「菲爾普斯」號（USS Phelps，DD-360），他從海軍官校畢業後所上的第一艘軍艦。

在起飛超過四小時後，貝斯特降落在企業號，卻弄斷了第一條攔截索（「我是專門弄斷第一道攔截索的專家。」他自嘲道）。他感到欣喜若狂，雖然有很多無畏式失蹤，但太平洋戰爭的潮流已經轉向了。

在返航的最後一段路程中，麥克勞斯基依舊吉星高照。他非常驚險地降落後，立刻被叫到艦橋，就此次出擊提出報告；同行的還有加勒荷與貝斯特。在麥克勞斯基用繪圖板向艦隊參謀說明情況後，大家都同意有三艘日本航艦被擊中起火，其中一艘是約克鎮號的戰果。報告結束後，企業號副長波恩（Walter Boone）中校注意到麥克勞斯基飛行夾克上的血跡，高聲大叫：「我的老天，麥克，你被擊中了！」麥克勞斯基的手臂和肩膀多處被子彈和碎片所傷，遂被送到醫務室，由醫官替他治療。

飛行待命室則是一片死寂。企業號的偵察機和轟炸機中隊共起飛三十二架無畏式，但只有十四架返航；有些飛機因為損害太嚴重，無法再起飛執行任務。雖然有兩架第六轟炸機中隊的飛行員轉降約克鎮號，但也退出了作戰行列。魚雷轟炸機中隊飛行待命室的氣氛還更糟上許多倍——林賽和其他九架飛機的空勤組員都宣告失蹤、生死未卜。

企業號缺乏轟炸機的窘境，卻意外因為約克鎮號的轟炸機轉降而獲得改善。由於得知日機即將來襲，約克鎮號不得下令甲板維持淨空，禁止艦載機降落。第三轟炸機中隊中隊長黎士禮迫降在一艘巡洋艦旁，但謝蒙威（Dewitt "Dave" Shumway）上尉率領其他十五架俯衝轟炸機轉飛企業號。於是，謝蒙威、加勒荷和貝斯特被臨時編成一隊，準備下次出擊。此時，有越來越多約克鎮號的飛機降落在企業號，例如奉派執行晨間搜索任務的蕭特（Wallace Short）上尉及所屬小隊，使企業號獲得一支小型的預備兵力。

當赤城、加賀和蒼龍被烈焰吞噬時，飛龍號倖免於難。儘管海平面上那可怕的事實清晰可見（三艘友艦已化為三條煙柱），山口多聞少將仍決定奮戰到底。他的飛行大隊在兩個半小時內發起兩波攻勢：每一波都是俯衝轟炸機領先，魚雷轟炸機緊跟在後，並由戰鬥機替這兩種機群護航。這兩波攻勢都找上約克鎮號。

從企業號上可以清楚看見身陷險境的老約克。在防砲指揮官穆特和其他上層甲板官兵眼中，遠處中彈爆炸的敵機看起來「就跟煙火一樣」。但日軍飛行員不僅戰技高超，而且勇往直前，第一波攻擊就有三枚炸彈命中約克鎮號。對莫特來說「這已經夠糟了」，但在第二波攻擊時，又有兩枚魚雷命中約克鎮號的艦身，使該艦瀕臨沉沒。

在早晨的高空任務後，格雷的第六戰鬥機中隊顯得相對清閒；但當飛龍號發動第一波攻勢時，麥赫爾上尉一再透過無線電要求「准許馳援」。最後，企業號的戰機攔截管制官道溫（Leonard J. Dow）中校准許野貓式戰鬥機前往支援老約克。過程中，雖然麥赫爾的機槍故障，但少尉普洛孚（Thomas C. Provost）和哈爾福（James A. Halford）兩人合作、成功擊落一架日本俯衝轟炸機。

在當天下午日本對約克鎮號的攻擊中，六位企業號的戰鬥機飛行員宣稱，他們共擊落三架日本魚雷轟炸機與兩架零式戰鬥機。在這場太平洋戰爭開戰以來規模最大的會戰中，企業號戰鬥機所獲得的戰果，總計有九架是「確定擊落」，另有五架則是「可能擊落」。

在劫難逃的飛龍號

史普勞恩斯清楚至少還有一艘日本航艦倖存，因此決心將之擊毀。但他唯一要知道的是，在哪可以找到這艘航艦？而就在飛龍號的飛行大隊重創約克鎮號時，一架約克鎮號的偵察機傳回飛龍號位置訊息，史普勞恩斯於是下令企業號立刻出擊。連同第三轟炸機中隊的機組在內，企業號共派出二十四架SBD無畏式，包括加勒荷的六架偵察機和貝斯特的四架轟炸機。

加勒荷來到上午目標區的北方海域，首先看到三股濃煙，標示出那三艘日本航艦殘骸的位置；

然後，他在照映黃昏陽光的海面上發現了飛龍號。在發現目標後，加勒荷很快就決定該如何進行獵殺：他打算利用落日，從敵艦的西方進攻。這麼做的好處是，當轟炸機進入俯衝時，陽光可以從飛機後方照射在敵軍高砲砲手的眼睛上，使後者不容易瞄準。於是，加勒荷在一萬九千英尺高空，率領這二十四架無畏式，由南方沿著一條環形航線，飛抵飛龍號的西方。

在評估敵軍位置後，加勒荷開始分配攻擊目標。他親率企業號機群攻擊飛龍號；謝蒙威上尉則在同一時間帶領約克鎮號的飛機，攻擊位在飛龍號西北方、距離最近的戰鬥艦「榛名」號。榛名號是曾參與第一次世界大戰的老兵，排水量三萬七千噸。有趣的是，根據美軍先前的報告，這艘戰鬥艦早在一九四一年時，就被一位美軍英雄凱利上尉（Colin Kelly）所駕駛的B－17轟炸機，在菲律賓附近海域擊沉。

不知是因為陽光，還是單純地沒注意，日本防空監視哨直到加勒荷的轟炸機群飛抵俯衝點，開始推機頭向下、進入俯衝姿態時，才發現這個威脅；但對日軍而言，為時已晚。此時的飛龍號可能是為了讓戰鬥機起飛，正調轉船頭朝向東南方，對即將到來的危機渾然不覺，直到兩艘巡洋艦發出警告為止。但這二艘日本巡洋艦，「利根」號與「筑摩」號，卻因為位置太偏南，無法以火力掩護飛龍號。

飛龍號艦長加來止男大佐此刻的表現，遠比加賀號艦長在上午遇襲時來得果斷。他下令飛龍號向左轉，並持續進行這個動作，以便充分運用該艦噸位較小、運動更為靈活的優點。持續轉圈的飛龍號，除了讓轟炸機更難瞄準，也迫使美軍飛行員必須不斷地修正航向，以因應目標上方風向的變化。

同時，擔任戰鬥空中巡邏的零式戰鬥機，也從高空撲向美軍機群。這十三架零式戰鬥機是分別來自航艦赤城、加賀和蒼龍的「孤兒」，飛行員都是箇中好手；他們在空中實施無數的特技動作，以避免在這段長約四英里的急速下降過程中，因本身速度太快而無法錯過美軍飛機。日本戰鬥機只能從無畏式群編隊的後方發動攻擊，但他們決心堅定、毫不退縮。日軍飛行員知道，飛龍號是他們能平安降落的最後希望，所以打起來格外兇猛。

許多因素加在一起，使加勒荷的攻擊被打亂。飛龍號不斷地急轉彎、日軍艦隊越來越密集的高砲火力，以及讓人驚慌失措的零式戰鬥機，這些都嚴重干擾某些美軍飛行員的注意力。由於高度和角度的關係，好幾架企業號的飛行員在俯衝時，發現在機鼻下方看不到敵軍航艦；有些飛行員則因油門催得太兇，造成俯衝速度過快，沒有足夠的時間好好瞄準，以致未能命中飛龍號。

在加勒荷機群北方，謝蒙威正做出指揮決策上的重要決定。他清楚看見在飛龍號四周冒出一道道水柱，知道這意味著投下的炸彈都未命中，敵艦有可能逃脫。這令謝蒙威無法接受；他已親眼目睹從飛龍號發動的攻擊，對約克鎮號造成什麼樣的後果。於是，他決定停止攻擊那艘戰鬥艦，率領機群調頭撲向飛龍號。

在混亂中，謝蒙威的機群差點與貝斯特的第六轟炸機中隊互撞。從企業號機群左方進入，謝蒙威的編隊一下就衝到貝斯特的前方，使後者被迫做出和上午相同的反應，放棄進行俯衝、重新拉高，然後嘗試重整編隊。但在這個過程中，零式戰鬥機把韋伯少尉的飛機打成蜂窩；他凡事落後一步的傾向，此刻造成致命的結果——韋伯和希爾伯特（Ernest Hilbert）軍械士連同飛機一起墜海。日本戰鬥機也擊落兩架第三轟炸機中隊的飛機，分別由懷斯曼上尉和布特勒（John Butler）少尉駕駛，他們兩人都曾在企業號上參與杜立德空襲東京行動。

貝斯特沒有時間計算損失。他催促剩餘部屬重新集結，然後再次伸展襟翼、推機頭向下，向他今天的第二艘目標航艦俯衝。貝斯特回憶道：「甲板上每個人都在朝我們開火。」但他盡可能不去管飛行甲板四周那不停閃爍的高砲砲口焰，而是專注於按照他所設想的方向，以艦首進入、艦尾脫離的方式進行俯衝。貝斯特將目光緊緊盯在飛行甲板上，然後拉起投彈柄——在將炸彈投出的那一刻，他就知道一定會命中目標。

貝斯特這回不打算再像上午那樣，轉頭觀察炸彈命中的情形；他將油門推到極限，在日本艦隊間不停地迂迴飛行，以躲避高射砲火，然後朝西方飛離。謝蒙威上尉及其小隊也有斬獲，一連四枚炸彈命中飛龍號的前甲板。此時的飛龍號活像一個打開了的番茄罐頭：她的前飛行甲板向後剝離，前升降機徹底炸毀，有一大片整個被掀起，緊緊抵住艦島左側。在炸裂的前機庫中，共有十九架飛機炸毀，其間的水兵和技術人員也全部犧牲。

雖然遭受重創，但飛龍號的輪機艙仍然在運轉，使這艘航艦還能以每小時三十節、甚至更高的速度，冒著濃煙和火焰，持續在海面航行。儘管如此，明眼人都看得出飛龍號已經在劫難逃，使最後幾架美軍轟炸機又轉回去攻擊榛名號，讓這艘戰鬥艦差點挨了兩顆近彈。

幾分鐘後，十六架從大黃蜂號起飛的ＳＢＤ無畏式飛抵現場，轉而攻擊利根號與筑摩號這二艘巡洋艦，但沒有獲得任何戰果，機隊本身也無損失。

當無畏式機群調頭返航時，飛龍號和日本帝國正走向毀滅。

那天晚上，貝斯特撲通一聲倒在床鋪上，安靜地回味個人飛行生涯最輝煌的一天：前後出擊兩次，投下兩枚炸彈，命中兩枚炸彈，摧毀兩艘航艦。他已來到海軍飛行員世界的巔峰。

但突然間，他的世界崩塌了。

貝斯特接連咳出幾口鮮血，然後不斷地咳嗽，而且看來不會停止。他將一條血跡斑斑的手帕摀在嘴上，向醫務室報到。但他內心的痛楚遠勝於身體，他對自己畢生所愛的飛行事業，在這場戰爭中究竟會如何發展，感到極度不安。

六月五日，再次起飛

第二天大多數的時間都鮮少有狀況發生，此一發展讓那些熱血沸騰、積極進取的飛行員十分苦惱。他們對艦隊高層缺乏活力的樣子感到惱火，尤其是史普勞恩斯拒絕追擊落敗的日本艦隊。但這些在飛行待命室的戰略家們並不明白司令官此刻的優先任務是防衛中途島：因為島上守軍很難抵抗日本艦隊的砲擊，更別說兩棲登陸攻擊。

突然，尼米茲從夏威夷的總司令部傳給第十六特遣艦隊一個不正確的報告，說是有兩艘日本航艦受損。直到這個時候，史普勞恩斯才同意對遠在兩百七十五英里外的目標發起攻擊，這幾乎是無畏式的戰鬥酬載所能達到的最大距離。儘管如此，作戰參謀還是派出大批轟炸機執行此次攻擊，其中企業號出動三十二架（由企業號和約克鎮號的飛行部隊混編），大黃蜂號則出動二十六架。

史普勞恩斯的參謀長布朗寧上校堅持這些轟炸機應掛載一千磅的炸彈，即以最大酬載出擊。這道命令使飛行員們無比驚訝，因為要帶上這麼一個重達半公噸的龐然大物，會大幅增加飛機的油耗，超過可容許的安全限度。飛行員們對四日當天所發生的事情記憶猶新，不禁擔心會有更多人因為燃油耗盡，被迫在海上降落。

但傲慢自大的布朗寧堅持，假如飛行員能多注意巡航速率與航向，就能順利往返。約克鎮號最資深的轟炸機飛行員謝蒙威，私下和同艦的偵察機中隊中隊長，即人緣極佳、喜歡惡作劇的蕭特上尉商量後，決定去醫務室找負傷的麥克勞斯基討論此事。在得知這個爭論後，麥克勞斯基動身前往司令艦橋，在途中遇到第六偵察機中隊的加勒荷上尉，而他們也決定先去找企業號的艦長莫瑞上校，後者至少可以在相對平等的地位上，與布朗寧對話。

在場人士描述這場對話就像是「在紐約布隆克斯區（Eronx）酒吧所發生的激烈爭吵」。眼看雙方聲音越來越高、火氣越來越大，史普勞恩斯終於出面干預。他對這些基層軍官的主張印象深刻，遂裁示：「我會按照你們這些飛官的想要的去做。」

聽到這個裁示，布朗寧跺一跺腳，隨即轉身離開。這位四十五歲的參謀長怒不可遏，遂將自己關在艙房中鬧脾氣。同一時間，飛行部隊開始替無畏式安裝五百磅的炸彈。

攻擊機群在下午起飛，謝蒙威率領企業號的混合部隊朝西南方飛行。等機群起飛時，目標與美軍航艦的距離已擴大為三百英里，而且經確認後，他們發現目標只是一艘單獨行動的日本軍艦。

這艘軍艦是驅逐艦「谷風」號，屬於新型的「陽炎」型，排水量約兩千噸，堪稱是二次大戰中設計最佳的驅逐艦之一。面對如雨點般襲來的無畏式機群，谷風號左閃右躲、在海面不斷迂迴航行，成功避開超過四十枚衝著她來的炸彈（大黃蜂號的偵察機沒有發現目標）；其中九枚近彈激起大量水花，將這艘驅逐艦籠罩在水霧中，另有一枚炸彈的碎片殺死艦上六名水兵。谷風號的高射砲火力全開，幾乎耗盡所有彈藥，成功擊落一架隸屬第五偵察機中隊、由亞當斯（Sam Adams）上尉所駕駛的無畏式——前一天發現飛龍號位置的，就是亞當斯。

機群返航時，天色越來越暗，使這段歸途更形漫長。多數飛行員甚至沒有夜間著艦的經驗，但幾乎所有飛機都安全降落；只有一架因為油料耗盡，不得不迫降在一艘驅逐艦附近的海面上。

當天晚上，航艦醫官分發一種極受歡迎的補藥，給這些筋疲力盡的空勤組員：一種被歸類為「醫藥用」的白蘭地。

六月六日，會戰尾聲

美軍從黎明開始，就從中途島和航艦上派出偵察機，搜索西方一塊扇形海域，尋找撤退中的敵軍艦隊。企業號和大黃蜂號也派出多架飛機，前往指定海域搜索；後者的一架偵察機拔得頭籌，回報在中途島以西約四百海浬處，發現四艘日本軍艦，其中二艘以約每小時十節的速度，緩慢、吃力地在海面航行。

這支艦隊由兩艘重巡洋艦與兩艘護航的驅逐艦所組成。其中，排水量一萬一千五百噸的重巡洋艦「最上」號和「三隈」號是同型姊妹艦，雙雙於一九三五年開始服役。這兩艘巡洋艦在前一天晚上互撞、都蒙受不小的損傷，特別是三隈號。她們的處境又因為美軍偵察機的誤判更形惡化：在偵察機最初傳回的報告中，錯誤地指出「發現一艘航艦和一艘巡洋艦」。雖然史普勞恩斯的參謀有理由確信，敵軍所有的四艘航艦都已被摧毀，但沒有人敢打包票。大黃蜂號所有可用的飛機於是傾巢而出，一共有二十五架無畏式轟炸機和八架野貓式戰鬥機；她所有的魚雷轟炸機，都已在六月四日的戰鬥中損失殆盡。

企業號也派機群參與此次攻擊，包括分屬四個中隊的三十一架無畏式，其中有從約克鎮號轉降過來的第三轟炸機中隊和第五偵察機中隊。這些無畏式機群由第五偵察機中隊的中隊長蕭特領軍，並由格雷的十二架戰鬥機護航。事實上，此時已無派戰鬥機護航的必要，因為日本航艦已全部沉沒。

拉布中尉率領企業號僅存的三架TBD毀滅者式魚雷轟炸機出擊，這是該型飛機最後一次戰鬥任務；其中一架由莫里斯（Jamie Morris）少尉搭配射手機械士繆勒（Harry Mueller）。隨同出擊的射手中，有一位是格瑞茲，他很幸運地沒有列在四日當天的出擊人員名單中。格瑞茲寫道：「一如以往，我們這些士兵未被告知任何進一步的訊息，但當我們上機後，繆勒告訴我『上級要消滅那些巡洋艦，不計一切代價』。可是，拉布卻顯得很謹慎，因為整個美軍特遣艦隊中，再也沒有其他的魚雷轟炸機。」

格瑞茲繼續寫道：「我們很幸運，當這些速度奇慢的魚雷轟炸機飛越海平面後，終於看到那些巡洋艦。此時，轟炸機剛要開始俯衝攻擊，所以我們在外圍環繞這些軍艦飛行，偶爾朝日本人搖擺一下飛機，吸引一些防空砲火。」

當企業號的轟炸機飛抵日本巡洋艦上空時，發現其中一艘已被破壞得很嚴重，所以蕭特在分配目標時，決定集中攻擊那艘比較大的軍艦。在空中沒有敵機攔截、艦上也沒有什麼防空火力的情況下，轟炸機飛行員能好整以暇地瞄準，然後狠狠地痛宰目標。這些飛行員宣稱至少有七枚炸彈命中那兩艘巡洋艦，但大部分是攻擊三隈號。

格瑞茲回憶：「我們看著這些俯衝轟炸機把這些巡洋艦變成人間煉獄。當我們調頭返回企業號時，那些巡洋艦活像一個裝滿廢鐵的大浴缸。」

當天下午稍晚，大黃蜂號的轟炸機返航，順利完成任務。三隈號至少挨了五枚命中彈，幾近解體。最後，三隈號帶著全體八百八十八名乘員中的七百人，沉沒到海底。

中途島會戰結束了，起碼看來像是這樣。但是當無畏式機群正在蹂躪三隈號時，嚴重受損的約克鎮號則遭到一艘日本潛艦偷襲；這位勇敢的日本艦長成功穿越屏衛的護航艦，對約克鎮號進行致命的魚雷攻擊，其中兩枚命中這艘航艦，另有一枚則擊沉緊靠在旁的驅逐艦海麥恩號。生還者被轉送到其他軍艦上，而這艘企業號的姊妹艦則繼續浮在海面，直到第二天清早才翻覆沉沒。

雖然對那些沒有被擊沉的軍艦來說，會戰已經結束，但某些參戰官兵的命運仍舊生死未卜。結果，企業號列為失蹤的六位飛行員和五位機組員獲救。其中包括第六轟炸機中隊的薛內度少尉和他的射手荷爾登（Glenn Holden），他們在日本艦隊的視線範圍內迫降。最後被發現的是第六魚雷攻擊機中隊的機工兵溫徹爾及通信兵科塞特（Douglas Cossett），他們在橡皮艇內待了十七天才獲救。

但對某些人而言，被找到並不代表獲救。

歐弗萊赫帝少尉在六月四日上午攻擊日軍航艦後，駕機迫降在海面上，與他同機的是射擊士蓋德；後者曾在二月的馬紹爾攻擊戰中，跳進一架停在飛行甲板上的無畏式，操作機槍射擊來犯的日本轟炸機。他們被日本驅逐艦「卷雲」號發現，這是一艘三個月前才服役、幾近全新的軍艦，艦長是藤田勇中佐。

日軍用各種只能想像的手段，嚴格審問這兩位美軍機組員；但他們無法提供日軍任何有用的訊息。他們對中途島的描述純屬臆測，因為他們根本沒去過那。不管如何，二十四歲、來自內華達州托諾帕鎮（Tonopah）的歐弗萊赫帝，以及二十二歲、來自威斯康辛州比洛伊特鎮（Beloit）的蓋德，似乎知道他們未來的命運為何。戰後的調查指出，他們在六月十五日當天，身體被綑上重物，然後丟進海中。

有的傷者雖然獲救了，但卻失去了事業，其中最有名的就是貝斯特。回到珍珠港後，貝斯特接受一位姓氏也是貝斯特的資深醫官檢查；這位醫官認定，在六月四日那次遠比以往漫長的搜索任務中，貝斯特的氧氣換氣系統過熱，所釋放的瓦斯變成具腐蝕性的氣體，造成一種潛伏性的肺結核。對貝斯特而言，這意味著他永遠不能再飛行。

貝斯特嚇呆了，他反覆地說道：「我不能離開企業號，我不能離開我的中隊。」他用他的藍眼睛盯著這位貝斯特醫官，不斷懇求道：「中校長官，你不明白，我是太平洋戰場最優秀的轟炸機飛行員。你這樣做，會讓整個戰爭延後五年結束。」儘管如此，第二次世界大戰在沒有他參與的情況下持續進行。兩年後，貝斯特因為身體因素退役。

中途島會戰使企業號的飛行大隊損失慘重，總共折損了二十二位飛行員、二十二位射手，外加六位從企業號出擊的約克鎮號機組員。在會戰剛開始時，全艦共有七十八架飛機，最後有三十一架被擊毀或報銷。

會戰的勝利主要歸功於俯衝轟炸機部隊，但拉布中尉，這位魚雷轟炸機中隊倖存的資深軍官，卻寫下：「我衷心希望，可以多表彰那些為了此次輝煌勝利，而付出生命代價的人。」拉布是替所有英勇殉職的人寫下了這一席話。

幾十年來，傳統的觀點對中途島會戰極為推崇，認為這是整個太平洋戰爭的轉捩點：哪一邊贏得這場會戰，就贏得整個戰爭。但隨時間過去，加上人們不斷地反覆思考，一個更合理的觀點逐漸盛行：這個觀點認為，即使日本贏得中途島會戰，戰爭也不會馬上結束；美國軍艦最後仍然會在東京灣下錨，即使不是一九四五年，也會是一九四六或一九四七年。不管是社會輿論，還是基於全球戰略考量，都不會允許美國在日本贏得中途島會戰後就低頭認輸。中途島會戰的意義在於，它終結日本在戰爭初期主宰太平洋戰場的形勢，讓美軍可以轉守為攻。

時序邁入二十一世紀，中途島會戰象徵美國海軍勳業的巔峰。因為從來沒有一場會戰和中途島一樣，雙方實力如此懸殊，勝負賭注又如此巨大。一九九八年，美國海軍特別訂定「中途島日」（Midway Night）來紀念這場會戰。但在二〇〇九年時，這個儀式卻越來越受政治正確的影響，使海軍軍令部長在典禮上致詞時，從頭到尾都沒有提到日本。

無論如何，企業號對這場會戰的重大貢獻仍舊讓艦上官兵引以為傲。貝斯特在退役後所發表的看法，足以代表絕大多數艦上官兵的心聲。他說，中途島會戰是「一場復仇，是一場為珍珠港而進行的甜蜜復仇。義大利人說『復仇這道菜，最好等它涼了再上桌』，到一九四二年六月時，這道菜已經涼了六個月」。

第四章

我們一點都不了解這些該死的東西

（一九四二年八月）

©USN via tailhook Assn.

企業號在一九四二年八月二十四日，於東所羅門海海戰中，被日本轟炸機重創。圖中，修理人員正在清理第三層甲板受損的艙間。

在過程震撼、結果卻讓人歡欣鼓舞的中途島海戰後，企業號獲得短暫的喘息機會，讓官兵得以撫慰悲傷或慶祝他們傲人的戰功，並進行必要的調整。

在夏威夷的日子也並非完全平靜無波。某天晚上，在皇家夏威夷飯店，當第六偵察機中隊的成員向已逝的同袍舉杯致敬時，突然聽到附近有一批陸軍B-17轟炸機的組員大聲誇耀自己在六月四日那天擊沉了數艘日本航艦。不過，這些海軍飛行員記得非常清楚：他們駕無畏式撲向日本航艦時，日艦根本仍毫髮無傷。於是雙方爆發了激烈的爭執，使隨後趕到的岸巡人員花了二十多分鐘，才把秩序恢復。現場隨處可見打翻的桌子、摔破的盤子，以及倒在地上的飛官們；雖然許多人在鬥毆中被打得鼻青眼腫、渾身是傷，但參與群架的大E官兵，絕大多數都感到十分暢快。

接下來，是時候重返戰場了。

在六月底前，企業號的航海與飛行大隊的高階人事進行重組，包括艦長和許多重要部門主管都換人。人員重新分配有其必要，因為在這個階段，有實戰經驗的軍官是艦隊寶貴的資產，必須重新安排到新成軍的船艦和單位，以帶領這些菜鳥及早進入狀況。因此，許多在戰前就已待在企業號上的老鳥在一九四二年大批離艦，比後來任何一年都多。

莫瑞上校在一九四二年六月底，將企業號的指揮權交給戴維斯（Arthur Cayley Davis）上校；後者在海軍官校一九一五年班中，因為學養豐富享有盛名。戴維斯和莫瑞一樣有才幹和充滿自信，但個性截然不同，使下屬必須重新適應。莫瑞比較平易近人，待人也很親切；戴維斯則比較沉默寡言，很少跟下屬聊天。

中途島海戰後，企業號還發生另外兩件重大改變。首先是副長基特中校離艦，他是艦上最受愛戴的軍官之一，而且是極少數認為要維護紀律的話，唯有副長的軍官。但基特的與眾不同還不僅於此。一九四二年二月一日，企業號飛行大隊首度起飛，要報珍珠港的血海深仇時，基特為當天的作戰計畫添了一首詩：「以眼還眼，以牙還牙。這個星期天該我們出手了，勿忘珍珠港。」當大戰結束時，基特已經是另一艘航艦艦長。

在此時登艦報到的，還有新任的飛行長克羅姆林（John G. Crommelin）。這位即將接掌整個飛行作業的軍官，是一位身材削瘦、有話直說的阿拉巴馬人；在接下來的十五個月中，克羅姆林成為每位在艦上服役的水兵與空勤人員口中的「企業號先生」。他在每個領域都表現優異，以名列前茅的成績自海軍官校一九二三年班畢業，而他的飛行技巧早已成為傳奇。克羅姆林的四個弟弟都追隨大哥的腳步，進入海軍官校就讀；除了一位以外，其他三位都成為海軍飛行員，但有兩位在與日本的戰鬥中殉職。

在不值勤時，克羅姆林常語出驚人；甚至有人說，他的話讓人覺得他想在艦上煽動叛亂。據說，克羅姆林曾這樣說一位上校：「別理那個狗娘養的，他根本搞不清楚自己在做什麼。」又有一次，當克羅姆林得知企業號又要有新艦長時，竟大聲嚷嚷道：「他們什麼時候才會放過這條船！」

儘管克羅姆林常出言不遜，但這些只是反映了一個最重要不過的事實：他對企業號和艦上官兵全然無私的付出。難怪他在多年之後，仍被艦上官兵稱為「約翰大叔」。

中途島海戰的驚人損失迫使美國海軍下功夫重整航艦兵力。企業號的戰鬥機和轟炸機維持不變，但從已沉沒的約克鎮號上接收一批偵察機，以及重組後的第三魚雷轟炸機中隊，後者原隸屬於沙拉托加號。黎士禮中校在六月中接替調離的麥克勞斯基，擔任重組後的飛行大隊大隊長。黎士禮是個少話、能幹和有經驗的飛行軍官，曾率領第三轟炸機中隊參與杜立德行動和中途島海戰。儘管在率隊飛往日本航艦途中，他曾不慎將炸彈落在海中，他仍帶領麾下的無畏式群朝蒼龍號俯衝，並見證這艘航艦的毀滅。他的下屬都很懷念那段在他麾下服役的時光。

第三魚雷轟炸機中隊獲得了新裝備。他們換裝出自格魯曼公司、機腹突起的TBF「復仇者」式（Avenger）魚雷轟炸機，這是以過時、無人滿意的TBD毀滅者式為基礎改良而來的新機種。這款飛機在一九四二年夏天向企業號報到，然後在接下來的十二個月，隨同這艘航艦四處征戰。

戴維斯指揮企業號在七月十五日離開珍珠港，前往外海與分派給她的護航兵力會合，準備執行下一輪海上任務。只有極少數的人知道艦隊的目的地，但眼前集結的大量船艦，就足以讓官兵們知道，許多事情正在改變。這是企業號頭一次有戰鬥艦護航；這艘戰鬥艦是「北卡羅來納」號（USS North Carolina，BB-55），是一艘新式、排水量高達四萬五千噸的龐然大物。在其他護航艦中，還包括防空巡洋艦「亞特蘭大」號（USS Atlanta，CL-51），她甚至比北卡羅來納號還新；還有曾參與珊瑚海海戰和中途島海戰，側面輪廓與亞特蘭大號非常相近的巡洋艦「波特蘭」號（USS Portland，CA-33）。因為海爾賽仍然無法復職，非飛行員出身的海軍少將金開德（Thomas C. Kinkaid）奉命擔任企業號特遣艦隊的司令官；金開德在前述幾次海戰中，曾指揮巡洋艦隊，執行艦隊防空任務。

航向西南方

特遣艦隊朝西南方航行了整整十天，有越來越多謠言指出，他們正準備對日軍占領的島嶼進行一連串的襲擊。但艦隊抵達從珍珠港到紐西蘭航程約三分之二位置的東加群島（Tonga）時，企業號的官兵目睹了一些以前從未看過的景象——一艘艘滿載著草綠制服陸戰隊的運輸艦，這是一支攻擊部隊。企業號官兵此時已無需任何長官對他們說明此次任務內容，這次攻擊不再是以往「打了就跑」的模式，而是準備發動美軍在第二次世界大戰中首次的攻勢作戰。

不管她們將前往何處，這次史無前例的集結本身就充滿力量與卓越性。這次企業號將和熟悉的老大哥沙拉托加號，以及剛從大西洋艦隊調來太平洋的生力軍、小一號的胡蜂號並肩作戰；胡蜂號原本在地中海執勤，此次特地調來太平洋，以填補因萊克辛頓號與約克鎮號損失後所造成的戰力空隙。共有超過七十艘各型船艦在東加海域集結，包括十四艘原本用於防守爪哇的美國、澳洲與荷蘭的軍艦，以及參與中途島海戰的兩支美國特遣艦隊——規模之大，勝過先前任何的無敵艦隊。

此次任務的行動代號是「瞭望塔作戰」（Operation Watchtower），目標是最近才被日本占領的瓜達康納爾島。

在一九〇七年的太平洋之旅後，知名小說家傑克．倫敦（Jack London）曾描述，他所想得出對付敵人最殘酷的方法，就是把他丟到所羅門群島（Solomon Islands）。瓜達康納爾是南所羅門群島最大的島嶼，長約九十英里，位在赤道南方約十度的海上，整個島布滿瘴癘之氣。這裡雖地處偏僻，卻

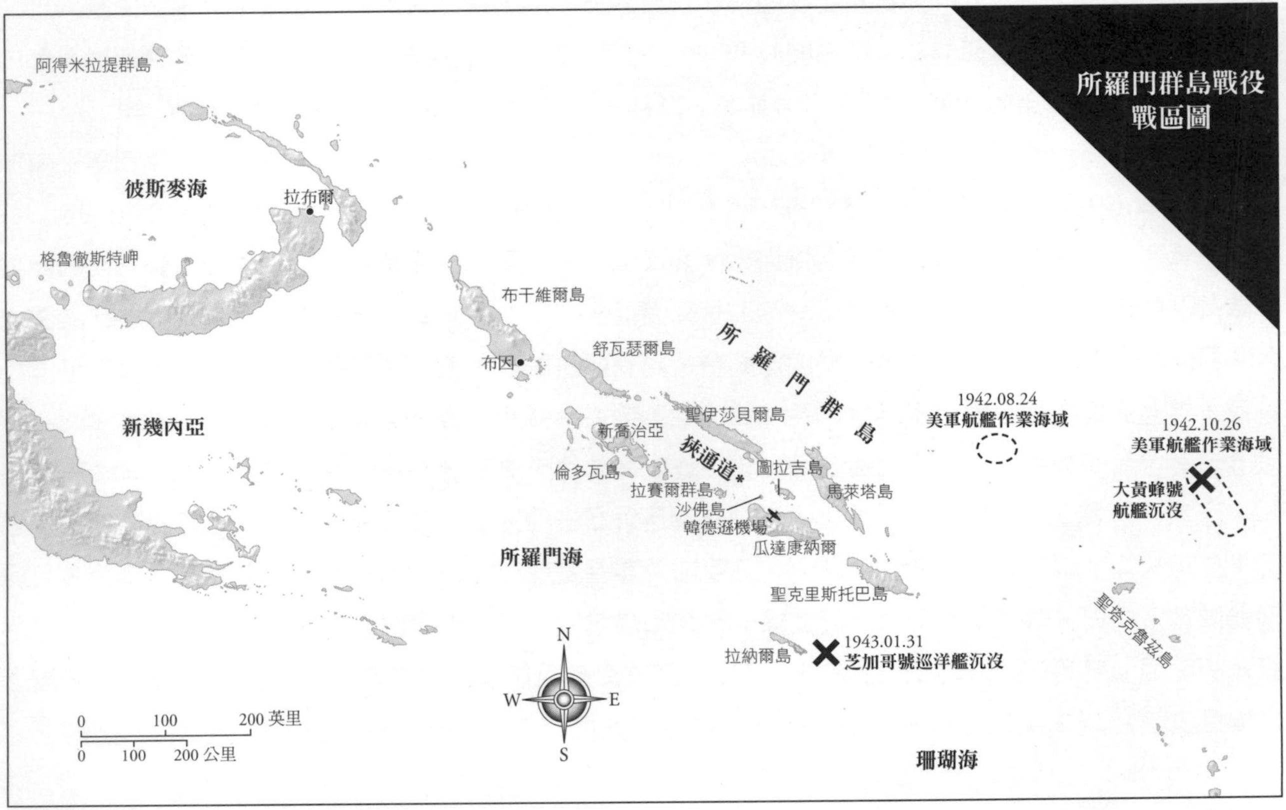

*這是盟軍官兵的叫法，原名是新喬治亞海峽（New Georgia Sound）。

獲得日本帝國海軍參謀本部的重視；因為以該島為基地的戰艦和轟炸機，可攔截從美國到澳洲的海上交通線。早在一九四二年二月初，美國海軍軍令部長金恩（Ernest J. King）上將，就視瓜達康納爾為「通往東京道路上的關卡」；在中途島海戰後，這條道路看似大有可為，使瓜達康納爾成為太平洋戰區接下來九個月的焦點。

由於瓜達康納爾的所在位置超過任何從友軍基地起飛戰機的作戰半徑範圍，因此對整個瞭望塔作戰而言，航艦的角色非常重要。美國海軍將領正涉入未知的海域，因為在理論上（儘管實際也許並非如此），航艦從來沒有直接支援過兩棲登陸作戰。兩棲登陸是所有海軍作戰中最複雜的一種，不僅需要在海軍艦艇與陸戰隊間建立密切的協調，也需要在前述兩個部門與空中的友軍戰機間建立密切的協調。美軍戰機不但要保護海軍艦艇與陸戰隊免受敵機的威脅，還要支援地面的步兵部隊。

按照常理，海軍反對將無可取代的航艦限制在登陸灘頭附近海域，因為這會使航艦成為日軍長程轟炸機和潛艦的絕佳目標。因此，第六十一特遣艦隊司令官弗萊契在率領艦隊前往瓜達康納爾南方時，決定他的航艦只在這個海域停留三天，並且認為這個天數，應足以讓海軍陸戰隊卸下所有物資，以及在岸上建立灘頭堡。

一九四二年八月七日上午，在一片驚天動地的艦砲轟擊聲中，瞭望塔作戰正式展開。這一天距珍

珠港事件正好八個月，距中途島海戰則約兩個月。當一萬六千名陸戰隊組成的登陸兵力，準備從十八艘登陸艦和四艘護航驅逐艦湧出向灘頭前進時，巡洋艦就按照先前制定的準備射擊計劃，以艦上火砲不斷地轟擊海岸線。

美國航艦在第一波就出動九十三架飛機，強力支援這次登陸作戰。當企業號的第六戰鬥機中隊在空中掩護登陸艦隊時，近五十架從沙拉托加號起飛的飛機，猛烈轟炸瓜達康納爾的地面目標。考德威爾（Turner Caldwell）上尉率領九架企業號的無畏式，在從主登陸區傳來的巨大噪音聲中，前往圖拉吉島（Tulagi），並與胡蜂號機群會合，共同攻擊停放在當地的日本水上飛機，將所有值得或不值得攻擊的目標全部破壞殆盡。到目前為止，一切都很順利，所有事情都按美軍的計畫進行。

第六戰鬥機中隊已改由鮑爾（Louis H. Bauer）上尉擔任中隊長。鮑爾是一位低調、有效率的軍官，他沉著的舉止與前任中隊長格雷形成顯著的對比。鮑爾在一九三五年從海軍官校畢業，天性熱愛航海與飛行；他在青少年時期，就當過船員和滑翔機飛行員。但如今，中隊成員已有很大的變化——在三十九位飛行員中，中途島海戰前就在中隊服勤的只有十一位。儘管如此，在那些來自萊克辛頓號的老手們影響下，第六戰鬥機中隊逐漸獲得「鮑爾之花」（Bauer's Flowers）的美譽。這個單位的正字標記，就是新中隊長對「任務導向」的堅持，即看重能力勝於資歷；這使中隊在執行任務時，可能由經驗豐富的飛行士官擔任兩機小隊、甚至四機分隊的長機，軍官則擔任僚機。這種作風與日本帝國海軍截然不同。五十年後，當一位日本空戰王牌聽到這個情形後，自嘲地說：「現在我知道你們美國人為何會贏得這場戰爭了。」

在西北方五百英里外的新不列顛群島（New Britain），日本帝國駐紮了一支實力堅強的空中兵力，包括上百架的長程轟炸機與戰鬥機，地點在拉布爾（Rabaul）。這批天皇的海鷹很快地派出二十七架三菱公司所生產、美軍稱為「貝蒂」（Betty）的一式陸攻轟炸機，由十七架長航程的零式戰鬥機護航，前往攻擊美軍。在瓜達康納爾南方海域巡弋的美國航艦（距該島北方海域的運輸艦約六十英里），立刻派出戰鬥機，由無線電引導前往攔截。

但鮑爾卻未領軍出擊。當他麾下的戰機從巡邏任務中抽調，派往北方攔截日機後，鮑爾的分隊卻被召回，並奉命在艦隊上空巡邏。針對這個命令，鮑爾簡直難以置信；他能全方位地感知情勢的發展，遂要求重新確認這道命令。當命令獲得確認後，這位向來沉著冷靜的中隊長悶坐在機艙內，一言不發。鮑爾後來得知，企業號的戰機攔截管制官要他在艦隊上空待命，以免這些日本一式（轟炸）陸攻機突然改變方向，對航艦發動攻擊。

由於鮑爾缺席，率領機群攔截日機的工作就由行伍出身的蓋伊（Ted Gay）中尉擔任。僚機飛行員是海軍官校的畢業生普瓦（Vincent P. De Poix）上尉，他在此次任務中擊落一架轟炸機，並和其他人聯手擊落另一架；老手蓋伊則宣稱可能擊落二架。不知為何，護航的零式戰鬥機並未就掩護轟炸機的位置，在空戰剛開始時，他們也沒有介入。但等這些日本戰鬥機回過神來後，他們立刻控制了局面。日本戰機先收拾了薩姆羅爾（Howell Sumrall）的飛機，接著又從後方咬住阿赫滕（Julius Achten）的座機；後者雖然曾中途島海戰中擊落一架日本偵察機，但零式戰鬥機卻是另外一回事。阿赫滕的野貓式遭日本戰機重創，不得不迫降在一艘運輸艦附近的海面上。

在激戰了一天後，第六戰鬥機中隊聲稱共擊落十架日本飛機，代價是折損三位飛行員和六架飛機。這個結果，對原本信心滿滿的野貓式戰鬥機中隊而言，無異是被潑了盆冷水。當他們對上刁鑽靈活、攻勢凌厲，且多數飛行員都久經戰陣的零式戰鬥機，當天出任務的野貓式竟折損了一半。在日軍飛行員中，有許多從一九三七年起就已開始執行戰鬥任務，當中還有不少是空戰王牌。在圖拉吉上空，又有不少美軍飛機被這些日軍王牌飛行員擊落。

在失蹤的企業號戰鬥機飛行員名單中，包括法爾博（Gordon Firebaugh）中尉，他是一位來自萊克辛頓號的老練飛行員。法爾博率領他的分隊前往攔截日本轟炸機，卻在交戰過程中下落不明。不過，五位零式戰鬥機飛行員清楚知道法爾博的下落；他們聯手對法爾博發動好幾波攻擊，卻發現後者非常難纏。法爾博飛戰鬥機超過一千個小時，對何時該採取閃避動作，有近乎完美的估算。他冷靜地駕駛座機，一再躲過日本戰機所射出的槍彈，同時只要一有機會，就立刻開火還擊。法爾博先擊落一架飛越他的零式戰鬥機，然後調頭迎戰其他幾架；但下一架日本戰機也是高手，以二〇機砲命中法爾博的野貓式戰鬥機。

儘管座機受創，但法爾博仍繼續反擊。當另一架零式戰鬥機出錯時，法爾博立刻讓他付出代價。雖然已經將態勢扭轉成三對一，這位鬥志堅定飛行員的好運卻也到了盡頭；先前命中他座機的機砲砲彈引燃了油箱，火勢蔓延到駕駛艙。法爾博解開安全帶，拔掉無線電，然後在三千英尺的高度跳傘。

雖然身上有燒傷，而且從天空筆直落下，但法爾博的頭腦依舊十分冷靜。由於日本戰機常開火朝降落傘射擊，法爾博直到看清楚日本戰鬥機的動向後，才拉開降落傘。當降落傘張開後，他在空中飄了一陣子，然後猛然落入海中。當他解開身上的降落傘，伸手抹掉眼睛外面的海水，他突然聽到一些聲響，就抬頭往上看，發現兩架零式戰鬥機發出嗡嗡聲從他頭上飛過，不過沒有朝他射擊。

此時的法爾博不僅身上有嚴重的燒傷，背部也因受傷而疼痛不已。他望著海平面，覺得瓜達康納爾西北方的聖伊莎貝爾島（Santa Isabel Island）似乎是個不錯的選擇。當他確定自己是孤獨地處在遠離陸地的海面後，法爾博只好開始游泳。

此次空戰的挫敗嚴重地打擊了美軍戰鬥機飛行員的士氣，特別是在中途島海戰沒有遭遇多少零式戰鬥機，也沒有損失任何飛行員的第六戰鬥機中隊。「鮑爾之花」在此役中的慘敗，促使鮑爾中隊長向太平洋艦隊司令部發出最深切的呼籲，希望能獲得速度更快、性能更好的戰鬥機。「我們一點都不了解這些該死的日本飛機。」鮑爾回憶道，抱怨他們直到與零式戰鬥機交手後，才知道這些飛機有多厲害。一位沙拉托加號的戰鬥機飛行員也贊同鮑爾的說法，他說：「我在海軍的導師，就是那些把我打下來的日本仔。」

但「鮑爾之花」中，也有人表現不俗，例如士兵出身的飛行員機械士拉尼恩（Donald E. Runyon）。許多人認為，拉尼恩是海軍最好的戰鬥機飛行員之一。他率領三架僚機，衝進九架與「貝蒂」轟炸機分開編隊，由愛知公司生產、美軍代號「瓦爾」的九九式俯衝轟炸機群中。但企業號的分隊不僅和沙拉托加號的野貓式戰鬥機混在一起，還必須閃避從友軍軍艦射出的高砲火力。在第一次掠襲中，拉尼恩雖然沒有命中，卻親眼見到士兵出身的僚機飛行員帕卡德（Howard Packard）將一架九九式轟炸機擊墜在隆加角（Lunga Point）的海灘上。

拉尼恩接著咬住另一架俯衝轟炸機，然後和帕卡德及另一位僚機飛行員一齊開火。最後，這架敵機墜毀在內陸，是拉尼恩的戰果。大約在兩分鐘後，拉尼恩又擊落另一架俯衝轟炸機，使他成為當日戰果最豐碩的美軍飛行員——不過，當時美軍還不知道法爾博的戰果。

當野貓式戰鬥機浴血奮戰時，企業號的俯衝轟炸機也對上了零式。當時，霍倫伯格（Carl Horenburger）上尉所率領的機群正在圖拉吉島北方空域待命，等候飛航管制員賦予攻擊目標。當這八架無畏式在八千英尺的高空盤旋時，有兩架零式戰鬥機偷偷地從低空快速逼近，打算從後方來個奇襲。

這兩架日本戰鬥機的領隊是坂井三郎一等飛行兵曹；[1]他今天手氣極順，先是擊落一架沙拉托加號飛行技巧極好的野貓式，然後又擊落一架胡蜂號的無畏式。從一九三八年以來，坂井三郎總計已擊落或擊毀超過五十架的盟軍飛機。由於機上還有彈藥，他打算再擊落一架粗心大意的美軍飛機，然後返航回拉布爾。

在霍倫伯格後艙的是年輕、機警的機械士卡拉瑟斯（Herman H. Caruthers）。當他發現這兩架追蹤他們的敵機後，立刻向蕭爾（Robert C. Shaw）少尉後座的軍械士哈洛德・瓊斯（Harold L. Jones）揮手示意。卡拉瑟斯伸手指向後下方，向友機通報敵人的位置。然後，這兩位射擊士都把手中的雙聯裝三〇機槍上膛。與此同時，美軍飛機縮緊編隊，以便集中防禦火力。

坂井三郎注意到美軍機群縮緊編隊，卻做了錯誤的判斷。通常，戰鬥機在空中編隊時，不會飛得太緊密；因為他們需要足夠的空間，才能更好地發揮戰機的運動性。但坂井認為他追蹤的是野貓式戰鬥機，而不是無畏式俯衝轟炸機，並誤以為這些美國人沒有發現他。坂井直到最後一刻才發現自己錯了：他所面對的是早已嚴陣以待的俯衝轟炸機，每架都有可朝後方射擊的機槍。

卡拉瑟斯和羅登堡（Eldor Rodenburg）少尉的後座射擊士柏特遜（James W. Patterson）將他們的機槍對準領頭的零式戰鬥機，然後扣下扳機。其他美軍飛機也如法泡製。當美軍飛機開火時，坂井也正在射擊蕭爾少尉的座機，然後坂井的周遭就爆開來了！

美軍的機槍彈粉碎了零式機的前擋風玻璃，而機槍彈和玻璃的破片則刺進坂井的臉部、胸部、左腿和手臂。他的護目鏡幾乎被打掉，但他仍本能地將操縱桿往後猛拉，讓飛機朝右急速爬升。瓊斯很快地將機槍對準這架飛機，一口氣射出三十多發子彈，隨即看見某個東西從駕駛艙飛出來，然後這架零式戰鬥機就消失了。

整個過程只持續了幾秒。坐在蕭爾少尉後艙的瓊斯快速地檢查飛機，發現機身多處中彈：前後艙之間的通話系統被擊毀，還有兩顆子彈差點打中他的腿，裝甲防彈板則幫他擋住了另一顆。瓊斯估計，當日本人開火時，雙方相距僅約一百英尺，近得足以讓他把敵人的每個細節記得清清楚楚。他說：「我可以清楚地看見他的臉，他的頭部和身體向後緊緊靠在駕駛座上。他的飛機幾乎是拖著濃煙垂直往上飛，這是我最後一次看見他。」

在短暫的交火過程中，坂井的僚機也有斬獲。一枚機砲砲彈擊中吉布森（Robert D. Gibson）少

1 譯注：坂井當時隸屬於台南海軍航空隊。

尉座機掛載著炸彈的尾翼，並且往上朝機腹方向彈跳，最後在飛行員座位下方爆炸。吉布森沒有受傷，只覺得好像有人朝他臀部踢了一腳。他說：「震波往上穿透座椅底部的裝甲防彈板，打壞了我的無線電。」

蕭爾則使盡渾身解數，想控制他那架受損的無畏式；但他發現操縱系統越來越不靈敏，飛機的高度也不斷降低。後座的瓊斯目視檢查機身受損情況後，回報右升降舵大致完好，沒受什麼損害；於是蕭爾決定不跳傘，調整方向朝六十英里外的特遣艦隊飛去，最後平安降落在航艦上。

多年後，企業號的空勤人員才得知故事的後半段：坂井三郎的求生過程，堪稱航空史的一頁傳奇。身受重傷的坂井三郎，在半盲、血流不止，且因座艙罩破損而遭強風不斷吹襲的情況下，硬是單獨將飛機飛回五百英里外的基地。坂井三郎雖然失去右眼，後來仍重返飛行線繼續作戰。

屠納（Kelly Turner）少將的登陸艦隊，挺過了日本一式陸攻轟炸機和九九式俯衝轟炸機如暴風雨般的攻擊，僅僅只有一艘驅逐艦受損。雙方在空戰上平分秋色；美軍因各種原因損失十六架飛機，日本則是十七架。但在戰鬥機交戰部分，野貓式的表現就遠比零式遜色。美軍出動的十八架戰鬥機中竟有多達九架被擊落，而日本只損失兩架。

這天讓美軍學到許多教訓。團隊合作的重要性顯而易見，因為兇猛的零式戰鬥機飛行員總是先設法孤立部分美軍戰鬥機，然後再逐一收拾他們。除此之外，對戰鬥機攔截管制也要檢討。對戰機攔截管制官堅持將中隊長分隊留下擔任空中預備隊，而不讓中隊長領軍出征，鮑爾仍舊忿忿不平。戰機攔截管制官羅爾（Henry Rowe）上尉，身為空勤人員平日表現十分幹練。他畢業於美國和英國皇家海軍的雷達學校，但他在擔任這個職務以前，卻沒有任何艦隊的相關經驗。奉派在企業號擔任這個職務，讓羅爾獲得實戰機會。不過，羅爾也和許多前任一樣，對這個職務沒有太多的熱情。羅爾常掛在嘴邊的一句話就是：「飛行員就該好好飛行。」但他還是決定做好他的新工作，且對此十分堅持。

儘管損失不輕，弗萊契的戰鬥機成功防止美國艦隊遭日本轟炸機重創。企業號飛行甲板的工作人員也展現極高的效率：他們一共完成四百六十五架次的飛機起降與整補，但降落的架次數比起飛少七次。此一表現充分證明大編制的飛行大隊與經驗豐富的航艦官兵的價值。

一九四二年八月八日，日機再度凌空。拉布爾航空隊派出二十三架貝蒂轟炸機，由十五架零式戰鬥機護航，對還在灘頭下卸物資的美軍船艦發動攻擊。由於遠在北方的澳軍海岸監視哨，先一步發出預警信號，使美軍獲得近三十分鐘的準備時間，以應付這次攻擊。

雖然在日軍空襲時，登陸區的戰鬥空中巡邏任務是由胡蜂號和沙拉托加號的戰鬥機擔任，但拉尼恩和其他兩位第六戰鬥機中隊的飛行員，仍舊駕機追擊撤退中的日軍貝蒂轟炸機。在這場追擊戰中，企業號的三架戰鬥機共打下五架日本轟炸機。拉尼恩和前一天一樣，又打下兩架日機，包括一架貝蒂和一架零式戰鬥機。勞斯（William Rouse）少尉在與日本轟炸機機尾砲手的對決中勝出，共擊落兩架轟炸機。兩位倔強的僚機飛行員，少尉舒梅克（Joe Shoemaker）和馬奇（Harry March）共同追擊一架貝蒂轟炸機，然後在沙佛島（Savo Island）附近將之擊落，但兩人卻為誰該獲得較多的積分而爭執不休。

空襲結束後，野貓式戰鬥機和軍艦的高射砲砲手宣稱共擊落十八架貝蒂轟炸機，是來襲日本轟炸機總數的四分之三。日本空勤組員悲憤地注意到，他們所駕駛的一式陸攻轟炸機，在油箱部分缺乏必要的防護設施的狀況下，非常容易起火；日軍飛行組員甚至還替這款轟炸機取了「一式打火機」的綽號。但美軍也有自己的問題：經兩天的戰鬥後，第六十一特遣艦隊已經折損五分之一的戰鬥機，這使艦隊的三支戰鬥機中隊兵力銳減，只剩七十八架野貓式戰機可用。弗萊契在八日晚上與幕僚討論整個情勢時，指出日本在這個區域內還保有強大的空中兵力，但美軍戰鬥機在短期內卻無法獲得補充。美軍原本計劃讓航艦在灘頭附近待上三天，弗萊契現在卻要求提前一天撤離，讓航艦可盡早退到日機航程外的海域；這個請求，獲得戰區總司令哥姆雷（Robert L. Ghormley）中將的核准。美軍將航艦撤離，除了想保存這三艘暫時無可取代的航艦外，另一個原因是艦隊中的許多船艦都亟需補充油料，但此時美軍在戰區內的油輪卻遠遠不足。

弗萊契的決定

從一九四二年後，有三梯次的海軍陸戰隊新兵在受入伍訓時，會從長官那聽到一則代代相傳、關於瓜達康納爾的故事：弗萊契丟下海軍陸戰隊第一師，自己先撤離。這些陸戰隊菜鳥被告知，因為航艦比預定計畫提早二十四小時撤離，迫使屠納的登陸艦隊也跟著撤出，但此時在大部分的船艦中，還有許多寶貴的補給來不及卸下。

但事實上，該為這個問題負主要責任的，是海軍陸戰隊本身。他們和屠納等陸戰隊高層嚴重低估從運輸艦下卸物資所需的時間，尤其是美軍在紐西蘭把物資裝上船時，並未仔細考慮相關順序。結果，陸戰隊把最迫切需要的糧食、彈藥和重型火砲等先裝上船，使得部隊在登陸後必須等其他較晚裝船的補給品卸載完後，才能取得這些物資。此外，屠納也沒有讓弗萊契充分了解前往圖拉吉島的航道狀況。美軍從瓜達康納爾學到許多與兩棲作戰有關的教訓，但這些教訓中的大部分，是不應該發生的。

不管陸戰隊有什麼考量，對弗萊契而言，確保航艦的安全一定是絕對優先。從數字上，即可知道他絕不能犯讓這些航艦涉入險境的過錯：只要損失其中一艘，整個太平洋艦隊的可用戰力就立刻下降百分之三十三。弗萊契知道，當日本知道美軍航艦出現後，他們的航艦兵力必然會有所行動；屆時，弗萊契預期可能會再和日本來上另一場類似於珊瑚海或中途島的海戰。新的造艦計畫還有一年才有成果，此時美軍在太平洋只有一艘大黃蜂號作為預備兵力，弗萊契沒有太多選擇。

在前往瓜達康納爾的航艦中，企業號是最久經戰陣的一艘。她是唯一一艘有七個月戰鬥經驗、曾與日本航艦交戰，並通過太平洋戰區最嚴酷考驗的航艦。部分企業號的官兵並不贊同弗萊契撤出航艦的決定，其中包括槍砲官莫特（Benny Mott）。當其他人認為「我們已經做完所有的活」，莫特卻認為航艦應該留下來，繼續掩護運輸艦。但當時艦上的官兵中，很少有人能意識到事情的複雜程度：特遣艦隊司令必須要在戰力保存與保護圖拉吉島外海的兩棲艦隊間，設法求取平衡，而惡劣的通訊和對日本航艦動向的憂慮，也使問題更形複雜。更別提那些在交戰時難以掌握、不可知的因素。

幾小時後，赤裸裸的現實就清楚地呈現在官兵面前。

八月八日夜晚，在瓜達康納爾島北部外海，一支由巡洋艦和驅逐艦組成的日本艦隊使美國海軍蒙受美國歷史上，勝負差異最懸殊的一場慘敗。在四十分鐘的激戰後，盟軍有四艘巡洋艦（其中一艘來自澳洲海軍）被擊沉，卻沒有對敵人造成什麼了不起的損傷。這些是鐵底灣（Iron Bottom Sound）的第一批亡魂。處於極度脆弱狀態的屠納兩棲艦隊別無選擇，只得起錨撤離。

儘管情勢變得越來越嚴峻，但偶爾還是會從烏雲中透出幾道陽光。在法爾博於八月七日失蹤的幾天後，第六戰鬥機中隊得知，他平安地與海岸監視哨的人員在一起。另一位失蹤的企業號飛行士官機械士沃登（William H. Warden）則在十月時被尋獲。

接著在八月二十日，兩支陸戰隊飛行中隊降落在瓜島甫建設完成的韓德遜機場（Henderson Field）。由於瓜達康納爾的無線電呼號是「仙人掌」，因此島上這批久經戰陣、由十二架無畏式和十九架野貓式組成的機群，就名為「仙人掌航空隊」（Cactus Air Force）。這些飛機來得太晚了。兩天後，PBY卡塔林娜海上巡邏機發現一支小型的日本護航艦隊，正朝瓜達康納爾前進，並有日本戰艦支援。一場會戰正在成形，弗萊契努力想保存的航艦也必需加入戰鬥。

在不到三個月內，企業號將第二度與敵軍航艦交手。

一九四二年八月整整一個月內，日本海軍多方設法，想威脅弗萊契中將在瓜達康納爾附近的艦隊，其中多數來自海面下。

自一九四一年十二月後，企業號就很少與日本潛艦發生接觸。但一九四二年夏天在瓜島海域，雙方卻遭遇好幾次。八月十二日，幾架企業號的轟炸機攻擊日本「伊一七五」潛艦。她正是一九四一年十二月十日，在夏威夷海域由狄金遜所擊沉的那艘潛艦的姐妹艦。在這之前，伊一七五已經在澳洲附近擊毀二艘盟軍船艦，並至少擊傷另外兩艘。但伊一七五在這次空襲中倖存，成功返回拉布爾修理。

一九四二年八月下旬，日本已經在所羅門群島周遭集結十四艘潛艦，其中絕大多數部署成兩道巡邏線。在這段期間，大約有七艘日本潛艦曾發現美軍航艦的行蹤。八月二十二日，「伊一二一」潛艦悄悄地在瓜島東南方的聖克里斯托巴島（San Cristobal）外海就位，並以魚雷攻擊金開德所率領的企業號編隊。幸運的是，波特蘭號巡洋艦的監視哨即時發現魚雷航跡，通知艦隊避開。

戰況在第二天快速升溫。企業號的第五偵察機中隊共發動三次攻擊。當考德威爾上尉駕機猛撲「伊二四」潛艦時，史壯（Stockton Birney Strong）上尉和里奇（John F. "Jerry" Richey）少尉也聯手奇襲「伊一九」潛艦。伊一九號被美軍炸彈炸傷，被迫短暫浮上海面，但還是逃脫了。當天下午，少尉毛爾（Elmer Maul）和艾斯特斯（Glen Estes）聯手夾擊一艘大型日本潛艦，宣稱他們投下的炸彈中可能有一枚命中，但無論如何，這艘潛艦還是成功逃脫。

企業號與日本潛艦間，這種貓抓老鼠的遊戲還沒結束。八月二十五日，又有兩艘潛艦嘗試跟蹤企業號。不過由於協調欠佳，日軍未能得手。與此同時，胡蜂號航艦的無畏式也已接連好幾天攻擊其他日本潛艦，卻都無功而返。這些潛艦的行動清楚顯示，帝國海軍顯然知道可以上哪找到弗萊契的航艦。

另一次航艦大戰

當美軍得知日本計劃增援瓜達康納爾時，也料到增援部隊不會單獨搭船前往，必然會有作戰艦艇護航。由於日本航艦已經抵達這個戰區，另一場航艦對決已逐漸成形，企業號開始積極備戰。就在這個戰雲密布的時候，沙拉托加號在二十三日派出大部分的艦載機，前往攻擊據報會出現在某處的日本護航船團；但攻擊因天候惡劣而失敗，這些飛機轉往韓德遜機場降落，然後在次日清晨飛回航艦。因為胡蜂號此時已前往指定地點重新補充燃料，尚未返回，所以在八月二十四日天剛破曉時，美軍只有企業號和沙拉托加號兩艘航艦去對抗敵人的三艘航艦。

日本艦隊按照典型的分散隊形列陣：主力部隊包含兩艘航艦，而在分遣隊中則另有一艘輕型航艦；前衛兵力有兩艘戰鬥艦，加上七艘護航艦，後者包括六艘巡洋艦和一艘水上機航艦所組成的強大戰隊；增援部隊所搭乘的運輸艦另有軍艦護航。

第六十一特遣艦隊的主要對手，是日本航艦翔鶴號與瑞鶴號。這兩艘航艦在一九四一年夏季才服役，排水量都在兩萬五千噸以上，每艘可搭載七十多架艦載機，與美軍的約克鎮級不相上下。翔鶴號與瑞鶴號都曾參與偷襲珍珠港，然後在珊瑚海海戰中擊沉航艦萊克辛頓號。這兩艘航艦日後成為企業號最常見的對手。日本的第三艘航艦是輕型的「龍驤」號，排水量約一萬噸，可搭載三十三架艦載機。

一九四二年八月二十四日星期一，弗萊契的艦隊在瓜達康納爾以東兩百英里的海域巡弋，並派出PBY卡塔林娜水上巡邏機執行遠程偵察任務。這些巡邏機傳給弗萊契的第一份接敵報告，指出在西北方約兩百八十英里處發現龍驤號。當雙方的距離縮短到二百英里時，雖然美軍知道另外兩艘航艦可能就埋伏在附近，但企業號還是派出二十三架飛機，前往攻擊已被發現的龍驤號。同一時間，日本偵察機也在尋找美軍的航艦；其中有兩架因為太靠近美軍特遣艦隊，被沙拉托加號的戰鬥機擊落。

時間快來到八月二十四日下午三點，兩架企業號偵察機找到了龍驤號；此時，這艘日本輕型航艦正與三艘護航艦向南行駛中。在前一天才聯手攻擊日本潛艦的史壯上尉和里奇少尉，大膽地接近龍驤號到近乎自殺的距離，並在離這艘輕型航艦僅五英里的位置，持續追蹤約六分多鐘，以確保他們的接敵報告順利送出。然後，史壯率領里奇返航，但仍舊對是否該發動攻擊猶豫不決。理論上，以兩架無畏式偵察轟炸機，對抗一支進入警戒狀態的航艦艦隊，無異以卵擊石，但史壯還是耿耿於懷，不斷質疑自己的決定。

同一時間，賓格曼（Harold L. Bingaman）少尉的復仇者式魚雷轟炸機，也和約根森（John H.

Jorgenson）少尉的無畏式轟炸機合作，在離龍驤號約五英里的距離，小心翼翼地追蹤。儘管兩人機型不同，但他們一直追蹤敵艦，直到兩架由第三魚雷轟炸機中隊中隊長傑特（Charles M. Jett）與貝伊（R. J. Bye）少尉分別駕駛的復仇者式，從高空投下炸彈為止。雖然沒有擊中目標，卻已經讓日本艦隊對一件事銘記在心：企業號的飛行員始終堅持不懈。

沙拉托加號也收到這些報告，於是派出幾乎所有可用的飛機猛烈攻擊龍驤號，並成功將她擊沉。這是自五月初以來，第六艘沉沒的日本航艦。但日本的大傢伙仍然躲在某處，還沒現身。

儘管第六戰鬥機中隊打下一架雙發動機的飛艇和一架水上飛機，日本偵察機仍持續追蹤弗萊契的航艦。日本艦隊的主力由海軍中將南雲忠一指揮——他是珍珠港的勝利者，卻在中途島海戰落敗。當南雲接獲弗萊契艦隊位置的報告後，他決心要擊毀一艘美國航艦。

日本艦隊執行多艘航艦的聯合作戰行動。在當時，沒有任何海軍能像日本一樣，對此一戰術訓練得如此徹底。現在，日本的對手將為此付出代價。翔鶴號與瑞鶴號共派出二十七架「瓦爾」九九式艦載轟炸機，由十五架零式戰鬥機護航。由於日本掌握到重巡洋艦筑摩號的艦載偵察機消失的位置，這批日本飛機知道上哪尋找獵物。

同一時間，企業號持續派機執行空中偵察。在日本攻擊機群起飛前約半小時，第六轟炸機中隊的機組發現一個海上目標，包括三艘巡洋艦和數艘驅逐艦；發現這支艦隊的是副中隊長羅威（John T. Lowe）上尉和僚機飛行員吉布森（Bob Gibson）少尉，他們等無線電士用摩斯電碼發出接敵報告後，隨即衝向一艘大型巡洋艦。這艘重巡洋艦是服役十年、排水量約一萬噸的「摩耶」號。吉布森回憶道：

「這次攻擊完全按照教範的規定實施，我們讓太陽在飛機的後方，進入俯衝時的方向也與這艘巡洋艦的航向一致。」沒想到，這艘重巡洋艦突然來了個急轉彎，與飛機俯衝的航向垂直，讓這兩位美軍飛行員可攻擊的目標區從原本的直向且整片的長條形甲板，縮小成僅有甲板橫向的寬度。他們投下的炸彈全部落空，使吉布森深刻體會到一件事，他說：「從那時起我才知道，要想擊中目標，你必須先給敵艦套上鞍，然後騎上去，直到這個寶貝降伏為止。」

差不多就在同一時間，第六轟炸機中隊的中隊長也發現一個目標。中隊長戴維思（Ray Davis）駕機在附近海域搜索時，發現一支由巡洋艦和驅逐艦組成的艦隊正朝西北方前進；他駕機朝西北方超越這支艦隊，果然在前方發現另一支艦隊。戴維思的決定可謂價值連城，因為他不僅順利從這兩支艦隊的外圍繞過，也在無意中躲過翔鶴號航艦雷達的搜索。當戴維思和蕭爾少尉從搜索高度爬升到攻擊高度時，日本艦隊才發現他們，卻已經來不及採取行動。戴維思和蕭爾開始減速，伸出襟翼，然後就從一萬四千英尺的高空往下衝。他們兩人以七十度角向敵艦俯衝，並努力將瞄準點對準航艦黃色的甲板。當翔鶴號的艦長有馬正文大佐突然將這艘兩萬五千噸的龐然大物來了個向右急轉，戴維思和蕭爾兩人還是設法持續瞄準這艘航艦——最終仍差了一些些：兩枚炸彈在翔鶴號右舷外約三十英尺的地方落海，只造成輕微的損害。

戴維思和蕭爾將襟翼收回、油門推到底，加速脫離。日本的高射砲和戰鬥機不斷朝這兩架美軍飛機射擊，甚至抽調部分原本要替九九式艦載轟炸機護航的戰鬥機，不過蕭爾他們在當時並未察覺。戴維思稍後宣稱道：「這些日機對我們緊追不捨。」不過，他們最終還是順利逃脫。剩下的二十七架「瓦爾」俯衝轟炸機，和十架零式戰鬥機，則繼續朝第六十一特遣艦隊飛去。

第六十一特遣艦隊的雷達管制官羅厄（Hank Rowe）像股票交易員一樣，忙著調度手下的戰鬥機，以便將手頭上的有限資產（在空機裡的油料、彈藥，以及還能在空中巡邏的時間等）的價值極大化。他告訴野貓式戰機的飛行員：「前頭有許多壞蛋，飛高一點！」[2]

在野貓式戰鬥機緊急起飛，以增援戰鬥空中巡邏的兵力後，企業號又派出十一架無畏式和七架復仇者式，前往搜尋此時已被沙拉托加號艦載機擊沉的龍驤號。這些轟炸機起飛的正是時候，日本機群此時距美軍艦隊僅有二十五英里，企業號下令戰備。

弗萊契的戰鬥機已經加滿油並在甲板上準備起飛，而他手下的兩艘航艦，企業號和沙拉托加號彼此相距約十英里。下午四時三十二分，雷達兵報告：「在八十八英里外發現大批壞蛋，方位三百二十度。」美軍航艦隨即轉向朝東南方頂風前進，以便讓飛機起飛。企業號以二十七節的速度前進，護航兵力包括戰鬥艦北卡羅來納號、巡洋艦波特蘭號與亞特蘭大號，外加六艘驅逐艦。在空中巡邏的戰鬥機數量也是歷來最多的：為保護這兩艘航艦，共出動五十四架野貓式。

在接近下午五點時，美軍戰機與這些來襲的「強盜」接觸。當時，美軍戰機正在爬升。兩中隊的美軍戰鬥機與兩中隊的九九式艦載轟炸機，隨即在空中激戰了二十分鐘。

來襲敵機接近時，原本組織良好的戰鬥空中巡邏網開始分解。空戰在天空隨處可見，但所分配的無線電頻道卻很少，使戰機攔截管制官開始失去對全局的掌握。一位初級軍官描述坐鎮現場，綽號「火腿」的資深戰機攔截管制官道爾（Leonard "Ham" Dow）少校，為了叫那些興奮的戰鬥機飛行員不要在無線電頻道上喋喋不休，弄得「渾身大汗，活像剛洗完土耳其浴」。

首批日本俯衝轟炸機從一萬六千英尺的高度推機頭向下，以高速從領先的野貓式戰鬥機上方往下衝。此時，負責攔截的美軍戰機轉向，試圖從後方咬住這些日本轟炸機，但部分被日本的零式戰鬥機纏住，讓日本轟炸機持續衝向企業號。

拉尼恩所率領的四機分隊也加入其他美軍戰機之列，前往追擊這些日本俯衝轟炸機。來襲的二十七架日本轟炸機分為兩股，其中十八架從艦隊的北方接近，另外九架則先朝左飛了一大圈，再從艦隊的東方接近。拉尼恩則追擊後面這一股。

在混亂中，美軍飛行員竟報告敵軍戰鬥機是德國梅塞施密特（Messerschmitt）的Me109型，這已經不是第一次了。這些容易受影響的飛行員，相信日本海軍已經從德國進口一些戰鬥機，於是就逕自把日本飛機當成德國飛機。但像拉尼恩這樣的老手，知道自己看到的是什麼；他駕機朝日本轟炸機編隊的側翼切進去，並鎖定靠東邊的日本轟炸機，逐漸接近到機槍的射程範圍。拉尼恩以高速向下衝進日本飛機的編隊，把領頭日機打得熊熊火起，然後再朝太陽的方向拉起。接著，在第二次掠襲中，拉尼恩又擊落另一架轟炸機，並把兩架日機逼出編隊。

就在拉尼恩調整位置，準備再度攻擊日本轟炸機時，突然冒出一架零式戰鬥機朝他飛來；但這架日本戰機衝過頭，飛到拉尼恩的前頭下方。拉尼恩遂把機頭朝下，瞄準這架灰色的日本戰機，然後扣

2 譯注：已被確認是敵機者稱之為「強盜」（bandits），未正式確認前是「壞蛋」（bogies）。

下扳機，這架零式就爆開了。

戰鬥意志仍舊十分堅定的拉尼恩，對日本轟炸機再度發起攻擊；他座機的六挺五〇機槍，很快地使第三架轟炸機變成一團火球。但拉尼恩還沒打夠，這時有另一架零式戰鬥機，犯下與他隊友相同的錯誤。拉尼恩擊中這架日機，看著她拖著濃煙下墜。在短短幾分鐘內，拉尼恩確定擊落四架敵機、趕走兩架，擊傷另一架；這使他的戰績從四架一舉提升到八架，成為大戰期間美國海軍最頂尖的F4F飛行員。由於敵機此時還在攻擊企業號，拉尼恩和其他企業號的戰鬥機轉降沙拉托加號。

在兩艘航艦上方來回巡弋的第六戰鬥機中隊飛行員，包括二十一歲的少尉飛官曼金（Lee Paul Mankin）；他宣稱在二十四日當天，成功擊落兩架俯衝轟炸機。曼金特別稱讚企業號飛行甲板的配備，他說：「企業號的升降機比沙拉托加號快上許多，對飛行甲板作業效率所造成的影響極為明顯。」企業號的三座快速升降機，以懸殊的差距，完勝沙拉托加號的二座慢速升降機（其中一座甚至無法運作），特別是當戰鬥機需要在短時間內快速起降時。

美軍的兩支野貓式戰鬥機中隊，宣稱共擊落四十四架敵機（其中二十六架屬於第六戰鬥機中隊），自己則損失五架。企業號損失的兩架戰鬥機，包括巴內斯（Doyle Barnes）少尉被友軍防空砲火誤擊的那架。在敵我雙方戰機到處穿梭，各艦高砲火力全開的混戰中，這種誤擊很難避免。日方實際的損失是二十五架，被美軍戰機和高砲擊落的都在內，損失率高達驚人的百分之六十八。[3]

在激烈的空戰爆發前，企業號曾派出十一架無畏式和六架復仇者式，前往對付偵察機稍早所報告的水面艦隊。飛行長克羅姆林建議派出這些飛機，是基於兩個考量：第一是攻擊據報出現在附近的敵人艦隊，第二是清空飛行甲板，後者極為迫切。當敵人轟炸機來襲時，艦上所儲存的燃料和軍械越少越好。事後看來，這個決定也許救了企業號一命。

下午五點八分，黎士禮大隊長駕駛他的復仇者式機，最後一個從航艦起飛。黎士禮起飛後，回頭望了一眼，正好看見敵機朝企業號衝過去。在擺脫入侵的敵機後，黎士禮還得與友軍的高射砲搏鬥。當他駕機飛越那些護航艦時，注意到戰鬥艦北卡羅來納號上的高射砲正開火射擊，在他的左邊機翼製造許多彈孔。他說：「我趕緊衝向海面，然後以一百七十五節的高速盡快離開那，以免他們命中我。」

當殘存的幾架日本俯衝轟炸機進入艦隊正上方的雷達盲區時，雷達螢幕的光點突然消失。當敵機來到這個區域，企業號被迫只能仰賴人類的眼力，但這絕非易事。如同槍砲官莫特在報告中所說：「當時已經很接近黃昏，天空比稍早時還更藍一些。」

企業號四號砲位砲長，即目光銳利的陸戰隊一等上官長辛卡（Joseph R. Schinka），注意到有些東西出現在本艦上空。當日本轟炸機領隊從一萬六千英尺的高度，推機頭向下俯衝時，辛卡大叫道：「那些雜種們來了！」雖然那些日本轟炸機此刻遠在二〇機佨的有效射程外，辛卡還是下令麾下所有

3 譯注：原文是百分之四十三。但前文指出，日本共派出二十七架轟炸機與十架戰鬥機，總架數是三十七架，其中損失二十五架，故損失率應為百分之六十八。

砲手開火射擊。如此一來，其他重型高射砲就能從他們射出的曳光彈，得知敵機來襲的方向，並將火力集中在那裡。

企業號和她的護航艦火力全開，各種口徑火砲：二〇機砲、一點一英寸機砲，以及五吋砲發射時的聲響，匯集成巨大的噪音。

目擊者觀察到，這些俯衝轟炸機分成五到六波，以每波間隔約七秒鐘的速率，像瀑布般地輪流往下衝。在企業號水兵們眼中，這次攻擊似乎永無止盡；有些水兵估計來襲的日本轟炸機約四十架，雖然實際只有二十七架。

當日本轟炸機從企業號左舷後段上方俯衝時，戴維斯艦長以專業、不偏不倚的態度注意到一事，他說：「他們的俯衝動作做得非常好，而且意志絕對堅定。」

利夫達爾（Orlin Livdahl）少校麾下的高砲砲手幹掉幾架來襲的俯衝轟炸機，但其他日本飛機仍然前仆後繼、無所畏懼。炸彈、飛機和各種碎片落入海中，濺起許多水花；有好幾枚炸彈在企業號重達二萬噸的艦身四周爆炸，在海面激起一道道水幕。

但並非所有炸彈全數落空。

下午五時十四分，一枚五百磅炸彈落在企業號艦尾升降機附近，穿透飛行甲板。這是企業號服役以來，首次遭敵軍創傷。這枚炸彈在它的延遲引信引爆前，共穿透五層甲板。這次爆炸摧毀一間水泵艙、一座彈藥搬運升降機，以及一個位於艦體中央的損害管制站，三十五名官兵當場陣亡。爆炸所產生的巨大衝擊波，在密閉艙間的擠壓下，悉數往上衝擊，將上層甲板炸出一個十六英尺長的大洞，連機庫甲板也往上彎曲近二英尺。全艦所有官兵都感受到這次爆炸的衝擊，有些人被震倒在地，另有一些人從座位摔到地上。

在炸彈爆炸時，第三防砲大隊的威廉遜（William C. Williamson）上尉位在艦島後方，發現有火焰從一個彈藥儲存室內竄出，判斷有立即處理之必要，於是命令附近一個砲位的砲手離開據點，前去滅火。同時，他命令一位司藥士轉移到艦島前方，以免危險。考慮到企業號還有中彈的可能，威廉遜要求醫護兵作好準備，以便隨時處理額外的傷患。

爆炸發生後不久，戰備部位在右舷艦尾的攝影士芮德（Robert F. Read）在周遭盡是噪音、恐懼與混亂之時，氣定神閒且很快地拍了幾張日機在離企業號僅數碼之遙的海面飛行的照片。

第一枚炸彈命中後不到三十秒，第二顆炸彈又命中企業號：落點離第一顆僅約十五英尺，摧毀了右舷後方的五吋砲砲位，導致全數三十八名砲組成員陣亡，包括威廉遜和芮德在內。裝有四十磅的火藥包也被波及，引起後續的爆炸，在已經猛烈燃燒的大火上，又竄出濃密的黑煙。

像在拳賽中被接連擊中兩次的拳擊手一樣，企業號從爆炸中逐漸回過神來，然後鼓起勇氣開始反擊。戴維斯艦長下令企業號繼續在海上運動，試圖擾亂、或至少讓日本的俯衝轟炸機沒有那麼容易瞄準；同時，企業號上還能作戰的砲手也持續開火，在航艦上方形成火網。護航的軍艦也猛烈射擊日本飛機，北卡羅來納號宣稱擊落六架，亞特蘭大號則宣稱擊落一架。戰鬥結束後，各艦的高射砲宣稱共擊落二十四架日機（企業號宣稱擊落十五架）；不過，由於現場狀況混亂，加上戰果可能被重覆計算，這個數字推斷是高估了。不管如何，企業號的砲手一共發射各式彈藥一萬四千多發，從五〇機槍彈到五吋砲砲彈都有。

損害管制小組的行動

雖然日機的攻擊還在進行中，損害管制組卻已立刻展開工作。他們當中有些人在爆炸發生前，正在下棋打發時間——這在船艦開始以高速在海上運動時，幾乎是不可能的事情。水兵們取下水線開始滅火，然後開始控制湧入的海水。當時機許可，搜救隊就會開始找尋傷患，將受傷官兵搬離現場，儘管他們知道有些已經回天乏術了。

當懷里克（James Wyrick）少尉感受到第一次爆炸的衝擊後，就率領他的損害管制小組前往爆炸區域；但他在半路上受阻於濃煙，以及火藥燃燒所噴出的火焰。艙間溫度迅速飆高，甚至某些甲板都已開始變紅。懷里克察覺到四周的彈藥隨時可能會引爆，便指示水兵把火藥包和其他彈藥扔到海裡；有些人的手因此受傷，但這些易燃物順利被移除。

與此同時，上層甲板的戰鬥還在持續進行。在第一枚炸彈命中後約兩分鐘，企業號又挨上第三枚。克羅姆林和其他在艦島後方執勤的人，都看到這枚炸彈朝他們飛過來——套句飛行員的說法，這枚炸彈的瞄準線，就是對著他們。企業號副長是人在該處的幾個人當中最後一個離開的（「原因無他，因為其他人都跑得比我快。」副長打趣地說），剛剛發生在飛行甲板上的爆炸，只差一點就會奪去他們所有人的性命。

這枚炸彈落在艦體中央升降機前方，而非常幸運的是，炸彈沒有完全引爆。但即便如此，它還是在木造甲板上留下一個十英尺的大洞，並破壞了升降控制裝置，連帶導致許多人受傷。這枚炸彈原本可能造成慘劇，它爆炸時的位置，幾乎就在魚雷防護層裝甲板的附近，但紐波特紐斯造船廠的工藝還是經得起考驗。同樣非常幸運的是，爆炸所產生的破片未能穿透一點五英寸厚的裝甲。

損害管制和政治非常相似，只能在現地執行。全艦被劃分成許多區域，每個區域都有專門的小組，就近處理責任區內所發生的問題；不過，部分成員有時也會被指派到其他區域。第一枚炸彈摧毀通往艦尾操舵室的主通風管，使在那值勤的七個人，當下就吸入大量的濃煙；更糟的是，大量的消防泡沫與沸騰的消防水，也從上層灼熱的甲板流進被破壞的主通風管。要想不放棄這個區域，操舵室內官兵唯一能做的就是關閉主通風管；他們輪流、費力地轉動頭上的閥門，終於關閉了通風管。

但通風管關閉後，外部空氣無法流入，操舵室的溫度逐漸升高，達到人體難以忍受的程度；有時，操舵室內的溫度會達到攝氏四十九度。不過，由於官兵們在戰備演習中，曾接受過相關訓練，還可暫時忍受。此時，電工長提摩費（Alexander P. Trymofiew）看了看溫度計，不禁大吃一驚：溫度已來到攝氏六十度，而且還在上升中。這是他從一九三八年登上企業號以來，從未見過的情形。提摩費或許是操舵室內唯一知道溫度的人，但他決定還是不說為妙。

高溫對艙內官兵所造成的影響十分恐怖：他們眼睜睜地看見自己的皮膚變皺，全身肌肉越來越緊繃。當溫度來到攝氏七十一度時，人體已呈脫水狀態，連呼吸都變得很痛苦；官兵們喝下許多瓶裝水，卻無太多助益，於是把它丟到一旁。

終於，A部門負責輔助電力設施的史密斯（William A. Smith）機械士官長，用艦內的聲力電話系統呼叫操舵室，並指示裡頭官兵將通道的壁板移除，讓清新空氣流入。提摩費嘗試照史密斯的指示做，但不論他自己或操舵室內的其他人員，都已非常虛弱；這些人甚至連話都講不出來，更何況比這難得多的動作。有位水兵不小心把菸斗掉在地上，但他卻沒有力氣把它撿起來。

艦橋上，戴維斯艦長也忙得不可開交。企業號正以二〇節航速前進，艦尾拖著炸彈爆炸所造成的濃煙與火焰。日本戰機雖已離去，但企業號卻出人意料地，來了個向右急轉彎；無論是艦長、或艦上其他官兵，都無法讓她停止右轉。航海士官長布雷克（Cal Black）使勁轉動舵輪，卻無濟於事——這是他登上企業號二年半以來，從未經歷過的情形。

造成這種情形的原因，是艦橋人員從艦橋上看不到的。原因出在距艦橋有段距離的艦尾下層甲板，提摩費所在艙間內的轉向舵輪卡住了，使船舵被固定在「向右二十二度」的位置。此時的企業號有如脫韁野馬，在艦隊內橫衝直撞。艦上官兵大聲鳴笛，警告其他船艦：「本艦的船舵已經無法從艦橋控制。」戴維斯艦長先下令「停船」，緊接著又命令「全速倒退」，以免撞上一艘驅逐艦。戴維斯艦長將航速降到十節，然後嘗試用企業號的推進器來轉向，卻沒有任何效果。

機械士馬庫斯（William N. Marcoux）是操舵室內唯一意識還算清醒的人；他察覺到此時似乎沒有其他人能修正這個錯誤，他如此想到這艘軍艦：「我不斷地告訴自己，現在大E的命運就全看我了。」馬庫斯不知用什麼方法，使盡全力將自己移動到控制台邊，啟動了備用系統，然後就暈倒在通道上，無法動彈。

助理輪機長約斯特（Carl Yost）少校組織人員前往操舵室，但當他們企圖穿越黑暗、滿是令人窒息的濃煙，如同但丁筆下地獄場景的艙間時，都被迫迴回。即便攜帶緊急氧氣瓶，艦上人員對瀰漫整個艙間的高溫蒸氣也無計可施。每當有人暈倒，就會被其他船員拖到安全的區域，以確保他們的安全。

在其他嘗試都失敗後，戴維斯艦長轉頭看著剛剛曾透過電話，對操舵室人員下達指示的史密斯士官長；他是一位精力無窮的老兵，從企業號開始服役時就待在艦上，對這艘軍艦裡裡外外的設備與狀況瞭若指掌。史密斯只簡單說了句：「我去。」

史密斯也和其他人一樣，在炙人的高熱下暈倒；他被其他水兵拖到安全的區域，並施以人工呼吸。史密斯清醒後，嘗試尋找其他可穿越這片斷垣殘壁的路徑；當探索有所進展時，他又再度暈倒。又一次，史密斯被後送到安全地點，然後甦醒。第三次嘗試時，史密斯帶著另一位名叫羅賓遜（Cecil S. Robinson）的老兵同行。最後，他們終於找到一條路，成功抵達操舵室所在艙間，卻驚訝地發現裡頭空無一人。在這值勤的七個人先前還在這，此刻卻好像蒸發了一樣。但史密斯和羅賓遜無暇想這些，集中心力在眼前最迫切的任務，盡快恢復對船舵的控制。他們用工具啟動輔助系統，使船舵回到中央的位置，企業號終於從不斷的右轉中改正，恢復向前航行。

史密斯和羅賓遜清理掉部分碎片，讓少量空氣流入，幫助降低炙人的高溫。但他們感覺自己越來越虛弱，然後開始脫水，幾乎無法站立。當人處在攝氏七十七度的高溫時，身體機能會快速地喪失。

史密斯在快要三度暈倒前，好不容易抵達安全區域；待體力恢復後，他上路前往艦橋。當史密斯抵達艦橋，他全身髒兮兮的，衣服也被汗水整個浸濕，卻仍然挺直腰桿；眼前的景象使他有理由相信，艦長應該已經恢復對船舵的控制。史密斯從艦橋上下來後，就摔倒在機庫甲板上，一度不斷地喘氣、差點窒息。接著，他回到他剛剛才脫離、宛如人間煉獄般的地方，打算親自監督搶救過程。

當史密斯再度下到操舵室，看到室內溫度已經來到攝氏八十二度。他於是立即塗油脂在船舵的操縱桿上，以免它們因過熱而黏住。之後，溫度開始逐漸下降，而史密斯在接下來的二十四小時內，多數時間都待在那，到最後連約斯特少校也放棄下令要他撤出。後來，史密斯獲頒「海軍十字勳章」並晉升為中尉，這絕對稱得上實至名歸。

操舵室那七名官兵神秘失蹤的謎底，也在當天稍後揭曉。七人中，除了一位死於熱衰竭外，其他六人只記得自己在機庫甲板上甦醒。在約斯特少校的詢問下，電氣士維斯托（Ernest R. Visto）最後承認，他曾離開戰鬥部位，到下面去尋找受困的同袍。在美國中西部長大的他體型彪悍，以致無法使用氧氣設備，但光憑他所帶的防毒面具，就讓他有足夠的時間把全部七個喪失意識的人救出。他說：「我差不多是連拖帶推，才把他們全部帶出來。」

當弗萊契正與南雲的攻擊機群奮戰時，企業號的轟炸機也在越來越暗的天色中，四處搜尋目標，卻沒有結果。由於天色已晚，考德威爾率領的十一架俯衝轟炸機轉向朝瓜達康納爾飛去；島上原本就駐有陸戰隊的無畏式，考德威爾一來，就使無畏式增加了一倍數量。於是，在接下來的四個星期，企

業號的第三〇〇飛行隊（Flight 300）加入島上的仙人掌航空隊，使這些海軍飛行員嘗盡各種難以忍受的磨難。在準備離開這個島時，考德威爾對新聞特派員特里加斯基（Richard Tregaskis）說道：「這裡是一個你想不到有任何優點的地方。你來到這個地獄般的鬼地方，但卻一點辦法都沒有。」

與此同時，企業號飛行大隊的黎士禮大隊長則駕駛他那架復仇者式，隻身在海上飛行，設法尋找麾下的轟炸機和魚雷機編隊。由於他的無線電聯絡不上任何人，他並不知道考德威爾的無畏式隊已轉降陸地。

除了海水沖擊礁石所形成的浪花，黎士禮什麼也沒發現。事實似乎很明顯，偵察機應該是把這些浪花誤認為日本軍艦的航跡，並向艦隊回報。由於油箱中已沒多少燃油，黎士禮在漸深的夜色中，調頭飛回特遣艦隊。過程中，他終於聽到無線電傳來友人熟悉的聲音：「麥克斯，繼續前進，並稍微飛高一點。」發話者是弗萊契的戰機攔截管制官道爾少校；後者看到雷達幕上單獨的光點時，就直覺地認為那可能是他海官的老同學。而對黎士禮來說，道爾的呼叫可說是他「有生以來所聽過最棒的消息」。

黎士禮依照指示，飛往沙拉托加號降落。當他接近時，這艘航艦短暫地開啟艦上燈光，以便引導他降落。由於才換裝沒多久，黎士禮駕駛復仇者式在航艦降落的次數不到五次，其中沒有一次是夜間，儘管如此他「還是非常想試一試」。黎士禮將飛機對準甲板開始減速，並努力維持這架「大格魯曼」的平穩。最後，他座機的尾鉤成功地勾住攔截索成功降落。黎士禮已經在空中飛行近五個小時，在向弗萊契報告完畢後，他累得躺在司令官的大型銅床上呼呼大睡。

在這個時候，金開德也決定冒險開啟降落燈，讓企業號得以在晚上十點鐘開始讓飛機降落。飛行員小心翼翼地降落在甲板中心線靠左舷的位置，以避開飛行甲板尾端那個因爆炸而隆起的十八英寸破洞。然而，後來有位飛行員的視線被擋風玻璃的油漬遮住，導致其復仇者式墜毀在甲板上。這個意外，迫使其他轟炸機轉降沙拉托加號。

當敵人的偵察機與攻擊機都離開後，企業號的損害管制小組還是絲毫不敢鬆懈——此時，企業號已進水超過二百四十噸，底層許多艙間的積水超過四英尺。一枚炸彈在艦體水線上方，撕開一道長六英尺、寬兩英尺的大洞。損害管制官赫謝爾．史密斯（Herschel Smith）少校提出一項計畫，打算從艦體內部沿洞口四周築起一道堤防，以便將洞口堵住。在木工士官長理姆斯（William L. Reames）的監督下，損害管制小組成員和艦上的裝配工開始與黑暗和齊胸的海水搏鬥。藉著軍用提燈的微弱光線，他們築起一道長六英尺、寬二英尺的柵欄，然後用鐵絲網加以固定。接著，他們把床墊、枕頭和任何可派得上用場的東西，通通塞進空隙內。等柵欄修築完畢後，小組成員又對洞口四周的結構進行強化，防止更多的海水滲入，而當這些困難的工作結束後，他們開始將積水從船艙內抽出。

現在，企業號終於有時間來統計死傷情形了。

企業號上共有七十八名官兵陣亡，另有九十名官兵負傷，這是一個令人震驚的數目，因為在之前的九個月中，艦上的水兵連同飛行大隊，也才只有九十三名官兵陣亡而已。在前往東加群島進行臨時性修理的途中，大E為此役陣亡的官兵舉行海葬儀式，每具遺體都裹上一枚五十五磅重的砲彈，然後沉到海底。其中，有十具遺體因焚毀，或是被炸得肢離破碎，無法辨識身分。

在陣亡者當中，包括那位老兵馬克斯．李。他在一九四一年十二月七日那天，曾預見自己的死亡；當時他說：「我想我恐怕很難活著離開海軍了。」

企業號奉命前往珍珠港，但她和瓜達康納爾還沒完，而這個「該死的島」也一樣，與企業號還有得打。

第五章

作戰的機會來了

（一九四二年十月）

©National World War II Museum

從瓜達康納爾高速返回珍珠港後，企業號被列為優先搶修的軍艦，然後在一九四二年十月重返所羅門群島。

從一九四二年八月下旬到十月中旬，企業號大部分的時間都待在珍珠港，修理在東所羅門海戰所遭受的破壞。在這兩個月內，企業號無論在設備或官兵士氣方面，都已逐漸恢復，足以重返戰場；同時，她也迎來一位新艦長和一支新的飛行大隊。不過，當企業號在珍珠港搶修時，沙拉托加號、胡蜂號和大黃蜂號仍繼續在所羅門群島艱苦奮戰。

日本潛艦在所羅門海域越來越活躍，過不了多久，就接連傳來美軍航艦受創的消息。首先是沙拉托加號，她在八月三十一日第二度被魚雷擊中，無限期退出戰鬥。兩個星期後，由海軍少佐木梨鷹一所指揮的「伊十九」潛艦，[1]創下或許是整個潛艦作戰史上，戰果最輝煌的一次魚雷攻擊。雖然伊十九號在東所羅門海戰前不久，曾被企業號的轟炸機逼得緊急下潛，但在九月十五日這天，木梨艦長透過潛望鏡，發現一個絕佳的海上目標。他下令發射六枚魚雷，其中三枚摧毀了胡蜂號，其他則擊中戰鬥艦北卡羅來納號和一艘驅逐艦，這艘驅逐艦最後也沉入海中。與此同時，木梨則毫髮無傷、全身而退。

美國海軍現在比以往任何時候，都更需要企業號。

企業號新艦長是哈迪森（Osborne Bennett Hardison）上校，一位傑出學者和優秀管理者。哈迪森是個天才，十四歲就進入北卡羅來納大學就讀——當他自該所大學畢業時，和他同年齡的學生才剛完成高中學業。大學畢業後，哈迪森又被海軍官校錄取；他不僅在體操項目表現優異，更在一九一六年以第九名的成績畢業。哈迪森與多數在一九四二年奉派出任航艦艦長的軍官一樣，在軍艦指揮的經驗上略顯不足；所幸，哈迪森有一群優秀的幕僚輔佐。

在出任企業號艦長前，哈迪森是海軍部航空事務助理部長蓋茲（Artemus L. Gates）的幕僚長。在這個職位上，哈迪森在華府這個本質上相當險惡的環境中，與政治人物周旋，成功協助蓋茲提升海軍飛行員訓練計畫的效率，因此深受這位副助理部長肯定。隨後，當哈迪森打報告希望調職以調養身體時，蓋茲駁回他的請求，並強力替他背書，讓哈迪森獲得一個更好的職位：出任一艘在太平洋的航艦的艦長。

一九四二年十月六日，哈迪森自華盛頓啟程，兩天後抵達珍珠港，並隨即向企業號報到，以戴維斯艦長接任人選的身分在艦上見習。在十月二十日中午的交接儀式上，哈迪森正式接掌企業號，這是他二十六年軍官生涯的巔峰。

哈迪森身高約六呎二吋（一百八十八公分），體形瘦長，有著一頭灰髮。他常給人一種看似精神不集中的印象。企業號的文書士諾爾伯格說，哈迪森似乎「總是一臉茫然」，但在這樣的外表下，卻隱藏一顆學者的心靈。他總是能掌握細節，然後牢記在心。諾爾伯格又說：「他本質上是個樸實的鄉下人，除了偶爾聊聊天外，其他時候很少說些什麼。」

除了艦長，企業號成立了新單位，也就是第一〇飛行大隊（Air Group 10），下轄第一〇轟炸機中隊（VB-10）、第一〇偵察機中隊（VS-10）、第一〇魚雷轟炸機中隊（VT-10）和第一〇戰鬥機中隊（VF-10），大隊長是瘦高的蓋恩斯（Richard K. Gaines）中校。蓋恩斯是個運動員，以倒數成績畢

1 譯注：原文稱木梨鷹一的官階為中佐（Commander），但他是在此役後約二個月，才被晉升為中佐，此時仍為少佐。

業於海軍官校一九二五年班，他的運動項目還包括比誰骰子擲得準的賭博遊戲。蓋恩斯和那個時代許多因為戰爭而被迫調整職涯的軍官一樣，比較像個行政管理者，而不是執行者；他雖然是當前部隊急需的資深軍官，但缺乏跟新職務有關的經驗。

幸運的是，蓋恩斯有幫手，而他也不避諱對幫手的仰仗。他極為仰仗的人，是小他四個年級的海官學弟——時任第一〇戰鬥機中隊長，且在戰鬥機飛行員這個小團體內聲望極高的佛萊利（James H. Flatley）少校。體型矮瘦的佛萊利從一九三一年就開始飛行，大多時間是飛戰鬥機，曾隨同約克鎮號參加珊瑚海海戰，並在該役中打響名號。後來，佛萊利和塔契（Jimmy Thach）與歐海爾（Edward H. "Butch" O'Hare）三人，並列二戰最具影響力的戰鬥機中隊長。

佛萊利天資聰穎，又有敏銳的判斷力。他延攬幾位之前飛無畏式的飛行員加入第一〇戰鬥機中隊，其中包括兩位珊瑚海海戰的老手——上尉萊普拉（John Leppla）和維塔薩（Stanley Vejtasa）。「死神」中隊（The Grim Reaper）在這些老手的指導下日益茁壯，他們以外號「老繆」（Old Moe）的飛行死神骷髏隊徽示人，代表「把敵人都打下來」之意。維塔薩認為，這些死神中隊的飛行員是一群很不錯的小伙子，人品非常好、很上進，學得也非常快。

這些新報到的飛行員也對眼前所見印象深刻。其中之一是當時二十二歲的高登（Donald Gordon），他永遠不會忘記頭一次和中隊長會面的情形。高登回憶道：「佛萊利劈頭就問我有沒有綽號，因為那陣子我的頭髮還很濃密，所以回答『報告中隊長，我叫卷毛』。」

佛萊利馬上說：「卷毛這個綽號不適合戰鬥機飛行員，從現在起，你就叫做『閃光』（Flash）！」

終其一生，高登都保留「閃光」這個綽號。

湯瑪斯（James A. "Tommy" Thomas）少校接掌轟炸機中隊，他在海軍官校就讀時，被同學戲稱為「矮子」，特別熱衷拳擊和賽跑。

偵察機中隊中隊長，由巴奇．李（James R. "Bucky" Lee）出任。這位中隊長和艦長哈迪森一樣，都是來自卡羅來納州的優秀學者，以第三名的成績畢業於海軍官校一九二八年班。他對手下飛行員的評價也和大隊其他單位一樣，認為他們渴望「上前線作戰」。

領導第一〇魚雷轟炸機中隊的則是科萊特（John Austin Collett）；他仿效佛萊利的概念，設計屬述自己中隊的「老繆」：一隻揮舞著象徵「橫空掃盡」掃帚的紅頭美洲鷲。科萊特深信航艦的夜間作戰潛力，當夏威夷出現首批安裝有雷達的復仇者式時，能夠把它們一掃而空。

所羅門群島的情勢發展，亟需企業號和她的飛行大隊迅速返回戰場，所以在夏威夷的訓練時間被壓縮了。此時，金開德少將仍坐鎮企業號，擔任第六十一特遣艦隊司令，指揮企業號所在的第十六特遣艦隊和大黃蜂號所在的第十七特遣艦隊；後者由企業號的前艦長莫瑞擔任司令。由於金開德要求飛行部隊需具備夜間飛行能力，因此蓋恩斯麾下某些飛行員在經過一番緊急訓練後，才成為合格的航艦飛行員。高登就是其中之一，他說：「我在十月份航艦前往戰區部署前，才取得野貓式戰鬥機的夜航資格。課程包括四天的飛靶射擊訓練和一次夜間著艦。包括我在內共有十二個飛行員，成功完成一次航艦夜間降落，順利取得資格。但在接下來的戰區部署任務中，我們只做了一次夜間著艦。」

企業號在十月十六日自珍珠港啟航，由波特蘭號和亞特蘭大號兩艘巡洋艦，以及五艘驅逐艦護航。包括預備機在內，企業號這次共裝載九十五架飛機前往戰區，她以前從來沒有在甲板和機庫塞進這麼多飛機。官兵們都清楚他們將前往何處。

由於日軍仍舊緊盯瓜達康納爾，並打算對該島發動一次最強力的攻擊，這使尼米茲比以往更迫切需要一位經歷過考驗的戰將坐鎮該區。於是，在企業號自珍珠港啟航兩天後，新任的南太平洋戰區總司令在新喀里多尼亞（New Caledonia）就職，隨即發出一道直接的命令：「殺日本仔、殺日本仔、殺更多的日本仔！」

公牛海爾賽回來了。

海爾賽擢升為戰區總司令的消息，讓企業號為之沸騰，數以百計的官兵都非常想念他。海爾賽從今年六月就因病缺陣太平洋戰區，但他現在充滿鬥志地回來了。海爾賽接獲命令時，不禁脫口而出：「這是他們交給我的事情中，最難處理的一件了。」不過，當海爾賽看到金開德麾下以企業號和大黃蜂號為核心所組成的特遣艦隊，對一切又有了把握。海爾賽表示：「航艦的戰力與數量間的關係是用平方來計算。兩艘航艦的戰力相當於單獨一艘航艦的四倍。在企業號抵達前，我們的處境可說是希望渺茫。現在，我們作戰的機會來了。」

儘管如此，所羅門群島的情勢依然十分棘手，是海爾賽的當務之急。雖然陸戰隊獲得陸軍的增援，但島上航空兵力還是低得讓人擔心。十月中旬，仙人掌航空隊只有各型飛機共七十四架，比一個航艦上的飛行大隊的兵力還少，而且只有很少數的預備機可用於補充戰損。

除了地面戰，瓜達康納爾也持續遭受日本空中與海上兵力的轟擊。跡象顯示，日本正罕見地協同陸、海軍共同作戰，出動強大的艦隊兵力到瓜島。帝國海軍奉命要確保對瓜達康納爾周邊海域的控制達足夠久的時間，以便讓一支強大的地面部隊登陸。

為了這場海戰，帝國海軍出動四艘航艦：她們是兩個月前曾參與東所羅門海戰的翔鶴號與瑞鶴號，以及隸屬先遣部隊的瑞鳳號和與「隼鷹」號。（要不是日軍的「飛鷹」號航艦因為主機故障而缺陣，飛鷹號的出現很可能扭轉海戰的結果。）雙方水面艦隊的兵力存在顯著差距：日本的三十五艘對上美國的二十一艘。海軍少將威利斯・李（Willis Lee）指揮的第六十四特遣艦隊，包括一艘戰鬥艦和其他九艘巡洋艦與驅逐艦，但這支兵力卻未能參加即將來臨的空戰。

瓜達康納爾以東四百英里，瘧疾為患的聖塔克魯茲島（Santa Cruz）的北方海域，將成為美日雙方下一場大戰的競技場。

十月二十五日中午，卡塔林娜巡邏機向金開德發出警告：在第六十一特遣艦隊北方三百五十英里的海面上，發現日本航艦。差不多在同一時刻，其他巡邏機也報告發現一艘由六艘護航艦護衛的日本航艦。對海爾賽而言，這些消息就足夠了；他從位在新喀里多尼亞的總司令部，怒氣沖沖地發出下列命令：「**攻擊！我再說一次，攻擊！**」

接到命令後，十二架偵察機立刻展開搜索。巴奇・李率麾下的偵察機於下午一點三十五分起飛，在他們後方的是一支由三十五架飛機所組成的長程打擊機群。根據作戰計畫，當偵察機發現敵軍時，就立刻用無線電將位置發送給蓋恩斯的打擊機群；後者為節省時間，已經在空中待命。但沒有任何計畫派上用場。

打擊機群中，只有二十三架升空；同時，蓋恩斯往南搜索得太遠。當飛行員在越來越暗的天空中搜索還在距離範圍外的敵軍艦隊，天色、能見度和燃油都逐漸令人擔憂。在昏暗的月色下，他們調頭返航。由於油料所剩不多，湯瑪斯麾下的無畏式群在返航途中，不得不將炸彈扔掉以減輕重量，藉此降低油耗。某些飛行員好不容易才飛回航艦。「瑞典佬」維塔薩在以手動方式，自他野貓式座機的可拋棄式副油箱汲取燃料時，磨損一隻手套。當他落艦後，下一架落艦的戰鬥機竟把就在維塔薩身後的攔截索給拉斷了，讓維塔薩差點命喪飛行甲板上。

包括迫降海面和墜毀的在內，在此次毫無戰果的任務中，企業號共損失七架飛機和三名空勤組員。許多飛行員質疑金開德參謀的作業，聲稱在勤前簡報中宣布的返航時航艦位置與實際位置相差五十英里，但發牢騷也無濟於事。不管如何，金開德已經在二十五日這一天，拉近雙方艦隊的距離，戰事也越來越近了。

約翰大叔的談話

在大戰前夕，人們說話時多半都會放低音量、加快速度，但語氣懇切。許多人會寫信，雖未必是最後一封信，但誰又能真正確定呢？每個人都用自己的方式，來面對逐漸增加的壓力。例如，航空部門的希克斯（John Hicks）上尉就和美聯社的特派員伯恩斯（Eugene Burns）討論起文學。伯恩斯從珍珠港事變時，就一直負責太平洋戰區；在事變當天，他向美國本土發出第一則相關報導，卻被主管單位壓下，讓他的獨家因此胎死腹中。現在，伯恩斯又獲得發出獨家報導的機會。二十五日晚上，當企業號回收完從黃昏任務歸來的戰機後，伯恩斯根據他的直覺來到以下會場占據最有利的位置。

飛行長克羅姆林，也就是空勤組員和船員口中的「約翰大叔」，此時已對情勢有相當的掌握，遂在二十五日晚上，於官廳召集一次飛官會議。與會官兵就如同不同部族所組成的戰士，按照各個中隊圍繞著牌桌就坐，而其他未執勤的軍官也因為被這種氣氛所吸引，沿著艙壁站立旁聽。

克羅姆林開宗明義地表示道：「這可能是一場大戰的開端。」他先讓與會人員了解會議的基調，然後接著說明事態未來的可能發展。克羅姆林指出：「有四架卡塔林娜巡邏機報告發現接近中的日本航艦，但只有一架順利返航。事實上，在最近幾天，艦隊已經有四架飛機被擊落，其中僅有一位空勤組員生還。換言之，為了獲得最關鍵的訊息，也就是敵軍位置，我軍已經付出血的代價。」

克羅姆林接著說：「明天，在場的各位都擁有一項特權，就是藉由對抗日本人，證明你們過去的訓練、教育，以及選擇的生活方式是值得的。」然後，克羅姆林又闡述隔天這場大戰的可能影響：「它關係著瓜島上數以千計、滿身汙泥、血跡斑斑的陸戰隊與陸軍官兵的性命。日本決心要把我們趕出南太平洋。如果明天日本航艦打通前往瓜島的道路，日本就會拿下這個島。如果瓜島陷落，我們通往澳洲的生命線就會被切斷。」說到這，克羅姆林用他灰色的眼珠，掃過室內每個角落，再接著說道：「要想阻止他們，你們就必須擊毀他們的航艦。」為了進一步激發這些飛行組員的動力，他對全場人員強調：「你們受訓不就是為了此時、此地嗎？如果你認為自己的炸彈可能會失準，那你最好還是待在家裡，讓一個真正『有能耐』的飛行員取代你上陣。」

最後，克羅姆林改變語調，將一段修改自他南方家鄉的談話，以柔和的阿拉巴馬腔向在場所有人懇切地說：「在這場戰爭中，我們站在正義的一方，上帝與我們同在。讓我們痛宰日本鬼子，讓他們從地球表面上消失。願上帝保佑你們。」

美聯社特派員伯恩斯匆匆在採訪本上，為自己做了一段註記：「約翰大叔虔誠的談話中，雖然夾雜若干不敬的言語，但聽來卻十分協調、毫不衝突。」

飛官們解散後，每個人心中所想的唯一一件事，就是絕不能讓約翰・克羅姆林大叔失望。

決戰聖塔克魯茲

十月二十六日，天剛破曉，企業號的高階軍官們發現可出勤的飛機出現短缺情形。先前的意外，以及前一天傍晚失敗的攻擊任務，使蓋恩斯中校的兵力減少到七十八架，其中只有六十四架可執行作戰任務。大黃蜂號的機隊情況則較佳，共有七十三架飛機可升空執行作戰任務，但第六十一特遣艦隊還有很長的仗要打，整體情勢依舊嚴峻。

軍官的早餐從凌晨四點開始供應。對那些還有食慾的人，廚房準備了煎餅、蛋和火腿，而那些喝厭咖啡的人，也可以改喝鳳梨汁。大家邊吃早餐，邊說一些「死囚刑前最後一頓豐盛伙食」之類的黑色幽默來自娛。

艦隊在清晨五點五十分下達「就戰備部位」命令。半小時後，太陽升起，天空散布著積雲，還不時下起陣雨。這種天候大幅增加空中搜索的難度，卻對守方有利。

歷經中途島和東所羅門兩場海戰後，企業號已對航艦作戰的複雜過程了然於胸：最初的搜索是由長程巡邏機擔綱，再由艦載偵察機進一步更新位置資訊，盡可能在燃料和命運許可的範圍內，持續追蹤每一支敵人艦隊。這場海上大戲的開端，是十六架無畏式在破曉前從企業號起飛，搜索從西南方往北約兩百三十海浬的範圍，尋找先前卡塔林娜巡邏機所報回敵軍艦隊的最新動向。終於，偵察機在上午六點十七分發現敵軍艦隊。

第一〇轟炸機中隊的魏奇（Vivien Welch）上尉和麥格勞（Bruce McGraw）中尉從一架日本偵察機旁飛過，他們懷疑前頭可能有些大傢伙，而他們是對的。以天空散布的許多雲層為掩護，他們飛進到一支水面艦隊的外緣，發現兩艘戰鬥艦和許多護航艦，然後發出確切位置的報告。這是麥格勞首次嚐到作戰滋味，由於他的雙親對他究竟該念醫學或管理學產生嚴重的分歧，所以他決定來個折衷，成為一位俯衝轟炸機飛行員。

同一時刻，約在兩個小時的航程距離外，巴奇．李和僚機約翰遜（William E. Johnson）少尉在魏奇上尉北方的二號搜索區執行偵察飛行，發現在飛機西方約三十英里的海面，似乎有一些大型船艦，於是決定飛近一點好看個究竟。往西飛約十五英里後，他們確認發現敵軍航艦，其中一艘從未見過。巴奇．李開始全速爬升，讓他的無線電士獲得足夠的高度以發送報告。在巴奇．李後座的桑德斯（Irby Sanders）士官長熟練地用摩斯密碼，將這第一手的重要資訊傳回艦隊：發現兩艘航艦和其他護航艦。這份報告的內容好極了：我機距離南雲三艘航艦以外十英里。翔鶴號與瑞鶴號清晰可見，較小的瑞鳳號剛好被雲層遮蓋。

巴奇．李以專業的眼光看著他的獵物開始有所動作，護航艦則同時釋放煙霧。當他和約翰遜爬升到三千英尺的高度時，遭到七架零式戰鬥機的迎頭攔截。空戰開打了。

巴奇．李回憶指出：「事情發生得太快，當敵機以小口徑彈藥命中我座艙罩的擋風玻璃時，我也用機首的五〇機槍，朝領頭的敵機猛射。」根據他的記憶，在那電光火石的一瞬間，這架零式戰鬥機炸開了。

當這兩架偵察機飛進雲層尋求掩蔽，約翰遜樂觀地宣稱他們剛剛擊落了兩架敵機。積極的巴奇．李試圖找到良好的位置，以便對敵艦進行俯衝投彈，但他的每次嘗試都受挫——只要他一從雲層中出現，就會被日本戰鬥機盯上。最後，這兩架偵察機決定分散開來，並明智地轉向返航。

幾分鐘後，又有一組美軍偵察機嘗試對日本艦隊發動攻擊。中尉瓦德（Leslie Ward）和卡莫迪（Martin D. Carmody）也和巴奇．李及約翰遜一樣，與同一批零式戰鬥機交戰，也都宣稱擊落日機。「大E」的空勤組員在空中飛行約四個半小時後，順利返回航艦，並且沒有損失任何一架。企業號持續對南雲施壓。

在西北方四個搜索區外，機號S－13的偵察機無線電士卡洛（Clarence Garlow）也收到魏奇的報告；他把敵艦位置紀錄下來後，隨即通知他的機長，後者立刻就註記在繪圖板上。

史壯（Stockton Birney Strong）是一位個頭不高、瘦小，卻很熱情的人。同僚很快就曉得，根本沒有必要問他過往的成就，因為他會非常樂意告訴你：他做什麼都是最棒的。更瘋狂的是，他總能證明這一點。

史壯在華盛頓特區成長，由母親扶養長大，過世的父親曾是海軍軍官。外號「史托克」或「伯尼」的史壯，海軍官校一九三七年班以中等成績畢業。在該年的評鑑中，史壯獲得下列評語：「他的敏銳常識帶領他通過許多暗礁，在那些優先需要良好判斷力和冷靜沉著的行業，他必能獲得成功。」這個評語十分正確，同時該評語還適當地記載「他最喜歡的運動是打靶」。

史壯在一九四〇年取得飛行資格，成為約克鎮號的偵察機飛行員，並隨艦參加大多數的戰鬥，包括馬紹爾、吉爾貝特、新幾內亞和珊瑚海。一九四二年八月，他帶著令人印象深刻的八百小時飛行時數，以及一枚海軍十字勳章，向企業號報到。

和史壯的家庭背景成對照，他的僚機飛行員厄文（Charles Irvine）少尉是個孤兒。厄文喜歡留一頭短髮，使他獲得「平頭」的綽號；他非常喜歡和史壯一起飛行。

魏奇報告中所提到的戰鬥艦，是日本海軍中將近藤信竹麾下的重裝兵力，距史壯的任務區約一百五十英里。綜合考慮時間和距離等因素，史壯的無畏式似乎有足夠的油料，在改變方向後，還能飛返航艦。於是，史壯開始爬升到巡航高度，嘗試善用他的油料以獲得攻擊所需的高度。

在他們朝新航向飛行途中，史壯的無線電士卡洛收聽到巴奇．李關於敵軍航艦的報告。史壯的腦海浮現出兩個月前的東所羅門海戰的場景。他為了將情資直接帶回航艦，放棄攻擊一艘日本航艦的機會。雖然克羅姆林臉上露出極度失望的表情，但很少有人曾說什麼。

於是，史壯將飛機航向緩緩朝右調整三十度。

此時，要判斷航向十分困難，因為偵察機是在高空飛行，低空的雲層使風向和風速的計算變得更為複雜。儘管如此，史壯堅持朝設定的航向——西南西方前進。

這回，他逮著了。

在接收到巴奇．李的報告約二十分鐘後，搜索機發現南雲麾下的三艘航艦中，有兩艘駛離雲層，暴露在陽光下。「平頭」厄文立刻向長機靠攏；同一時間，兩機的後座射手也推開後方座艙罩，將他們的雙聯裝白朗寧機槍就定位，準備隨時開火。

上天彷彿特別眷顧史壯和厄文，當他們飛到日本航艦上方時，擔任警戒的零式戰鬥機正忙著追逐瓦德和卡莫迪。機會稍縱即逝。史壯於是向厄文發出訊號，準備攻擊最接近的航艦。這個機會，對他們兩人的無畏式，是最基本不過的功夫——他們要做的，是一次標準的俯衝轟炸。史壯將座機減速板伸出，厄文則稍稍往外滑，與長機保持適當的間距；接著，他們就從一萬四千英尺的高度，推機頭向下俯衝。

在這三十秒的俯衝過程中，這兩架無畏式不時地穿過某些雲層，但這不會對他們造成妨礙。史壯根據他在空間幾何學方面的優秀感知能力，確信目標還是會出現在他們眼前。他們以每小時二百七十五英里的速度往下衝，然後在一千五百英尺的高度穿雲而出。此時，映入他們眼簾的是一幅難忘的景象：日本航艦的飛行甲板。

這艘航艦看來是個大傢伙，史壯和厄文認為應該是翔鶴級的航艦；但事實上，這艘是輕型的瑞鳳號。由於認定眼前的「瑞鳳號」是優先目標，這兩位企業號的飛行員開始瞄準。到目前為止，他們都沒有遭到高砲或戰機的干擾，使他倆有時間想到克羅姆林前晚所說的話：「如果你認為自己的炸彈可能會失準，那你最好還是待在家裡，讓一個真正『有能耐』飛行員取代你上陣。」

事實證明，他們兩個都是「有能耐」飛行員。

他們投下的兩枚五百磅炸彈，命中瑞鳳號的後飛行甲板；由於使用的是瞬發引信，炸彈幾乎是一接觸到飛行甲板就馬上爆炸，使這艘航艦已經無法起降飛機。這是一個好消息，但壞消息是，瑞鳳號的飛行大隊此時已在飛往第六十一特遣艦隊的途中。

瑞鳳號的爆炸不僅引起附近零式戰鬥機的注意，也使他們急欲報仇。當這些日本戰機發現這兩架掠海飛行的美軍飛機就快要穿出驅逐艦的警戒線時，三架瑞鶴號的戰鬥機立刻撲過去，展開了長達四十英里的追擊。在與日機持續交戰的過程中，卡洛和厄文的射手威廉（Elgie Williams）都宣稱擊落敵機。他們確實聯手擊落一架在他們交叉火網範圍內的日本戰機，但此一擊落記錄，對這兩架飛機今天的絕佳表現，不過是錦上添花。史壯和厄文聯手完成航艦艦載機有史以來最傑出的一次任務。這次勝利是集精確的導航、優異的通信、精明的戰術運用、完美的轟炸、一流的油料管理，以及十足的勇氣於一身的成果——只要缺少一項，就不會如此成功。

就在這兩架偵察機朝航艦返航時，這場戰鬥已經變成一場亂哄哄的決鬥。雙方都出動大批飛機攻擊對方，引發一連串的混戰。南雲對他在中途島遲遲不派出飛機所造成的嚴重後果一直銘記在心；當日本偵察機發現兩艘美軍航艦後，他即刻下令派出大量的機群前往攻擊，時間差不多就在史壯和厄文發動攻擊前。翔鶴、瑞鶴和瑞鳳等三艘航艦共派出六十二架飛機，而此時南雲手中還有四十四架預備兵力。此外，單獨行動的角田覺治少將麾下，也還有航艦隼鷹號的二十九架飛機。

———

金開德的航艦也派出攻擊機群。大黃蜂號在上午七點三十分起飛三十架飛機，半小時後，企業號也由蓋恩斯領軍，派出八架復仇者式魚雷轟炸機、三架無畏式轟炸機和八架戰鬥機。在這兩波出擊以後，大黃蜂號又在上午八點十五分，派出第二批共二十五架攻擊機群。至此，包括蓋恩斯在內，美軍共派出七十五架飛機，分別朝不同目標前進。

每個編隊都有自己的目標，各自在這個三度空間內交錯飛行，以每小時一百三十英里的速度爬升，敵對雙方的激戰已無可避免。

在大黃蜂號第一波攻擊機群起飛後，第一〇飛行大隊的二十架飛機也跟著起飛。在向外飛了約六十英里後，蓋恩斯的機群因為雲層的關係，遂爬升到九千英尺的高度。但在他們上方五千英尺，有九架來自瑞鳳號、替翔鶴號魚雷轟炸機護航的零式戰鬥機。這些占有高度優勢的日本戰機，難以抗拒下方垂手可得的目標，遂繞著爬升中的美軍飛機飛行，然後採背對太陽的位置，從六點鐘方向朝美軍機群俯衝。

第一〇魚雷轟炸機中隊的科萊特中隊長首當其衝，在日機第一次掠襲中就被擊落。他從起火的復仇者式跳傘，從此失去蹤影，他的射手也一起失蹤。無線電士尼爾森（Tom Nelson）用腳踢開座艙罩，跳到機外，拉開降落傘。當他在降落傘下方搖搖晃晃，慢慢落向海面時，一架零式戰鬥機對他來了一次報復性的掃射，所幸沒有命中。最後尼爾森安全落入海中。

接到遲來的警報後，復仇者式的槍塔射手開火還擊。他們集中火力朝一架零式射擊，成功打爆了這架敵機。

日軍戰機持續攻擊。他們擊落里德（John Reed）少尉的復仇者式；組員中只有無線電士在飛機爆炸前，僥倖逃出。當里德的飛機爆炸，四散的發動機和其他碎片差點擊中湯普森（Macdonald Thompson）上尉的飛機；他的無線電士辛尼曼（Chuck Shinneman）親眼目睹這一幕，看見被炸飛的螺旋槳還在持續轉動。

其他的零式戰鬥機也擊中貝登（Richar K. "Dick" Batten）的復仇者式，迫使他脫離編隊；由於座機嚴重受損並起火，他決定離開編隊、調頭返航。貝登的射擊士霍爾格林（Rex Holmgrin）則對自己至少享有親眼目睹四架日機落海的特權而感到欣慰。霍爾格林說：「這些日機落海時，並未在海面彈跳。」

在美軍機群編隊左方的野貓式戰鬥機，則嘗試攔截這些日本飛機。不過，當雷丁（Willis Reding）少尉拋掉他的副油箱、準備和日機交手之時，卻發現燃油無法注入，導致發動機熄火。雷丁的僚機羅德斯（Raleigh Rhodes）也有自己的問題；他無法拋棄他的副油箱，只好駕機跟著一路降低高度的長機，直到雷丁的發動機恢復運作為止。

在美軍轟炸機的另一邊，佛萊利率領四架野貓式戰機正與日本戰機纏鬥。為對抗伏擊，佛萊利的四機分隊與這些快速、攻勢凌厲的零式戰鬥機交火並擊落一架。與此同時，另一架日本飛機決定對其餘的復仇者式發動攻擊；她從低空朝復仇者機群後方逼近，卻讓自己不偏不倚，正好對著湯普森座機機腹的機槍。辛尼曼開火射擊，讓這架零式機挨了五十餘發足以致命的三〇機槍彈。

倖存的五架復仇者重新集結，並與那三架未遭日機攻擊的無畏式聯合編隊，繼續朝目標區前進，而佛萊利也與他們同行。在軍事上，佛萊利的選擇是正確的，但每當佛萊利想到手下有四架飛機還在為生存奮戰，他的胃就翻騰不已。

在這場長久且艱苦的空戰中，雙方互有損失。在珊瑚海海戰中一戰成名的萊普拉上尉可能受了傷，他的野貓式戰鬥機一直往海面衝。米德（Al Mead）為了掩護他，獨自與多架敵機交戰，並宣稱擊落三架，但實際上只有一架。過沒多久，米德遍體鱗傷的飛機也無法再飛，但因高度過低無法跳傘，只好迫降在海面上。

雷丁和羅德斯解決了問題後，也重新回到戰場，運用佛萊利教他們的交織防衛戰術與敵軍激戰。儘管飛機多處中彈，他們仍持續飛行了五分多鐘，直到情勢明顯不利，戰鬥也已接近尾聲為止。羅德斯在五百英尺左右的高度跳傘，對跳傘而言，這個高度低得危險。他立刻打開降落傘，身體擺動了一下，隨即落到海中。雷丁則小心翼翼地駕駛他那架彈痕累累的野貓式，朝企業號飛去。

對第一〇戰鬥機中隊來說，這是個難受的開端。瑞鳳號的零式戰鬥機擊落三架復仇者式魚雷轟炸機、三架野貓式戰鬥機，並重創其他兩架飛機。被擊落的美軍飛機中共有十二位機組員，其中四人撐過三年戰俘生活的折磨，得以倖存。另一方面，儘管日本在空戰的最初階段享有優勢，但還是損失四架戰鬥機。

蓋恩斯剩餘的機群仍持續前進，並沿路搜索敵軍航艦。但護航的野貓式戰鬥機油料短缺，轟炸機只好轉而攻擊最先發現的目標——由十三艘敵艦組成的前衛部隊。四架復仇者式隨即對日本重巡洋艦「鈴谷」號發動攻擊，但在第一波攻擊中，只成功施放兩枚魚雷，均未命中；第二波攻擊又施放第三枚，仍舊失手。

同一時刻，埃斯蒂斯（Glen Estes）中尉領軍的三架無畏式，也朝一艘他們認定是「金剛」級的戰鬥艦俯衝。由於此時美軍飛行員對日本軍艦的識別能力普遍不足，所以他們犯的錯也就情有可原。只是，他們這次攻擊的不是戰鬥艦，而是一萬一千噸的重巡洋艦筑摩號。

在這次攻擊結束後，企業號在接下來的戰鬥中，由攻擊轉入防禦。

由攻轉守

十月二十六日上午的聖塔克魯茲海戰，是截至當時為止，航艦戰鬥的最佳寫照。兩支航艦兵力彼此相隔一百二十英里，在二十分鐘左右的時間，同時向對方發動攻擊。大黃蜂號的俯衝轟炸機成功殺進日本航艦艦隊中，重創曾參加多次戰役的翔鶴號。大黃蜂號的戰果，加上史壯與厄文成功命中瑞鳳號，使日本參戰的四艘航艦中，已有兩艘喪失作戰能力。

無論如何，在上午八點四十分，企業號全艦不斷地透過廣播宣布：「全體人員穿上防火衣。」五分鐘後，企業號躲進一片雷雨雲中，使敵機無法展開攻勢。她就在那，等候傳來與位在西南方姊妹艦命運有關的隻字片語。此時，大批日本攻擊機群，正預備對第六十一特遣艦隊的航艦發動攻擊。

空中雖然有三十八架野貓式戰機擔任警戒，但部署位置卻非常不適當。經驗不足的戰機攔截管制官，不是報給羅經方位，反而以航艦的方位來報知敵軍來襲方向，使得不知航艦相對方位的飛行員根本無從得知敵機從何而來。

第一波日本機群成功穿透第十七特遣艦隊的戰鬥機警戒線，以及美軍軍艦的高砲火網。大約在九點二十分，企業號收到大黃蜂號被命中的消息。五分鐘後，美軍的雷達幕中已不見敵機蹤影，但損害已經造成。在兩波攻擊中，日本飛機重創大黃蜂號，她挨了四枚炸彈、兩枚魚雷，此外還有兩名視死如歸的日軍飛行員，駕駛他們已重創的飛機，就這麼撞毀在大黃蜂號上。大黃蜂號現在還能浮在海面上，實在該歸功於她的設計和造船廠的工藝水準。

在受創的大黃蜂號東方約二十英里，金開德的企業號航艦部隊，也準備迎戰日本的另一波攻勢。就在此時，企業號一架由貝騰上尉所駕駛的復仇者式，於降落時失敗墜海，但接下來發生的事，是歷史學家波馬（Norman Polmar）所說的「戰爭史上最離奇的意外事件」。

貝騰的座機在稍早攻擊日軍時被敵彈擊中，以致無法拋下魚雷。機組員對「紅頭」貝騰的飛行技術很有信心，而他也的確如此。儘管飛機因受損變得很難操控，他還是安全地將飛機迫降在離驅逐艦「波特」號（USS Porter，DD-356）不遠的海面。當這艘驅逐艦將速度減到足以放下救生艇的時候，艦上瞭望哨突然發出警告：前方左舷發現魚雷。整件事令人難以置信，貝騰的魚雷竟自行啟動，從下沉中的飛機游出。

這時在波特號上空，兩架由波洛克（Albert "Dave" Pollock）和道登（Jim Dowden）駕駛的野貓式戰機也發現這個威脅，遂立即向下俯衝，企圖用機槍引爆魚雷。他們的一片好意卻被波特號的高砲砲手誤解，朝他們開火射擊。

不久後，這枚 Mk 13 型魚雷擊中波特號艦身中央；與該型魚雷過去性能不佳的狀況相反，這次彈頭撞擊後馬上引爆，使波特號受到無法挽救的損害。兩小時後，她由另一艘驅逐艦擊沉。

但這還不夠糟，日本的第二波攻擊機群也在此時抵達；這波日機共有四十四架，絕大多數來自翔鶴號與瑞鶴號。大約在九時三十分左右，當日本機群飛到美軍特遣艦隊西北方約八十英里的空域時，被巡洋艦北安普敦號的雷達發現，讓美軍有時間做好防禦準備。然而，此時由湯瑪斯率領、原本已在飛行甲板上就位準備起飛對日軍進行後續攻擊的無畏式機群，被命令重新降到機庫，因為已經沒有足夠的時間，讓這批飛機起飛。

當艦上的廚師和食勤兵正在分送包括三明治和飲料在內的戰備餐點時，雷達又傳來新的狀況；對於水兵來說，尤其是那些戰鬥部位在上層甲板的水兵，他們此時已沒有多少心思進食了。

五分鐘後，企業號向官兵作了一次敵情報告，估計來犯敵機約有二十四架（翔鶴號的十九架俯衝轟炸機和五架戰鬥機）。當日本俯衝轟炸機在艦隊上空與巡邏的野貓式戰鬥機遭遇時，哈迪森艦長下令改變航向，讓企業號往左不斷地轉圈。與此同時，艦橋也下令加速到二十七節，輪機部門接獲命令後，立刻替鍋爐加溫，讓俥葉以每分鐘二四七轉推進。

當緊張和恐懼的氣氛瀰漫全艦，金開德轉頭對此時也在艦橋上的美聯社特派員說：「伯恩斯，你是當今世上最幸運的美國平民，能親眼目睹有史以來規模最大的航艦對決，也許以後不會再發生這種情形了。」

在大批日本轟炸機蜂擁朝企業號衝去前，只有兩位第一〇戰鬥機中隊的少尉飛官曾成功攔截這些日機。但令威肯多（Maurice "Wick" Wickendoll）少尉抓狂的是，他座機的機槍竟在此時故障，只好讓二十二歲的費特納（Edward L. "Whitey" Feightner）少尉獨挑大樑，對付這些日本轟炸機。綽號「小白」的費特納天生就是幹飛行員的料；當他還是青少年時，就已在家鄉密西根州飛過一架福特的三發動機飛機，儘管當時他還沒取得單飛資格。在老手維塔薩眼中，費特納是個「牢靠的傢伙」，而後者也用實力證明了自己：他擊中一架日本飛機，並使其墜毀在巡洋艦波特蘭號附近。

幾分鐘後，這些日本轟炸機遭到維塔薩的攻擊。維塔薩說：「我跟在他們後面，開火把其中兩架逼出編隊。接著，我很快對這兩架脫離編隊的日機，來了一陣猛射。當我駕機飛離，僚機飛行員，眼力和老鷹一樣好的高登突然告訴我，下方十一點鐘方向有日本魚雷轟炸機。」

此時在企業號飛行甲板上，強斯頓（Edmond G. Johnston）在他的無畏式駕駛艙中，等著飛機被拖到艦尾甲板的待命起飛位置。當他的飛機經過前升降機時，附近水兵大叫道：「正上方有敵機！」

強斯頓回憶當時情景並說道：「我抬頭往上望，看到空中有一個小斑點，那是一架敵機。接著，就看到這架敵機朝我們俯衝。說時遲、那時快，這架敵機已經來到艦首左舷上方。」強斯頓試圖離開駕駛艙，突然意識到他的飛機還未固定，於是他試圖利用手剎車來固定飛機；但此時企業號為了讓敵機難以瞄準，來了一個急轉彎，艦身因此大幅側傾，光用手剎車根本無法固定飛機。強斯頓只好不斷地用腳猛踩煞車，設法抵銷航艦轉彎時所造成的作用力。

其中一個九九式艦爆分隊指揮的是有馬敬一大尉，他的座機飛行員是古田清人一等飛曹。他們兩人在東所羅門海戰時曾投彈命中企業號。事隔八週後，他們利用這天賜的良好時機，第二次向企業號進行俯衝。

上午十點十七分，古田對準企業號艦首飛行甲板中心線，投下一枚五百五十磅的炸彈；這枚穿甲彈穿透飛行甲板，然後在艦體外爆炸。爆炸的衝擊力將一架停放在甲板上的無畏式彈出艦外，機上的機械士普利斯萊（Sam Presley）也隨同落海；事發當時，普利斯萊也和瓜加林環礁海戰時的蓋德一樣，用後座的機槍射擊敵機。與此同時，這枚炸彈也在前部水兵住艙引發大火，直到半小時後才撲滅。

幾秒鐘後，又一枚炸彈命中前升降機後方，當場將升降機劈成兩半。

強斯頓在他的無畏式駕駛艙內，眼睜睜地看著整個攻擊過程；當第二架日本轟炸機俯衝到近處時，他甚至可清楚看見敵機機腹所掛載的炸彈。強斯頓說：「我覺得機上的日本飛行員一定也看到了我，所以我設法讓我這架無畏式稍稍移動一下……然後這架日本俯衝轟炸機投彈，距離低得讓你覺得這架日機也要和炸彈一起掉下來。」此時，在企業號甲板的官兵眼中，這枚炸彈從最初的棒球般大小，逐漸變成像藥球一樣大。這架日本飛機一直俯衝到企業號上方不到一千英尺的高度，才猛然拉起。強斯頓確信這枚炸彈即將命中他，下意識地開始背誦起祈禱經文，但他只念了開頭幾個字，就聽到「這輩子以來，從未經歷過、最可怕的爆炸聲響」。

這枚炸彈正好在機庫甲板炸開，各式各樣的碎片往上噴發，甚至穿透機庫上層的甲板。日軍攻擊結束後，強斯頓在他的飛機上數到二十二個洞，大小從一分錢到一個彪形大漢的拳頭都有。

炸彈在機庫甲板爆炸時，摧毀了七架飛機。同時，炸彈其他部分更向下穿透到軍官住艙，擊斃在其中待命的四十位損害管制組和醫療小組官兵，並引發多處火勢。

爆炸點附近一處放置高砲砲彈的彈藥庫也被波及，引燃的砲彈當場炸死四位水兵。來自加州的水兵皮克尼（William Pinckney）也被炸到失去知覺，但後來恢復意識，開始掙扎往上爬。皮克尼是軍官餐廳的廚師，這是當時黑人水兵通常擔任的工作；但是他上艦已近三年，算是老資格了。在餐廳工作的人都知道他是爵士樂手艾靈頓公爵（Duke Ellington）的樂迷，同時也是洛杉磯道奇隊（Dodgers）的支持者。

皮克尼掙扎地穿過漆黑、持續悶燒並發出惡臭的艙間，憑感覺尋找通往機庫甲板的扶梯。他在半路上碰到槍砲士巴格威爾（James R. Bagwell），後者此時已經非常虛弱，無法爬上手扶梯。儘管體重差異懸殊，皮克尼還是扶起個頭比自己大上不少的巴格威爾，慢慢朝出口移動。在快爬到扶梯頂端時，他們不慎觸及一條損毀的電線；在電擊之下，兩人都摔倒在甲板上，暫時失去知覺。當他們甦醒時，皮克尼再度扶起巴格威爾，把他拖到出口。

這個過程，對這位時年二十七歲的廚師而言，像是過了一整天。他後來表示道：「當看到第一個被我拖出來的人的生命跡象還算穩定後，我又回到下層，看看是否還有人需要協助。」但這一次，皮克尼只發現被大火燒過、殘破的屍體。他再度爬上來，卻在突然間倒了下來。皮克尼的背部、雙手和一條腿不僅多處被碎片所傷，還加上三度燒傷。

十個月後，皮克尼獲頒海軍十字勳章。他於一九七六年逝世，二〇〇四年時，一艘驅逐艦以他的名字來命名。

兩分鐘後，第三枚命中彈在企業號右舷海面爆炸，炸飛了艦體的好幾塊鋼板，造成兩處空油槽外露，並使渦輪發動機的軸承受到磨損。在飛行甲板上，又有一架無畏式被爆炸的衝擊力震到海中，另有一架也同時被掀翻，卡在飛行甲板邊緣狹窄的突出走道上。

此時，企業號的防砲單位仍然是由兩位能力傑出的軍官指揮，他們分別是來自北達科他州的利夫達爾少校和來自羅德島的莫特少校。雖然利夫達爾比莫特多四年資歷，但他仍然接受莫特的建議，挑選專人擔任防空監視哨，並用艦上的廣播系統協助指揮。兩位視力特優的人員，朗特里（Jack Rountree）與麥卡貝（Roger McCabe）負責擔任防空監視哨；莫特說，他們的視力好到可以看見一萬英尺高空飛機上的黑點。

當日軍艦爆機發動攻擊時，莫特站在企業號的主桅杆上，努力追蹤隨時可能從六千英尺高空雲層穿出的轟炸機。莫特回憶道：「我和幾位受過良好訓練的對空監視人員，一起待在這處『空中管制中心』。當他們發現敵機從雲層現身時，會拍拍我的肩膀，然後我就用手持擴音器高聲宣布敵機來襲的方向，讓砲手們知道該往那打。」

企業號的高射砲在上午十點二十分停火，空襲過程持續約三分鐘。水兵們估計敵機投下二十三枚炸彈（比實際數少一些），其中兩枚直接命中，另有一枚近彈。

在短暫的間歇時刻，艦橋人員報告海面上發現潛望鏡；不過，稍後證明只是海豚。在軍艦上的官兵中，能夠真正見識到戰況的人，不管是親眼所見或只是透過想像，其實都只占少數。大多數官兵在戰鬥過程中都與雷達兵布拉德（Roy Blood）一樣，被關在自已的戰備艙間，偶爾請同袍吃點零嘴而已。

上午十時三十五分，更多敵機蜂擁而至。

瑞鶴號的十六架轟炸機，即美國稱為「凱特」（Kate）的中島九七式魚雷轟炸機從雷雨雲中衝過，一路往北飛行，並分成兩股對美軍艦隊發動鉗形攻勢。此時，美軍特遣艦隊正朝西南方航行；八架日本魚雷轟炸機於是從艦首發動攻擊，其餘八架則在四架零式戰鬥機的護衛下，繞行至艦尾發動攻擊。

四萬五千噸的戰鬥艦「南達科他」號（USS South Dakota，BB-57）小心翼翼地配合企業號每一個轉彎，保持在這艘航艦右後方約一千碼的位置。這兩艘軍艦同樣以二十七節的航速前進，讓雙方的高砲火網能相互掩護，尤其是新安裝的雙聯裝和四聯裝瑞典波佛斯（Bofors）四〇高砲。這種瑞典設計的武器，可發射口徑四十公厘的高爆彈；飛機的要害部位只要命中一枚，就有可能被擊落。在這道鋼與火所構成的防線中，除南達科他號外，還有二艘巡洋艦和八艘驅逐艦。

維塔薩在先前的空戰中，已經擊落兩架俯衝轟炸機，而他從自已現在所在的位置，無法攔截朝東飛行的日本魚雷轟炸機。這位來自蒙大拿州的金髮飛行員，盡其所能地將他的野貓式戰鬥機快速爬升，然後朝十英里外一群九七式魚雷轟炸機飛去，並保持在這些日本飛機後方，跟隨她們鑽進雲層。維塔薩是個冷靜、專業的飛行員，為了讓槍彈的破壞力發揮到極限，他關掉最外側的兩挺機槍，認為只要發揮四挺五〇機槍的火力就足夠了。數十年後，維塔薩在一次訪問中被問到是否曾經感到害怕時，他眨了眨他的藍眼睛說道：「當然不會，那很好玩。」在接下來的戰鬥中，維塔薩確認擊落五架魚雷轟炸機，使他創下美國軍事史上，首例在單次任務中一舉擊落七架敵機的紀錄。不管維塔薩究竟擊落多少架敵機，他無疑對保護企業號發揮了很大的作用。同一時間，哈里斯（Leroy "Tex" Harris）上尉的努力，也對擊破日軍此波攻勢產生一定程度的助益。

此時，一架嚴重受損的敵機飛進維塔薩的視線，他隨即開火，把這架日機打得熊熊火起。由於彈藥即將用盡，維塔薩遂打算用螺旋槳，去破壞這架日機的尾翼。但當他的座機靠近時，卻被這架魚雷轟炸機所產生的氣流彈開——這讓這架勇敢的日本飛行員，得以駕機衝撞驅逐艦「史密斯」號（USS Smith，DD-378）。該艦艦首整個起火，但這艘體型較小的軍艦，馬上朝南達科他號的艦尾靠近，用這艘戰鬥艦激起的海浪滅火。但就在史密斯號這麼做的同時，其他日機則排成一列，接連地朝企業號和南達科他號衝過來。

此時，金開德仍然十分鎮定地在旗艦艦橋上走來走去。他沒戴軍帽，嘴裡叼著香菸，偶爾還主動發號施令；當他在某個時間點，看到南達科他號朝美軍飛機開火時，還不停地咒罵。此時在艦橋的下層，文書士諾爾柏格同樣也沒戴帽子，但卻是不得已的；幸好，他頭上所戴的聲力電話耳機，還是起了些保護作用。

同一時刻，防空砲手們正瘋狂地裝彈與開火。有些五吋砲的砲手宣稱，他們擊中兩千碼外（差不多一英里）的日機，但其他敵機仍持續朝企業號衝過來。剩下的九七式魚雷轟炸機在低空快速飛行，然後散開從企業號艦首左右兩邊發動攻擊，並以艦體外殼受損處當作瞄準點。在右舷的魚雷轟炸機首先投下魚雷——艦上官兵看到這些日本魚雷，以超過三十節高速在海中前進。艦橋上的哈迪森艦長雖然從來沒指揮過軍艦，此時卻得面對時間和空間的關鍵抉擇。

幸運的是，這位新艦長從航海長那獲得極有價值的協助。來自丹佛的盧保（Richard W. Ruble）中校是位撲克牌高手，當他官校就讀時深受同班同學的欣賞，但校外女性對他的評價又更高出一截。盧保承認，他很少讓他對嗜好的研究干擾到他的課業。登上企業號十六個月後，他已經讓自己成為一名熟練的幹部。

哈迪森不斷地在艦橋的左右兩端間穿梭，為的是能更有效掌握魚雷的航向，避免企業號的航向與日本魚雷的航向交錯。他下達「右滿舵」的口令，讓航艦轉向，使艦首方向與接近中的魚雷平行。用海軍術語來說，就是「航跡平行」。[2]哈迪森的時機抓得十分精準，這枚魚雷僅僅以約三十英尺的距離，從航艦旁邊通過。

過沒多久，左舷方向的魚雷轟炸機也到達可以投下魚雷的距離。企業號憑藉靈活的運動性，快速調整位置，以獲取寶貴的時間來應付此次威脅。此外，全艦各種口徑防砲砲手也持續朝敵機猛烈射擊。過程中，有三架敵機如同翅膀中彈的鴨子般墜落海中，但至少還有兩架持續朝企業號衝來；突然間，又有一架敵機失控，高速轉向側面落海。剩餘敵機則成功投下魚雷，但光是一枚魚雷產生不了多大的威脅；哈迪森下令進行另一次迴避動作，讓這枚魚雷從旁通過，這次魚雷攻勢就此結束。

企業號一共成功避開九枚魚雷，也許沒有其他的美軍航艦能做得到這樣的事。

這次魚雷攻擊在上午十時五十三分結束，來襲的十六架魚雷轟炸機中有九架被擊落。儘管周遭人聲鼎沸，槍砲軍官莫特難掩內心激動之情。他透過飛行甲板的擴音器大聲宣布：「你們這些小伙子，射得太棒了！」

到中午時，企業號信號兵升起「F」字母的信號旗，同時調轉方向迎風航行，指示空中的戰機可以開始降落。在空中盤旋的艦載機則排成降落隊形，開始降低高度準備降落；很快地，天空布滿企業號和大黃蜂號的飛機。起降作業一度中斷，因為一位神經過敏的砲手，突然朝接近中的六架無畏式開火射擊。

企業號不時從雷雨雲下鑽進鑽出，但這種作法好壞參半。雷雨雲固然可保護企業號免受敵機攻擊，卻也使收回艦載機的作業受到延誤，特別是那些飛機的油料此時已所剩無幾了。

當日本魚雷轟炸機發動攻擊時，企業號對空搜索雷達的天線突然停止轉動。這時，全艦只有一個人有辦法修理這個攸關生死的裝備，即綽號「布萊德」的威廉（Dwight M. B. Williams）上尉。布萊德可能是美國海軍中首批雷達軍官的其中一人；他在一九四一年十一月到企業號報到後，即小心翼翼地照料艦上的雷達系統，尤其要應付早期的電子裝備無可避免的系統性穩定不足的毛病。在此緊要關

2 譯注：原文為 Combed the Wakes，正式名稱應該是「魚雷迴避戰術運動」，是針對直航魚雷的古老迴避方式。

頭，布萊德已顧不得天上還有伺機發動攻擊的敵軍的俯衝轟炸機，以及底下不斷射擊的防空砲火，抓起工具就往三角桅杆上爬。

到了上面後，威廉才知道天線的情況有多糟：到處是斑駁的油漆、鏽蝕的螺栓，還蓋滿從煙囪排出的煤灰。他曉得光靠自己一人，很難處理眼前棘手的狀況。但他別無選擇，只能把身體固定在桅杆上，空出雙手開始幹活。

這時，越來越多日本俯衝轟炸機飛抵美軍艦隊上空。

除了因爬到高處所造成的恐懼，威廉的腦海此時竟冒出一個詭異的記憶，不禁令他毛骨悚然。他想起他信仰的貴格派的老師以前曾說過一句話：「如果你是追隨你們父親的腳步而進入軍隊，你就極有可能慘死在戰場上！」

與此同時，為對付來襲敵機，高射砲再度開火射擊，迫使降落信號官林塞不得不發出「中止降落」的訊號，儘管此時只有少部分艦載機完成降落。日機真的來了！這已經是當天的第三波攻勢。林塞拋下手中用來引導飛行員降落的指示板，然後衝向離他最近的無畏式。當敵機凌空時，用停在飛行甲板的無畏式後座機槍還擊，似乎已經成為企業號的某種傳統。

這批敵機來自航艦「隼鷹」號，共有八架九九式艦上轟炸機（又稱九九式艦爆）和十二架護航的零式戰鬥機。九九式在上午十一時二十分開始攻擊。但要不了多久，企業號的高射砲就打下其中四架。其他轟炸機的準頭也明顯受到干擾，最終只有一枚落在企業號右舷近處海面，卻又掀掉她更多的外殼，使海水流入某些艙間。

那枚在右舷附近爆炸的炸彈，讓威廉的聽力喪失好幾個星期。儘管如此，他還是成功排除故障，讓雷達恢復運作、開始搜索敵機。但是，當雷達天線開始轉動時，威廉還固定在桅杆上。他高聲大叫、不停地咒罵，直到莫特在主桅的對空監視哨人員聽到他的叫罵聲為止。終於，這位盡忠職守的雷達軍官，好不容易才從桅杆慢慢往下爬到艦島。戰爭結束後，當「約翰大叔」克羅姆林得知威廉沒有因為所展現的過人勇氣而獲獎時，不禁勃然大怒；克羅姆林花了不少工夫，想替威廉爭取一枚海軍十字勳章，可惜仍事與願違。

攻擊結束後，在企業號損害管制中心值勤的史密斯少校，透過聲力電話系統聽取來自各區的報告，並分派必要的器材到有需要的區域。史密斯少校和他的助手歐佛（George Over）上尉對此有豐富的經驗，他們兩人在東所羅門海戰時，曾處理過類似狀況。除派遣消防小組和堵漏小組到受損區域，他們也忙著協調在特定區域安裝大型抽風機，將嗆人的濃煙從扭曲受損的艙間抽出。

或許是看到那些攻擊企業號同袍的下場，剩餘的九九式艦爆轉而攻擊其他目標。戰鬥艦南達科他號和巡洋艦「聖胡安」號（USS San Juan，CL-54）都遭到攻擊，但只有輕微的損傷。

在第三波攻勢離去後，企業號官兵認為，他們的考驗也應該就要結束了。隨艦牧師楊格（Merle Young）上尉也因左膝蓋疼痛不已，覺得繼續跪在甲板上禱告已無多大意義。據說，從此之後楊格跪地禱告時，都改用右膝蓋。

企業號在中午十二點三十五分，恢復艦載機的降落作業。由於前升降機卡在往上的位置，中部升降機則卡在往下的位置，使飛行甲板很快就十分擁擠，地勤人員只能指引飛機小心地往已塞爆的艦尾移動。當林塞每發出一次「關掉油門」的訊號（飛機落艦的最後指令），就代表可供其他飛機使用的寶貴甲板空間又少了些。突然間，對講機傳來艦橋「停止降落」的命令，因為企業號飛行甲板的擁擠程度，已使飛機降落時發生碰撞的風險爆增。

林塞很快分析目前的狀況，發現這會兒還在空中等待降落的，絕大部分是無畏式，而他們稱得上是艦隊中最有效率的飛行單位。於是，林塞叫助手關掉聲力電話的開關，並表示：「我再也不要聽到從任何人傳來的任何消息。」接著，他就真的再也沒聽到任何訊息。

隨著可用的停機空間越來越少，林塞開始非常有技巧地指示飛行員降落，越是後面落艦的飛機越是接近艦尾甲板的位置。飛機停放的位置很快地就到達三號攔截索，接著連二號攔截索都超過了。

現在，企業號只剩最後一條攔截索還可供飛機降落。助理降落信號官丹尼爾跟林塞打賭，只要接下來的每架飛機，都能只靠一號攔截索順利降落，他就輸美金十美分給他。林塞果然處變不驚，小心地指引接下來的八架飛機，順利地用一號攔截索降落。維塔薩後來說道：「林塞一派輕鬆，像是在星期天外出野餐一樣。」

最後一架盤旋在天空、準備降落的不是別人，正是讓麾下經驗比較不足的僚機飛行員先降落的維塔薩。他聚精會神，把他的野貓式以幾近於垂直向上的角度飛行，並放下尾鉤，雙眼則緊盯降落信號官的指示。維塔薩充分信賴林塞的能耐，後者對維塔薩也是如此。佛萊利認為維塔薩或許是艦上技術最好的飛行員，接下來幾秒鐘將證明佛萊利的看法是否正確。這個時候，只要降落訊號官或飛行員兩者中有人犯錯，美國海軍航空隊在西南太平洋戰區剩餘的大部分飛機，都可能就此摧毀。

林塞從沒有對離航艦甲板這麼遠的野貓式機下過指示。他先要求維塔薩略微降低高度，緊接著將手中的降落指示板朝下，並做出橫越身體的動作。維塔薩依指示關掉油門，讓機首往下沉，然後將操縱桿往後拉（「儘管如此，我的眼睛此時還是死盯著飛行甲板。」維塔薩後來說道）。接著，飛機鉤到了攔截索。

維塔薩成功降落後，林塞指示他將飛機移到一號攔截索附近的甲板固定。林塞剛剛的表現，堪稱降信訊號官這行中的曠世傑作；每位在場親眼目睹的飛行員和水兵，都對他的表現讚嘆不已。維塔薩從野貓式戰鬥機駕駛艙爬出後，立刻在眾人的歡呼聲和如雷的掌聲中，前去和林塞握手。

企業號的飛行甲板此時塞滿超過五十七架的飛機；其他無法降落的飛機只得迫降在海面上，但所有機組員都獲救。

當天下午，南雲發動最後一波攻擊時，大黃蜂號正處於被其他船艦拖曳的狀態。這艘航艦再度被日軍魚雷命中，迫使艦上官兵棄艦離開。當天晚上，雖然艦身嚴重受損，但大黃蜂號仍舊浮在海面上隨著洋流漂移，直到日軍把她解決為止。大黃蜂號沉沒後，企業號就成為約克鎮級航艦中，碩果僅存的一艘。

為對付金開德，南雲一共動用了一百三十八架飛機，比中途島和東所羅門兩場海戰加起來還多，損失則多達九十九架。對日本海軍航空隊來說，空勤人員的損失，更是一大災難；為了擊沉一艘美國航艦，帝國海軍在聖塔克魯茲損失大量空勤人員，甚至比中途島海戰還多。此一損失，日本再也無法彌補。

戰後檢討

戰鬥結束後，艦上官兵忙著治療傷患和處理死者。除了失蹤的十六位空勤組員，企業號上另有四十四名官兵陣亡。在其他醫療人員盡全力搶救重傷患的同時，楊格牧師則不停地在他們之間來來去去，撫慰、鼓勵這些重傷患。無畏式飛行員麥格羅（Bruce McGraw）決心助醫療人員一臂之力，他跪在一位嚴重燒傷、一直要求替他打嗎啡的水兵旁邊。醫官告訴麥格羅，這位水兵可能撐不過十分鐘，於是麥格羅就一直坐在這名水兵旁陪伴，直到他斷氣為止。

其他傷患的處境甚至更糟。助理降落信號官丹尼爾看到一位身受重傷、兩腿全斷的官兵，用雙臂在地面爬行至甲板邊緣。一名醫護兵勸阻丹尼爾過去幫助這位弟兄。沒想到，丹尼爾卻看到這名水兵自己設法翻落海中，不禁嚇得目瞪口呆。

當天晚上，一些帶著難以理解的心情來到安放遺體的艦尾的水兵，準備進行海葬儀式。觸目所及，盡是詭異且可怕的景象。這些灰白、赤裸的遺駭，有些有明顯外傷，有些傷勢非常恐怖，有些則已被醫療人員縫合、清理，以對死者表達最後的敬意。每具遺體都和一枚五吋砲彈共同包裹在一個床墊裡，以確保遺體落海後必定會沉到海底；接著，這些床墊會被緊密地縫合，然後抬到一塊覆蓋有國旗的木板上。海葬儀式舉行時，這些遺體就順著木板滑落海中，緩緩落入深海。

在此次大戰，企業號雖然遭到幾枚炸彈命中，但也創下若干驚人的記錄：在單一一場海戰中，射擊超過五萬發的彈藥，口徑從零點五英寸到五英寸都有，其中包括四千發新式的四〇機砲砲彈。利夫達爾和莫特還認為，來襲的八十四架敵機中，就有多達二十架被他們的砲手擊落，另有十架是其他護航軍艦的戰果。這份戰後檢討報告一如以往，顯得十分樂觀。美國海軍則認定戰鬥艦南達科他號擊落二十六架日機（該艦宣稱擊落三十二架），這個結果嚴重激怒了利夫達爾的手下。數年後，莫特在一個場合上遇到南達科他號當時的艦長蓋奇（Thomas L. Gatch）。蓋奇當時承認道：「大多數的敵機是企業號擊落的。海戰結束後，我回到華盛頓，發現新的戰鬥艦造艦計畫在國會和媒體圈遇到大麻煩。國會有意刪除其中幾艘的預算，所以我向他們編了些與南達科他號有關的故事，儘管我內心不願這麼做。」

在呈給上級的事後檢討報告，哈迪森艦長為表揚部下的戰功，非常闊氣地推薦向七十多名官兵頒發勳獎。在這長串名單中，哈迪森對史壯的傑出表現最為稱讚，並為他對瑞鳳號所執行、近乎完美的長程攻擊，向上級推薦頒發「國會榮譽勳章」。不過，史壯最後獲頒「海軍十字勳章」，這是他第二次獲頒此勳章。維塔薩也獲頒「海軍十字勳章」，但佛萊利認為維塔薩有資格獲得「國會榮譽勳章」，因為還沒有任何美軍飛行員曾創下在一次任務中，確認擊落七架敵機的紀錄，而歐海爾少校擊落五架敵機，就拿到了該勳章。但讓人稍稍感到安慰的是，這時美國海軍已完成相關程序，將「海軍十字勳章」的排序提升，超越「特殊功績勳章」，成為海軍排名第二的勳章。

在聖塔克魯茲海戰後，各飛行中隊的中隊長開始寫信給陣亡官兵的家屬。佛萊利尤其看重這件事，特別是他手下有多達八位飛行員失蹤。佛萊利平日對待這些飛行員有如家人，而非部屬，因此他所寫的每封信，都是用私人寫信給親人的語調。身為虔誠的天主教徒，佛萊利在一封寄給陣亡者家屬的信中寫道：「當上帝需要我們時，便會用他不凡的智慧，召換我們前往他神聖的國度。我真心希望，當上帝召喚我們時，會發現您的兒子正在天堂等著我們。當我們相遇時，他會和昔日一樣笑容燦爛、舉止優雅，並如同我們所記得地那般強壯。」佛萊利還在每封信內，附上一副小小的飛行員金翼徽章，寄給失蹤人員的妻子和母親。

儘管損失了大黃蜂號，聖塔克魯茲海戰仍可視為美軍的一場勝仗。但整體戰略形勢仍未改變，雙方都認為這場已經持續近三個月的瓜達康納爾之役，還有得打。

十月三十日，企業號抵達新喀里多尼亞，並在群山環繞的諾米亞港（Nouméa）靠港；海爾賽的南太平洋戰區總司令部也設在當地。各飛行中隊轉移到岸上的通托塔（Tontouta），飛行員就住在帳篷裡，還可到附近的溪流沐浴。

海爾賽派遣戰鬥艦南達科他號與華盛頓號，駐防在港灣的入口處，防止他僅存的航艦再出任何差錯。

企業號停泊在維修艦「修女」號（USS Vestal，AR-4）旁，後者不惜一切努力，以便讓企業號早日返回前線。修女號也有自己的傳奇，她在一九〇九年開始服役，在第一次世界大戰和珍珠港事變（當時，修女號就停泊在戰鬥艦亞利桑那號旁）中倖存。她在一九四二年夏天，奉命前往通托塔。艦上維修人員堪稱技藝超群，在兩個月內，他們就修理完近六十艘船艦，其中包括沙拉托加號和兩艘戰鬥艦。

企業號的修繕工作立即展開。機庫甲板有一處六十英尺的地板向上彎曲，超過平常人腿部的高度，後升降機的機械設備室則大量進水。艦身另有多處結構、地板和艙間牆壁等，不是被炸飛，就是嚴重受損；連前艙的官兵生活區，也難逃摧毀的命運。在評估過損害情況後，企業號的損害管制官史密斯少校諮詢修女號維修人員的意見；後者認為，如果要修到可以有效作戰的程度，大約需要三個星期。但海爾賽可沒這麼多時間可以等，他只肯給十一天。於是，機庫甲板和升降機就被列為優先修繕的區域，切割、焊接、結構和系統等部門的維修人員全體出動，各種噪音沒日沒夜地從企業號上傳出。修繕的成果並不完美，艦體某些傷痕依然清晰可見，但企業號的三座升降機都已恢復運作；不過，沒有人打算測試一下前升降機，讓它始終保持在往上的狀態。當企業號從諾米亞港啟航時，艦上仍有數十位修女號的水兵和海軍工程人員，繼續進行修繕工作。

一九四二年十一月十一日，即第一次世界大戰停戰紀念日，企業號鍋爐點火、起錨，搭載此時已返艦的第一〇飛行大隊，從諾米亞港啟航。在聖塔克魯茲海戰後兩個星期，企業號又重新回到瓜達康納爾，並在外海擔任警戒工作。此刻，她是美國海軍在南太平洋戰區，唯一一艘可在即將到來的危機中派上用場的航艦。

第六章

一生中最激動的時刻

（一九四二年十一月至一九四三年一月）

©National World War II Museum

一九四四年年初，一位第十轟炸機中隊的無線電士兼射手正與飛行員交談，在一旁聆聽的是機工長。飛行員救生衣上有第十偵察機中隊的圖案，該中隊在一九四三年初併入第十轟炸機中隊。

一九四二年十一月十三日星期五，企業號特遣艦隊抵達瓜達康納爾南方海域。十三號星期五，這個在西方眼中看來相當不祥的日子，說明了這場戰役的高潮時刻即將到來。在接下來的三天，美日雙方將在不到四十八小時內，歷經兩場夜間水面戰、一次對岸上美軍防禦陣地周邊的岸轟、一場對日本運輸船隊不停的血腥攻擊，以及無數次的空中戰鬥。這三天惡戰的損失十分驚人，雙方共有二十六艘船艦沉沒、約一百架飛機被擊毀，其中共有三千六百人陣亡。雖然企業號受命移駐該島南部海域，但她仍對戰鬥做出非常重要的貢獻，尤其是第一〇飛行大隊，他們的出現扭轉了戰局。

感謝修女號維修艦人員，和海軍工程人員不眠不休的努力，不僅使企業號重新具備起降戰機的能力，也讓她能在最緊要的關頭到來前，順利趕回參戰。但企業號在聖塔克魯茲海戰所受的損害仍未完全修復，部分艦體還可看到炸彈爆炸所導致的隆起，而受損的油槽也使企業號在海上航行時，會在後方留下一條長長的油跡。

蓋恩斯中校兵力減弱的飛行大隊返回戰場時，共有飛機七十七架，包括三十一架無畏式轟炸機、三十七架野貓式戰鬥機，以及九架復仇者式魚雷轟炸機。由於第一〇魚雷轟炸機中隊的科萊特中隊長在聖塔克魯茲海戰陣亡，遂由科芬（Albert “Scoofer” Coffin）上尉接掌這支「紅頭美洲鷲」部隊。科芬在海軍官校一九三四年班的同學認為他是一名外向的印地安那州人，無論何時都讓人感到愉快，氣氛緊張時更是如此。這些同學還說：「當他的情緒被點燃時，舉動就像拉丁熱情上身的北歐巨人。」除此之外，科芬的好酒量也讓同學佩服道：「當其他人都已醉倒在酒吧後方時，只剩他屹立不搖。」

十一月危機

美日雙方都設法將部隊和物資送到瓜達康納爾，這些行動往往在夜間進行，以避開敵機空襲。十一月初，日軍的「東京快車」（Tokyo Express）每天會有六到七艘船在該島西岸卸下人員與物資，而美國運輸艦則是在該島北部海灣下錨。由於雙方都無法在部隊戰力方面獲得決定性的優勢，使這場戰役在進入第四個月後變成一場消耗戰。

此時，海爾賽獲得一項極有價值的情報，指出日本將派遣一支載運援軍的運輸艦隊，在強大水面艦隊兵力護航下，前往瓜達康納爾。這些日軍的預計登陸日，正是十一月十三日。

在十三日當天，天剛破曉之時，第十六特遣艦隊在瓜達康納爾東南方約四百海浬的海域，但金開德少將絲毫不敢鬆懈；因為他接獲報告指出，有兩艘日本航艦正從北方南下，朝美軍接近中。金開德立刻下令偵察機起飛，執行距離長達兩百三十海浬的搜索任務。然而，報告所提的兩艘日本航艦，飛鷹號還在特魯克環礁（Truk Attol）修理中，隼鷹號則在航艦艦載機的攻擊範圍外。

儘管如此，企業號和仙人掌航空隊所面對的情勢依舊十分嚴峻。從拉布爾、新不列顛和附近地區，日本海軍航空隊能出動兩百架飛機對瓜島發動攻擊。但這一切已經不重要，海爾賽命令金開德無須顧慮日機威脅，立刻派遣第一〇飛行大隊攻擊瓜島海岸邊的日本運輸艦隊。金開德也在十三日晚間，下令艦隊以二十五節航速前進，縮短與日本運輸艦隊的距離。這時又有消息傳來，在別處又發現某些日本軍艦正在接近中。海爾賽於是決定兩面下注，命令金開德派出戰鬥艦南達科他號與華盛頓號，加上其他護航艦，由威利斯・李少將率領，前往攔截。

事實證明，這是一個精明的決定，但第十六特遣艦隊卻不在海爾賽所認為的地點。金開德麾下的戰鬥艦並未與企業號在一起，以致無法及時趕到鐵底灣。

在十三日星期五當天，企業號也有自己的工作要執行。哈迪森艦長指派艦上的建築與修繕小組，與修女號維修艦人員合作，繼續進行在諾米亞來不及完成的損害修理工作。在機庫下方的第二層與第三層甲板，技術工人忙著處理破裂、扭曲的鋼鐵結構，然後由焊接人員接手，進行必要的填充或修補。同時也將東所羅門海戰後所配發的新水密門，進行安裝與測試。現在，企業號又準備好上戰場廝殺了。

但在瓜達康納爾，戰鬥早已開始。

時間剛進入午夜時分，十三艘美軍軍艦與十四艘日本軍艦，在沙佛島附近海域（即八月海軍陸戰隊登陸時，美國海軍在夜戰中慘敗於日軍之手的同一地點），再次發生激烈戰鬥。雖然雙方軍艦數目大致相等，但日本艦隊有兩艘預備要對韓德遜機場進行夜間轟擊的戰鬥艦，在噸位上遠較美軍為大。

第二天日出後，任何在沙佛島那高聳圓錐形山丘附近飛行的飛行員，都可清楚看見許多漂浮在海面的碎片——那是前晚戰鬥留下的痕跡。在這場夜間惡戰中，有一艘日本驅逐艦和兩艘美國驅逐艦沉沒。三艘美國驅逐艦在海上奄奄一息，兩艘美國巡洋艦則蹣跚地朝隆加角的泊地前進。殘餘的美軍艦隊只剩下巡洋艦「海倫娜」號（USS Helena，CL-50）、「舊金山」號（USS San Francisco，CA-38）和「朱諾」號（USS Juneau，CL-52），以及三艘驅逐艦——在這樣的狀況下，他們已無力再擊退其他攻擊。

最引人注目的是排水量三萬六千噸的日本戰鬥艦「比叡」號，她在近距離的交戰中嚴重受創。

天亮後，陸戰隊飛行員發現這艘戰鬥艦在沙佛島東北方海面漫無目的地打轉，旁邊僅有一艘驅逐艦跟隨。於是，美軍巡洋艦上前收拾了這艘日本驅逐艦；但空中偵察報告指出，有兩支敵軍艦隊正朝瓜達康納爾前進，其中包括戰鬥艦「霧島」號和七艘驅逐艦。勝負現在取決於一場海上競速比賽，看究竟是日本還是威利斯・李所指揮的兩艘戰鬥艦先抵達戰場。

此時，在瓜島東南方三百多英里的海域，第十六特遣艦隊已下達戰備令。金開德除派出十架偵察機執行搜索，也派出戰鬥機在艦隊上空執行戰鬥空中巡邏。由於大家對企業號的前升降機究竟能否順利運作不太放心，合理的做法就是將大型的魚雷轟炸機送到陸地上。於是，在十三日上午，科芬上尉率領九架復仇者式機從企業號起飛，靠克羅姆林手繪的地圖，前往瓜島落地。來自大黃蜂號的資深飛官蘇瑟南（John Sutherland）上尉，率領六架戰鬥機護航。

當企業號機群由東方逐漸接近搜索區時，飛行組員們發現在沙佛島和瓜達康納爾島之間海面上的比叡號。科芬上尉遂率領編隊飛進五千英尺高的雲層中尋求掩蔽，同時不斷地縮短和比叡號的距離，以便發動攻擊。

科芬對比叡號進行鉗形攻擊，他和手下其他四架復仇者從這艘日艦的左舷發動攻擊。與此同時，湯普森（Macdonald Thompson）上尉的四機分隊則進攻右舷，而波爾多（John Boudreaux）中尉的九號機則用機上的炸彈，由高空發動攻擊。

比叡號在前一天晚上的夜戰中，已遭美軍艦砲重創；天亮後，又遭到大批從陸地起飛的美軍飛機攻擊。但她還有能力戰鬥。有些空勤組員被艦上射出的防空砲火數量嚇了一跳，第一〇戰鬥機中隊的卡利（Henry Carey）中尉就是其中之一。這位出身都市、彬彬有禮的常春藤畢業生，雖曾在中途島海戰見識過密集的防空砲火，但也很少見過如比叡號這般猛烈的砲火。卡利說道：「老天，當我們從這些魚雷轟炸機上方發動攻擊時，這艘戰艦射向我們的火力竟如此密集。」

戰鬥機飛行員低空掃射這艘戰鬥艦，希望能壓制艦上的高砲火力，以支援復仇者式，但效果十分有限。第一〇魚雷轟炸機中隊共投下八枚 Mk 13 型魚雷，並樂觀地報告有三枚命中，並引發爆炸。波爾多那架復仇者所投下的炸彈則未擊中。

科芬率領他的小型攻擊部隊飛抵韓德遜機場，受到當地陸戰隊航空隊指揮官伍德斯（Louis Woods）准將的熱烈歡迎。伍德斯雖然事先不知道他們要飛來這，但還是很熱情地與這些海軍飛行員握手，或拍拍他們的背，並大聲地告訴這些海軍空勤組員說，第一〇魚雷轟炸機中隊就像是從天堂下凡的天使。

十一月時，瓜達康納爾的情勢仍舊十分嚴峻，但已經比考德威爾在八月率企業號轟炸機編組而成的第三〇〇飛行隊進駐時，要改善許多。雖然陸戰隊還是堅稱該島是地球上唯一一個只有深及膝蓋的泥巴和鋪天蓋地灰塵的地方，但此時整個機場的地面幾乎都已鋪上鋼板，維修能量和物資供應的情形也已改善。此外，機場的通訊系統也已提升，並安裝了早期預警雷達，而在機場東方供戰鬥機分遣隊使用的簡易機場也已開始運作。

但同一時間，戰鬥的步調也在持續加快中。科芬率隊降落後不到三小時，他麾下就有六架魚雷轟炸機，被抽調參加對比叡號的第七次、也是最後一次的攻擊。這艘日本戰鬥艦此時已嚴重受創，在離韓德遜機場約十五分鐘飛機航程的海上奄奄一息；到目前為止，這艘戰鬥艦已承受近百架次陸戰隊、海軍和陸軍飛機的攻擊。復仇者式從沙佛島西北方的低雲下方，攻向比叡號。他們無視該艦依然猛烈的高砲火力，並宣稱至少有三枚魚雷命中目標，其中之一是中隊長科芬的戰果。但造成最嚴重破壞的，是威里斯（George Welles）中尉那枚命中艦尾的魚雷。至此，比叡號完全失去動力，接著艦體又被兩枚魚雷命中，終於沉沒。在返航途中，射擊士格魯貝爾（Robert Gruebel）很快地看了這艘行將滅亡的巨艦，發現她此時冒著熊熊大火，海水已覆蓋過艦尾。

科芬的手下很幸運，沒碰上從拉布爾和布因（Buin）起飛往南巡邏並反覆攻擊韓德遜機場的零式戰鬥機。美軍攻擊機群的損失出奇地低，一共只損失兩架無畏式轟炸機，和一架野貓式戰鬥機；但這兩架無畏式的機組員不幸全部失蹤，而戰鬥機的飛行員則獲救。

當天晚上，比叡號上倖存的官兵棄艦離去，沒有人看見她是何時沉沒的。

第一〇魚雷轟炸機中隊協助擊沉戰鬥艦比叡號，這不僅是該中隊在大戰期間所立下的第一個戰功，也是美國海軍自一八九八年以來所擊毀的第一艘戰鬥艦。科芬和手下一邊看海，一邊接受無所不能的海軍海蜂工程部隊（Seabees）殷勤的招待，包括罐裝牛肉與煎餅，搭配混了魚雷用酒精燃料的葡萄汁。綽號「愛爾蘭佬」的麥康納希（James "Irish" McConnaughhay）上尉一度對使用這種珍貴燃料

感到疑慮。海蜂弟兄卻說，每枚 Mk 13 型魚雷所攜帶的酒精燃料足以讓魚雷跑兩千碼，但海軍飛行員偏好飛到距目標一千碼時才把魚雷投下。在不了解實情的狀況下，第一〇魚雷轟炸機中隊還是有足夠的酒精燃料來推動魚雷的。

隨著數以百計棄船逃生的水兵登岸，消息迅速傳遍整個基地。卡拉漢（Daniel Callaghan）與史考特（Norman Scott）兩位海軍少將雙雙在十三日午夜的惡戰中陣亡，巡洋艦亞特蘭大號和四艘驅逐艦沉沒，另有四艘巡洋艦和一艘驅逐艦嚴重受創。另一方面，日本則損失一艘戰鬥艦比叡號和兩艘驅逐艦。不過，美國海軍雖然在這場夜戰中慘敗，卻拯救了韓德遜機場。

然而，這也只換得韓德遜機場一夜平靜。十一月十四日破曉前，海爾賽收到陸戰隊發來的報告，指出機場「正遭到嚴重的砲擊」。這些猛烈的彈幕射擊，來自兩艘日本巡洋艦，總共持續近九十分鐘，但準頭不佳。韓德遜機場僥倖逃過一劫，這完全得感謝老天保佑。天亮後，島上的仙人掌航空隊還有超過五十架飛機可以作戰。

隨著戰況的發展，美軍迫切需要這批飛機。偵察機追蹤到一支由十一艘運輸艦和十一艘驅逐艦組成的運補船團，跟在由四艘巡洋艦組成的前衛兵力後方，朝瓜島前進。在運補船團中，一共載有七千名日軍（美軍的估計數則是實際人數的兩倍），若成功登陸，可能足以對這場戰役產生決定性的影響。

在正常情況下，企業號應該在十四日天亮前，派出偵察機搜索周遭海域，如此才能及早發現敵艦。但十四日清晨，一場熱帶強降雨使搜索任務延遲到天亮後才開始。十架偵察機出發前往各自的扇形任務區執行搜索。同時，企業號也派出三架轟炸機，在特遣艦隊周邊海域巡邏，以防止敵軍潛艦接近發動攻擊。在所羅門海域，敵人潛艦始終是一大威脅。

接近上午九點時，由中尉卡莫迪和強生（William F. Johnson）所組成的搜索小組，在瓜達康納爾西北方約一百五十海浬處，發現敵人艦隊；他們很快評估情勢，並發出接敵報告。卡莫迪和強生對敵人艦隊實力的評估相當準確，除了把十一艘驅逐艦中的數艘誤認為巡洋艦外。雖然以兩架無畏式對抗二十二艘敵艦，代表要冒極大的風險，但他們還是發動攻擊。儘管炸彈無一命中，但身材高大、有個寬下巴的卡莫迪在飛離時，成功以機槍掃射一艘驅逐艦。這時，卡莫迪的後座射手里斯卡（John Liska），突然看到一架飛機墜落海面。那是強生，他被稍後趕到的六架零式戰鬥機攔住。雖然強生和他的無線電士休斯（Hugh Hughes）打下一架日機，但最後仍然被擊落。卡莫迪則轉向朝南飛行，以返回企業號。

在偵察機起飛後約九十分鐘，企業號再度調轉方向頂風航行，派出十七架由巴奇・李領軍的無畏式轟炸機，佛萊利則率領十架戰鬥機護航；但機群起飛後，各有一架轟炸機與戰鬥機偏離航向，與機群失散。巴奇・李的攻擊目標，是由前第六轟炸機中隊飛行員吉布森中尉和布坎南（Richard Buchanan）少尉所發現的巡洋艦和驅逐艦。吉布森窺探這支特遣艦隊近一個小時，耐心地等候他的接敵報告被確認。當確認報告傳來後，吉布森終於可以嘗試滿足自己的野心——轟炸一艘日本軍艦。從一萬八千英尺的高空，他挑了一艘看起來受損嚴重的軍艦，即重巡洋艦「衣笠」號，當作攻擊目標；衣笠號在早晨仙人掌航空隊的攻擊中受損，此刻正吃力地在海上航行，希望能跟上其他軍艦。

吉布森和布坎南朝衣笠號的艦尾俯衝，投下的兩枚五百磅炸彈準確命中甲板，將左舷炸開一道裂縫，也炸毀了操舵裝置，使衣笠號受到致命傷。令人難以置信的是，布坎南的機尾雖然遭到一枚衣笠號的主砲砲彈貫穿，造成一個直徑八英寸的大洞，但卻未引爆。在投彈完成後，吉布森猛踩油門，同時將操縱桿用力往後拉，將飛機從俯衝姿態中拉起、脫離，完成此次難度非常高的攻擊。吉布森後來說道：「當你從敵人艦隊中殺出，那個當下就是你一生中最激動的時刻了。」

在吉布森小組後方，是少尉豪格沃夫（Robert Hoogerwerf）和哈洛蘭（Paul Halloran）的另一個搜索小組。他們先是發現在海面痛苦掙扎的衣笠號，卻未多加理會、直接飛過，以搜索其他的攻擊目標。鑑於日本艦隊可能已經分頭前進，豪格沃夫和哈洛蘭也解散編隊，分別搜索不同的區域。豪格沃夫發現這支日本艦隊的旗艦，即重巡洋艦鈴谷號，並發動攻擊；但炸彈以些微差距錯過目標，使這艘巡洋艦得以在未受嚴重損害的情況下，繼續朝企業號前進。相較之下，哈洛蘭卻沒能返回。他在朝巡洋艦摩耶號俯衝時，由於拉起時的高度過低，機翼撞到摩耶號桅杆，燃燒的汽油從破裂的油箱中飛散，灑滿整個摩耶號的上層結構，迫使甲板上的日本水兵忙著將魚雷推入海中，以免彈頭被火勢引爆，釀成大禍。

接著來到戰場的是巴奇．李所領軍的十六架俯衝轟炸機。雖然巴奇．李的攻擊部隊稱得上是人才濟濟，成員包括綽號「湯米」的湯瑪斯少校、史壯和「紅鳥」伯內特（Howard Burnett）等傑出飛行員，他們卻未命中任何敵艦。攻擊結束後，他們飛到韓德遜機場落地，並重新加油裝彈。另外還有兩架野貓式戰鬥機也在韓德遜機場降落，其他戰鬥機則由佛萊利率領，飛返企業號。

與此同時，日本的運輸船隊不顧陸戰隊、海軍和陸軍航空兵力的攻擊，以每小時十節的速度，頑強地朝瓜島前進。情勢再清楚不過，美軍絕不能讓這些運輸艦上的增援部隊登岸。因此，企業號艦長哈迪森和飛行長克羅姆林，平時這兩人互不欣賞的時間居多，現在還是通力合作，擬出一個詳細的攻擊計畫，以便盡可能地消滅這些運輸艦。至於由誰領軍出征，他們心中也有共同的人選。

當天下午，佛萊利率領十二架野貓式戰鬥機和八架無畏式轟炸機，從企業號起飛，朝日本增援船團飛去。這二十架飛機奉令務必擊沉若干敵艦，然後飛到瓜島降落整補，加入已經在那的二十四架企業號艦載機的行列。這個計畫將讓企業號只剩下十七架野貓式戰鬥機在艦上，這已經是艦隊防空所需的底限，但這個風險非冒不可。

攻擊機群飛抵日本運輸船團上空，佛萊利一馬當先、帶頭進攻。某些轟炸機飛行員擔心在上空掩護的零式戰鬥機，但就在這時，冷靜、深思熟慮的佛萊利以無線電向各機廣播：「那些零式戰鬥機沒有發現我們，從現在開始，我不准任何人搖擺機翼或閃燈。我們戰鬥機的任務是集中全部心力，保護轟炸機不受敵機干擾，讓轟炸機能放手痛宰那些運輸艦。」

身為此次攻擊的總領隊，佛萊利將攻擊目標賦予各俯衝轟炸機，以免過多的飛機攻擊同一艘運輸艦。佛萊利以無線電通知在一天內兩度看見敵艦的卡莫迪，指派他攻擊右邊第一艘運輸艦，接著再如法砲製，替其他飛行員分別指定不同的目標。數年後，卡莫迪回憶道：「在戰鬥時，佛萊利總是十分鎮定、毫不慌亂。」

轟炸機命中兩艘運輸艦，並迫使運輸船團為救助友軍，不得不減速。接著，佛萊利在高空留下一支掩護兵力，然後率領其他戰鬥機降到兩千英尺以下，以機槍掃射甲板上一群群著棕色軍服的日本士兵。六挺五〇機槍對如此密集目標的殺傷效果十分驚人，當時曾親眼目睹的飛行員說道：「這是一場恐怖的屠殺。」

在高空掩護的野貓式戰鬥機也完成了任務，將那些試圖干擾轟炸機的敵機趕跑。積極進取的卡莫迪一直俯衝到飛機所允許的最低高度才拉起，然後看著他投下的炸彈在一艘運輸艦上爆炸。在卡莫迪飛離船團時，他突然遇上兩架零式戰鬥機。在接獲後座無線電士兼射擊士里斯卡的警告後，卡莫迪將操縱桿用力往前推，將飛機降到離海面約一百英尺的低空，並依照里斯卡的指示來改變方向。里斯卡是個經驗豐富的老兵，在六個多月前的珊瑚海海戰中，就曾擔任萊普拉的無線電士兼射擊士。當卡莫迪的無畏式與零式戰鬥機纏鬥不休時，一架第一〇戰鬥機中隊的野貓式突然加入戰鬥，開火將最近的零式戰鬥機打落海中。里斯卡也抓著這個機會，用雙聯裝三〇機槍，朝另一架零式就是一輪猛射，使這架日本戰機起火。

美軍持續進行攻擊。整個下午，瓜達康納爾島上的仙人掌航空隊反覆攻擊這支頑強的日本船團；某些飛行員甚至創下單日出九小時戰鬥任務的紀錄。空襲最密集時，平均每分鐘就有一架飛機朝船團發動攻擊。不可避免地，飛機、飛行員和裝備原本的建制全都被打破，管他是用換的、還是用搶的。陸戰隊飛行員可能飛得是海軍的飛機，反之亦然。混亂中，有人抓起巴奇．李的降落傘就跑，然後就再也沒有這個降落傘的下落。但巴奇．李仍照飛不誤，對某架轟炸機內那位拿了他降落傘的人充滿信心——最後事實證明，他也用不上降落傘。

日軍的零式戰鬥機曾數度嘗試攔截美機，但絕大多數被野貓式戰鬥機成功排除。在一次空中纏鬥中，柯爾森（Ed Coalson）少尉發現他陷入四架零式戰鬥機的包圍。但這位被維塔薩高度評價的年輕飛行員藝高人膽大，立刻棄所有教科書的內容於不顧，將飛機向上來了個翻筋斗，再從高處往下衝到一架日本戰鬥機後方，當距離接近到有效射程範圍內，柯爾森隨即開火。這架日本戰機中彈起火，迫降在海面上。

然而，美軍還是免不了損失。當天傍晚，湯米少校率領其他六架無畏式從韓德遜機場出擊；儘管沒有戰鬥機護航，他仍舊率隊沿著夾在新幾內亞和聖伊莎貝爾島（Santa Isabel）間，通往瓜達康納爾的狹長水道飛行，沿途搜索敵蹤。先前攻擊所留下的痕跡清晰可見：遠處有兩艘船艦在燃燒，還有三到四艘船艦在海面上靜止不動，其他船艦則蹣跚地向西前進；但剩下的船艦，仍頑強地持續向西南方航行。湯瑪斯面臨抉擇，是要從目前僅一萬兩千英尺的高度立即發動攻擊，以避免遭遇日本的攔截機，還是爬升到適合進行俯衝轟炸的高度，然後再發動攻擊。湯瑪斯考慮後，決定率領機隊爬升。

防禦的日本戰鬥機當然不會錯過這個機會，六架零戰猛烈撲向美國轟炸機群，一場激戰隨即爆發，雙方互有傷亡。湯瑪斯麾下的飛行員和射手各個技藝高超、槍法精準，共擊落三架日本戰鬥機。但這些日本飛行員也稱得上是技術嫻熟且奮戰不懈，用數百發二〇機砲與七點七公厘機槍彈藥，打下了美軍兩架無畏式轟炸機。魏奇和威克罕（Don Wakeham）兩位飛行員，連同他們的射手，全部宣告失蹤。卡羅姆（Jeff Carroum）少尉躲過零戰的攻擊，又飛了一段距離，然後找到機會投下炸彈，但不幸被高射砲擊中。卡羅姆將受創的飛機成功降落在海面，並與無線電士希森（Robert Hynson）一起從下沉的飛機中逃出。但他們的救生艇卻和飛機一起沉沒，只能靠救生背心勉強浮在海面上。

另一架由羅賓森（Len Robinson）少尉駕駛的無畏式轟炸機，突然與一架不知從那冒出的零戰遭遇。羅賓森雖然遭到這架日機不斷地射擊，卻仍舊帶著炸彈朝目標俯衝，以增加炸彈落下時的垂直速度。投下炸彈投後，羅賓森拉起飛機，但那架零式戰鬥機仍緊追不放，使他只好將飛機下降到三百英尺的低空，不斷地改變方向、迂迴飛行，躲避後方日本飛行員持續不斷的齊射火力。這架日機一路尾追羅賓森約三十英里，直到拉賽爾群島（Russell Islands）才放棄。日機離去前，還朝羅賓森搖了搖機翼以示告別，順便表示他是因為彈藥用盡才放棄。

倖存的無畏式轟炸機攻擊那些未受損的運輸艦，但全部沒有命中。攻擊結束後，湯瑪斯、史帝芬（Ed Stevens），以及那位令人印象深刻的吉布森，駕機返回韓德遜機場。

那個星期，瓜達康納爾成為美軍戰時的交誼中心，在那的海軍飛行員常常遇到老朋友。例如佛萊利，他看到一架陸戰隊野貓式戰鬥機座艙內的飛行員，覺得很眼熟，然後就發現這人是海軍官校晚他一年班的學弟鮑爾（Joe Bauer），目前負責指揮仙人掌航空隊的戰鬥機單位，官拜海軍陸戰隊中校。鮑爾雖已兩度獲得空戰英雄的榮耀，卻仍然請求分派到能有更多機會殺敵的職務。佛萊利爬上鮑爾座機機翼，開了些海軍和海陸間無傷大雅的玩笑，然後詢問晚上有無機會好好敘個舊。這位「印地安喬」（Indian Joe）答應了，隨即駕機起飛，卻再也沒有回來。

儘管如此，一波又一波的美軍飛機仍持續朝日本運輸船團猛撲。日本的運輸艦先是被擊中、然後失去動力，最後沉沒。到日落時，只剩下四艘運輸艦還在朝瓜達康納爾西北海岸航行，並由五艘驅逐艦護航；其他四艘護航艦，則正忙於搜救在海上載浮載沉的水兵和陸軍官兵，然後重新朝東南方航行。看來，這天必然會有部分日軍成功登岸。

然而，在交戰海域的兩翼，另有其他作戰行動正在進行。在十四日到十五日的夜間，爆發瓜達康納爾之役開打後，第二場有戰鬥艦參加的水面戰鬥。這同時也是整場戰役中，規模最大的戰鬥艦交戰：戰鬥艦比叡號的姊妹艦霧島號，連同十二艘其他日本軍艦，對上威利斯・李少將的南達科他號與華盛頓號兩艘戰鬥艦，以及另外四艘驅逐艦。岸上有數以百計的美軍官兵，包括陸戰隊、陸軍和海軍水兵，人人都在各自尋找有利位置，觀看這場在瓜島北方海域上演、令人眼花撩亂的大戰。這是一場犧牲慘重的硬仗：美軍有三艘驅逐艦被擊毀，剩下一艘也遭重創，但美軍擊沉了霧島號和一艘日本驅逐艦。瓜達康納爾的戰況仍然沒有顯著的變化，情勢還是有可能倒向任何一方。

十五日清晨，日本海軍少將田中賴三麾下最後四艘運輸艦衝上海岸，讓所載運的部隊登岸。另有一艘驅逐艦也讓艦上的士兵成功登陸，使登陸士兵的總數達到兩千多人，連同四天份的補給。對照日本所付出的重大努力，這樣的成果不但少得可憐，也對扭轉瓜達康納爾島上的戰力平衡沒有幫助。在十五日那天，企業號的空勤組員和陸戰隊與陸軍的航空兵力聯手，痛擊灘頭上的日本運輸艦，也將在海灣或水道上漂流的日本船艦送入海底。

珍重再見，瓜達康納爾

雖然危機已明顯過去，金開德仍舊決定將第一〇飛行大隊的大部分飛機留在島上。因為大戰而喜不自勝的他對周遭的人說：「在被我們如此痛擊後，相信那些日本猴子必將撤退。」信心滿滿的海爾賽不太喜歡這個決定，他替區域內唯一一支能勝任航艦作戰的美軍飛行大隊感到憂心。日本海軍有個令人無法掉以輕心的習慣，就是會從事一些看似不太可能的行動。儘管可能性非常低，但一場對韓德遜機場的成功岸轟，就可能毀掉海爾賽手中這支無價的資產。但由於威利斯．李的戰鬥艦此時仍留在該島附近巡弋，所以海爾賽同意讓企業號返回諾米亞港。

接下來兩天，第一〇飛行大隊開始分批離開瓜島。巴奇．李和科芬麾下大部分的飛機，整裝飛往南方六百五十英里外的新希布萊群島（New Hebrides），然後在聖艾斯普瑞特島（Espiritu Santo）降落。但在航程中，由於天候因素，他們損失兩架無畏式和一架復仇者式，但機上人員全部獲救。其餘人員則搭乘運輸機飛往南方的目的地，將企業號所屬的三十六架艦載機連同相關設備，留在韓德遜機場，令陸戰隊十分感激。

沒有比看到同袍死而復生，更讓第一〇飛行大隊的人員感到驚訝的事了。卡羅姆少尉在十一月十四日的任務中失蹤，但他花了七十三個小時，時而游泳、時而漂浮，終於抵達十二英里外的陸地；他的無線電士兼射擊士希森，則不幸在第二天因體力耗盡而身亡。個子不高、體格很瘦的卡羅姆，在滴水未進的情況下，接連三天曝曬在熱帶強烈的陽光下，卻還是幸運地活了下來。

卡羅姆在十七日那天，爬上拉賽爾群島的海岸，並獲得當地原住民的協助，成功躲過日軍搜捕，還遇到比他早二天被擊落的陸戰隊士官赫斯特（Thomas Hurst）。十一月二十六日，兩人搭上一架卡塔林娜巡邏機前往圖拉吉。於是，卡羅姆加入企業號生還飛行組員越來越長的名單之列。其他生還的空勤人員還包括在薩摩亞外海獲救的尼克遜（Harold Nixon），以及在中途島海戰後獲救的溫徹爾。他們都有相同的特質，就是當面對十分惡劣的情況時，打從內心不願放棄的意志。

但日本也還沒打算放棄。相反地，在十一月三十日於沙佛島附近海域爆發、本次戰役的第四次水面艦隊交戰中，帝國海軍又一次讓美軍嚐到慘敗的滋味。日本參戰的八艘驅逐艦中，只損失一艘，卻以魚雷擊沉一艘美國巡洋艦，並使其他三艘美國巡洋艦喪失作戰能力。

度假與整補

十一月十六日，企業號回到諾米亞港，並在當地進行額外的修繕。與此同時，艦上的飛行大隊則進駐岸上指定、設施良好的生活區。身為第一〇偵察機中隊的中隊長，巴奇・李時常駕駛一部「借來」的吉普車，並以「花在偵察所需的時間，只有很少是浪費」的軍事理由為藉口，在島上四處「偵察」探險。巴奇・李和維修部門的主管成了朋友，使他可以使用維修部的房舍、床單、浴室，以及在桌巾上擺設整齊、看來十分可口的食物。飛行人員安頓下來後，也決定讓自己在條件許可的範圍內，好好地接受招待、盡可能久地享受一番。

但好景總是不長。到十二月四日那天，企業號已經可以出航，飛行大隊也恢復飛行，順便讓甲板工作人員進行實地演練，特別是熟悉前升降機的操作。哈迪森艦長終於下定決心，覺得是時候該好好測試一次了，遂命令V－1部門人員按下按鈕。結果，前升降機上下運作得十分順暢，企業號終於完全恢復正常了。

三天後，企業號官兵為珍珠港事變一週年舉行紀念會。艦上仍有好幾百人還記得那個星期天的情景：人們先是難以置信，然後逐漸轉成震驚，最後化為滿腔的怒火。十二個月接連不斷地戰鬥，兩百五十餘位同袍不幸陣亡，將企業號塑造並鍛煉成一個堅實的整體。珍珠港事變後的怒火，已經轉變成一個冷酷無情的解決方案：盡可能多地殺日本人，盡可能多地打沉日本船艦，盡可能打下更多的日本飛機，然後才有資格談回家的事。

如同新聞特派員伯恩斯曾提到的一樣，在聖塔克魯茲海戰後，整個戰區只剩一艘美國航艦；但在十二月初，沙拉托加號重返南太平洋，讓此時正在諾米亞外海活動的企業號，壓力頓時減經不少。同一時間，另一種新型、從油輪快速改裝而來的護航航空母艦（CVE）也加入艦隊，讓企業號的肩頭重擔得以稍稍減輕。護航航艦雖然噸位小、速度慢，但艦上的三十架飛機，使此種航艦在戰鬥中仍有一定的價值。兩艘此種小型航艦「史旺尼」號（USS Suwannee，CVE-27）與「切南戈」號（USS Chenango，CVE-28），已準備好投入所羅門海域的戰鬥，但將官們還在學習該如何使用這種航艦。

在經過一週的海上測試後，企業號開始在聖艾斯普瑞特島進行另一輪的休整。在接下來的三個星期，企業號也偶爾出海，讓飛行大隊複習航艦作戰相關技能，同時也讓艦上官兵可以遠離南太平洋中各種威脅人體健康的生物，包括齧齒類、爬蟲類和昆蟲。在瓜達康納爾、諾米亞和聖艾斯普瑞特等島嶼上，都有人染上各種難以根治的疾病，除了常見的痢疾、登革熱和瘧疾，甚至有人得到某種不知名的腳部傳染病，一病就病了二十年。

儘管名為「聖」艾斯普瑞特，但這個島嶼幾乎沒法替即將到來的耶誕節，添加任何過節氣氛。對企業號的許多官兵而言，這是他們在戰爭期間所經歷的第一個耶誕節，思鄉之情格外強烈且難以抑制，只有收到家鄉寄來的禮物包裹或遲到的信件時，才能稍稍獲得紓解。

有些水兵則希望家裡不要寄東西來，甚至跟家人挑明了說。一九四二年十月才到企業號報到、隸屬V－5部門的二十二歲軍械兵謝波德（Jim Shepherd），就在寫給俄亥俄州雙親的信中表示道：「請把這些訊息告訴家鄉的親戚們，今年請不用寄耶誕禮物給我，我自己也鐵定不會寄。就連耶誕卡片什麼的，都可以免了。」

新年的黎明

一九四三年一月下旬，企業號再度回到瓜達康納爾南方熟悉的海域巡弋，大部分時間是擔任預備隊。但某些日軍單位仍然十分活躍。一月二十九日晚上，負責防止日本運輸艦運送物資給島上日軍的巡洋艦芝加哥號，在瓜達康納爾南方約一百二十英里的拉納爾島（Rennell）附近，遭到從拉布爾起飛的日本「貝蒂」一式陸攻轟炸機精心策劃的襲擊，共被命中兩枚魚雷。

日軍在一月三十日黎明再度嘗試發動攻擊。第一〇戰鬥機中隊在當天一早，就曾追逐一架來犯的日機；後者嘗試追蹤此時由六艘驅逐艦護航，靠拖船在海上緩慢前進的芝加哥號。

下午四點過後不久，在芝加哥號附近巡邏的野貓式戰鬥機發現新的威脅。佛萊利的副中隊長，人高馬大的肯恩（William R. Kane）上尉，在海軍官校就讀時是校內知名的摔角選手，被同學取了個綽號叫「殺手」。「殺手」看見一架日本貝蒂轟炸機在芝加哥號附近徘徊，他要柯爾森少尉和他一起保持警戒，然後派其他人去對付這架在拉納爾島西南方的敵機。自從一九四二年十一月月中屠殺田中賴三的運輸艦隊後，海軍戰鬥機部隊就再也沒有獲得任何戰果，這使年輕的飛官們躍躍欲試。因此，奉命執行此次獵殺的李德（Bill Leder）和威肯多先把這架敵機好好捉弄了一番，然後才將她擊落，但卻已造成傷害而不自知。如果先前日軍還不清楚上哪可發現垂手可得的攻擊目標，現在可知道了。

下午四點四十五分，十二架貝蒂轟炸機直接朝企業號衝來；此時，這艘航艦的位置是在緩慢航行的芝加哥號東南方約五十英里的海域。當日機接近時，空中有十架企業號的戰鬥機巡邏，包括基爾帕特里克（Macgregor Kilpatrick）上尉的六架，和由佛萊利領軍、負責掩護北方另一支巡洋艦隊的四架。基爾帕特里克對來襲的日本飛機進行了漂亮的對頭攻擊，使這些日本飛機認清繼續下去毫無勝算，於是費了好一番功夫轉向北方，朝拉納爾島東北方的芝加哥號前進。

基爾帕特里克和僚機飛行員波特（Robert Porter）少尉，緊追這些日本轟炸機不放。他們無視敵機機槍的近距離射擊，大膽地從轟炸機的上方和後方發動攻擊，短短幾分鐘就擊落三架敵機。這些轟炸機墜海時冒出的濃煙，連企業號上的官兵都可以看得見。剩下的轟炸機則將飛機側傾，並推機首向下，開始朝芝加哥號飛過去。這些龐大的九六式轟炸機擺脫了基爾帕特里克的追擊，並以超過三百英里的時速，持續降低高度。

在另一邊掩護其他巡洋艦的佛萊利在迅速評估了情勢後，決定率領麾下的戰鬥機調頭向西前進，希望能攔截到這些日本轟炸機。但無論是時間或空間因素，都讓他很難達成目標；就連機械因素也對佛萊利不利。只有一架戰鬥機及時拋掉了副油箱，其他戰鬥機飛行員的反應則過於遲鈍，以致被機翼下的副油箱拖累，減慢了飛行速度。

這些貝蒂轟炸機則無此困擾。她們從雲層中穿出時，發現在自己和攻擊目標間只隔著一艘驅逐艦。高砲射擊的聲音從四面八方傳來，但沒產生多大效果。日機對芝加哥號投下好幾枚魚雷，其中四枚直接命中艦身。這些日本魚雷的表現與美國貨大不相同，不僅性能遠較突出，而且只要打中敵艦，幾乎都會引爆。這導致芝加哥號的內部結構被徹底摧毀，短短二十分鐘後就沉入海中。另有一枚魚雷則擊中嶄新的驅逐艦「拉瓦萊特」號（USS La Vallette，DD-448），造成該艦二十二名官兵陣亡，但未沉沒。

佛萊利和瑞希爾（Russell Reiserer）、維特（Roland Witte）和蕭恩克（Peter Shonk）等人聯手追擊這些日本轟炸機。如同大多數的戰鬥機飛行員，佛萊利了解在追擊進攻敵機時，遭到友軍防空砲火射擊是常有的事，但仍無人能夠忍受這種邊向外追擊敵機，邊挨自己人打的局面。和珍珠港時一樣，海軍砲手總是傾向把所有在空中飛的都打下來，才不管她們是灰色塗裝、單發動機的野貓式戰鬥機，還是綠色塗裝、雙發動機，外觀上非常容易辨識的日本轟炸機。

此役中表現最傑出的飛行員，是年輕有為的費特納；他在低空追擊時，與三架日本轟炸機纏鬥不休。他駕機朝一架貝蒂轟炸機的尾部快速接近，然後扣下扳機——假如不是因為這架轟炸機爆炸，他就會撞上去了。當他們返回企業號，佛萊利聽說這位年輕飛行員擊落三架敵機後，馬上給予高度讚美：「你真是個驍勇善戰的蠢蛋，不是嗎？」

日軍也為此次擊沉芝加哥號，付出慘重代價。第一〇戰鬥機中隊共消耗一萬一千發五〇機槍子彈，宣稱擊落十一架；但其中有兩架，應該是被軍艦的高射砲擊落的。事實上，日本在此次攻擊中，共有八架貝蒂式轟炸機被擊落，另有一架在降落時墜毀。

瓜達康納爾之役持續打下去，直到二月初最後一名憔悴消瘦的日本士兵撤離為止。美國官方在一九四三年二月十一日，正式向公眾宣布此一勝利的消息，長達六個月的血戰就此結束。假使中途島海戰意味著日本將無法贏得太平洋戰爭，則瓜達康納爾之役就代表美國將不會輸掉這場戰爭。

此役之後，部分久經戰陣的老兵將啟程返國，其中包括佛萊利。這位中隊長雖然很瘦，情感卻很豐富，而他就是無法親口向隊上人員道別。於是，他寫了一封言辭懇切的信，親手交給「殺手」肯恩，然後離開企業號。

佛萊利將這支中隊交給同樣驍勇善戰的肯恩，是因為他認為除「殺手」外，無人能勝任中隊長。

在給中隊成員的道別信中，佛萊利表示道：「照顧好你們自己，團結一心，不要忘記尊重這些飛機。每當你們對上日本人時，記得萊普拉、米德、羅德斯、考德威爾、戴維思、富爾頓、巴內斯、米勒、愛德華和萊賀。」

在信的最後，佛萊利則寫道：「把敵人徹底消滅，但要做得聰明一點……同時，將你的下巴抬高，千萬不要忘記那個你們稱之為『死神領隊』的小個子。」

瓜達康納爾之役的意義

交戰雙方都意識到，瓜達康納爾之役對戰爭後續的發展極為重要。在這場長期、大規模的消耗戰中，雙方都蒙受很重大的損失。歷史上從來沒有一場戰役像這場一樣，讓雙方在這樣一段時間內密集進行海空戰鬥。在六個多月的戰鬥中，美國共損失二十九艘船艦，日本則損失三十八艘，而雙方損失的飛機總數合計高達一千三百架。海軍歷史學家倫德斯通（John Lundstrom）認為，企業號對勝利所做的貢獻，僅次於地面部隊；尤其是企業號二度成功阻止日軍對韓德遜機場的岸轟，使地面部隊免於承受重大的災難。

對這場戰役有精闢見解的戰史作家法蘭克（Richard B. Frank），對企業號在這場戰役中的重要性，做出下列結論：「在整場戰役中，有很長一段時間，美軍數度頻臨失敗邊緣，許多小事件都可能替美軍帶來災難。或許最危險的時刻，就是企業號在聖塔克魯茲海戰中，差點因為敵機的攻擊而退出戰場——這一刻稱得上是勝敗的分水嶺，我們非常幸運地保住了企業號和她的飛行大隊，沒有像失去大黃蜂號一樣失去她們。這使企業號和她的飛行大隊，得以在十一月美軍對日本艦隊和運輸船團發動攻擊時，發揮極大的作用。」

在瓜島之役中，企業號徹底成熟了。她的空勤組員成功掩護最初的登陸行動，又分別在八月和十月，兩度擋住日軍的猛攻，派出第三〇〇飛行隊支援島上防務。此外，她協助擊沉戰鬥艦比叡號，以及四到五艘運輸艦；重巡洋艦衣笠號被擊沉，也絕大多數應歸功於企業號。企業號的各飛行中隊，也與島上的海軍陸戰隊飛行部隊並肩作戰，使原本由來自不同單位拼湊而成的仙人掌航空隊，逐漸融合為一支有效率的作戰單位。

在中途島海戰中，企業號已經把美國政府投資在她身上的每一分錢都賺回來了。而在瓜達康納爾，她又賺進可觀的收益，回報了這些投資。

第七章

漫長而寂寥的旅程

（一九四三年二月至十二月）

©USN via tailhook Assn.

企業號販賣部冷飲吧，水兵們可以在這裡買冰淇淋、非酒精性飲料，或者買些甜甜圈搭配咖啡享用。

如果一九四一年是企業號的「備戰」年，一九四二年是「戰鬥」年，那麼一九四三年則可說是「休息」年。

企業號在一九四三年春天開始進行大規模重整：大批新進人員登艦，接受艦上老兵在技術、知識和經驗方面的指導，因而獲益良多。許多熱情洋溢的新進飛行員千里迢迢來到聖艾斯普瑞特島，並在企業號卸下行囊，準備融入這個單位特殊的氛圍中。新報到的飛行員都對第一〇戰鬥機中隊新任中隊長、海軍官校摔角明星「殺手」肯恩，印象深刻。麥理查（Richard H. May）少尉就說：「瘦高的肯恩乍看之下像是比較強壯的林肯。我們這群不知天高地厚的毛頭小子當中，有人提議聯手把他掠倒，結果我們一共動用六個人才成功達到目的。」

在聖艾斯普瑞特島時，第一〇戰鬥機中隊也進行重組。先前擔任僚機飛行員的人被提升為兩機編隊的長機飛行員，而原本的長機飛行員則出任四機分隊的分隊長。此外，「瑞典佬」維塔薩上尉也開始甄選新人才。大多數新進飛行員從訓練指揮部結訓時，都已習得精湛的飛行技術，而美國海軍對自己能訓練出一批批世界上最優秀的飛行員，感到非常自豪。但除了飛行技術，這些新進飛行員也和大多數年輕人一樣，渴望獲得認同與尊重，也極力避免讓同袍喪失生命。

在評估、挑選僚機飛行員時，維塔薩自有一套旁人難以理解的標準：這些飛行員必須兼具智慧、勇氣、技巧和強烈的學習欲望。維塔薩認為，一個好的僚機飛行員需要的不僅是技巧，還必須非常可靠，要是個可信賴的隊友，讓你能把自己的生命託付給他。維塔薩從眾多替補飛行員中，挑選了來自奧勒岡州、身材瘦長的麥理查。維塔薩只簡短地說了句「當我的僚機」，然後就率領麥理查駕駛各自的野貓式戰鬥機升空執行任務。

在和維塔薩一起飛行時，麥理查集中精神、竭盡所能地緊盯維塔薩座機的右翼翼尖，好像自己的小命全仰仗在這個動作上一樣——實戰中也的確如此。在飛行過程中的某個地點，麥理查冒險從駕駛艙探頭朝外望了一下，赫然發現某些棕櫚樹葉經離機身非常近。原來，維塔薩對麥理查的飛行能耐越來越有信心，竟帶他沿著樹梢上方，來了一次低空飛行。在他們降落後不久，這位航艦上最優秀的戰鬥機飛行員就宣布，菜鳥麥理查將擔任他的二號機飛行員。

在六十多年後，麥理查說：「擔任『瑞典佬』維塔薩的僚機，對我而言確實意義重大，即使我之後成為另一個中隊的王牌飛行員也比不上。」

「約翰大叔」克羅姆林雖已出任企業號副長——艦上僅次於艦長的職位，但他還是熱愛飛行，而且從不放過任何機會。在那個年代，海軍中校已經是艦上非常資深的高階軍官，常常有機會可替自己量身訂做規則，克羅姆林正是如此。某天早晨，他利用職權登上一架魚雷轟炸機，然後駕機起飛，想過過飛行的癮。與此同時，一群低階飛行員眼睜睜地看著這件事發生，不知接下來會發生什麼事。

克羅姆林的復仇者式先是平穩地在一千五百英尺的空中飛行，然後出其不意地來了個翻滾。接下來，克羅姆林就這樣頭下腳上地飛了一陣子，只靠肩上的安全帶將自己固定在寬敞的駕駛艙內。但克羅姆林還沒完。他將發動機熄火，然後蹬了一下左方向舵，強迫飛機進入倒飛螺旋姿態，接著再讓飛機進入螺旋兩、三圈後，才看似毫不費力地改出，最後成功來個三點著陸。[1]

年輕飛行員看著眼前的曠世奇景，個個目瞪口呆。有一些傢伙不服氣地嚷嚷道：「見鬼了，既然這個老傢伙做得到，我們絕對也行！」但一些比較冷靜、聰明的人成功勸阻了他們，畢竟這位四十歲的老傢伙不但技藝超群，而且經驗豐富。

禿鷹旅的日常飛行

第一〇魚雷轟炸機中隊自稱「禿鷹旅」（Buzzard Brigade，源自於隊徽上的紅頭美洲鷲，禿鷹的一種）。他們常常以「熟悉飛行」為名義出勤，飛往新希布萊群島中的艾菲特島，並於回程時在復仇者式龐大機身中塞滿各種酒精飲料。這些來回約四百英里的航程，讓一位叫哈里斯（Tom Harris）的生意人撈了不少好處。飛行員們則因哈里斯與附近許多島嶼都有往來，稱呼他為「我們在南方海域的親密夥伴」。

這些酒精運輸飛行也讓空勤人員有機會湊滿飛行時數，以符合領取每月飛行加給的資格。第一〇魚雷轟炸機中隊的科芬中隊長生性慷慨，讓一些非該中隊的飛行員也能加入酒精運輸飛行的行列，例如降落信號官林塞與第一〇偵察機中隊的副中隊長比爾．馬丁（William I. “Bill” Martin）。在某次飛行後，馬丁用五十五加侖油桶裝滿蘭姆酒帶回隊上。這些酒精運輸飛行獲得飛行大隊衷心的支持，因為連官方販賣部（如岸上的艦隊軍官俱樂部）所供應的酒類飲料，也有相當比例來自這些酒精運輸飛行。順帶一提，這些酒吧通常在下午一點開始營業，但下午兩點前只供應琴酒，兩點後則開始銷售啤酒和蘭姆酒，並到下午四點後才供應波本酒。

科芬中隊長總是把單位弟兄的福祉列為優先考慮事項。他經由安排各種各類的交易，以增進中隊弟兄的福利。有一回，科芬直接找上一艘商用貨船的船長談筆交易，只要後者願意提供一定數量的牛奶，科芬願意用海軍飛機載他上天空兜一圈。任何人都可輕易看出，科芬做的是無本生意：藉由美國政府提供的飛機和燃料，他換得足以讓全中隊好好喝上一頓的牛奶。一位飛行員回憶說：「對我們這些長達九個月未曾喝到一滴鮮奶的人來說，這簡直就是液態黃金。」

傳統觀念認為，酒精是戰爭中提振士氣不可或缺之物。從整個二十世紀的戰爭史來看，確實言之成理。但某些承平時期垂手可得的歡樂，例如鮮奶和乳製品，一樣也能提振官兵的士氣。在艦上，販賣部的冷飲吧是官兵喜歡光顧的地方；他們在那可以一邊吃零食，一邊享用咖啡或其他飲料，其中限量供應的冰淇淋特別受歡迎。那些常常混販賣部、經驗豐富的水兵都明白一個真理：早起的鳥兒有蟲吃。所以在販賣部開始營業前，外頭往往已排上很長一段人龍。機械士查芬（Freddie Chafin）在艦上這三年中，學會不少事情。他發明一種方法，可以讓冰淇淋的產量增加兩到三倍。但令人遺憾的是，查芬還來不及將他的「超級冷飲吧」付諸實施，就在當年夏天離開了企業號。

1　譯注：主輪尾輪三輪同時著陸法。一般來說，二戰艦載機因尾鉤抓住攔截索而導致尾輪先落艦的情況較常見。

兄弟之間

對大部分人而言，岸上生活儘管多采多姿，還是有其極限。駐在岸上的飛行大隊人員大約每隔一星期左右，就會返回企業號一趟，嚐嚐些美食、洗一次真正的澡，然後在乾淨、柔軟的床上睡一覺。一九四三年四月下旬，擔任復仇者式後座射擊士的辛尼曼接獲通知，說是有人到艦上找他。負責通知他的甲板值班軍官詢問道：「你有兄弟在海軍服役嗎？」

辛尼曼說他確實有個兄弟在海軍服役，然後就被告知他兄弟才剛剛朝飛行甲板走去。然後，辛尼曼就在那和他的兄弟，綽號「杰伊」的海軍少尉約翰．辛尼曼（John Shinneman）會面——約翰剛剛以替補飛行員的身分加入第一〇戰鬥機中隊，他將待在企業號上，為下一次作戰部署做好準備。

在那段時間裡，企業號還有好幾組兄弟相會的例子，包括來自丹佛市的胡佛家族，四兄弟中有兩人在企業號上相聚。他們四人戰前就在企業號服役，儘管在朱諾號巡洋艦服役的蘇利文五兄弟同時命喪瓜達康納爾後，美國海軍就開始禁止親兄弟在同一艘軍艦上服役，胡佛兄弟仍繼續在企業號待了一段時間。擔任號兵的比爾（Bill Hoover）和擔任帆纜士的保羅（Paul Hoover），分別在企業號服役三年和兩年後，重新被分派到其他軍艦。擔任醫護兵的維克多（Victor Hoover）則在中途島海戰前離艦。但一九四一年就已上艦，擔任機械士的霍華德（Howard Hoover）被獲准留下，並且一直待到一九四六年年初。根據統計，至少有六個家庭的兄弟，共十四人，曾同時在企業號服役。在他們之中，戴維斯（A. J. Davis）不幸在東所羅門海戰中陣亡，法蘭柯（Lewis Flack）則是在聖塔克魯茲海戰中陣亡。此外，派頓（Allen Patten）原本和他六個兄弟一起在戰鬥艦內華達號（也就是那艘在珍珠港事變中，唯一成功啟航的戰鬥艦）上服役。他在一九四二年才轉調到企業號。派頓兄弟的父親，稍後也加入美國海軍參與二戰。

轟炸機部隊的人事也有異動。在聖塔克魯茲海戰後，哈迪森艦長推薦頒授榮譽勳章、身材瘦小但熱情的史壯，在被奉派到太平洋戰區滿一年、到企業號報到超過六個月後，於一九四三年二月接掌第一〇轟炸機中隊。

在新報到的飛行員當中，包括拉瑪奇中尉；他在一九三九年從海軍官校畢業後，就直接到企業號報到。這是拉瑪奇第二度成為企業號的一員，但是以新進飛行員的身分回來，而這正是他所要的：成為一位飛行員，並在企業號上作戰。中隊上大多數的飛行員都比史壯高，當拉瑪奇到轟炸機中隊報到時，史壯抬頭看了他一眼，然後用槍戰高手冷靜的語調對他說：「拉瑪奇，我要讓你成為太平洋艦隊中，第二好的俯衝轟炸機飛行員。」

由於拉瑪奇只飛過十五小時的無畏式，遂由林塞和丹尼爾這兩位專家指導，在陸上進行兩次航艦降落模擬練習。在練習結束後，林塞自信滿滿地對拉瑪奇說：「走，我帶你飛到航艦上降落。」然後他就這麼做了。

拉瑪奇在企業號的服役經歷格外與眾不同。他兩度被奉派到企業號，第一次是穿黑皮鞋的水面艦軍官，第二次則搖身一變成為穿棕皮鞋的飛行員。一九四三年上半年，企業號的飛行大隊可說是人才輩出，拉瑪奇就是其中最典型的例子，這絕大部分得歸功於史壯。這位中隊長在評價新進飛行員時，不光只是看他們是否來自彭薩科拉（Pensacola）或是聖體市（Corpus Christi）的飛行學校，而是希望培養他們成為能承擔重責大任的人——良好的鬥士與領導者，或是頭腦清楚、能夠以最小代價擊沉敵艦的思考者。一個俯衝轟炸機飛行員，必須具備史壯和厄文在聖塔克魯茲海戰時所展現的那些特質：對攻擊敵人的強烈渴望；敢於飛離自己的任務區，以把握稍縱即逝的機會轟炸敵人的航艦；能智取零式戰鬥機，又能巧妙地從敵人的高砲火網中鑽出；然後妥善運用油箱中為數不多的燃料，成功飛回航艦。史壯是個強硬、嚴格的監督者，有人認為他十分嚴酷，但他在評價飛行員是否具有足夠的天份時，總是慧眼獨具。他只看了拉瑪奇一眼，就立刻看出後者的潛力：一個充滿自信、卻不至於狂妄自大，能被寄予厚望的年輕飛行員。史壯在一九四三年下半年離艦，但由於他這段期間的卓越領導，留給了企業號一批技巧純熟的戰士。當中有些人，例如拉瑪奇，日後將出任中隊長和大隊長。許多老手也在這個階段調離企業號，而哈迪森上校在擔任近六個月的艦長後，於一九四三年四月上旬離任。他的繼任者是四十八歲、來自賓州的金德（Samuel Paul Ginder）上校，將擔任企業號的艦長直到一九四三年年底。

緩慢地東行

三個星期後，企業號準備從聖艾斯普瑞特島啟程向東時，艦上官兵個個都興高采烈。當企業號駛離港口，準備先到珍珠港時，艦上的軍樂隊大力吹奏〈加利福尼亞，我來了〉（California Here I Come）這首曲子，歡樂的樂聲透過熱帶的空氣向四處散播。

當企業號接近歐胡島時，艦上的飛行大隊於五月八日先行起飛，前往島上的機場降落。數小時後，企業號抵達珍珠港進港航道的入口，並收到岸上燈號拍發的電文。通訊官將譯出的電文送到艦橋，艦長金德上校讀完後，將電文轉給副長克羅姆林（後者與艦上官兵的關係比以往任何時候都好，新艦長根本望塵莫及）。

約翰大叔讀完電文後，就把命令要旨透過廣播系統向全艦傳達。命令主旨如下：「企業號將在珍珠港停留約六星期，以訓練新的飛行大隊。」

企業號艦體頓時好像往下沉了三英尺，官兵士氣一落千丈，每個人都悶悶不樂。但太平洋艦隊別無選擇，因為航艦的數量仍然不足，而前線上也抽不出其他航艦專職擔任訓練任務。「艾塞克斯」級（Essex）和「獨立」級（Independence）等第一批新一代航艦，還要兩到三個月才會陸續抵達珍珠港，預備投入即將到來的中太平洋攻勢。但在新航艦抵達前，太平洋艦隊迫切需要企業號，來維持新飛行大隊的航艦作業能力。和以往一樣，企業號又成為無價之寶。

不過，企業號也獲得些許的補償。一九四三年五月二十七日，尼米茲上將在珍珠港登上企業號，頒授「總統單位褒狀」（Presidential Unit Citation），這是首次有航艦獲得這項榮譽。褒狀令上盛讚企業號和她的飛行中隊，「長期以來在對抗日軍的一連串戰鬥中表現傑出，並獲得巨大的成就。這艘軍艦所展現的旺盛戰鬥精神，以及出類拔萃的作戰效率，應當歸功於艦上全體官兵。正是這些勇敢的官兵，將企業號打造成一道防衛美國的海上長城」。

褒狀令也列出企業號從一九四二年二月到十一月，所參與的八次作戰行動，但卻沒有將杜立德空襲東京的事蹟列出。日軍雖然懷疑這些美國陸軍轟炸機是從航艦上起飛的，但卻沒有足夠的證據，而美國也還不打算讓日軍知道太多。

然而，企業號官兵有時也會在岸上展現出旺盛的戰鬥精神。某天晚上，在珍珠港的士兵酒吧內，企業號上的陸戰隊隊員，與剛抵達的艾塞克斯號航艦的某些陸戰隊人員，為了哪艘航艦才是「大E」起了爭執，進而大打出手。在爭論結束前（實際上也不可能真的結束），雙方都有不少人掛彩。此一爭執讓艾塞克斯號的飛行大隊大隊長格里芬（Charles D. Griffin）左右為難，因為戰前他曾在企業號上擔任飛行員長達三年，對這兩艘航艦都有情感。格里芬回憶道：「為了制止他們，兩艘航艦都出動半數以上的軍官，好不容易才把這些人分開。我們再三對這票人說，你們應該把力氣留下來，好對付日本人。」

然後，企業號又回到崗位上。從五月底到七月中，她都和第十二飛行大隊一同演練，該大隊最後派駐沙拉托加號。克里夫頓（"Jumpin' Joe" Clifton）少校的戰鬥機中隊，是當時夏威夷第一個配備新式的F4U「海盜」式戰鬥機的單位，這是一款由沃特公司（Vought）設計，採用倒鷗翼的高速、多功能戰機。這次臨時性的部署像是某種預兆，因為企業號在一九四四年將接收她自己的倒鷗翼海盜式戰鬥機中隊，番號為第九戰鬥機中隊。

雖然七月中旬時，太平洋艦隊將原本的六個星期訓練支援任務，延長為十個星期，但不管怎樣，訓練支援任務終於來到結束的那天——金德艦長下令官兵開始為海上航行進行整備。當整備工作完成後，全艦纜繩解開，渦輪發動機啟動，艦尾四片銅製俥葉在熟悉的海水中轉動。企業號從港口入口航道駛出，航艦轉左舵，領航官派德森（Oscar Pederson）設定航向，朝「山姆大叔的懷抱」——美國本土前進。派德森是太平洋戰區的識途老馬，曾指揮約克鎮號的飛行大隊參加珊瑚海與中途島兩場海戰，清楚知道回家的路：航向〇四五，朝東北方前進，目的地則是華盛頓州布雷默頓。

在返航途中，艦上官兵免不了賭上幾把，雖然這違反規定。當企業號緩緩朝美國西岸航行，一些無畏式飛行員則在玩一場過程極為罕見的賭博，主角之一是海軍少尉羅賓森（Leonard Robinson）。某天晚上，這些飛行員用撲克牌來賭，採用傳統規則，下注金額也有設限。羅賓森回憶說，他在這場第二次大戰中為時最短的撲克賭局中，擔任發牌工作。

羅賓森左手邊的玩家有三張老K，弗里塞爾（Dan Frissell）手中是二到六的順子，胡格伍夫是三到七的順子，衛斯特（Frank West）有四張九，拉姆塞（“Bird Dog” Ramsey）拿到兩對，在各方面都是可怕競爭者的「紅鳥」伯內特則拿到黑桃三、四、五、七，外加一張紅心六。

賭金迅速累積到令人吃驚的地步。羅賓森左手邊的玩家因為拿到三張K與兩張八的「葫蘆」，因而十分興奮。衛斯特則因為手中有四張九，決定繼續賭下去。

牌局來到關鍵時刻。此時，牌桌上的賭金已累積到八千美元，只剩下衛斯特和伯內特還在下注。衛斯特還是拒絕放棄，所以勝負就看伯內特下一張拿到什麼牌。這時，在這個被鋼鐵包圍的空間內，時間彷彿停滯了下來。在場每個人都可清楚地聽到自己的心跳聲，同時不斷舔自己的嘴唇。一九四三年時的八千美元相當於許多美國人兩年的薪水，但在太平洋戰區卻不一樣。無線電士格瑞茲說：「當你身處大海之中時，金錢對你毫無意義。試問，在這種環境中，有錢能做什麼呢？大家手頭上的錢總是來得快，去得也快。」

羅賓森發給伯內特最後一張牌，「紅鳥」伯內特將這張牌翻開……是黑桃六！伯內特拿到黑桃三到七的同花順。

羅賓森對衛斯特當下的反應留下深刻印象：「他撕掉手中的撲克牌，掀翻桌子並把籌碼丟得到處都是，還踢翻椅子，口中不斷地咒罵。毫無疑問，那天晚上不會再有人玩牌了。至於衛斯特，我想他可能永遠不會再玩了。」

賭博可說是無處不在，就連艦長的官艙也不例外。

身材高大、結實的糾察長彼姆斯（B. H. Beams），在戰時多數的時間都在企業號擔任隨身佩戴武器、維持法紀的糾察長。他因為身材十分高大壯碩，以致有人說他名字的字首B的意思應該是「防波堤」（Bulkhead），後來大家也都用「防波堤」來稱呼他。但實際上，彼姆斯遇到狀況時總是以勸說為主，極少採用強制手段，這也讓他結實的肌肉很少派上用場。彼姆斯在珍珠港事變前，就已經在企業號服役，艦上的軍官和士兵幾乎沒有人不認識他。

在一九四四年某一天，彼姆斯士官長走進艦長辦公室，赫然發現有一群人在地板上鋪了張毯子，在上面賭撲克牌，艦長則不在辦公室。在那個時間點上，彼姆斯面臨兩難：他可以用違反賭博禁令為由，直接逮補這些人，或者裝做什麼都沒看見。

但也許還有第三個選擇。彼姆斯看看四周，確定沒有其他人聽見任何動靜，然後詢問：「賭金是多少？」

一位水兵回答：「報告長官，五美分。」

彼姆斯坐了下來，從口袋掏出五美分的賭金，參加了賭局。目擊者指出，要不了多久，彼姆斯就贏了一萬七千美元，相當於二〇一〇年的二十多萬美元。

但沒過多久，彼姆斯就把贏來的錢全部輸光，然後心情愉快地離開艦長辦公室。彼姆斯受到官兵的尊敬與愛戴，並一直待在企業號直到日本投降。

抵達布雷默頓

一九四三年七月二十日，企業號在布雷默頓下錨，這是她自一九三九年九月以來，首次回到美國本土。企業號抵達後，立刻開始進行改裝工程。

剛晉升上校的克羅姆林將離開企業號，調往一支護航航艦分隊擔任參謀。克羅姆林給企業號和艦上官兵留下難以抹滅的印象，沒有任何一位艦長能與之相比。從調任那天起，企業號上幾乎所有的水兵和飛行員，都或多或少接受過約翰大叔的協助；不管克羅姆林擔任何種職務、人在何處，或是在何種時間，只要他遇到以前企業號的同僚，不論認識與否，都不吝提供援手。

新任飛行長漢米爾頓（Tom Hamilton）對克羅姆林的描述反映出許多人的看法。「他是一位真正優秀的軍官，」漢米爾頓說道，「他做事有自己的一套，有時旁人很難跟得上。因為那可能與其他航艦的作業標準並不十分吻合，所以有時我們會做點調整，以便能與其他航艦的作業一致。但我們感覺得出，他的指示讓本艦的運作總能比其他航艦好一些。」

繼克羅姆林後，擔任企業號副長的是吉爾（Cecil Gill）中校。他雖然不像前任那麼受愛戴，但十分稱職。基本上，無人能取代克羅姆林在官兵心中的地位。

艦上的飛行大隊也有異動，綽號「湯米」的湯瑪斯少校調離，遺缺由與布雷默頓隔海相望的西雅圖沙點海軍航空站（Sand Point Naval Air Station）指揮官紐曼（Roscoe Newman）中校接任。紐曼是一位很好相處的南方人，他將率隊返回太平洋進行第二次作戰部署。

就在水手和飛行大隊人員悠閒地享受休假時，企業號在普吉特海灣（Puget Sound）的海軍碼頭內，進行必要的修理和更新。在接下來幾週，企業號將擠滿水兵、碼頭工人、建築工人和維修組員，準備把企業號從上到下、從頭到尾，進行徹底的改造。

當飛行大隊在秋天返回艦上時，企業號已改裝完畢。雖然企業號在一九四二年，曾幾度在時間和資源都受限的情況下，進行若干改善作業。但到一九四三年時，企業號雖然下水服役不過五年，其原始艦體急需進一步的大規模性能提升。這些改裝計畫是海軍造艦署和航空署人員，從中途島和瓜達康納爾的血淋淋教訓中研究出來的。這回，美國海軍決定將企業號調回美國本土的布雷默頓海軍碼頭，用好幾個月，而不是在前線戰區花幾天或幾週，就是因為她迫切需要進行延遲很久的改裝，以便與威脅日益增加的日本空中兵力戰鬥，並勝利地返回故鄉。

在這次的改裝中，最明顯的變化是船舷，那裡安裝了更多的高射砲和各種電子天線。新型、可測量高度的ＳＫ和ＳＭ型雷達安裝在艦島上，而舊款的ＳＣ－２型仍然保留，執行輔助的空中搜索任務。

長期以來，造成許多困擾的一點一英寸「芝加哥鋼琴」高射砲，在瓜達康納爾海戰後，由火力強大的四〇機砲取代。改裝完畢後，企業號共有六座四聯裝及八座雙聯裝，合計四十門四〇機砲。同時，飛行甲板四周也另外安裝了許多奧勒岡的二〇機砲。另一方面，由於過去的戰鬥經驗顯示，在應付敵機空襲時，開始交戰的距離越遠越好，美軍遂將艦上的五吋砲與四十公厘機砲，統一置於火控雷達的管制之下，以增加射擊遠距離目標的精確度。

飛行甲板也要擴大，長度部分增加十八英尺，寬度則增加五英尺，以便有更多空間來操作飛機和裝卸設備。其他更新設施包括新的消防泵，以及力道更強、能適應新一代艦載機的彈射器。

擴大飛行甲板並增加三十六門高射火砲，使企業號額外增加不少重量，艦體重心因此上移，導致在大洋航行或突然要做出大動作時翻覆的可能性增加。於是，海軍造艦署建議在艦身兩側加裝魚雷防護層，長度約艦身的四分之三。此一措施帶來兩個好處：平衡艦身上層增加的重量，使重心下移，然後又能提供水線下的魚雷防護能力。畢竟，日本的魚雷不僅成功擊沉約克鎮號和胡蜂號，也對萊克辛頓號和大黃蜂號的傾覆發揮顯著的作用。

當企業號改裝完畢並從乾塢中駛出時，滿載排水量從原本的兩萬五千四百八十四噸，上升為三萬兩千零六十噸，增幅超過百分之二十五——不過，增加的重量大多來自裝甲和武裝。如果企業號變得更大、更重，同時也變得更難對付，對敵人而言則是更具致命性。

改裝後的企業號也讓敵人更難以發現。在布雷默頓時，該艦依照第二十一號塗裝規定（Measure 21）重新塗裝。現在，企業號的艦身上有兩種濃淡不同的深藍色（Navy Blue 5-N 和 Deck Blue 20-B），使敵機比較不容易從空中發現她，就連海面的敵艦觀測到她時，也不容易掌握精確的方向。

在企業號進行性能提升的同時，艦上飛行大隊也同步進行換裝，以提升戰力。換裝後的飛行大隊由三十六架新型的「地獄貓」式（Hellcat）戰鬥機、三十七架無畏式俯衝轟炸機，以及十八架復仇者式魚雷轟炸機所組成。F6F 地獄貓是 F4F 野貓式的後繼機種，不僅機體更大、速度更快，續航力也更佳。地獄貓雖然在外觀上與格魯曼公司的其他系列產品頗為相似，但武裝部分卻精進不少，使這型戰機對太平洋戰爭的後續發展有著重大影響。在接下來的兩年，地獄貓對摧毀日本的空權居功厥偉，擊落的日機數差不多是陸軍航空隊在太平洋戰區和中國戰區擊落數的總和。

不過，飛行大隊最重大的轉變也在此時悄悄發生。前偵察機中隊副隊長馬丁在原單位被併入俯衝轟炸機中隊後，奉派接掌魚雷轟炸機中隊。在就任新職後，馬丁立即安靜、有效且孜孜不倦地，開始重新塑造第一〇魚雷轟炸機中隊，最終影響了整個海軍航空部隊。

身材高大的馬丁出生在密蘇里州一個外號叫「伯格郡」（Booger Country，原稱道格拉斯郡）的地方；當地位處偏鄉，從任何地方前往都必需經過一段漫長、寂寥的旅程。當他在一九三四年從海軍官校畢業後，隨即成為一位能幹的軍官。同僚常拿他全名中的第二個字 Inman 開玩笑，說這個 I 應該代表的是「儀器」（Instrument），反映馬丁對運用測量儀器從事夜間飛行的熱衷。當他還是初級軍官時，就替航艦飛行員寫了第一本儀器飛行教範。這是一項創舉，由於欠缺夜間飛行教範，那個時代的航艦飛行員很少在夜間飛行，不論執行的是攻擊任務還是防禦任務，艦載機多半是在快要黎明時從航艦起飛。但馬丁卻看出機載雷達的巨大潛力，並下決心要好好研究它們。

馬丁率領中隊從西雅圖移防到內陸二百五十英里的帕斯科（Pasco），當地的天氣較好，更適合進行密集的訓練。馬丁變成海軍夜航的大祭司，不但自己編寫夜航的權威教材，還不斷地將必勝的信念灌輸給麾下飛行員。

此時還有一些引起矚目的人事異動，包括飛行長由候選名單上排序第一的漢米爾頓中校接任。有一對招風耳，身高六呎一吋，體重約一百八十五磅，渾身上下充滿肌肉的漢米爾頓，不僅稱得上高大魁梧，能力也足以應付新職的挑戰。漢米爾頓畢業於海軍官校一九二七年班，求學期間是美式足球校隊的明星球員，曾在一九二六年以九勝零敗一和的驚人紀錄，奪下全國冠軍。唯一一場和局的對手是陸軍官校隊，比數是二十一比二十一。但實際的狀況是，當這場海陸大戰的比賽時間快結束時，海軍官校隊僅僅還剩兩碼，就可突破陸軍官校隊的防線達陣得分。這時卻突然有大批群眾從觀眾席湧入球場，讓比賽無法繼續。後來，漢米爾頓成為海軍美式足球隊的知名教頭，並在一九三四年到一九三六年的賽季中，交出十九勝八敗的好成績。

漢米爾頓的表現引起海軍少將拉德福（Arthur Radford）的注意。拉德福在一九四一年主管海軍飛行員的訓練，並要求漢米爾頓設計一套課程，強化飛行預備學校學員的體能條件。但除體育外，拉德福和漢米爾頓也持續用戰士般的眼光，緊盯著歐、亞、非等地戰爭的發展，認為冷血的軸心國為贏得戰爭，將會不顧一切的戰爭規則。

除了經濟大恐慌所造成的影響，漢米爾頓也發現許多受訓學員深受承平時期家庭與校園生活的影響，變得十分溫和、舒適、不肯費心思考，而且很懶散。因此，在讓這些美國人上戰場面對敵軍那些在心理和生理上已處於戰時狀態好幾年，甚至從孩提時代就開始受到良好訓練的飛行員或其他官兵，並且擊敗他們以前，必須先徹底在身體和心理上改造這些美國人。當企業號飛行員已經在一九四二年的戰役中，證明自己是有效率的戰士後，下一批航艦飛行員中的大多數人，不僅出身自戰時的訓練體系，來歷也是五花八門，與他們在中途島和瓜達康納爾的前輩不同。拉德福對漢米爾頓所擬訓練計畫的支持，開始發揮效果，讓美國海軍能長期從中獲得好處。

一九四三年九月二十五日，企業號再度下水。在兩個月內，企業號完成大量的改裝工程，整條艦煥然一新。金德艦長下令從船塢駛入普吉特海灣，測試艦上的新裝備，並設法讓數百名新兵能融入「大E」的體系中。

企業號改裝期間，艦上官兵異動的比例高達百分之四十，但企業號的文化仍完整地保存了下來。漢米爾頓回憶道：「最重要的是，儘管艦上官兵不斷輪替，但老兵們總是能把經驗和驕傲傳承給新進人員，而後者也能以同樣的模式，繼續發揚下去。」在整個一九四三年十月，企業號用四個星期，讓這艘老航艦、艦上的新兵與扮演核心角色的老兵，逐漸融合成一個整體。

一九四三年十一月一日，企業號開始迎回她的航空部隊，即久經戰陣的第一〇飛行大隊。當天早上，紐曼麾下各中隊從沙點航空站起飛，飛到企業號上空後開始盤旋，依降落信號官的指示，逐一降落在航艦上。飛機降落的時間間隔比該大隊以往的表現要長一些，但漢米爾頓麾下的飛行員都知道，這個間隔在老手找回以往手感、新手獲得更多的經驗後，就會逐漸縮短。最重要的一點是，美國海軍最有經驗的航艦，以及她最有經驗的飛行大隊，如今又重逢了。

再度抵達夏威夷

一九四三年十一月六日，企業號駛入她在珍珠港的舊泊位。飛行大隊則先一步轉往茂宜島（Maui）的普尼恩海軍機場（Puunene Naval Air Station）。第二天，企業號迎來她的第七任艦長——金德上校離任，將艦長一職交給加德納（Matthias Bennett Gardner）。海軍官校一九一九年班畢業的加德納和哈迪森同樣屬於學者型艦長。文書士官長諾爾伯格形容加德納是「一位非常嚴格執行紀律的人，在值勤時間外很少與麾下官兵交談。不過他和瓜達康納爾海戰時的戴維斯艦長一樣，對自己很有自信，並總是能做出很好的決定」。

加德納是一位技藝嫻熟的飛行員、一位講究任務導向的領導者，並曾以參謀軍官身分，參與漫長的瓜達康納爾海戰。企業號所屬的特遣艦隊司令是拉德福少將，一位行政管理上的創新者，在一九四一年時曾與漢米爾頓合作打造新的海軍航空訓練體系，以應付大戰爆發時的大量飛行人力需求。拉德福最後官拜四星上將。

由於紐曼的第一〇飛行大隊持續在陸上進行訓練，遂由第六飛行大隊、連同該大隊新任的大隊長，美國海軍最有名的飛行員接替。

歐海爾少校是一位身材結實，年方二十九歲的海軍官校畢業生。他在一九四二年二月於新不列顛群島海域保衛萊克辛頓號（老的那艘CV-2，並非CV-16）航艦時，在電光火石般的六分鐘內擊落五架日本飛機，成為海軍第一位空戰英雄，還獲頒榮譽勳章。但他的行為舉止並未因一舉成名，而有多大變化，他仍然是同期同學眼裡的那個「巴奇」（Butch），以及部下眼中的「歐海爾先生」（Mr. O'Hare）。

歐海爾在企業號有許多舊識。飛行長漢米爾頓是他就讀海軍官校時的美式足球教練，傑克森少校（Robert W. Jackson）則是歐海爾在第三戰鬥機中隊服役時的同袍，並在空中管制中心任職。歐海爾後來也網羅傑克森到他的大隊，擔任雷情官的工作。

在接掌第六飛行大隊後不久，歐海爾向菲利浦（John L. Phillips）少校借了一架復仇者式魚雷轟炸機。菲利浦對企業號並不陌生；第六魚雷轟炸機中隊在一九三八年籌建完成時，他是這支飛行大隊最早的成員之一，駕駛當時還是全新的毀滅者式魚雷轟炸機。某些旁觀者或許認為這位新任大隊長只是想讓自己熟悉隊上的裝備，但歐海爾對這款大型、多功能的格魯曼飛機另有其他想法：他想用這型飛機來對付日本轟炸機的夜間轟炸。

當企業號從布雷默頓前往珍珠港時，歐海爾就成立了一支臨時的小組，開始實驗他那雄心萬丈的夜間飛行計畫。當歐海爾得知第一〇飛行大隊將在陸地待上一陣子，他安排讓狄恩（William A. Dean）的第二戰鬥機中隊增援第六飛行大隊，以應付即將到來的吉爾貝特群島攻擊戰。

在投入戰鬥前幾天，歐海爾不斷地找企業號或特遣艦隊的計畫人員，詢問企業號在即將展開的吉爾貝特攻擊戰中所擔負的任務。「直流電作戰」（Operation Galvanic）象徵期待已久的中太平洋攻勢正式展開，尼米茲上將率部從北方突破日本的外圍防線，麥克阿瑟（Douglas MacArthur）則從南方經新幾內亞朝菲律賓進攻，兩大攻勢彼此協同，會師完成後再合兵攻擊日本本土。在瓜達康納爾海戰時，企業號負責保護麥克阿瑟的側翼。現在，隨著企業號的戰力日益成長，她將成為尼米茲的槍尖。

吉爾貝特作戰是一項規模宏大的計畫：美軍將對馬金（Makin）與塔拉瓦（Tarawa）這兩個相隔一百英里的環礁，同時發動兩棲登陸攻擊。為了支援兩棲部隊，美軍需要兩支不同的航艦戰鬥編組。以前那種由一或兩艘航艦所組成的航艦特遣艦隊早已成過去。現在，美國的工業、組織和決心，讓美軍打造出規模更大、威力更強的海軍航空兵力。在吉爾貝特攻掠戰中，共有十一艘快速航艦分布在戰區的四個特遣艦隊中。這些特遣艦隊分別執行不同任務：在登陸攻擊開始前轟炸日本基地，或部署在適當的位置，攔截那些可能對登陸部隊造成威脅的敵軍艦隊。一言以蔽之，此時的企業號早已不是孤軍作戰了。

在投入戰鬥前的那少數幾天中，企業號官兵開始習慣與活生生的海軍傳奇擦身而過。無論是在通道、軍官艙或餐廳，艦上軍官和水兵都能輕易認出歐海爾。即便他只是從一群水兵旁走過，都無可避免地會引起人群中每個人的注意，不論是什麼階級。歐海爾的事蹟有如夜間海上的磷光，總能引起官兵的注意，並提振官兵的士氣。

一九四三年十一月十日，離出任大隊長不到一個月，歐海爾對部署在企業號的第六飛行大隊（包括增援的第二戰鬥機中隊）進行校閱。七十一架戰鬥機、轟炸機和魚雷轟炸機在企業號上空，按照各組、各分隊和各中隊的序列在天空盤旋。在夏威夷外海廣大的海面上，艦長加德納指示企業號頂風航行，讓降落信號官指示返航的飛機依序降落。

歐海爾站在艦島，望向飛行甲板的「禿鷹走廊」（vulture's row），注意到他鍾愛的那架地獄貓戰鬥機進入降落模式。在這架地獄貓的機身兩側，漆有傳統上代表大隊長座機的「零零」編號，但此時是由一位局促不安的年輕飛官麥克拉斯基（John E. McCloskey）中尉駕駛。這位年輕飛官太緊張，使他頭兩次嘗試都未成功，被降落信號官揮手要求重來。

在航艦飛行這一行，至少有半數以上飛行員的聲譽，是靠在航艦上的降落記錄換來的。飛行待命室的氛圍是個無情的壓力鍋，任何錯誤或暴露出的缺點都會在這遭到放大，並被無情地檢視，直到下個倒楣鬼引起大家注意為止。在麥克拉斯基進行第三次嘗試時，降落信號官終於給出「關油門」的訊號。當麥克拉斯基滿懷感激之時，他的身體突然往前傾，但被肩帶拉回。原來是座機的尾鉤鉤到攔截索，使飛機瞬間停下。麥克拉斯基將油門和電源關閉，把飛機交給甲板工作人員接手後，開始往下朝中隊的飛行待命室前進，內心知道會有什麼事情等著他。

幾分鐘後，另一架地獄貓先是重摔在飛行甲板上，接著往左舷甲板下方的通道衝過去。更糟的是，這架飛機在降落時摔碎了副油箱，將高辛烷值的汽油灑在飛行甲板上，從發動機噴出的瓦斯廢氣又引燃了汽油。幾秒鐘後，這架F6F就陷入火海中。當強生（Byron Johnson）少尉試圖從駕駛艙掙脫時，現場人員看到難以置信的一幕：一位穿卡其制服的人衝向燃燒的飛機，然後爬上機翼——當穿石棉防火服的消防人員忙著朝燃燒的發動機噴灑消防泡沫，邱寧（Walter L. Chewning）上尉無視高熱所帶來的劇痛，成功協助強生少尉脫困。邱寧是頭一天擔任彈射器指揮官，他和新登艦的飛行大隊都留給企業號難以忘懷的第一印象。

各中隊在下午持續進行訓練時，「直流電作戰」計畫又有新的進展。企業號十分熟悉的波納爾少將出任司令官，全權指揮包括十一艘航艦在內的四支特遣艦隊。波納爾就是戰前曾擔任企業號艦長，並且在很長一段時間裡一直被海爾賽當時的參謀長胡佛找碴的那位「禿頭佬」。

在拉德福麾下，除企業號外，還包括其他兩艘嶄新的獨立級輕型航艦「貝勒森林」號（USS Belleau Wood，CVL-24）和「蒙特雷」號（USS Monterey，CVL-26）。各單位將協同一致，等待目標日十一月二十日的到來。到那時，第二海軍陸戰隊師將對塔拉瓦環礁發動兩棲登陸攻擊。

在大舉進攻塔拉瓦環礁前，美軍要先奪下馬金環礁。身為艦上戰鬥經驗最豐富的飛行員之一（更別說是唯一的榮譽勳章得主），歐海爾在飛行待命室對麾下的初級軍官發表談話，以激勵他們。但同時，歐海爾也對那些新來乍到、無可避免會對即將到來的戰鬥感到緊張的年輕飛行員，進行個別談話。歐海爾告訴一位第二戰鬥機中隊的飛行員：「沒有我們打不下來的日本飛機，你們飛的F6F在性能上比日本所有的飛機都好，所以你們不可能輸！現在給我飛上天去，把那些日本人踢出我們的天空。」

無疑地，在吉爾貝特群島外海集結的龐大艦隊，必然令美軍充滿自信。在一九四三年時，六艘快速航艦與三艘新型戰鬥艦，就象徵了無比龐大的海權實力。這支龐大的艦隊在十一月十八日，登陸攻擊前兩天抵達吉爾貝特群島海域。無論日軍對這支艦隊是如何地印象深刻，他們還是挺身對抗美軍。當天晚上就有十二架日本貝蒂轟炸機在暗夜中起飛，嘗試夜襲美軍。但其中有五架再也沒有回到基地，美軍則毫髮無傷。

再度參戰

十一月十九日，登陸日前一天清早的起床號響起時，企業號上這支新成軍的飛行大隊即將迎來第一次的戰鬥任務。在破曉時昏暗的天色中，企業號飛行甲板上的飛機啟動螺旋槳，待命起飛。第一批四架無畏式俯衝轟炸機的發動機運轉時，排出的廢氣有如藍色的火焰。這四架無畏式首先以彈射方式起飛，以騰出空間，讓其他飛機用傳統的方式起飛。緊接著起飛升空的，是歐海爾和他的僚機飛行員史剛（Andrew Skon）少尉所駕駛的第一批兩架地獄貓戰鬥機。總計在二十八分鐘內，邱寧上尉和其他飛行甲板工作人員，就已經成功讓三十四架飛機起飛升空。

企業號回到戰場了。

在弦月的照映下，歐海爾率領麾下兩個中隊、共三十三架三色塗裝的飛機，朝西往目標飛去。預備當太陽從東方地平線升起時，就要痛擊馬金環礁。

企業號的戰機飛抵目標區準備攻擊時，地面的防空砲火也開始射擊，各種自動武器的砲彈和機槍彈劃破黎明的天際，射向空中的美國飛機。精明老練的歐海爾替麾下的戰鬥機分派攻擊目標，以壓制地面的防空砲火，替轟炸機開路。他率領直屬的分隊朝地面急速俯衝，衝到距地面僅三百英尺時再突然拉起，以確保他射出的五〇機槍彈能命中目標。狄恩的十四架戰鬥機緊跟在歐海爾之後進入攻擊，將地面的無線電站、國王碼頭（King's Wharf）和四周的砲陣地籠罩在槍林彈雨中。首次執行作戰任務的飛行員在跟著駕機掃射時，才突然意識到一件事：他們真的參戰了！之後，隨著實戰經驗增加，這些新進飛行員了解到隨著經驗的累積，掉以輕心的事情的發生次數也隨之提升，飛行員接受一個事實：他們隨時有可能被擊落。

漢普頓（Ike Hampton）上尉的無畏式，緊跟在歐海爾的地獄貓機群後。當這些俯衝轟炸機飛行員在兩千英尺的高度投彈時，已經看不到任何地面砲火擋住他們的航線。但攻擊過程中還是出了差錯，三架無畏式均無法投下掛載的一千磅的炸彈。只能說企業號那些經驗豐富的軍械士，也有馬失前蹄的時候。

在十九日一整天，企業號持續發動攻擊。菲利浦少校率領的魚雷轟炸機參與第二波的攻擊。當他們接近目標區，一架護航戰鬥機發現附近有一架雙翼機，一看就知道是日本的。這位日本飛行員以勇敢卻拙劣的技術，駕機朝第六魚雷轟炸機中隊的編隊逼近。接下來發生的事，與其說是戰鬥、不如說是處決——前佛萊利第一〇戰鬥機中隊的成員，綽號「德州佬」的哈里斯上尉擊落這架日本飛機，這是他在此次大戰中所擊落的第三架敵機。

歐海爾率隊執行當天第四次出擊，結束返航後，他找地方坐下，一邊喝咖啡、一邊評估當天的戰果。在五次出擊中，共有三架飛機報銷，但都不是戰鬥損失。

馬金島登陸攻擊開始的時間出奇地早，在十一月二十日凌晨兩點半就開始。美軍預計這場仗會在接近海岸的地方打上一整天，特遣艦隊則在離海岸五十英里的海域巡弋。在攻擊開始後兩小時，此時太陽還未升起，企業號起飛三十五架飛機，執行當天第一批攻擊任務。戰鬥機也一如以往，升空巡邏。

歐海爾被人員和天候因素弄得心煩意亂，先是機群起飛時，航艦所在的實際位置竟然比計畫偏離了六十英里，昏暗的天色又使問題更加嚴重。所以，在歐海爾飛抵馬金島上空時，只有僚機飛行員史剛跟著他，卻要替十七架轟炸機護航。後來，又有三架美軍飛機，地獄貓、無畏式和復仇者式各一架趕來會合。歐海爾決定在轟炸機群前方，先低空掃射地面日軍，而隨著天色漸漸變亮，美軍飛行員看到正朝海岸前進的兩棲登陸部隊，然後專心對付他們的目標。

轟炸機群在島上主要碼頭附近投彈。過程中，一架無畏式轟炸機被擊落，但機上人員獲救。其他飛行員在早上的攻擊中，也都有不錯的斬獲。屠納少將的登陸部隊成功確保對馬金島的佔領時，他們在一條戰壕內發現約四十具陣亡日軍的遺體，其中包括日本的要塞指揮官。

與塔拉瓦環礁的血戰完全不同，馬金島登陸作戰顯得相對順利許多。在當天稍晚時，第六魚雷轟炸機中隊的菲利浦中隊長，用無線電與空中戰術協調官聯繫，核對分派給各中隊的攻擊目標。這位空中戰術協調官也許曾經從《國家地理雜誌》的報導中，得知島上有袒胸露乳的婦女，遂在無線電上對菲利浦說：「如果你在那看到漂亮的小妞，記得留一個給我。」

菲利浦把這件事牢記在心。當他有機會飛到島上時，看到的卻令他大失所望，於是用他的維吉尼亞腔透過無線電告訴那位空中戰術協調官：「島上的每個女孩都有穿上衣。」後者也回覆：「那真是太糟糕了。」後來，某人在高階長官授意下突然切進無線電頻道，要他們閉嘴，停止這種不合規定的閒聊。

美國陸軍第二七師在十一月二十四日肅清了馬金島，過程中有六十六人陣亡，而島上四百名日本守軍中，只有五人投降。海上的情況則截然不同。在支援塔拉瓦登陸作戰時，輕型航艦獨立號（USS Independence，CVL-22）在十一月二十日，於日軍的黃昏空襲中遭到魚雷命中，迫使她退出第一線達八個月之久。護航航艦「里斯康灣」號（USS Liscome Bay，CVE-56）更慘，在二十四日晚上於馬金島西南方五十五英里海域，被日本潛艦以魚雷擊沉，艦上近三分之二的官兵陣亡。

里斯康灣號生還者中，包括在九月時調離企業號的克羅姆林，但他的上級，海軍少將穆利尼克（Henry Mullinix），連同其他六百四十三人一齊葬身海底。克羅姆林也一度離死神不遠，他在海上拼命游泳，想遠離下沉中的航艦，但好幾度被海流推回去。他身上雖然有燒傷，但仍能返回崗位、繼續參戰。與此同時，克羅姆林的兄弟查爾斯（Charles Crommelin）則出任新的約克鎮號航艦飛行大隊大隊長，持續代表克羅姆林家族對抗日軍。

夜間攔截

日軍成功地以空投魚雷命中獨立號，以及多次利用天色昏暗時發動攻擊的例證，強化歐海爾發展艦載夜間戰鬥機的決心。一個令人沮喪的事實擺在眼前：即使是由火控雷達引導的高射砲火，也無法擊敗日軍決心堅定的夜間攻擊。因此，唯一有效的方法是在離艦隊很遠的地方就開始攻擊，這意味美國海軍需要夜間戰鬥機。

在拉德福司令官和金德艦長的支持下，歐海爾找上企業號飛行長漢米爾頓，商量成立一支「蝙蝠小組」。由於戰鬥機上沒有雷達，歐海爾遂建議將地獄貓式戰鬥機，與裝有空中搜索雷達的復仇者式魚雷轟炸機混合編組。復仇者式能發現日本轟炸機的位置，必要時還可引導地獄貓式戰鬥機進行攔截。這是一個還不成熟，但卻值得期待的戰術。

實際統籌「蝙蝠小組」戰術事宜的，是企業號的戰機攔截管制官吉文斯（George P. Givens）中尉。他是一位久經戰陣、經驗豐富的飛行員，曾參與中途島和瓜達康納爾兩場大戰，並獲得第一〇戰鬥機中隊首任中隊長佛萊利的高度讚賞。

將原本的炸彈艙改裝為油箱後，菲利浦的復仇者式就能滯空超過八小時，避免夜間著艦所可能造成的各種麻煩和起降時間限制。菲利浦的雷達操作員是二十五歲的電子奇才蘭德（Hazen B. Rand）中尉，砲塔射手則是二十歲的軍械兵科楠。科楠從一九四一年年底就開始在企業號服役，正等候接受飛行員訓練。

歐海爾「蝙蝠小組」中的第二架復仇者式，是由麥克倫尼（John McInerny）中尉負責駕駛。與他同組的兩架地獄貓式戰鬥機，分別由第二戰鬥機中隊的中隊長狄恩，以及僚機飛行員沃里斯（Roy "Butch" Voris）上尉駕駛。

歐海爾察覺，他不必被動地等待日本機群發動攻擊。因為日本在每一個攻擊機群前方，都會派出偵察機刺探美軍艦隊的位置。如果「蝙蝠小組」中的一架、甚至兩架復仇者式能成功攔截這些偵察機，就能使艦隊免於遭受後續日本機群的攻擊。因此，在夜間看不見任何東西的地獄貓式戰鬥機，就擔任預備隊，負責對付那些逼近艦隊的日本轟炸機，這是所有想定中最壞的情形。

歐海爾的「蝙蝠小組」從十一月二十日晚上正式進入待命狀態，倘若發現敵機打算摸黑發動攻擊，「蝙蝠小組」就會出動，驗證在當時還只有少數人知道的戰術。但接下來一連幾個晚上，都沒有敵機接近企業號到足以讓復仇者彈射起飛的距離。一直等到十一月二十四日零時剛過沒多久，「蝙蝠小組」的飛機才首次出動，但仍舊徒勞無功。小組飛行員在空中看到遠處冒出一團黃紅相間的光亮，但沒有意識到是遭受日本潛艦攻擊的里斯康灣號正在爆炸。麥克倫尼還因為發動機出現問題，使他費了好一番功夫、嚇出一身冷汗，才僥倖飛回企業號附近。（當時，麥克倫尼駕機在航艦上空，一邊盤旋、一邊進入降落航路，但在等降落信號官發出「准許降落」的信號時，他可能只剩下五加侖的燃油。）其他「蝙蝠小組」的飛機則在一小時後陸續返航，這時企業號已經開始收回執行黎明巡邏任務的戰鬥機。這趟六個小時的飛行，讓出勤人員感到既難受、又挫折。

這場在三度空間所進行的夜間貓抓老鼠遊戲，肇因於一架日本貝蒂轟炸機，嘗試在深夜刺探美軍特遣艦隊的防線。二十四日午夜，這架轟炸機低空通過輕型航艦貝勒森林號上方，也許還不到五百英尺。甲板人員可清楚地看見發動機所冒出的煙霧，聽到飛機發動機運轉所發出的聲響。這架轟炸機雖然投下照明彈，卻沒能來得及攻擊她的獵物，就被艦上的高射砲擊落。美國海軍高砲砲手在當天午夜展現完美的紀律，與一九四一年十二月七日晚上，珍珠港那批對企業號飛機亂射一通的砲手，形成強烈的對比。

第二天晚上，日本的「點燈者東條」再度發動攻擊。在照明彈照耀下，日本轟炸機分成兩批，嘗試圍攻美國特遣艦隊。但拉德福下令所有船艦持續進行轉向，設法將艦尾朝向入侵的敵機。這時，已經有一架日本轟炸機被戰鬥艦北卡羅來納號的高射砲擊落。這些貝蒂轟炸機來得快、去得也快，使企業號的「蝙蝠小組」來不及出動。這些日本飛機返回馬紹爾群島的馬洛拉普環礁後，興高采烈地宣稱擊沉三艘美國航艦。這些日軍肯定會對美國用之不竭的造艦能量，感到無比驚訝。因為美國總是有辦法把更多的航艦、戰鬥艦和巡洋艦送到前線，替換那些「據報」已經被擊沉的軍艦。

十一月二十六日晚上，「蝙蝠小組」又獲得一次機會。當天傍晚，貝勒森林號的地獄貓戰鬥機與某些惱人的日本偵察機發生接觸，這正是日本可能發動夜襲的徵兆。當「飛行員上機」這一命令下達時，企業號夜間戰鬥機的空勤組員正準備用餐，於是歐海爾跳進飛機座艙時，手中還拿著三明治。身為戰場老手，他忠實奉行一個傳統智慧，就是永遠不要放棄任何可以進食或睡覺的機會。

企業號調整航向頂風前進，然後下令由三架飛機組成的「蝙蝠一號」準備起飛，即菲利浦所駕駛的復仇者式，以及歐海爾與史剛分別駕駛的兩架地獄貓式。二十六日晚上六時，「蝙蝠一號」順利起飛，從此成為傳奇。

「蝙蝠一號」起飛後沒多久，戰機攔截管制官就傳來另一架偵察機的方位訊息。但拉德福擔心在天色全暗後，地獄貓很可能會跟復仇者失散，遂駁回此一要求。

在一個幾乎沒有月光的夜晚，以一千五百英尺的高度在雲層下飛行，讓這三位飛行員必須全神貫注，絲毫不能大意。在這種情況下，對許多飛行員來說，光是要保持直線飛行都是莫大的挑戰。但歐海爾、史剛和菲利浦不但要保持航向、注意彼此位置，同時還要尋找敵機。他們被肩帶固定在座艙內，除了儀表板不時閃爍的微弱燈光外，其他什麼都看不見。他們就這樣靠著雷達和無線電，在廣闊無邊的海洋上飛行。

菲利浦藉著追蹤雷達訊號保持航向。剛開始他還能看見歐海爾和史剛，不過復仇者的速度實在太慢，使他逐漸趕不上那兩人所駕駛的地獄貓。但諷刺的是，這似乎沒什麼影響。這時，後座的蘭德開始解讀那些深奧的電子訊號，然後利用它指導菲利浦朝一批為數約十五架、準備攻擊美國特遣艦隊的日本轟炸機飛去。

在經過一個小時的飛行後，菲利浦注意到海面有一些燃燒物。這是日本偵察機沿著航線所投下的，讓攻擊機群指揮官可藉由這些火光的指引，在黑暗中找到美軍艦隊。當日本轟炸機接近到一定距離，美軍特遣艦隊立刻對她們饗以猛烈的防空砲火。只見各種口徑的高射砲彈發出紅色、橘色和白色的光亮，在黑夜中朝遠方呼嘯而去，水兵們則目瞪口呆地看者眼前這場壯麗的燈光秀。某些砲彈命中目標，一架日本貝蒂式轟炸機墜毀在海面上。企業號和其他友軍軍艦則持續保持運動，除了避免被敵機追蹤，更要防止敵機對上自己軍艦的側面，使日本飛機有機會進行魚雷攻擊。

然而，日本轟炸機仍舊持續前進。在企業號雷達操作人員的協助下，蘭德獲得所要的資訊，並且將菲利浦引導到某些日本轟炸機後方。雙方的距離不斷縮短，從三英里變成兩英里，然後只剩下一英里。這時，魚雷轟炸機中隊的菲利浦中隊長呼叫道：「我看到他們了。」他隨即表示準備開火射擊。

一架日本轟炸機中彈起火，照亮整個夜空；五分鐘後，又有一架轟炸機被擊落。當時，企業號上的某些人認為，這回歐海爾的記錄又要增加許多筆了，完全沒想到這兩架轟炸機竟都是菲利浦擊落的。儘管如此，這兩架日本轟炸機在下墜時，仍持續朝菲利浦的飛機射擊，使蘭德的一隻腳受到擦傷；若干曳光彈甚至在無線電士的座艙內引發一場小火災，但立刻被無線電士用毯子撲滅。

同一時間，雷達操作員也試圖引導歐海爾的飛機，回到復仇者式的側翼位置；菲利浦也不斷閃燈，協助引導他前來會合。科楠從槍塔往機尾方向望去，一連數到有三架日本轟炸機正在接近。他的腎上腺素開始作用，整個人也亢奮起來。在菲利浦和企業號的戰機攔截管制官同時下達開火命令後，科楠將機槍瞄準器的十字線，對準最近一架地獄貓上方的轟炸機，接著扣下扳機。但就在此刻，敵機機鼻的砲塔也從兩百碼的距離外開火射擊。然後一切都結束了，科楠的目標從編隊中脫離，朝右下方墜落，隨即消失在黑暗中。

待在雷達室的飛行長漢米爾頓，聽到一些無線電所傳回的簡短、難懂的對話。漢米爾頓認為他聽到歐海爾喊了一聲：「糟糕，我被擊中了。」他立刻激動地大喊：「歐海爾落海了，在本艦西南方約三十英里附近。」

漢米爾頓回憶道：「我不停地呼叫，要歐海爾持續保持通話，讓我們可以標定他的方位。但是，歐海爾始終沒有回應……我們在那附近搜索了好幾天，卻再也沒有發現他，這真的非常、非常令人傷心。」

備受愛戴的歐海爾陣亡了。幾十年來，許多人懷疑是科楠將歐海爾的飛機誤認為敵機，並開火將這位空戰英雄擊落，但始終沒有確切的證據。比較可能的情形是，歐海爾駕機朝日本轟炸機的機首飛去，並在通過這架轟炸機下方時，敵機機鼻的機槍手對他來了一陣齊射，將他擊落。

歐海爾的陣亡，超過以往任何損失對企業號所造成的影響。艦上官兵覺得他們失去的不僅僅是一位領導者，更失去一位朋友、一位良師，一位能夠理解他們，而且在水兵、飛行員和空勤人員間都同樣受歡迎的人。

然而，企業號的官兵在學會接受這個損失，並把情緒深深埋藏在心底後，就揮別此一不幸事件，重新專注在眼前的任務上。官兵們知道，這是榮耀歐海爾傳奇最好的方法，因為他們身處在戰爭中。

在企業號和第六飛行大隊支援吉爾貝特－馬紹爾之役的同時，第一〇飛行大隊則在夏威夷愉快地進行訓練。拉瑪奇回憶道：「戰鬥機在卡胡盧伊機場（Kahului），俯衝轟炸機和魚雷轟炸機在普尼恩機場。這是十分理想的安排，你可以掛載任何你想要的東西起飛。你可以練習轟炸、掃射、夜間飛行，做任何你想做的事。當地有世界上最廣大的水域，沒有什麼不能做的訓練。」

馬丁嚴格訓練麾下的魚雷轟炸機人員，還特別花上好幾個小時進行夜間飛行訓練。馬丁對此作出說明：「我們有好幾次在雨中起飛，然後飛進風暴之中……我們在茂宜島訓練時，沒有任何飛行訓練被取消，哪怕是為了要看一場精彩的電影，也不會讓我取消飛行訓練。」

在夏威夷時，各中隊也開始演練新的聯合攻擊戰術。這是以往各中隊幾乎傾巢而出，聯合攻擊目標戰術的「縮小版」：每個攻擊群由十二架無畏式俯衝轟炸機、六架復仇者魚雷轟炸機，以及十二架地獄貓戰鬥機聯合組成。拉瑪奇解釋道：「少數護航戰鬥機先行進入目標區，俯衝轟炸機也緊跟在戰鬥機之後抵達，並發動攻擊。同一時間，魚雷轟炸機編隊將一分為二，從目標兩側盤旋切入，然後從低空施放魚雷，或是從五千英尺的高度投下炸彈。攻擊編隊從進入目標區、發動攻擊，到最後脫離，可在不到兩分鐘的時間內完成。若戰術成功，預計可對敵人帶來致命的打擊。」

與大多數飛行大隊不同，第一〇飛行大隊利用假日進行夜間降落演習，使大多數飛行員獲得至少兩次夜間降落航艦的經驗。次數雖不算多，但已遠超過當時大部分的飛行員。這項投資的長期收益，將在六個月後的中太平洋海戰中，得到驗證。

航艦是為支援艦上的飛行大隊而存在，但讓航艦官兵在海上執勤時，其心理上能適時獲得放鬆，也有助於維繫士氣。在企業號上，沒人能比一九四三年五月上艦報到的傑利．弗林（Gerald J. Flynn）少尉，對協助官兵排解壓力更有貢獻。

體重一百三十五磅、生性調皮的傑利．弗林是位預備役軍官，也是徹頭徹尾的愛爾蘭裔。他分派到瞭望部門擔任守望工作，但這只是剛報到時的情形。要不了多久，弗林就變成艦上能見度最高的軍官。他在就讀聖母大學（University of Notre Dame）時，曾擔任過學校啦啦隊的隊長，使他成為天生擅長鼓舞士氣的軍官。這位好戰的愛爾蘭佬有許多值得一提的故事：他的父親因為曾轟轟烈烈地參與愛爾蘭共和軍的行動，不得不離開昔日故鄉來到美國。此外，雖然弗林身高只有五呎七吋，卻是企業號籃球隊的教練，還能排出時間主持艦上的廣播電台。弗林主持的夜間脫口秀節目，會參雜許多他招牌的、略帶粗俗的愛爾蘭幽默，極受官兵歡迎。

在更新艦上的結構與設施、調整艦上的組織與人事，並提振官兵的精神士氣後，企業號將迎來第二次世界大戰中，另一個新的年度。

第八章

如果他們之中有人生還，那可不是我們的錯

（一九四四年一月至六月）

日本的一艘練習巡洋艦，可能是六千噸的香取號，一九四四年二月在特魯克環礁遭美國海軍擊沉。

一九四四年一月，企業號迎來大戰中的第三年。但這個月，她首先要迎接的，是一群老朋友。經過在夏威夷的整訓，紐曼中校指揮的第一〇飛行大隊此時已準備就緒，麾下三個中隊也已躍躍欲試，想早點上艦執行任務。但在返回企業號前，大隊得先接收一批出色的飛行員和支援人員：一支受過特別訓練的夜間戰鬥機單位。

夜間戰鬥機在英國和德國早已存在多時。在那個時期，歐洲戰場的夜晚從來不平靜，雙方的戰鬥機和轟炸機在危險的三度空間中，上演蒙眼抓人的遊戲，爆炸的聲音與光亮充斥夜空。但英國皇家空軍和德國空軍的夜間戰鬥機絕大多數是裝備雙發動機的戰機，機上通常有兩到三人，分別擔任駕駛飛機和雷達操作的工作。但艦載夜間戰鬥機可沒法這麼奢侈，它們是單發動機的單座戰鬥機。

與兩個月前歐海爾殉職時相較，美國海軍夜間戰鬥機的能量已經有明顯的成長。現在每艘大型航艦上，都會有一支專門執行夜戰的夜間戰鬥機分遣隊，而且採用的是加裝雷達的單座戰鬥機，例如地獄貓式或倒鷗翼的海盜式，而不是兩個月前菲利浦所駕駛的那種機身龐大、與歐海爾的地獄貓式混合編組的復仇者式魚雷轟炸機。

企業號的夜間戰鬥機隸屬哈默（Richard E. Harmer）少校的第一〇一夜間戰鬥機中隊，由五位飛行員、四架Ｆ４Ｕ－２海盜式戰鬥機，以及一小批負責維修雷達的電子工程專家所組成。這些海盜者式能在白天從航艦起飛就已經夠了不起，足以使其飛行員獲得「殺手」的稱號，要想降落在航艦上更是出了名的困難。於是美國海軍就把Ｆ４Ｕ－２送到陸上去，多數是給在陸地作業的海軍陸戰隊戰鬥機中隊。

哈默的夜間戰鬥機在改裝後，於右機翼安裝一個球型雷達，為此還特地拆掉一挺機槍，以騰出空間容納所需的電子設備。在這之前，航艦上從來沒有常駐的夜間戰鬥機單位，有些人也懷疑此一概念是否可行，但哈默的想法截然不同。

快速航艦部隊的勝利

一九四四年一月，太平洋艦隊抽調航速在三十節以上的航艦，組成一支快速航艦特遣艦隊。這是當時威力最大、機動力最強且能執行長程打擊任務的單位。這支特遣艦隊正是五八特遣艦隊，司令官是密茲契中將，隸屬於史普勞恩斯的第五艦隊。企業號對這兩位將官並不陌生；一九四二年六月企業號與大黃蜂號共同組成特遣艦隊參加中途島海戰時，史普勞恩斯是帶領她們贏得勝利的司令官，密茲契則是大黃蜂號的艦長。

企業號現在是五八特遣艦隊第一支隊（TG 58.1）的旗艦，司令官是李維（John W. Reeves）少將。支隊中還包括承襲企業號姊妹艦艦名的艾塞克斯級航艦約克鎮號，以及輕型航艦貝勒森林號。其他三個支隊的編組也大同小異，使整個五八特遣艦隊共有六艘大型航艦和六艘輕型航艦，並由兩艘戰鬥艦、七艘巡洋艦和三十五艘驅逐艦護航。這支艦隊的規模在當時前所未見；在一九四四年一月時，英國皇家海軍有四艘快速航艦，日本海軍則有三艘快速航艦與六艘航速在三十節以下的輕型航艦。

企業號的官兵必須盡快摸清楚李維的個性。這位司令官綽號「黑傑克」（Black Jack），並非得自精湛的牌技。相反地，他是一名粗魯、要求很高，有時會讓旁人感到難受的將領，但絕對稱得上是個經驗豐富、能幹的指揮官。個性如此的李維，加上比較冷漠、有時個性頗急躁的艦長加德納，使許多飛行員和水兵認為李維擔任司令官時是企業號比較黯淡的時期。加德納則除任務需要外，幾乎不跟士兵打交道。

幸運的是，企業號總是能適時地展現她的向心力。一九四四年初負責維繫官兵向心力的關鍵人物之一，就是飛行長漢米爾頓。拉瑪奇說：「漢米爾頓和克羅姆林一樣，與我們十分親近。加德納艦長則完全不一樣……他真的很少在我們身上花任何時間。但漢米爾頓正好相反，總是與我們在一塊。」

即使面對新一代的航艦，企業號的官兵也絲毫沒有服輸的打算。漢米爾頓解釋道：「如果說艾塞克斯級的艦體比較大，能搭載更多的飛機，則企業號絕對也能搭載同樣數量的飛機。唯一必須要發展的……是能用彈射的方式讓第一批飛機起飛。因為企業號沒有舷側升降機，也沒有像艾塞克斯級那麼大的甲板空間。」

漢米爾頓也稱讚企業號官兵的素質並說：「我們有一群非常優秀的軍官，」他回憶道，「邱寧負責飛行甲板的彈射器和攔截索。印象中，他是當年幾乎負全責開發出利用彈射器讓早期的艦載機離艦這個技術的。在那之後，彈射起飛成為所有航艦的標準配備，但企業號是最早廣泛運用的航艦。」

第五八特遣艦隊在一九四四年一月二十二日自珍珠港啟航，前往支援攻占馬紹爾群島的「燧發槍作戰」（Operation Flintlock）。主要目標指向可作為理想基地，能支援美軍在中太平洋發動進一步攻勢的瓜加林環礁和安維托克環礁（Eniwetok Atoll）。其中又以瓜加林環礁特別有價值；當地有世界最大的瀉湖，可作為艦隊極佳的停泊區。

對企業號來說，第一項任務有如舊地重遊，幾乎就是一九四二年二月，企業號單槍匹馬來到馬洛拉普環礁中的塔洛亞島，帶領美軍首次發動攻擊作戰的翻版。一九四三年十一月占領吉爾貝特群島後（在馬紹爾群島西北方約二千五百英里），相距不遠的馬紹爾群島就成為前往日本本土絕佳的踏腳石。

此時，在企業號上僅有約一打的飛行員有彈射起飛的經驗，第一〇魚雷轟炸機中隊甚至只有馬丁一人有過經驗。然而，在朝目標前進的艦隊中，此刻最主要的擔憂還不是日軍，而是天氣。一九四四年一月二十九日，企業號所處的海域不僅天色昏暗，天氣也十分惡劣。紐曼大隊長那架裝有雷達的復仇者魚雷轟炸機率先彈射起飛，以協助那些新進飛行員在陰沉、低矮的雲層下方編隊。在飛行甲板上，穿著皮鞋的飛機推運兵在黑暗和大雨中，小心翼翼地在潮濕又灑滿液壓油和發動機油汙的木頭甲板上移動，直到他們將每架飛機按指定的起飛順序排好位置為止。

企業號在當天上午共派出十八架地獄貓戰鬥機，執行對塔洛亞島的攻擊任務，但有兩架失蹤：飛行員圖林（Ed Tolin）中尉和斯圖爾德（Billy Steward）少尉下落不明。一般認為他們可能在惡劣的天候中發生「空間迷向」[1]，將飛機開進海中。由於天氣在戰鬥機起飛後變得更為惡劣，雲高和能見度都趨近於零，使企業號別無選擇，必須暫停起飛。在俯衝轟炸機和魚雷轟炸機還在等待起飛時，地獄

1 譯注：空間迷向指的是當飛行員進入雲層、大霧或全黑的環境後，若沒有明顯的地形地物或雲層當參考點，就容易將海面船隻的燈光與天上星光上下顛倒，產生海面是天空、天空是海的錯覺。

貓機群則繼續向目標前進，但已無法維持編隊，多半是單機或二機一組。

由於天候惡劣、能見度不佳，「殺手」肯恩指揮的第一〇戰鬥機中隊任務機，只有少數能正確找到塔洛亞島，更別說攻擊預定的目標。有兩位飛行員十分幸運，來自華盛頓州瓦拉瓦拉郡（Walla Walla）、身形瘦長的戴文（Rod Devine）上尉，與僚機飛行員凱吉（Jim Kay）少尉從八千英尺的高度破雲而出時，被眼前景象嚇得瞠目結舌：在一千英尺下方，有四架三菱A6M5零式五二型戰鬥機（零戰五二型）。雙方飛行員都看到了彼此，空戰隨即展開。

在接下來的幾秒鐘內，戴文向下俯衝到最近一架零戰五二型的後方，扣下扳機就是三次齊射，然後看著這架冒出熊熊火光的日機墜海。凱吉則在其他日機躲進雲前，也成功咬住一架並開火射擊。這架日機的駕駛艙與發動機都冒出火光，從凱吉的眼前消失，應該也被擊落了。

來自路易斯安納州的盧列特（Edwin Reulet）中尉是位新進飛行員，卻單挑兩架敵機。他朝第一架敵機迎面飛去，隨即開火來了個對頭攻擊，並在近距離內將這架日機打得熊熊火起。接著他又咬出一架從眼前飛過的日機，在取得適當的射擊角度後就立刻開火，將穿甲彈和曳光彈打進這架敵機的機身，後者瞬間墜海。

在盧列特附近，第二次航艦部署的高登也發現了好幾架敵機。在奉命前往掃射機場的途中，他從好幾架零戰五二型上空飛過。高登命令僚機盯緊他的機尾以免遭敵人偷襲，然後俯衝向一架最容易得手的日機，並扣下扳機連續射擊五秒鐘，打出約四百發五〇機槍子彈，幾乎是總載彈量的六分之一，並獲得滿意的結果。這架零戰五二型開始旋轉向下，然後墜毀在海灘附近。這是高登在大戰中擊落的第三架敵機。

日本戰鬥機不是被擊落、就是逃逸無蹤，企業號的地獄貓戰鬥機開始痛宰地面的防禦設施。隨著島上的視線逐漸好轉，美軍戰機低空掃射被辨識出的高射砲陣地，使這些砲手死的死、逃的逃。因此，當轟炸機群稍後進入塔洛亞島上空時，只有少數的防砲還在射擊，但發揮不了什麼作用。

第一〇飛行大隊的復仇者式和無畏式機群，則與約克鎮號和貝勒森林號的攻擊中隊同時到達。在第一〇魚雷轟炸機中隊十四架飛機前方帶隊攻擊的馬丁打開炸彈艙，將飛機側傾以降低高度、準備投彈。馬丁挑選的目標絕佳，是容易引發連鎖反應的油槽和彈藥庫。當他將十一枚炸彈準確地投落在目標區後，地面冒出一團橘黃色的火球，隨即引發一連串的爆炸、震撼了全島。其他的轟炸機飛行員則攻擊停在地面的飛機、跑道交叉點、機庫和維修廠棚，只要任何看來值得攻擊的東西，都難逃美軍的毒手。

二十九日整天，美軍艦載機不斷地往返於航艦和塔洛亞島之間，持續發動攻擊。但到了傍晚時，只剩擔任戰鬥空中巡邏的任務機還在空中。突然，雷達操作員報告有一批不明機正在接近。上層甲板的水兵順著高砲火力集中的方向望去，只見有九架飛機從正在西沉的落日方向，朝企業號飛來。舒曼（Bud Schumann）上尉和其麾下的地獄貓戰鬥機飛行員認為，這些雙發動機、雙垂直尾翼的不明機，是一九四二年時在差不多相同水域，險些擊中企業號的日本尼爾轟炸機（九六式陸上攻擊機），於是就朝這批飛機猛撲過去。

有一架轟炸機冒出火焰，墜毀在離企業號約十英里的海面。右舷值勤的高砲砲手看到此一景象，不約而同地大聲歡呼。突然間，擴音器高聲傳出「停止射擊」的命令，在其他入侵者還在朝企業號接近時，這個指令讓砲手們覺得不可思議。

當混亂的情形逐漸釐清後，艦上的官兵才曉得，這些不速之客是美國陸軍的B－25轟炸機；他們從六百英里外的塔拉瓦環礁朝戰區飛來，卻未通知美軍艦隊。那些擊落的美軍轟炸機中，一位機組員不幸陣亡。調查顯示，這些執行攻船任務的陸軍飛機為了避免被日軍的雷達發現，一直採取低空飛行。密茲契中將代表海軍向陸軍表達哀悼之意，但也適時指出美軍對這些B－25的到來毫無所悉。在這種情況下，他麾下的飛行員和砲手只能推測這些飛機是敵機。

兩天後，美軍攻擊部隊衝上瓜加林環礁和羅伊島（Roi-Namur），並在不到一週的時間內拿下了它們。同一時間，美軍的快速航艦部隊仍不斷地派出飛機執行攻擊和巡邏任務，以持續對日軍施壓。總計，在這次作戰中，企業號損失了四架地獄貓和三位飛行員。但那些剛到第一〇飛行大隊報到的飛行員與空勤人員，卻用行動證明，並未辜負紐曼大隊長對他們的信心。

在下一次作戰中，信心將變得十分重要。

關鍵的特魯克環礁

在大戰爆發前，很少有人聽說過特魯克（Truk Atoll）這個小島。它是一個在加羅林群島（Caroline Islands）中的環礁，位於瓜加林環礁西方約一千英里，甚至連名字都常被念錯：許多人把它讀成「特拉克」，而不是「特魯克」。儘管名不見經傳，日本卻暗中把特魯克經營成「太平洋的直布羅陀」，有些美國人則視它為日本帝國的珍珠港。但不管從任何角度，特魯克都是日本海軍在本土以外，最重要的軍事基地。正因為如此，美軍的快速航艦部隊有必要拿下它。

加羅林群島原本是德意志帝國的殖民地，第一次世界大戰後交由日本託管。在過去的二十年間，只有非常少量的訊息能躲過日本保防體系的監控而外流。一九四三年起，美軍開始經常性地派遣長航程的PB4Y解放者式轟炸機（美陸軍版的B-24）前往特魯克島進行偵察，再根據偵察機所拍攝的照片和大量的電子監聽情報，終於得以掀開日軍所垂下的幕簾，一窺特魯克島的虛實。一九四四年二月中旬，密茲契中將的快速航艦部隊開始朝特魯克島前進。

和往常一樣，情報總是不夠完整。在企業號航向艦載機起飛點時，飛行員在任務簡報中被告知島上約有各型飛機一八五架。但實際的數量卻是簡報內容的兩倍，包括來自所羅門群島的增援兵力。

企業號的艦載機部隊還是第一〇飛行大隊，但管理階層卻有異動。大隊長紐曼被拔擢出任李維少將的參謀，漢米爾頓的飛行長一職則內定由戰鬥機中隊的中隊長「殺手」肯恩接任。但出乎意料的是，肯恩堅決拒絕此一人事調動，堅持要繼續留在飛行線上陣殺敵。這不是表現良好的海軍官校畢業生該有的行為。有人認為肯恩之所以如此，是因為在日本偷襲珍珠港當天，他正好擔任珍珠港海軍航空站的值星軍官。但不管原因為何，肯恩如願以償，在特魯克攻擊戰開打前成為第一〇飛行大隊的大隊長。第一〇戰鬥機中隊則幾乎沒感受到有什麼差異，舒曼正式接任中隊長，但對中隊的飛行員來說，「殺手」肯恩仍舊是「死神一號」（Reaper One）。

第一〇魚雷轟炸機中隊也有人事異動。大約在兩個星期前，馬丁中隊長在一次罕見的意外事件中，弄斷了左手肘。雖然他極力證明他還是可以搞定駕駛艙的工作，不過包括航醫在內的參謀人員都對此感到懷疑。但卻沒人願意告訴馬丁，他「將無法率領他的中隊，參加大戰開打迄今最重要的一場任務」。於是，這個棘手的決定，在大家互踢皮球的情況下，被逐級上報到艦橋，交由加德納艦長定奪。艦長聽取各方意見、注視馬丁棕色眼睛中所流露出的渴望眼神，並思考了幾秒鐘後，然後宣布「所請不准」。第一〇魚雷轟炸機中隊將在馬丁中隊長缺陣的情況下，參與特魯克攻擊戰。

一九四四年二月十六日，在日出前兩小時，從美軍快速航艦部隊的五艘航艦上，七十架地獄貓戰鬥機起飛了，其中十二架隸屬企業號的第一〇戰鬥機中隊。在飢餓又急於求戰的情況下，「殺手」肯恩率領他的死神中隊，投入這場太平洋戰爭中最壯觀的空中纏鬥。

剛從海面升起的太陽、黎明時刻的雲層和大規模的空中纏鬥，共同構成一幅令人難忘的景象。戰機在空中迴轉、俯衝和開火，接著就看到一些戰機起火下墜。一朵朵降落傘在逐漸變亮的天空中緩緩下墜，但它們幾乎全是日本製的。一位中隊長形容這場空戰是「一場好萊塢式的空戰」。在這場黎明空戰開打後沒多久，肯恩就擊落三架零戰五二型，而他的僚機飛行員烏德（Vern Ude）中尉也擊落其他兩架。然後他們飛到低空，掃射停在地面的日機。

其他死神中隊戰機也忙得不可開交。哈曼（Walter Harman）中尉宣稱擊落兩架零戰五二型，以及一架綽號「盧夫」（Rufe）的二式水上戰鬥機。在瓜加林環礁擊落兩架敵機的「法國佬」盧列特，在此役中又宣稱擊落三架零戰五二型，使他成為死神中隊第一位空戰英雄。而這還只是他報到後，所出的第二次戰鬥任務。

戰況並非完全地一面倒。雖然日本的五十架戰鬥機在數量上不及美軍，但其中有些是由久經沙場的老將所駕駛。法利（Jack Farley）上尉和考克斯（Linton Cox）少尉與幾架零戰五二型在空中纏鬥了好一陣子，卻沒有任何戰果。然後，法利看見一架二式水上戰鬥機，遂衝過去將它擊落，回過頭來卻沒看見考克斯。他已成為某架零戰五二型的亡魂。接著，法利的座機也被擊中；一架法利沒看見的日機偷襲他，將二〇機砲打進法利的駕駛艙中。儘管左手左腳都已負傷，法利還是決定用機上剩餘的彈藥掃射地面敵軍目標。過程中，他逮到另外一架剛起飛的零戰五二型，將她打進附近的瀉湖中，然後改變航向返回企業號。

除考克斯外，另有三架地獄貓式未能安全返航，但戰場的空優已經落入美軍之手。在這天的戰鬥中，死神中隊宣稱共擊落三十架敵機，超越十五個月前佛萊利在聖塔克魯茲海戰中所宣稱的數字。在確保了空優後，美軍隨即對特魯克發動連串的打擊，創下或許是整個大戰期間，擊沉日本船艦數量最多的紀錄，遠比在瓜達康納爾海戰時所擊沉的日本運輸艦的數量還多。

當天下午，拉瑪奇指揮一支轟炸機部隊前往攻擊日本船艦。從他的無畏式往下看，隨處可見幾千噸的日本船艦不是已經沉沒，就是正在下沉中。拉瑪奇不由自主地想到：「這是最適合用來紀念珍珠港的日子，因為這是第一次我們真正有機會成功逮到整支日本艦隊。」

停泊在瀉湖的日本船艦中，有一艘因為她的噸位，引起了美軍的注意。她是日本從荷蘭搶來轉作為醫院船，排水量六千噸的「天寶丸」。雖然天寶丸上有明顯的非戰鬥船艦標誌，但替她護航的兩艘巡邏艦符合交戰的規定。由於此時轟炸機已用盡所有的炸彈，這些無畏式就用機首的五〇機槍發動攻擊。這些日本巡邏艦的艦殼特別薄，五〇機槍彈就足以造成致命的效果，最後這兩艘都被擊沉。

拉瑪奇在愛荷華州的一個基督教家庭中成長，但這並不會妨礙他射殺那些有可能游上岸的日軍。拉瑪奇回憶道：「在海面、救生艇和橡皮艇上，有許多穿著救生背心的日本人。但在那個時候，多數飛機機首的五〇機槍都已用光所有子彈。所以我將飛機下降到一百英尺的高度，然後開始盤旋，讓後座射手用機槍射殺他們。我不知道當時有多少日本人在海上，但如果他們之中還有人生還，那可不是我們的錯！」

掌控夜晚

當天夜晚，企業號再度攻擊特魯克島，將航艦艦載機的作戰領域，擴展到前所未有的範圍。

鑑於美軍魚雷在瓜達康納爾的差勁表現，第一〇魚雷轟炸機中隊寧可用轟炸的方式進行攻擊。這支禿鷹部隊發現實戰中，只有極少數的 Mk 13 型魚雷，可以「正常、筆直的命中目標」。以該中隊一九四四年在戰鬥中所投下的前六枚魚雷為例，有兩枚落海後到處亂轉；有一枚的頭部還浮在海面上，活像一頭野生的河馬；還有兩枚則偏離航向至少三百碼，未能命中目標；最後兩枚則明顯是啞彈。馬丁甚至堅稱：「我們確實看到其中一枚魚雷躍出海面。」

該中隊嘗試在各種不同的速度與高度組合中，練習水平轟炸，然後將攻擊模式設定為「以一八〇節（二〇五公里）的時速，在二五〇英尺的高度投彈」。馬丁解釋道：「當目標從你的機鼻下方消失時，你只要默念『一隻鱷魚、二隻鱷魚』後，立即投下炸彈，通常就能命中這艘船，而且屢試不爽。」

當天晚上，當馬丁看著麾下十二架復仇者式魚雷轟炸機從企業號起飛，內心既感傷又自豪。這批魚雷轟炸機由馬丁的副中隊長伊森（Van V. Eason）上尉率領，在弦月的微光映照下，於五百英尺的高空編隊，然後朝一百英里外的目標飛去。每架飛機掛載四枚五百磅的炸彈。

與伊森上尉同機的，還包括坐在機腹「最糟位置」上的雷達官柴斯（William B. Chace）上尉。他是如此形容這個位置：「這個空間一點都不舒服，非常地吵，活像一個看不見任何東西的密閉膠囊。在連續激戰幾天後，整個空間瀰漫發動機油汙和潤滑油的氣味，而且從這裡根本無法通到駕駛艙。任何沒受到相關訓練的人在這待久了，恐怕很容易得到幽閉恐懼症。」

無論如何，柴斯上尉透過望遠鏡，看到了二十二英里外的特魯克環礁。整個編隊隨即兵分兩路，伊森率領自己的五機分隊朝東北方前進，基彭（Russell "Kip" Kippen）上尉則帶領他的七架飛機朝西北方前進。當機群離目標區越來越近時，優秀的雷達操作員可以偵測到錨泊在岸邊的敵人船艦。

然而，散布在兩處碼頭四周的小島，為雷達偵測製造了一些難度。因為船艦的反射波可能會與陸地的反射波混在一起，使操作員難以鑑別。幸好，藉著弦月月光，空勤組員還是能鑑別藏在小島旁邊的船艦，並選擇攻擊目標，然後在空中繞上一圈回頭攻擊。這些轟炸機在通過攻擊發起點時，奉命與前後友機保持一分鐘的間隔，以免炸彈過於集中在某個目標區域內。

第一〇魚雷轟炸機中隊在赤道的夜空中，仔細、耐心地搜索了二十多分鐘。有一些對自己技術過分樂觀的日本高射砲砲手，對著發動機聲音傳來的方向、或是夜空中如鬼魅般模糊的影子，盲目地亂打一通，但射擊的方位與美軍飛機實際的位置相去甚遠。直到美軍飛越目標上空，這些砲手才知道該往哪裡打。在通常情況下，這些魚雷轟炸機每次飛越目標時，就投下兩顆炸彈。飛行員牢記中隊長「一隻鱷魚、二隻鱷魚」的口訣，接著按下投彈鈕，然後這些炸彈就以驚人的命中率，落在日本船艦上。

第一〇魚雷轟炸機中隊在那天晚上的表現，稱得上是無可匹敵，最佳的例證就是海軍中尉飛行員韓德森（Charles English Henderson III）。這位在瓜達康納爾海戰後才入隊，玩心十足、不拘禮數、愛玩命的馬里蘭佬，在這次攻擊中共飛越目標區四次，每次只投下一枚炸彈。他的兩名機組員觀測到有兩枚炸彈命中目標，另有一枚以些微之差，錯過了目標。

這十二架復仇者式共飛越目標區二十五次，其中有十三次直接命中目標，另有七次是接近彈，剩下五次則是未命中或沒有觀測到彈著點。

攻擊結束後，共有十一架飛機成功返航，包括伊森和另一架被高砲擊中的飛機。失蹤的那架飛機是由尼古拉斯（Lloyd Nicholas）中尉所駕駛，可能是在某次攻擊中遭高砲擊落。

第二天的空中偵察，明確證明了馬丁戰術的成功。八艘日本船艦被擊毀或擊沉，其中包括兩艘寶貴的油輪，另有五艘遭炸彈炸傷。十二架轟炸機在夜間攻擊中，共命中敵艦十三艘，本身只損失一架。馬丁指出，如果轟炸是在白天進行，不可能獲致這麼多的戰果，而戰損只會多、不會少。

史普勞恩斯上將准許麾下的水面艦，前去擊沉或收拾一些日本船艦。但整體來說，這場勝仗是由航艦艦載機贏得的。在兩天的作戰中，共擊沉三十一艘商船、兩艘輕巡洋艦、四艘驅逐艦，以及四艘輔助艦艇。

在特魯克攻掠戰中，第一〇飛行大隊在任務中，損失六位空勤人員和四架飛機。整體而言，傷亡並不嚴重。但飛行待命室中每一張空蕩蕩的椅子，象徵著有些人將被塵封在記憶中數十年，而有些人則永遠無法被取代。

夜行者的能耐

當第一〇魚雷轟炸機中隊成功展現夜間轟炸所可能的成就，哈默的夜間戰鬥機飛行員卻因為苦無出擊機會證明自己而倍感挫折。當時，航艦每天的飛行計畫表，通常包括十五個小時的飛行任務時間——大致來說，是從清晨四時三十分到晚上七點三十分。到日落時，飛行甲板組員在經過整天不停地推飛機到定位、執行飛機起降，以及人工裝填彈藥後，往往已精疲力竭。

如果夜間戰鬥機要起飛，飛行甲板組員就必須將大約三十架的飛機推到航艦前半段，以便騰出空間讓這些夜間戰鬥機降落。而等這些夜間戰鬥機返航後，他們又得把早先推到前半段的飛機，再全部推回艦尾，讓早晨的起飛作業能順利進行。部分艦長和司令官質疑，為這一、兩架夜間戰鬥機如此大費周章，額外增加人員的負擔，究竟是否值得，特別是由火控雷達指揮的高射砲似乎能提供足夠的防禦時。一九四四年二月十六日晚上所發生的事件，更使前述質疑顯得有憑有據。當晚，一架地獄貓夜間戰鬥機追擊一架朝特遣艦隊飛來的日本轟炸機。雷情官命令所有高射砲停止射擊，讓夜間戰鬥機來收拾這架轟炸機。但敵機卻利用這個機會，以空投魚雷攻擊航艦無畏號（USS Intrepid，CV-11），並成功命中目標。受創的無畏號蹣跚地離開戰區，返回夏威夷修理，而哈默的第二夜間戰鬥機分遣隊也隨著無畏號退出戰場。

由於夜間出擊的架次實在太少，使海盜式戰鬥機飛行員的技術變得生疏。這個情形迫使哈默不得不採取折衷方案，由他和麾下經驗最豐富的飛行員霍頓（Robert F. Holden）中尉扛起絕大多數的夜間任務，其他三位飛行員則靜候時機到來。

但哈默還是孜孜不倦地鼓吹他的夜間戰鬥機概念。他對自己單位的能力十分有信心，並曾說：「當其他航艦拒絕讓他們的夜間戰鬥機起飛時，我們甚至主動請纓上陣，接下他們的任務。」哈默對夜間戰鬥機的狂熱，使他與漢米爾頓這位被公認很好相處的飛行長關係緊張。哈默開玩笑地說：「每次他看到我時，幾乎都會覺得身體不舒服。」

後來，哈默終於等到一個機會，來證明裝備雷達的夜間戰鬥機可以有什麼樣的成就。無畏號被攻擊三天後，即二月十九日夜晚，企業號的戰機攔截管制官指示哈默飛到加羅林群島外海的一架日軍雙發動機轟炸機上方，然後好好修理她。在經過兩回合的交戰後，哈默擊中了入侵者；後者的一具發動機冒出火焰，然後在八百英尺的高度從雷達幕上消失，只剩從地面反射的回波。

雖然他的獵物成功逃脫，哈默仍然創下艦載夜間戰鬥機首次執行雷達攔截任務的紀錄。

帛琉與其他島嶼

特魯克海戰後，快速航艦部隊持續越洋航行，對大日本帝國疆域內那些偏遠的角落，進行「暴力式造訪」。一九四四年三月十一日，艦上的老兵發現他們又來到新希布萊群島中的聖艾斯普瑞特島；企業號甚至下錨在一九四二年下半年時的舊泊位。但這次停留的時間非常短暫，四天後，企業號前部水手住艙的官兵收起船錨，啟程前往新幾內亞東北方、隸屬俾斯麥群島（Bismarck Archipelago）的埃米拉島（Emirau）。對進行兩棲登陸攻擊的海軍陸戰隊來說，這次入侵簡直跟實彈演習差不多，沒遇到多少抵抗。

這支部隊的下一站是西方兩千七百英里外的帛琉群島，一段遙遠的航程。帛琉群島是日軍用來保護菲律賓東側翼的重要基地；當企業號的飛行員從空中看到這個群島時，有人覺得印象深刻，但有人則大失所望。大多數的飛行員都注意到這些島嶼崎嶇的地形，還有像「阿拉卡貝桑」（arakabesan）和「巴貝圖阿普」（babelthuap）等拗口的名稱。地獄貓戰鬥機的飛行員在這沒發現什麼空中目標，但轟炸機飛行員卻發現重要的船艦泊地。

一九四四年三月三十日，企業號的轟炸機群出發幹活，包括哈德曼（Ira Hardman）少校的十二架無畏式俯衝轟炸機，以及馬丁麾下六架掛載魚雷的復仇者式魚雷轟炸機。企業號攻擊部隊的目標，是一支在巴貝圖阿普島外海的日本小型護航船團。他們的首要目標則是在黎明昏暗的光線下，被誤認為輕巡洋艦的二級驅逐艦「若竹號」。在正常的情況下，這艘老舊、斑駁，排水量僅一千一百噸的驅逐艦，是不會讓企業號派出載彈量多達兩萬四千噸的轟炸機群前往攻擊。

Mk 13 型魚雷的表現一如「禿鷹旅」的預期，也就是奇糟無比。兩枚或多或少還能保持直線朝目標前進的魚雷，若不是因為深度過深而從船艦下方通過，要不然就是根本未成功引爆。

相較之下，無畏式的表現比較好，以一枚重型炸彈擊中在海面蹣跚前進的若竹號，使這艘驅逐艦的航速立刻慢了下來。但艦上為生存奮戰的砲手，仍持續不斷地向美軍轟炸機施以精確的射擊。這些高射砲擊中一架還在俯衝階段的轟炸機，飛行員可能在第一時間就已經陣亡，使這架飛機完全沒有任何拉起的動作，直接衝到海裡。哈德曼駕駛受創的座機，緩慢費力地朝企業號飛去；但嚴重的漏油使飛機的發動機受損，使他只得迫降在海面上。所幸，哈德曼和射擊士都成功獲救。

不幸陣亡的飛行員是皮爾遜（Charles B. Pearson）中尉，一位受到企業號官兵愛戴的年輕軍官。身為達特茅斯學院的明星運動員，他擁有所有優秀運動員的特質：頭腦靈活、非常能幹、個性出眾。但無論是身材矮壯的皮爾遜，或是他的後座射手瓦特森（Thomas W. Waterson），也和那個世代的其他四十萬名美國人一樣，失去進入壯年的機會。

讓企業號官兵略微感到安慰的是，這艘頑強的日本驅逐艦若竹號最後被約克鎮號的復仇者式擊沉，艦長和大多數官兵隨艦沉沒。總計在這場戰鬥中，艦載機飛行員共擊沉近二十艘船艦，還有許多小型船隻，讓東京再也無法認為帛琉是不會遭受美軍攻擊的。

支援荷蘭地亞

一九四四年四月一日，企業號駛抵下一站，即加羅林群島的沃萊艾環礁（Woleai），但隨即離開讓該島日軍自生自滅。同月，拉瑪奇接替普爾（Richard Poor）少校，出任第一〇轟炸機中隊的中隊長。這次擢升正式確認拉瑪奇在中隊上的實際分量。他說：「在晉升前，我是副中隊長和攻擊部隊領隊，所以我很高興能升任中隊長。」此外，中隊長通常是透過大隊長，而不是自己直接向艦長報告，這種形式對拉瑪奇和艦長來說都很合適。當談到加德納時，拉瑪奇表示道：「他甚至不知道我是誰。」

除了執行任務，拉瑪奇對其他事情都不放在心上。他說：「我們的世界就是飛行待命室、駕駛艙和攻擊目標。除非我們贏得戰爭，否則沒有什麼事是值得一提的。」

這位新中隊長的工作態度受到單位弟兄的肯定。空勤組員格拉斯（Jack Glass）說：「他是一位貨真價實的偉大領導者，是一位我們從來不會質疑的長官。」

另一方面，轟炸機中隊也對由肯恩擔任大隊長感到非常高興。拉瑪奇高聲表示：「肯恩非常棒，他做事低調，但非常稱職，因此我們從來不擔心日本的戰鬥機。肯恩的另一項偉大成就是嚴格的無線電紀律；我們可以在全大隊傾巢而出的情況下，從飛往目標區到從目標區脫離，全程保持無線電靜默。」

肯恩唯一的缺點是他的視力。身為人盡皆知的近視眼，他還能繼續飛行，靠的是運用他的人格說服航醫與降落信號官。但有這種問題的不只肯恩一人。他麾下一名資淺飛行員戈瑞（Lester Gray）少尉，視力差到必須等飛機飛到飛行甲板上方，才看得清楚降落信號官的指示板。戈瑞在多年後透露：「在中太平洋，烈酒大有幫助。」

四月的最後一週，企業號和第五八特遣艦隊向南航行了八百英里，以支援麥克阿瑟對新幾內亞北部海岸港口荷蘭地亞（Hollandia）的登陸戰。這是快速航艦部隊成立以來，首度支援陸軍的大型作戰行動，也無可避免地造成兩軍溝通上的問題。麥克阿瑟的陸軍第五航空軍也派出重兵參與新幾內亞的作戰，企業號很快地就會充分明白這個事實。

負責企業號艦橋瞭望工作的，是生性難以約束的飛機識別官傑利．弗林少尉。在荷蘭地亞登陸戰的某一天，綽號「黑傑克」的李維少將問他：「弗林先生，在海平面那邊的是何種飛機？」弗林立刻用望遠鏡朝飛機望去，然後回答：「報告將軍，我認為那是B-25轟炸機。」但李維卻說：「我看更像B-26。」

從不示弱的弗林回道：「將軍，既然這樣，我跟您打個賭，賭注是我們一個星期的薪水。」對「黑傑克」李維來說，弗林的答覆聽來有幾分以下犯上的意味。漢米爾頓回憶道：「司令官非常不爽，所以他下條子給加德納艦長，要求將弗林禁足在艙房內幾天，好好反省自己的行為。但弗林很快就返回工作崗位，表現也很優異……同時也繼續負責營運艦上的廣播電台，並在每晚的脫口秀節目中，讓官兵保持幽默、放鬆心情。」

另一位心情還不錯的人當屬哈默少校，他在四月二十四日晚上徹底證明夜間戰鬥機的能耐。在短短一個小時內，他一共獲得三次雷達接觸。其中一次，戰機攔截管制官引導他接近到距敵機不到兩英里的位置，海盜式戰鬥機的厘米波雷達隨即逮著了目標，讓飛行員可以繼續執行攔截任務。當哈默的海盜式戰機接近到不足三百碼時，終於被這架日本轟炸機的機尾槍塔射手發現，雙方爆發激戰。儘管如此，哈默擊落一架日本轟炸機，並重創另一架；第三架則因為哈默的機槍出狀況，才能逃過一劫。

不論是攻擊或防禦，企業號都正在寫夜間空戰的歷史，而且還將繼續寫下去。

重返特魯克

第五八特遣艦隊在四月二十九日重新回到特魯克。這時，這座日本海空軍基地的戰力已折損大半，但仍保有一定的作戰力量。因此，太平洋艦隊總司令尼米茲上將要求再對該島發動空襲，進一步消滅島上戰力。現在，在特魯克只有少數船艦還浮在海面上，其餘的目標多半是海軍碼頭、飛機維修廠，以及其他各式各樣的設施。

與第一次空襲相較，這次空中攻擊的戰果非常少。第一〇戰鬥機中隊只擊落七架敵機，包括兩架被戴文上尉擊落的零戰五二型戰鬥機。

四月二十九日下午，第一〇戰鬥機中隊在擔任偵照機的護航任務時，與敵機發生一次平分秋色的戰鬥。岡茲（Robert Kanze）中尉發現一架單獨行動、頗具侵略性的零戰五二型迎面朝自己衝過來，而雙方飛行員都不肯示弱，各自用五〇機槍與二〇機砲相互射擊，然後都被擊中。當雙方戰鬥機在近距離交錯時，都已冒出火光。

岡茲打開座艙罩，解開安全帶，從飛機旁一躍而下。空中有兩具降落傘緩緩朝瀉湖落下，岡茲安全降落在水面，隨即將救生筏充氣，等待接下來會發生的事情。隨著白晝將盡，眼看是沒有機會在夜幕來臨前獲救了。

第二天早上，第一〇魚雷轟炸機中隊發現在環礁附近有一個黃色的漂流物，遂回報岡茲所在的方位以便航艦安排救援。但當救援抵達前，岡茲又有新的夥伴。兩架復仇者式衝進特魯克守軍嚴陣以待的防空火網中遭到擊落，飛行員納爾遜（Robert S. Nelson）上尉和法瑞爾（Carroll Farrell）中尉也隨之落海。

負責執行海空搜救任務的是「魚狗式」（Kingfisher）水上飛機。戰鬥艦北卡羅來納號派出兩架這種其貌不揚的搜救天使抵達現場，但當這兩架飛機嘗試降落在海面以營救岡茲時，其中一架不幸翻覆。另一架由博恩斯（John Burns）中尉駕駛的魚狗式則成功降落，並將岡茲、另一架魚狗式的乘員，外加兩架復仇者式的機組員通通載走。他們在波浪起伏不定的海面上滑行了數英里，直到與一艘待命的搜救潛艦會合為止。「刺尾魚」號（USS Tang，SS-306）潛艦的乘員很難相信眼前的情形，一架搖搖欲墜的魚狗式水上飛機在機身兩邊載了七個人，加上機艙內的博恩斯與後座乘員。博恩斯的飛機可說是從岡茲等人所在的瀉湖倉皇逃離，但好在一路上未遇到日本飛機的攔截。這是一件值得慶幸的事，因為美國的情報機構獲知，在二月份被日本俘獲的美軍飛行員多已遭到處決。

從一九四四年一月以來，這支快速航艦部隊就在中太平洋四處征戰。不論是支援兩棲登陸，或是攻擊偏遠的日軍基地，以向日本展示美國日益增強的戰力與主宰戰場的態勢。在這段期間，企業號的飛行員和空勤組員曾與日本進行大規模的空戰，並擊沉為數眾多的日本船艦，將美國海上霸權的勢力範圍不斷往西推進。但這些亮麗的戰果卻獨缺一個重要部分：日本帝國海軍。事實上，從一九四二年後，日本主要的大型軍艦就始終沒有在戰場上現身，甚至連第一〇飛行大隊首批執行任務的飛行員，都還沒與日本航艦兵力交手過。拉瑪奇說出大多數人的想法：「我們真的很想攻擊日本航艦。」

他們渴望的機會，已經出現在遠方的海平面上了。

第九章

航向二七〇

（一九四四年六月至七月）

©USN via tailhook Assn.

一九四四年二月，飛機導引人員正在引導剛降落的地獄貓戰鬥機，移往飛行中板前方的停放區。圖中可見正準備降落的第三架戰鬥機，顯示在企業號上，艦載機落艦的間隔時間非常短這件事經常發生。

一九四四年五月多數時間，第五八特遣艦隊都待在剛從日軍手中奪下的南馬紹爾群島馬久羅環礁（Majuro Atoll）的大型錨地中。官兵利用這段時間消化最近作戰所學到的教訓、訓練新進人員，並且準備下一次出擊。同時，水兵和飛行組員也開始盤算接下來的作戰任務。他們會去哪並不難猜，連在鍋爐室的戰略家都猜得出來。

一九四一年十二月，日本從美國手中奪下馬里亞納群島。當地的重要性只要從一件事就可清楚看出：它在東京南方一千五百英里。美國陸軍航空軍已開始派遣長程的波音B－29轟炸機，從印度經由中國對日本本土南部少數目標進行轟炸。但從亞洲大陸出擊需投入大量的後勤支援，戰果卻非常有限、不成比例。如果馬里亞納群島重新落入美國手中，巨型的B－29轟炸機就能直接攻擊日本本土。

「掠食者作戰」（Operation Forager）首先要拿下的目標，是馬里亞納群島最北端的塞班島（Saipan）和附近的泰尼安島（Tinian）。在南南西方約一百英里的海域，是本次作戰的最終目標，即群島中最大的島嶼——關島（Guam）。東京日本帝國大本營和華府參謀首長聯席會議都不約而同地望著地圖上這塊區域，雙方都在準備這場在中太平洋的大戰。

第五八特遣艦隊現在下轄十五艘快速航艦，能為屠納上將麾下的兩棲攻擊艦隊提供支援；後者由十二萬七千名攻擊部隊，以及五百三十五艘各型船艦所組成。「黑傑克」李維則以五八特遣艦隊第三支隊（TG 58.3）指揮官的身分，仍舊駐節企業號，支隊中還包括航艦萊克辛頓號，以及輕型航艦「普林斯頓」號（USS Princeton，CV-23）與「聖哈辛托」號（USS San Jacinto，CVL-30）。第五八特遣艦隊司令官密茲契則把他的三星中將將旗，懸掛在萊克辛頓號上。所以，整支特遣艦隊的指揮中樞都在李維少將的支隊內。

馬久羅環礁距關島約一千八百英里，海上航行需要五天。當第五艦隊在六月六日啟航，艦隊官兵得知在地球另一邊，盟軍已在法國北部登陸。太平洋戰區官兵對這個消息的反應各異，部分水兵高聲歡呼，那些有兄弟或同學在歐洲服役的人則表現得相對克制。但大多數官兵還是把注意力放在眼前的任務上——即將到來的海戰。隨行採訪的記者從第五八特遣艦隊內部打聽到的消息指出，雙方艦隊在六月二十日前就會大幹一場。

一九四二年十月，在聖塔克魯茲海戰擊傷企業號並擊沉大黃蜂號後，日本帝國海軍的航艦就再也沒有露過臉。這使美軍艦隊現在只有極少數飛行員曾經看過日本航艦，第一〇飛行大隊也不例外。大隊長「殺手」肯恩則認為，他麾下的三個中隊絕對可以把看得見的日本航艦通通送進海底。

但第一步必須先贏得馬里亞納群島的空優。兩棲部隊預定在六月十五日登陸塞班島，整個作戰行動從登陸日前四天起陸續展開。六月十一日，企業號用彈射器協助第一批地獄貓式戰鬥機起飛，進入熱帶潮濕的空氣中，朝馬里亞納群島東岸飛去。日本海軍在馬里亞納群島駐有十一個飛行大隊，擁有飛機數百架（估計約五百架），在加羅林群島和帛琉也許還有一五〇架飛機，可以前來支援。如同本次作戰的代號「掠食者」一樣，代表雙方將有一場惡戰。

第一〇戰鬥機中隊在十一日下午的任務之一，就是前往塞班島和泰尼安島偵巡。過程中，美軍與日本的零式戰鬥機遭遇。肯恩一如以往，在中隊之前領導攻擊，並單挑兩架日本戰鬥機，確定擊落一架，另一架也可能被擊落。中隊其他飛行員也擊落六架日本戰鬥機。

其中一位優秀的飛官是年方二十一歲的戈瑞少尉；他在塞班和泰尼安間的空域遭遇許多狀況，卻都能迎刃而解。他先是將一架日本海軍的零戰五二型誤認為日本陸軍的「隼」式戰鬥機，但這並不妨礙他將這架敵機擊落。接著，戈瑞往外飛時，從哈曼中尉座機的旁邊飛過；後者在擊落一架日本戰鬥機後，不幸遭地面的高射砲命中。戈瑞立刻在哈曼受損的飛機旁就位，提供必要的掩護。就在這個時候，上空出現三架日本的零戰五二型戰鬥機：其中兩架正在追擊一架「碉堡山」號（USS Bunker Hill，CV-17）航艦的地獄貓戰鬥機。戈瑞加足馬力將飛機拉起，然後衝到其中一架日本戰機後方，開火將她打落海中。戈瑞對「攻擊就是最好的防禦」這句格言十分服膺，遂不顧一切地施展他的防禦戰術。他緊咬一架飛行技術高超的日本戰鬥機，任憑後者如何運用一連串高難度的迴旋動作試圖逃脫，但還是敗在戈瑞的槍法下。在空戰告一段落後，戈瑞才知道那架碉堡山號戰鬥機的飛行員費特納（Whitey Feightner），原本也是第一〇戰鬥機中隊的飛行員。

十一日那天，有兩名中尉飛官落水。隆格（Merle P. Long）中尉的地獄貓戰鬥機被地面的高射砲擊中，不得不迫降在塞班島外海。馬森（Richard W. Mason）中尉原本在追擊一架零式戰鬥機，自己卻不幸被擊落。但和特魯克海戰時一樣，奮不顧身的水上飛機駕駛即時趕到，對這些落海飛行員伸出援手。

美軍特遣艦隊在六月十二日大舉出擊，對塞班島的機場和其他設施發動六波攻擊。第一〇魚雷轟炸機中隊的復仇者式在塞班島西北方發現海上目標：一艘一千九百噸的貨船。麥克雷中尉（Shannon McCrary）以所掛載的五百磅炸彈痛擊這艘貨船，使這艘日本貨船「日頂丸」隨即開始側傾、翻覆，船上所裝載的油桶在海上四處漂散，大多數船員則被美國軍艦救起。

同一時間，中尉拉格斯（Cliff Largess）和科林斯（CB Collins）也在塞班島上的塔納班港中，擊沉了日本船艦。跟其他同時期年輕人一樣，科林斯的全名中既沒有「名」、也沒有「中間名」，就只有簡單的CB兩個字母。中隊的同袍則用CB替科林斯取一個比較富戰鬥氣息的綽號：「弩弓」（Crossbow）。

轟炸機中隊的運氣就沒那麼好。在第一波攻擊中，李歐納德（James G. Leonard）上尉的無畏式就被高射砲擊中，他和後座射手溫羅勃（Robert D. Wynn）雙雙落海。在第二波攻擊機群起飛時，明斯特（Cecil R. Mester）中尉竟在某艘船艦的前方墜海，所幸他和後座射手都獲救。後來，企業號以二十加侖冰淇淋，將這兩人與其他兩位落海的戰鬥機飛行員，從營救他們的驅逐艦換回——因為企業號先前曾和這些驅逐艦約定，只要救回一位企業號的飛行組員，就以五加侖冰淇淋酬謝。

比爾・馬丁的英雄事蹟

身為攻擊機群的領隊，馬丁幾乎每天都要率隊出擊，而且常常一天兩次。在登陸前兩天的六月十三日黎明，馬丁率領七架復仇者式、九架無畏式，以及十架擔任護航的地獄貓戰鬥機，前往攻擊塞班島西南海岸的日軍砲陣地。企業號機群升空後，隨即與萊克辛頓號編組相類似的攻擊機群會合，聯袂飛向目標區。過程中，馬丁透過無線電與本次攻擊的總領隊艾斯禮（Robert Isley）中校聯繫，得知機群的兩個復仇者中隊將聯手發動打擊，以撕裂日軍防線。

這是一個良好、周全，但最後卻行不通的計畫。日本飛機早已嚴陣以待，並在八千英尺高度圍攻美軍機群。包威爾（Murphy D. Powell）中尉是負責壓制地面高射砲火、替轟炸機開路的任務機之一。有人看到他駕機俯衝，卻再也沒有歸隊。接著，艾斯禮的復仇者也遭重創，連同機組員一齊墜落。

但向來積極進取的馬丁毫不退縮，奮勇駕機穿越火網準備發動攻擊，他的無線電士威廉斯（Jerry Williams）則全神貫注在高度儀上。當高度來到四千英尺時，馬丁投下炸彈，但他的飛機隨即遭敵彈直接命中，機身劇烈搖晃。

馬丁被雙肩式安全帶固定在劇烈搖晃的座艙內，驚覺座艙開始冒出火苗，飛機也進入螺旋下墜。他拼命呼叫威廉斯與射手哈格羅夫（Wesley Hargrove）跳傘，但無人回應。

馬丁回憶道：「我開始讀數。當數到一時，我解開安全帶；數到二時，我拉下開傘索；數到三時，我感覺到降落傘張開時，雙肩被往上拉；當數到三點五時，我落海了。」不過馬丁似乎沒有意識到，他剛剛從時速三百五十英里的機內被拋出這件事。

馬丁因為墜機和跳傘，有點暈頭轉向，但沒嚴重到忘了自己在密蘇里州的童年生活的地步。他默默背誦《聖經．詩篇》第二十三章的段落，突然想到在墜落的飛機上還有兩位袍澤，但此時飛機已經在不遠處的海面燃燒。威廉斯與哈格羅夫兩人都是從一九四二年起就在艦上服役的老兵。想到這點，馬丁伸手抹去眼眶四周的淚水，因為他在這茫茫大海中什麼也做不了。

馬丁開始思考該何去何從。但他落海的位置離海灘不遠，岸上日軍遂朝他開槍射擊。馬丁深呼吸後潛入水中，開始朝外海的礁石游去。他只有在需要換氣時才浮出水面，期間日軍步槍彈則不斷地落在他四周的海面上。接著，在離岸約五百碼的海面，他發現有兩艘船從加拉潘島（Garapan）駛出。馬丁決定用隨身的點三八口徑手槍自我了斷，他知道太多登陸作戰的細節，絕不能被俘虜。

就在千鈞一髮之際，兩架復仇者式有如神助地從馬丁頭上飛過，將那兩艘船逼回岸邊。利用這個空檔，馬丁抓起被海水浸溼的隨身裝備，包括他的降落傘，跌跌撞撞地橫越礁石。跑了約十九步後，馬丁覺得應該已經離開日本情報軍官的視線，遂在礁石和海水交界處，從隨身裝備中取出救生筏。這時，他從當前的位置，親眼見證由他的副中隊長伊森所領軍的另一波攻擊部隊抵達，並痛擊岸上設施，摧毀更多日軍據點。

雖然因為吞下不少海水，讓馬丁覺得有些不舒服，但他還是打起精神除下身上的降落傘並丟出救生筏外，以減輕重量。他知道美國已經掌控了礁石外的整片太平洋，相信自己能夠獲救。

不久之後，又有兩架企業號的飛機折返現場。他們分別是馬丁的部下布雷克（Gilbert "Gibby" Black）中尉，以及第一〇戰鬥機中隊擔任護航的地獄貓戰鬥機。這架復仇者式丟下一個大型的求生包，裡頭有足夠一個人撐上至少一週的補給品。除此之外，布雷克臨走前還幾度左右搖晃機翼，告訴馬丁：「中隊長，我們回頭見！」

救星在當天稍晚時抵達。一架寇蒂斯的SOC海鷗式水上飛機降落在黃色救生筏附近。等馬丁安全登機後，這架小型的雙翼機就直接飛回重巡洋艦印第安納波里斯號，同時也是第五艦隊的旗艦。馬丁在旗艦換上乾淨的衣服，又喝下兩杯味道奇糟無比的飲料後，就被帶到史普勞恩斯上將跟前，匯報所看見的情資。馬丁在第二天返回企業號，與禿鷹旅的親密戰友們重聚。兩天後，他再度駕機出擊。就在馬丁返回企業號時，一道消息正在艦上快速流傳：在銷聲匿跡長達二十個月後，日本航艦首度在附近現身。

登陸塞班島

六月十五日黎明時分，塞班島周遭天氣十分晴朗，美軍正式打響對該島的登陸作戰。為支援此次兩棲攻擊，美國集結了一支強大的海軍兵力。數量之龐大，就連老經驗的飛行員也看得目瞪口呆。儘管如此，日軍依舊強力抵抗。第一〇戰鬥機中隊在第一天就折損了一位飛行員科齊威（Karl Kirchwey）中尉，但他也可能是被友軍高射砲擊落的。

日本航艦仍然離美軍艦隊有段距離，並持續遭到美國潛艦的追蹤；但日本也從陸上基地派出大批飛機，朝美軍特遣艦隊蜂擁而去。艦載雷達偵測到七架雙發動機的日本轟炸機，正以每小時兩百八十英里的高速朝艦隊衝來。各艦高射砲隨即在射控雷達指引下開火射擊，並立刻擊落了一架；但其他敵機仍舊勇往直前，並穿透特遣艦隊外圍的驅逐艦警戒線。與此同時，美軍的砲手也不是省油的燈，在黎明朦朧的光線下，他們將高射砲砲管放平，朝低空飛行的敵機進行水平射擊，又成功地將五架敵機打成一團團火球。這些被擊中的轟炸機墜海後，散布在海面的殘骸與油料仍繼續燃燒。

一架日機在距企業號不遠的地方投下一枚魚雷，迫使加德納艦長下令向左轉。某些企業號的水兵瞪大眼睛看著這枚魚雷的航跡在千鈞一髮之際，從艦體旁邊掠過——這是聖塔克魯茲海戰以來，企業號首次與魚雷交手。

但以低角度射擊的高射砲也造成一些美軍人員傷亡。一枚二十公厘砲彈擊碎前甲板某門艦砲的砲管，兩名砲手當場倒地，所幸兩人後來都順利康復。但另一座五吋砲砲座遭一枚四十公厘砲的流彈命中，導致水兵山德利（John Shandley）不幸陣亡。友軍砲火不時會造成己方人員傷亡，但這卻是與敵機交戰時不得不冒的風險，這種情形在第二天早上也未獲改善。

六月十六日黎明，肯恩擔任第一波攻擊機群的總領隊。但很顯然地，旗隊司令部又沒有把行程傳達清楚。當肯恩率機群通過塞班島外海二十海浬的兩棲登陸艦艇，卻發現自己衝進了高射砲的火網中。這些緊張過度的砲手，在根本沒有看見是什麼東西在清晨昏暗的天空中飛行，就朝聲音傳來的方位開火。令人哭笑不得的是，這些砲手的判斷力雖然很糟，瞄準技術卻很好，肯恩座機左翼遭一枚砲彈直接命中。

肯恩勉強壓抑棄機逃生的本能，駕機從高砲火網中衝出，並立刻以無線電向這些兩棲登陸艦艇通報他們的身分，強調自己是不折不扣的盎格魯撒克遜人，但卻沒有用。當一艘艦艇開火後，就有如傳染病擴散一樣，接著就有更多的高射砲加入射擊，使整個夜空布滿高射砲的砲彈。肯恩望了一眼儀表板，發現油壓已經下降到接近零的位置，遂趕緊來了一次海上迫降。他順利降落在海面——在能見度不佳的情況下，這絕非易事。但飛機與海面接觸時的力道，使肯恩的臉往前撞上了瞄準鏡，鮮血從他割傷的額頭流下來。肯恩奮力爬出飛機，然後將救生筏充氣。太陽升起時，他的地獄貓戰鬥機沉入海中，留下頭部負傷、滿肚子火的肯恩，在救生筏上等待救援。他很快地被救起，然後返回企業號。然而，就在此時，在二戰爆發以來規模最大的戰鬥迫在眉睫之際，肯恩卻接獲通知他將停飛一陣子，這讓肯恩憤怒不已。

六月十九日的追擊

密茲契麾下十五艘航艦中，有多達十四艘先前從未和敵軍航艦交戰過，只有企業號在中途島、東所羅門和聖塔克魯茲等海戰中，曾擊沉或重創過日本航艦。在六月十九日早晨，企業號將迎來她的第四場航艦交戰，而她的敵人共有九艘航艦，包括企業號的老對頭，翔鶴號與瑞鶴號航艦。

在這一整天漫長的戰鬥中，企業號在黎明前就已經展開行動。凌晨兩點三十分，企業號派出十五架復仇者式，前往三百七十五英里外的海域執行雷達搜索任務，找尋由小澤治三郎中將指揮的日軍機動部隊。但日本航艦此時尚未進入這些復仇者式的搜索範圍，馬丁的組員遂在四個小時後飛返企業號。

由於日本飛機航程較長，使其搜索和攻擊的距離都超過美軍。後者又進一步受到因必須朝東頂風前進起降飛機而造成的影響：第五八特遣艦隊每次調轉航向朝東頂風航行時，就拉大了與日本航艦的距離。這使得小澤能在六月十九日當天，對密茲契所部一連發動四波空襲，共派出飛機三百二十五架次。此一出擊架次數雖然驚人，但還是比珍珠港事變時，南雲中將麾下六艘航艦所出擊的架次數略少。

十九日上午，密茲契的戰鬥機鋪天蓋地攻向馬里亞納群島各機場，襲擊那些從遠處其他基地飛來增援、甫抵達機場的日本飛機，或是那些準備起飛的日機。但企業號的第一〇戰鬥機中隊作為預備隊，只能在待命室內生悶氣，聽著其他中隊陸陸續續從前線傳回戰報，例如某中隊宣稱在地面擊毀三十五架敵機等。沒有什麼事比這時候其他單位在戰場大展身手，自己卻無所事事，更令人難受。在這些人當中，又以在前次迫降海面時受傷，頭上還纏著繃帶的肯恩最為氣憤。儘管如此，中隊還是保持三到四個四機分隊擔任警戒，每一位待命的飛行員都已完成準備，隨時都可登機作戰。

同樣在十九日上午，美軍由復仇者式與地獄貓式混合編組的搜索小組，在執行任務時與日本偵察機不期而遇，宣稱擊落至少十二架日本飛機。從日軍偵察機出現在附近的跡象顯示，日本航艦已經逐漸進入打擊範圍。然後，執行長程搜索任務的PBM「水手式」（Mariner）飛艇傳給密茲契一個報告，指出在正西方發現小澤的航艦兵力。到此刻為止，第五八特遣艦隊已經做好艦隊防禦的準備。

上午十點，美軍電子偵察設備發現敵機來襲跡象。美軍立刻將威利斯・李中將的戰鬥艦部署在航艦西方，以提供早期預警。二十分鐘後，企業號及護航艦位在關島西方一百英里的海域，離小澤機動部隊約三百五十英里。密茲契下令各航艦清空飛行甲板，增加擔任戰鬥空中巡邏的戰鬥機兵力，並派遣轟炸機再度襲擊關島的奧羅特機場（Orote Field）和其他設施。當馬丁和拉瑪奇的兩個中隊向東朝關島前進，地獄貓戰鬥機正準備接敵。

日本的攻擊機群在七十五英里外的空域盤旋，想等重新編隊完畢後再度攻擊。但對防禦的美軍戰鬥機來說，這簡直是天賜良機。地獄貓的飛行員們將機鼻朝上，加足馬力往上爬升，再從高處猛撲入侵敵機。第一〇戰鬥機中隊的十二架地獄貓，連同其他分屬七個中隊的戰鬥機，張牙舞爪地衝向六十九架敵機。

企業號的戰鬥機分遣隊，是由中隊長舒曼親自指揮。在關鍵時刻，他的無線電卻發生故障。所幸隊上經驗豐富的老手高登聽到中隊長在無線電故障前所下達的指令「航向二七〇」後，就立刻明白發生什麼事——他遂主動率領機群調整航向朝西前進。當這些地獄貓戰鬥機從六艘美國戰鬥艦上方通過，這些巨艦正以艦上的高射砲，對入侵者進行猛烈的火力展示。要不了多久，綽號「閃光」的高登就看到一隊日本俯衝轟炸機和魚雷轟炸機，他根本不管有沒有護航的零戰，就衝向這群敵機編隊，準備大顯身手。高登回憶道：「我不認為他們有本事傷害我。」

從此刻開始，空戰變成一場對美軍來說毫不費力的追擊。高登很快地擊落一架敵機，梅森中尉和法爾默少尉也追擊日本的魚雷轟炸機，並將這些入侵者趕往密集到難以置信的高射砲火網中。企業號的戰鬥機在五十英尺的低空飛行，那些密集的高射砲火網使得飛行員連龐大的戰鬥艦身影都看不清楚，遑論追擊敵機，只得返航，並宣稱擊落三架敵機。對高登而言，這近乎一九四二年聖塔克魯茲海戰的翻版；當時他也是為了追擊日本轟炸機，差點飛進美軍特遣艦隊的火網中。

馬里亞納海戰的規模令聖塔克魯茲海戰相形見絀。一九四四年六月十九日上午的景象可以用史無前例來形容：大批敵機衝過由地獄貓戰鬥機和高射砲所組成的兩道空中防線時，不是已經中彈起火、就是早已被打得遍體鱗傷。雖然美軍戰鬥艦沒有機會與日本戰鬥艦交戰，卻成為日機爭相攻擊的目標。一位日本飛行員好不容易找到機會，成功對南達科他號戰鬥艦投下炸彈，造成輕微的損失。在戰鬥艦印第安那號上空的高登，則看到畢生難得一見的景象：二十四艘美軍軍艦上的高射砲吐出橘色和黃色火焰，在兩萬英尺的空中形成一片由高射砲砲彈所構成的彈幕。撞進這道彈幕的敵機，不是拖著長長的火煙下墜，就是被直接命中彈打得粉身碎骨、瞬間蒸發。這場發生在三度空間的激戰過程中，不時有五顏六色的降落傘從空中緩緩飄落，活像一朵朵灑落在海上的花。

但後頭還有更多的敵機。

十九日下午，戴文從戰鬥機攔截管制官那接下當天戰果最豐碩的任務。他率領兩個分隊前往攻擊奧羅特機場，並在低空與數量佔優勢的敵機進行空中纏鬥。

戴文是個高度專業的戰鬥機飛行員，在執行此次任務前，就已經擊落四架敵機；在一陣激烈的射擊戰後，他一舉將記錄衝到八架。戴文將兩架零戰五二型戰機打成碎片，然後又將一架九九式艦爆，以及另一架彗星式俯衝轟炸機打得熊熊火起。科克伍德（Phil Kirkwood）中尉、烏德中尉則將擊落敵機數翻了三倍，凱吉、隆格和岡茲則翻了兩倍。其中，岡茲曾在特魯克環礁被日本的零戰五二型打落海中，使這次空戰對他更是別具意義。總計，戴文的八架戰鬥機在短短十分鐘內，就擊落十六架敵機。

在十九日那天大部分時間裡，哈默的夜間戰鬥機都在替搜救作業提供高空掩護，救起一些在防禦作戰中不幸落海的地獄貓戰鬥機飛行員。當天下午，哈默的海盜式與第一〇戰鬥機中隊的副中隊長克里門（Henry C. Clem）上尉編成一組，替執行落海飛行員搜救任務的巡洋艦艦載水上飛機提供掩護。

當哈默的小組返回關島外海待命位置時，突然聽到一架呼號為「艾司」（Ace）的海鷗式水上飛機的求救訊號——這架在海面飛行、毫無還手之力的水上飛機，遭到一架獨自行動的零戰五二型攻擊。當哈默趕到現場掩護「艾司」時，克里門猛踩油門，駕駛地獄貓朝這架急速爬升的敵機追上去，幾乎也是垂直地向上爬升。正當哈默為克里門操之過急感到憂心，他接著就看見那架地獄貓的發動機突然熄火，然後機首朝下開始墜落。日本戰鬥機緊追在後，知道自己的機會來了，隨即開火將克里門的座機打落海中。一旁觀戰的「艾司」不由得大叫：「他幹掉我們一架了！」

哈默用左手操作飛機的各項設備：油門、化油器和螺旋槳控制系統，加速趕上去。當那架敵機進入射程範圍時，哈默馬上開火，朝這架不斷變換方向的日本飛機射出長串子彈。這架敵機開始冒煙，但仍然可以繼續飛行。

哈默駕機返回水上飛機所在的地點，心知肚明自己會看到什麼，但內心仍舊十分難受。他看到海面只剩油跡和一些碎片，知道克里門已經和飛機一起衝進海裡、回天乏術了。數十年後，日本歷史學者研究指出，那架零戰五二型的飛行員是尾崎伸也大尉；他在擺脫哈默後，駕機抵達關島實施機腹著陸，但後來還是因傷不治身亡，生平共擊落十二架敵機。

地獄貓式戰鬥機在十九日當天表現得非常出色，使企業號的高射砲一共只擊中四架來犯敵機。其中一架被擊落，另外三架則與其他軍艦平分戰果。

不久之後，美軍機群開始陸續返航。看來第五八特遣艦隊的戰鬥機飛行員共擊落約四百架日本飛機，美軍潛艦也擊沉兩艘小澤的航艦。潛艦建功的消息必然讓許多飛行員感到十分扼腕，他們非常渴望能與敵人航艦交手。

在這個美國空戰史上最偉大的一天就要結束時，肯恩再也忍受不住。他運用大隊長的特權，聲稱他不願再留在航艦上，並將自己的名字排進執行搜索任務的人員名單中。當天晚上，肯恩駕機替復仇者式護航時，遇到兩架運氣不佳的日本水上飛機，並將他們全數擊落；其中一架距離特遣艦隊，只剩下約五十英里。肯恩因擊落這兩架敵機而成為空戰英雄，但他仍然為錯過白天那場史無前例的大狩獵行動，感到十分懊悔。

實際上，日本約有兩百六十架飛機被擊落。此外，還有許多飛機是在地面被擊毀，或是隨航艦翔鶴號與大鳳號一起沉沒。企業號在東所羅門和聖塔克魯茲兩場海戰的死對頭翔鶴號，在這場海戰中慘遭美國潛艦擊沉，但姊妹艦瑞鶴號還在海上航行，構成潛在威脅。相較於日本的慘重損失，美國海軍則損失二十九架飛機。

擊毀數以中隊計的日機固然令人滿意，但密茲契和麾下每個航艦飛行員要的，卻是日本航艦。鑑於小澤受創的航艦兵力正向西北方撤退，密茲契將面對一場嚴峻的追擊戰。第五八特遣艦隊的主要任務是支援兩棲登陸部隊，但史普勞恩斯的第五艦隊也獲得授權：當機會來臨時，可與日本航艦兵力交戰。於是，密茲契下令追擊。

六月二十日的返航

六月二十日一整天，密茲契麾下的快速航艦部隊不計血本地吞噬大量燃油，用最高的速度航行，試圖縮短與日本艦隊的距離。當天下午一時四十分，企業號派出飛機執行一次特別的搜索任務：他們分為四個小組，每小組包括兩架復仇者式魚雷轟炸機和一架地獄貓式戰鬥機，各組分別負責搜索西方一塊扇形的區域。綽號為「快槍查理」（Hotshot Charlie）的韓德森在過程中，發現一架執行偵察任務的日機，隨即追擊上去。韓德森將油門加到最大，從後方緊緊咬住這架靈活的「天山」式魚雷轟炸機，然後從正後方開火射擊。韓德森將他的成功歸功於「飛機製造廠打造出好飛機，而不是自己的飛行技術」。

納爾遜上尉也看到一架日本偵察機，卻沒多加理會。然後，在經過近四小時的搜索後，他注意到遠方海平面上有一些模糊的影子像；雖然從暴雨中無法看清楚究竟是什麼，但看起來像是船艦。

在納爾遜隔壁區域搜索的，是第一〇魚雷轟炸機中隊另一個機組，他們同樣也發現一些東西。瓊斯（Robert R. Jones）的僚機飛行員拉斯特（Edward Laster）中尉，看得比納爾遜更清楚一些。這些復仇者式魚雷轟炸機發現過去二十個月未曾出現的東西——日軍航空母艦。

這些飛行員立刻核對隨身的導航資料以確定方位，然後開啟無線電向企業號發出接敵報告。納爾遜在無線電中清楚表示：「敵艦在望。」然後報告這些日本航艦位置的經緯度，以及每小時二十節的估計航速。同一時間，瓊斯的無線電士格勒尼爾（Robert Grenier）也正用摩斯電碼回報。瓊斯的報告開頭是：「發現大量船艦。」然後他接著報告這些日本軍艦的位置。這兩份報告所列出的敵艦位置只有幾英里的差異。納爾遜的僚機莫爾（James S. Moore）中尉在核對自己先前回報的敵艦位置時，發現經度差了一度，也就是六十英里，遂趕緊將更正報告傳回特遣艦隊。

綽號「鐵路」（Railroad）的瓊斯先駕機返回企業號，以便親自提出報告，納爾遜則留在現場繼續監視。納爾遜的目光被幾英里外的日軍航艦吸引，他回憶道：「我們仔細端詳這艘航艦有四到五分鐘之久，然後她開始轉向，在艦尾留下環形的航跡。」納爾遜小組返航途中，護航的戰鬥機飛行員科勒根中尉（Ed Colgan）看到下方有一架綠色塗裝的日本飛機，遂衝向這架九七式魚雷轟炸機，三兩下就將它擊落，再繼續上路回家。

在企業號上，漢米爾頓與肯恩已編組一支攻擊機群，隨時待命起飛。其中包括十二架無畏式俯衝轟炸機、五架毀滅者式魚雷轟炸機，以及十二架地獄貓式戰鬥機。但這只是整個機群的一小部分。為了這次攻擊，第五八特遣艦隊大舉調兵遣將，從所轄四個支隊中的三個，編組一支多達二百四十架的機群。

拉瑪奇站在第一〇轟炸機中隊飛行待命室前方，大聲宣布：「這趟飛行務必要節約用油。」他接著解釋，這是一次長距離出擊，單程就要二百五十英里，而回程時還必需在黑暗中飛行。拉瑪奇建議中隊其他飛行員，飛行過程中最好自己管控燃油的使用，不要太信任自動省油設定。

美軍航艦開始頂風前進，並在下午四點二十五分讓機群升空。過程中有十四架飛機起飛失敗，其他兩百二十六架飛機則依序起飛，在午後的天空盤旋編隊，然後飛向目標區。

在朝目標區飛行約二十分鐘後，各中隊開始收到由無線電傳來的航線修正指令。更正莫爾中尉最初報告在經度上的錯誤（偏差一度），正確的方位終於即時傳給在空的飛行員。他們立即在繪圖板上，重新計算前往目標區所需的時間與距離。拉瑪奇發現，實際飛行距離將約略超過三百英里，同時也做好可能必須夜間著艦的心理準備。

在攻擊機群末端的第一〇轟炸機中隊，使用的是美軍艦載機中，飛行速度最慢的機種：無畏式俯衝轟炸機。在機群左方、即前往目標區航線的南方，發現一艘陌生的船隻。胡蜂號的飛行大隊前往攻擊這艘日本油輪，其他飛機則繼續往西飛行，尋找真正的作戰艦艇。

在西沉落日的餘暉照映下，美軍機群在一大片積雲的下方，發現位在背光處的日本艦隊。企業號機群飛抵日本第二航空戰隊上空，萊克辛頓號的第十六飛行大隊也同時抵達。這兩艘是目前美軍艦隊中，唯二還有無畏式在運作的航艦。攻擊機群領隊開始分配目標，包括三艘航艦，以及擔任護航的一艘戰鬥艦、一艘巡洋艦和八艘驅逐艦。

拉瑪奇的無畏式和伊森上尉的復仇者式聯手攻擊躲在積雲壟罩下、以高速航行的兩艘航艦。駕駛無畏式俯衝轟炸機的拉瑪琪，深信肯恩的地獄貓戰鬥機足以應付保衛航艦的日本戰鬥機，也對麾下飛行員的位置十分滿意。於是他開始減低馬力、伸出減速板，準備進行俯衝時。突然間，他聽到後座射手考利（David Cawley）士官長傳來的警告：「上空發現敵人戰鬥機。」拉瑪奇環伺四周，驚訝地發現附近有一架零戰五二型。但這架日機隨即放棄攔截、調頭離去。拉瑪奇於是將機鼻朝下，以七十度角向下俯衝。在拉瑪奇俯衝時，腦海中浮現第一〇轟炸機中隊前中隊長史壯的傳奇事蹟，以及他對自己說的話：「我要讓你成為全太平洋艦隊中，第二好的俯衝轟炸機飛行員。」

拉瑪奇的目標可能是日本航艦隼鷹號，另一艘航艦「龍鳳」號則指派給邦格斯（Lou Bangs）上尉的第二分隊。日本軍艦的高射砲開始射擊，但經過一段時間的俯衝後，日艦的飛行甲板終於出現在拉瑪奇眼前。他回憶道：「下方這艘航艦看起來十分巨大，讓人一度很難相信是真的。有那麼一刻，我感到非常的興奮，我常常夢想這一刻的到來。然後，我對接下來可能發生的事感到有些驚慌，不知會是怎麼樣的場面！」

拉瑪奇俯衝到一千五百英尺的最低限，猛然按下投彈柄，投下炸彈，感受到重達半噸的炸彈離開飛機，隨即拉起操縱桿。

即使身體還在從高G力的壓迫中恢復，拉瑪奇仍然可以察覺到他的炸彈在這艘航艦的尾波中爆炸。然後一架日本戰鬥機朝他們開火卻未命中，後座的考利則用雙聯裝布朗寧機槍還擊。拉瑪奇與那位日本飛行員互望了一眼，接著這架日本戰鬥機就開始爬升，以獲取高度。

拉瑪奇轉頭往下望，看見那艘日本航艦四周都是炸彈爆炸形成的水柱。這時還有一位飛行員未能成功投下炸彈，但分隊的其他四架飛機中，似乎有一架成功命中飛行甲板突出艦體的部分。

邦格斯的分隊在朝目標接近的過程中，突然一分為二，分別攻擊不同的目標。由於戰場一片混亂，再加上煙霧、水柱和逐漸昏暗的天色，使得沒有人有辦法說得清到底發生了什麼事。但不久之後，官方紀錄確認格魯比斯（Harold E. Grubiss）中尉投下的炸彈，擊中隼鷹號的艦橋。邦格斯也表示，這枚炸彈爆炸時的震波，將幾架飛機從甲板掀進海中。

伊森上尉的復仇者式打開炸彈艙、機身側傾，朝輕型航艦龍鳳號飛去。護航的日本戰鬥艦則朝伊森的機群射出猛烈的高射砲火。雖然第一〇戰鬥機中隊努力奮戰，試圖讓日機無法接近美軍轟炸機，但仍有大約十二架零戰五二型衝過防線，反覆干擾這群魚雷轟炸機。伊森的射手休斯（L.W. Hughes）可能擊中一架日機，只見該機冒出濃煙，調頭飛離。

企業號的復仇者式投下炸彈時，排成一列縱隊，以便涵蓋比較大的範圍。伊森麾下的飛行員宣稱，他們投下的十六枚炸彈中有百分之五十命中。但日本紀錄只提到龍鳳號挨了一枚接近彈，僅造成輕微的損失。

機群接近、攻擊和脫離的過程中，企業號的地獄貓式戰鬥機與小澤麾下、執行戰鬥空中巡邏任務的日機，進行一連串短暫的交戰。第一〇戰鬥機中隊宣稱擊落七架敵機，其中兩架是與肯恩編隊失聯的少尉飛官伍爾夫二世（Jerome L. Wolfe, Jr.）所擊落。

哈曼中尉的地獄貓四機分隊遭遇大約十五架零戰五二型的攔阻。但哈曼毫不畏懼，立刻調整方向、加足馬力朝敵機衝過去，哈曼和駕駛其僚機霍華德（William T. Howard）少尉各擊落一架。辛尼曼中尉和屠爾納（Jack Turner）少尉則與哈曼分散，獨立迎戰幾架敵機，並成功命中好幾架，迫使這些日機脫離戰場。但屠爾納的座機也因受創過重無法繼續飛行，只得迫降海面，等待友軍次日到場就援。

飛離日本艦隊後，美軍飛行員四處尋找認識的朋友，或雖不認識、但仍是友軍的飛機。沒人想在近三百英里的回程中單獨飛行，特別是天色已逐漸暗下來時。美軍在戰鬥中損失二十架飛機，而那些脫離戰場返航的飛行員，自認已經使密茲契冒險進行長程攻擊的決定，獲得合理的收獲。但事實上，只有貝勒森林號的復仇者式魚雷轟炸機取得令人稱道的戰果，擊沉航艦飛鷹號。另有四艘日本航艦受創，包括傷勢最重的隼鷹號；後者被兩枚炸彈直接命中，還加上四枚接近彈，這無疑是第一〇轟炸機中隊的戰果。

美軍機群在昏暗的夜空中朝東飛行，飛行員無不緊盯油量表的讀數，盡可能以最節省油料的發動機功率飛行。當油箱開始見底時，無線電中充斥許多飛行員猶豫不安的呼叫：某些飛行員不斷地唉聲嘆氣，若干飛行員則憤怒不已。有些飛行員乾脆關掉無線電，在沒有什麼月光的黑夜中，繼續朝東飛行。

當機群接近特遣艦隊時，飛行員對眼前的景象大吃一驚。幾乎每艘軍艦都燈火通明，包括閃動的桅頂燈，以及光芒萬丈、有如淡黃色燈塔的高功率信號燈。密茲契的參謀決定不管被日本潛艦攻擊的風險，以確保數十位年輕飛行員的安全。命令迅速在各艦流傳：「把燈光通通打開。」

第一架降落在企業號上的，是由多利（Joe Doyle）中尉所駕駛的復仇者式魚雷轟炸機；他成功鉤到攔截索，但弄斷了機輪。甲板人員已沒時間了解究竟出了什麼問題，只很快地將多利的T－49號機推入海中，以便清出甲板空間。

多利降落後，其他飛行員紛紛嘗試將機上的油料與自己的運氣發揮到極致。康明斯（Ralph Cummings）中尉將飛機飛到航艦附近，但當他在空中盤旋、等候降落時，燃油卻用完了，使他必須要迫降在海面。他打開閃光燈，朝巡洋艦「巴爾的摩」號（USS Baltimore，CA-68）不斷地示意，直到被救起為止。

像當晚許多飛行員一樣，「弩弓」科林斯也將開燈的護航艦誤認是航艦，好在他即時發現自己正排隊朝一艘驅逐艦飛去。科林斯的燃油雖夠他飛往企業號，但當他飛越這艘航艦時，發現飛行甲板已經塞爆，只得放棄著艦。科林斯稍後安全降落在海面上，卻在救生筏上等待救援時，和他的射手蘭格沃斯（Bill Langworthy）發生一場短暫的拔河比賽——他們分別划向不同的方向。

伊森上尉也來到艦隊附近準備著艦，但當他打算降落在萊克辛頓號時，卻老是被驚慌失措或不守規矩的飛行員插隊，使伊森被迫重飛。燃油用盡後，這位第一〇魚雷轟炸機中隊的副中隊長別無選擇，只得將飛機降落在海面。伊森的無線電士麥克穆林（Joe McMullin）在聖塔克魯茲海戰時，曾有過海面迫降經驗；他認為伊森在迫降海面時的精確度，一點都不比正常狀態下的著艦遜色。

企業號的降落信號官是普羅克斯（Horace Proulx）上尉，曾在第六轟炸機中隊擔任飛行員，在那天晚上異常忙碌。被普羅克斯下令離開的眾多飛行員中，也包括拉瑪奇。拉瑪奇最後轉降第五八特遣艦隊第一支隊（TG 58.1）的航艦約克鎮號，並與一位心目中的老英雄，擔任克拉克（Jocko Clark）少將參謀的克羅姆林上校不期而遇。

同一時間，普羅克斯引導十七架分別來自其他五艘航艦的飛機，降落在企業號上。那天晚上，航艦的飛行甲板對所有飛機開放。第一〇轟炸機中隊唯一沒有著艦的，是邦格斯上尉；他在燃油耗盡後，與射擊士、連同伊森的機組人員，一齊被驅逐艦「科格威爾」號（USS Cogswell，DD-651）救起。值得一提的是，航程相對較短的無畏式俯衝轟炸機卻是此次夜間飛行中，因燃油耗盡而落海數目最少的機種。

哈默在當晚也駕駛海盜式夜間戰鬥機升空執行任務，但不是為了獵殺日本飛機，而是搜尋失蹤的袍澤。在兩個小時的飛行任務中，哈默用機上的對空搜索雷達尋獲三批迷路的美國飛機，並帶領他們返回特遣艦隊。哈默認為這是自他開始飛行以來，最令他滿意的任務之一。

當天晚上，有一位飛行員沒有回到企業號。當企業號清點人員時，發現「殺手」肯恩失蹤了。

激戰過後

六月二十一日大清早，精力充沛的納爾遜與莫爾再度駕機升空，嘗試尋找他們前一天下午所發現的日本艦隊——他們又成功了。讓人難以置信的是，他們竟然在小澤的四支航艦戰鬥群附近盤旋近一個小時，將不斷更新的敵艦位置、方位與航速報回企業號。第一〇魚雷轟炸機中隊在這二天的出色表現，替艦載偵察機立下難以超越的標竿，更確認配備雷達的夜間戰鬥機之重要性。

根據接敵報告，企業號派出十六架轟炸機，由十二架地獄貓戰鬥機掩護，嘗試在上午稍晚時再度對敵人艦隊發動攻擊。但雙方艦隊的距離已增加到三百五十英里，任務遂取消。隨著日本艦隊駛出美軍的攻擊範圍，菲律賓海海戰正式告一段落，這場被稱為「馬里亞納射火雞」的大戰也從此變成傳奇。

但美軍仍有許多任務要執行。第五八特遣艦隊除了要搜索失蹤的空勤組員，還要重新整編因為夜間著艦，不同單位全部混在一起的戰鬥序列。有十五架飛機因此返回企業號，使參謀人員可以開始概估戰損情形。總計在六月二十日當天，第一〇飛行大隊共損失六架飛機，但只有屠爾納是被敵人擊落的，而他隨後也獲救。

六月二十九日一整天，美軍持續空襲關島和帕甘島（Pagan），以保持對日軍基地的壓力，並攔截任何想穿越這個區域的敵機。但與十九日及二十日兩天的大陣仗相較，這些空襲顯得非常乏味，甚至在某一天，美軍一共只起降十五架飛機而已。

六月二十二日當天，一艘驅逐艦靠近企業號，透過摩斯電碼通知她準備接收訊號。通信中心內，無線電士開始接收電文內容。開頭是：How…Oboe…William…break…Mike…Uncle…Charlie…How…等等。

等電文全部收完後，得知內容是「殺手肯恩值多少冰淇淋？」時，企業號通信中心頓時歡聲雷動，消息立刻傳給副長漢米爾頓。幾分鐘後，漢米爾頓透過廣播系統對全艦官兵宣布，他們的飛行大隊大隊長要回家了。

當天下午，這艘驅逐艦將肯恩透過高線傳遞的方式送回企業號，並換得二十加侖冰淇淋，是一般行情的四倍。但肯恩的狀況似乎從來沒有這麼糟過，不僅頭上包了繃帶，臉部也因撞上瞄準器而受傷。漢米爾頓回憶道：「當驅逐艦透過高線傳遞將肯恩送回企業號時，全艦官兵興高采烈的程度前所未有。我從未見過一艘軍艦的官兵，對某人表現出如此強烈的愛戴。」

肯恩向企業號官兵說明前天晚上所發生的事。某艘航艦因為飛行甲板太過擁擠，拒絕他降落。就在他嘲諷該艘航艦降落信號官的決定時，他和其他幾位飛行員座機的燃料耗盡，他只得設法降低高度，然後迫降在海面上。這一點都不奇怪，畢竟他已駕機在空中飛了近十小時。

某些飛行員私下擔心肯恩是否不願再繼續飛行。他的近視眼早已不是秘密；根據規定，他不應該繼續在航艦上執行飛行任務。儘管如此，沒有人願意當著肯恩的面告訴他：「你應該停飛。」

壓抑攻擊敵軍航艦部隊的強烈渴望，以及歡迎袍澤自險境中安全歸來，其實是兩回事，特別是有人覺得這場仗不該是這樣進行時。腳上穿著華麗的棕色皮鞋，與傳統水面艦軍官的黑皮鞋形成強烈對比的航空部隊成員們，私下批評史普勞恩斯錯失一個絕好的機會。在飛行員待命室中，大多數人認為美軍應該對小澤艦隊窮追不捨，直到徹底摧毀日本的航艦兵力，讓她們再也無法構成威脅為止。但某些資深飛行員後來也承認，航空部隊以駕駛艙為視角的觀點，未能充分考量整體局勢。第五艦隊最重要的責任，是支援兩棲攻擊部隊，以防止日本艦隊從外圍折返，突襲這些脆弱的兩棲艦艇。不管這種突襲乍看之下有多麼不可能，卻讓尼米茲相當警戒，但尼米茲也盡可能讓史普勞恩斯在執行任務時，擁有最大的彈性。史普勞恩斯也和他在中途島海戰時一樣，圓滿完成雙重任務：成功保護岸上部隊，同時盡可能讓敵軍蒙受最大的損失。在小澤的九艘航艦中，一共只有六艘能夠返航，艦上的飛機則損失殆盡。地獄貓戰鬥機部隊已經將日本精心培育的飛行中隊打得支離破碎，幾乎無法重建。

接下來的一個星期，企業號參與的戰鬥任務並不多，其中絕大多數由夜間戰鬥機擔綱。六月二十七日，霍頓駕駛海盜式夜間戰鬥機在特遣艦隊南方十英里空域，擊落一架日本一式陸上攻擊機。第二天晚上，哈默的夜戰中隊取得這次駐防期間最後一次勝利：霍頓又擊落兩架，哈默則擊落一架。儘管駕駛海軍最具挑戰性的飛機並且在夜間飛行，第一〇一夜間戰鬥機中隊仍然帶著擊落五架敵機、自己全身而退的成績，結束這次的部署任務。

六月二十九日，第一〇飛行大隊出動三十架艦載機攻擊奧羅特機場，結束此次部署任務。當攻擊結束、機群準備返回特遣艦隊時，一些年輕飛行員被允許自由發揮。他們於是打破肯恩所訂下的嚴格規定，盡情地在空中表演特技飛行，或是在無線電中彼此取笑。他們鬧了幾分鐘後，黑傑克李維親自干預，下令停止這些飛行表演。但從激戰中活下來的飛行員卻覺得這樣很值得：在五個月持續不斷地戰鬥中，他們損失十二位飛行員與七位空勤組員。現在，他們要回家了。

企業號則繼續留在戰場。

第十章

企業號的能耐也不過如此而已

（一九四四年八月至十二月）

一九四四年時，在馬約羅環礁放鬆一下的企業號水兵。圖中可見兩艘錨泊在近岸的戰鬥艦。

一九四四年盛夏，在馬紹爾群島馬約羅環礁（Majuro）休整的企業號，出現了一些變化。先是李維少將離艦，緊接著加德納艦長也離任，預計很快就會晉升為將官，並出任支隊司令官。一般來說，企業號官兵們並沒有太懷念加德納，雖然有些人偶爾會發現這位艦長較溫和的一面。儘管文書士諾爾伯格和加德納的關係常常很緊繃，但後者在離去前還是給這位文書士一個禮物：親筆繪製的自畫像。

由於在馬約羅期間還不會有新艦長到任，副長漢米爾頓暫時接掌指揮權。雖然漢米爾頓僅官拜中校，但在七月大多數時間裡，他以代理艦長身分指揮企業號返回珍珠港，以更換推進器和接收新的飛行大隊。企業號在七月十六日進入珍珠港的船塢，一待就是整整一個月，而且是十分忙碌的一個月。

企業號新艦長是格洛弗（Douglas Glover, Jr.）上校，由於曾擔任尼米茲上將的資深計畫參謀，他對太平洋戰區整體戰略形勢的掌握，遠比以往任何一位艦長深入。格洛弗的任命，是美國海軍人事政策的典型案例，藉由讓資深軍官在幕僚和海上指揮職間的輪調，讓這些軍官獲得必要的歷練，也讓資訊可以在前線部隊與高司單位間交流。格洛弗的下屬還記得這位來自阿拉巴馬州的艦長，是一位具有紳士風度、語調柔和，而且對所有人一視同仁的領導者。他或許是企業號歷任艦長中最平易近人的一位，非常關心麾下水兵的福祉。格洛弗常在艦橋兩側與下屬隨意地交談，並鼓勵年輕水兵利用新頒布的大兵法案（GI Bill）前往大學就讀。

新的飛行大隊報到後，企業號隨即利用五天的時間，與該大隊麾下各中隊進行聯合演訓。第二〇飛行大隊的大隊長是說話慢吞吞的史密斯（Daniel F. Smith, Jr.）中校，但大家習慣叫他「道格」（Dog）。一九三四年班的海軍官校年刊形容史密斯是「傳奇故事中所描述的典型德州人，有六呎二吋瘦高的身材、被太陽曬得黝黑的皮膚，和突出的下巴」。

戰鬥機中隊中隊長巴庫提司（Frederick E. Bakutis）是位麻薩諸塞州佬，畢業於海軍官校。他從一九三九年起轉往航空部隊任職，向企業號報到前，曾在另外兩艘航艦駐防過。巴庫提司是天生音樂家，常常以吉他與收音機中播放的音樂合奏，或在傑利・弗林主持的企業號廣播電台演出。

轟炸機中隊中隊長是來自佛羅里達州彭薩科拉，英俊黝黑、食慾奇佳的里拉（Robert Emmett Riera）。但多數人習慣用他的中間名，稱他為艾米特。與里拉一起來到企業號的，是寇蒂斯公司製造的SB2C「地獄俯衝者」式（Helldiver）俯衝轟炸機。這型飛機在開發過程中遭遇許多挫折，常出現尾翼脫落、和無法適應航艦作業等問題。只有少部分俯衝轟炸機飛行員對地獄俯衝者表示肯定，如同對他們鍾愛的無畏式的看法：後者雖然速度慢，卻是一種更精確、可靠得多的飛機。地獄俯衝者的服役時間幾經延遲，直到一九四三年十一月才投入戰鬥。但要到馬里亞納海戰後，才全數取代了原本在美國航艦上的無畏式。里拉與他的隊友決心設法駕馭這頭「野獸」，並且在向企業號報到前不久，將機種從令人咒罵的早期型，換裝成性能經過改善的SB2C－3型。

第二〇魚雷轟炸機中隊首任中隊長是德瑞森朵弗（David Dressendorfer）少校，但在該中隊部署到企業號前調離現職。他在離任前曾預言道：「這支飛行大隊或許是有史以來最好的，但卻可能有多達三分之一的人會凋零。」後來證明，這個預言十分準確。來自阿拉巴馬州的普里克特（Samuel Lee Prickett, Jr.）繼德瑞森朵弗後出任中隊長。他與大隊長和其他中隊長不一樣，並非海軍官校的畢業生。

夜間戰鬥機中隊的中隊長，則由許多企業號官兵的舊識格雷少校出任。他在中途島海戰後調離，時隔兩年後再度登上企業號。身為第七十八夜戰中隊的中隊長，格雷親率第一分遣隊駐守企業號，麾下其他四支分遣隊則分駐其他航艦。

這個新單位成員對能分派到企業號上服勤感到十分驕傲。魚雷轟炸機中隊的紀錄顯示：「我們即將派駐在著名的大E上，她是海軍最優秀的航艦，艦上有海軍引以為豪的軍官、士官與士兵。他們當中絕大多數都已長期在海上服役，根據當時通行的標準，早就可以離開前線。但他們仍舊衷心歡迎我們這些新來者，讓我們很快成為企業號的一員。我們對戰功彪炳的企業號十分尊敬。艦上的官兵，特別是飛行甲板工作人員，都是海軍的佼佼者。」

史密斯和巴庫提司對麾下戰鬥機飛行員進行密集的機槍和火箭射擊訓練，有時是每天三次，每次九十分鐘。經過加州和夏威夷兩地的訓練，第二〇飛行大隊所屬各中隊已經從一群生手，轉變成能在三度空間悠遊自得、游刃有餘的飛行員。除白天的飛行訓練，他們也在黎明前演練起飛和空中編隊。因此，當第二〇飛行大隊抵達企業號時，已經是一支運作良好、能夠作戰的隊伍。

現在回任副長的漢米爾頓，十分欣賞這批新抵達的人員。他認為史密斯的大隊是一支「非常積極進取、非常優秀的飛行大隊」。飛行員們明顯都很有能力，對所駕駛的新飛機性能也充滿自信。此時，飛機塗裝也已經由原本的藍身白底，改為色澤鮮明的藍色。

除了艦載機的塗裝更新，企業號自己也有新的塗裝。當她在珍珠港時，依照第三十三號塗裝規定（Measure 33），重新用淺灰色、暗灰色和藍灰色進行塗裝。由於企業號是同級航艦中，唯一倖存的一艘，海軍遂專門替企業號設計一種由各種不同角度的扇形圖案混合而成、編號為「4AB」的特殊塗，讓敵軍潛艦艦長無法識別這艘航艦的型號與她航行的方向。

企業號在八月十六日自珍珠港啟航，前往位在馬紹爾群島、距日本約二千七百英里的安維托克環礁，加入在當地錨泊的美軍艦隊。企業號有百餘位老兵不由得憶起一九四二年上半年，當時太平洋艦隊能做的，頂多就是對馬紹爾群島發起為期僅一天的襲擊。現在，整個群島都已成為美國的內湖。

企業號抵達安維托克環礁四天後，特遣艦隊啟航往西，前往攻擊位於一千六百英里外，貧瘠、偏僻的小笠原群島。航行途中，第五艦隊也按照計畫在海上把番號轉換成第三艦隊，並由駐節「紐澤西」號（USS New Jersey，BB-63）戰鬥艦的海爾賽接掌指揮權，但企業號上多數官兵都沒察覺有任何變化。由快速航艦部隊組成的第五八特遣艦隊，此時也隨第五艦隊更名為第三艦隊，調整番號為第三八特遣艦隊，但仍由密茲契擔任司令官。企業號則與「富蘭克林」號（USS Franklin，CV-13）、貝勒森林號，以及聖哈辛托號等航艦，共同構成第三八特遣艦隊第四支隊（TG 38.4）的主力，司令官是戴維森（Ralph Davison）少將。戴維森將司令部設在新加入的富蘭克林號，因為這艘暱稱「大班傑明」（Big Ben）的航艦除了有更多空間供艦隊幕僚使用，還有最新的通訊裝備。[1]這對企業號官兵來說，是個令人吃驚的變化，因為他們從一九四一年起，就已經習慣有司令官駐節在艦上。

---

1 譯注：該艦是以美國開國元勳，班傑明・富蘭克林（Benjamin Franklin）之名命名的。

一九四四年八月三十一日，第二〇飛行大隊以無比的熱情投入首次作戰任務，對東京南方七百五十英里的小笠原群島進行三天的攻擊。對格洛弗艦長這樣擔任過艦隊計畫參謀的軍官而言，若將廣大的太平洋視為由一個個經緯度方格所構成的棋盤，則小笠原群島不過是其中一個方格罷了。航艦就像海軍手中的皇后，有極高的機動力，可到達棋盤上的任何位置發動攻擊。在戴維森支隊痛擊小笠原群島時，其餘支隊則同時對海圖上別的方格——菲律賓以東的帛琉和威克島發動攻擊，持續讓日軍處於捉襟見肘、舉棋不定的狀態。附近火山島中，有一座原本默默無聞的小島，六個月後成為注目的焦點，那就是硫磺島。

小笠原群島與南南東方的帛琉和東方的威克島，在大洋上構成一個每邊兩千至四千五百英里長的三角形，總面積高達四百四十萬平方英里，涵蓋大部分西太平洋。美國海軍已經牢牢掌控這個海域，但尼米茲還要更多。

在小笠原群島之役的第一天，史密斯所部發動罕見的大規模攻擊，一口氣出動四十架飛機，以近乎二對一的優勢，痛擊父島的碼頭和機場，在返航前又空襲南邊的母島。由於這些小島既沒有多少敵軍飛機，也沒什麼值得一提的船艦，使這場攻擊行動對某些人來說猶如訓練操演。富蘭克林號的地獄貓戰鬥機宣稱在硫磺島南方約一百五十英里空域擊落十二架敵機時，企業號的飛行員卻沒碰上任何敵機。但父島的高砲火力卻極具殺傷力：各式各樣的機砲與高射砲，從島上崎嶇不平的森林地帶朝美軍飛機射擊。三天空襲中，第二〇飛行大隊損失三架地獄俯衝者式轟炸機：少尉飛行員弗格森（Stuart Ferguson）和無線電士貝恩（James A. Bain），不幸成為該大隊第一批陣亡人員；另外還有兩架地獄貓式戰鬥機和一架復仇者式魚雷轟炸機。雖然從巡洋艦起飛的水上飛機已經能很熟練地執行救援工作，但在父島空襲中折損六架飛機，說明第二〇飛行大隊的首次攻擊任務是一次艱難的考驗。

在塞班島短暫停留後，快速航艦部隊朝南移動。目前該島已成為美軍艦隊的前進基地，面貌已經與兩個月前「殺手」肯恩的部下發動攻擊時大不相同。三八特遣艦隊第四支隊奉命，在九月六日攻擊加羅林群島中的雅浦島（Yap），看來又是一場「打了就走」的作戰。史密斯在下午的空襲行動中親自上陣，與戰鬥機中隊的巴庫提司中隊長和勞勒（Joseph T. Lawler）副中隊長各率一個分隊出擊。但雅浦島的高射砲手或許是整個西太平洋地區中，技術最精湛的。這些高射砲首先擊落巴庫提司分隊中，由布朗（Harry Brown）中尉所駕駛的四號機。幾秒鐘後，勞勒分隊中的兩架僚機也失蹤。由於這一切發生得太快，以致少尉考克斯（Joseph E. Cox）和霍丁（H. A. Holding）究竟是在俯衝時發生互撞、還是被高射砲擊中，竟沒人說得清。

雖然有些空勤人員覺得雅浦島的空襲得不償失，但一種在加羅林群島攻擊戰中被開發出來的新武器，即凝固汽油彈，被第二〇戰鬥機中隊首度運用於航艦戰鬥中。此種有如蘋果醬般濃稠的凝膠狀物質，連同著發引信一起被塞進地獄貓的可拋式副油箱中；當它被投落到地面時，會在附近引發如同煉獄般的大火，足以摧毀被樹葉或偽裝網遮蓋的日軍設施。但企業號的飛行員發現，約半數凝固汽油彈不是無法投落，就是投下後未能引燃，這讓部分飛行員只得冒不必要的風險，回頭用機上的機槍引燃它們。

貝里琉島的血戰

企業號的下次作戰不再是「打了就跑」的類型了，而是一場大型兩棲登陸作戰的前奏，地點是民答那峨島（Mindanao）以東六百英里的貝里琉島（Peleliu）。當戴維森率領企業號和富蘭克林號，連同其他護航艦，一齊朝帛琉群島（六個月前，即一九四四年三月，第一〇飛行大隊曾痛擊該島）前進時，其他三個支隊則前往刺探菲律賓群島。

日軍花三費十年修築帛琉的防禦工事，如今終於派上用場。為人低調、有效率的戰鬥機中隊副中隊長勞勒後來指出：「科羅爾島（Koror）是帛琉群島首府，日軍在此部署第一流的大砲，並且有充足的彈藥補給。」

企業號的攻擊目標，包括那些如今當作浮動高砲基地的軍艦。九月十日，魚雷轟炸機中隊副中隊長馬歐（Ross Manown）的復仇者式，以及機上所有人員都宣告失蹤。同樣列入失蹤名單的，還包括俯衝轟炸機中隊的基布森（George Gibson）上尉和他的後座射手，而他們可能已經陣亡。對這支甫投入實戰不久的新單位來說，這是一條充滿荊棘的學習之路，唯有付出痛苦的代價，才能習得寶貴的教訓。此後，第二〇飛行大隊下令，對科羅爾的空中攻擊，進入目標的高度不得低於四千英尺，避免遭受日軍輕型高砲的危害。儘管如此，魚雷轟炸機中隊於九月十三日，又在貝里琉損失一組機組人員。

對貝里琉的兩棲登陸攻擊在九月十五日發動，讓企業號的飛行組員得以親眼目睹一個激動人心的場面。他們之中從未有人看過類似的情景：川流不息的兩棲裝甲載具與登陸艇，在海中奮勇朝灘頭前進。但這些灘頭受到島上高聳、崎嶇不平的丘陵瞰制，使日軍獲得大戰期間最有力的防禦地形。史密斯麾下各中隊以炸彈、火箭和深入敵人陣地掃射等方式攻擊島上守軍。但不論攻擊多少遍、或投下多少彈藥，就是壓制不了日軍的砲火，令飛官們倍感挫折。航艦兵力在九月十七日撤出戰區時，海軍陸戰隊第一師的官兵仍持續在山丘上，吃力地一邊攀爬、一邊奮戰；陸戰隊士兵用鮮血開路時，也不禁懷疑是否真有必要占領這座島。

與島上浴血奮戰的陸戰隊員相反，航艦水兵卻開始花心思在某些海上特有的古怪儀式上。九月十九日，特遣艦隊往南航行時，跨越了赤道。這讓那些先前曾隨艦穿越過赤道的老兵獲得罕見的機會，可以用那些傳統的整人方式，「招呼」那些未曾穿越過赤道的新兵們。儘管在戰時通常不舉行此種迎新儀式，但因為眼前似乎沒什麼緊急事情，於是企業號把一九三八年進行首次長程試航，舉行該儀式時的花樣重覆了一遍。一些艦上水兵還記得一九三八年時的情景，但扮演主要角色的人員絕大多數已經離艦。因此，海神尼普頓就由上官長金賽爾（D.C. Gensel）擔綱。因為他不僅經驗豐富，也愛好此道。

接下來三天，企業號都待在新幾內亞北部、阿得米拉提群島（Admiralties）中的馬努斯島（Manus）水域，重新補充武器彈藥、添加燃料，並讓官兵有機會休息一下。軍艦上的官兵成群結隊來到岸上，準備喝些常溫的啤酒，然後好好嬉鬧一番（估計每六個酒客中，至少有一人達二十一歲的法定喝酒年齡）。但熱帶的高溫足以融化多數人的興致，有些水兵因此選擇回到相對舒適的艦上，好好睡一覺。

對某些人來說，這段插曲還有不少值得一提之事。在地球另一端，美國職棒世界大賽的決賽剛好在九月舉行。這是一次著名、跨城市的兩強對決，由國家聯盟的紅雀隊（National League Cardinals）與美國聯盟的棕人隊（American League Browns，即現在的金鶯隊）交手。從企業號的收音機傳來最後結果：紅雀隊以四勝二負的戰績拿下世界大賽的冠軍。總冠軍賽最有價值球員由系列賽中，打擊率三成零四的穆休（Stan Musial）奪得，穆休要到隔年才會收到徵召入伍的兵單。

向沖繩躍進

當第三八特遣艦隊在十月初重返戰場，海爾賽手中的兵力可說是應有盡有，包括十七艘快速航艦、六艘戰鬥艦、十四艘巡洋艦，以及近六十艘驅逐艦。攻擊目標則是日本南方三百五十英里的沖繩群島；美軍預定在一九四五年春天攻占這個大型島嶼，但島上防衛力量有必要先行削弱。

在空襲展開前，美軍修改部分計畫，要求在空戰中殲滅敵人航空兵力，第二〇戰鬥機中隊派出三支四機分隊投入這次出擊。美軍的攻擊完全出乎日軍意料之外，使後者根本來不及升空。因此，巴庫提司的地獄貓戰鬥機在十月十日上午，從低空掃射日軍的機場跑道與停機坪，一口氣摧毀幾十架停放在地面的敵機。

下個攻擊目標原本是中城灣，但據報在那霸市出現更值得攻擊的目標。那邊除了已經沉沒的五艘日本運輸艦，企業號的轟炸機又發現四艘運輸船，以及一艘一開始被誤認為驅逐艦的護衛艦。[2] 各二機小組受領攻擊目標後，就從西方一萬二千英尺的高度開始俯衝，無視地面準頭欠佳的高射砲火。地獄俯衝者式的轟炸非常致命；攻擊總領隊的報告指出，每艘船艦都被命中，只有少數炸彈錯失目標。一艘運輸艦當場爆炸，其他也冒出大火。當俯衝轟炸機與魚雷轟炸機聯手攻擊一艘運輸艦，那艘日本護衛艦正在下沉。在里拉的轟炸機從目標區脫離時，飛行員獲得難得的機會，可用機上的二〇機砲攻擊。經過美軍轟炸機的掃射後，一艘在近岸活動的小船幾乎被打成碎片後沉沒。

在成軍近一年、緊接著投入實戰近兩個月後，第二〇飛行大隊的戰力已有高水準的表現。史密斯麾下飛行員可以在短短幾分鐘內，以三十多架飛機對敵人發動攻擊，並且在將目標擊沉、擊毀或使之陷入火海後迅速脫離。戰鬥機一直沒有與敵機交戰的機會，但這個情形即將改變。

十月十一日晚上，格雷在特遣艦隊西方約五十英里附近，發現一架日本的一式陸攻轟炸機，隨即執行一次完美的攔截任務。格雷在日本人沒有察覺的情況下，悄悄接近到距敵機只有一百碼的距離，然後開火射擊。由於兩架飛機的距離很近，使格雷將飛機拉起，而他通過那架被集中的日本轟炸機上方時，還可看見火焰從機身內冒出來。由於夜間戰鬥機分遣隊暫時納編在巴庫提司麾下，所以在官方紀錄上，這是第二〇戰鬥機中隊擊落的第一架敵機。不過，在這之前，夜戰型地獄貓已經付出了代價：在幾起意外事故中，共折損三架飛機和一位飛行員。

十月十二日上午，快速航艦部隊對臺灣發動攻擊。該島距中國東南沿海約七十五英里，有多處日本海、陸軍的設施。第三艦隊對這個面積約一萬三千平方英里，在太平洋中排行第十四大島嶼，進行

2 譯注：即鷹島號，是一艘布雷艦。

長達三天的轟炸，以消滅日本的空中兵力，作為即將在南方五百英里的菲律賓發動登陸攻擊的前奏。以空中攻擊壓制臺灣日軍的戰力，是項令人氣餒的任務。日本從一八九五年起即殖民臺灣，花了近五十年的時間，將這個島嶼發展成良好的基地與防禦陣地。臺灣島上擠滿轟炸機、戰鬥機，以及數以百計口徑在二十五公厘以上的高射砲。但該島的重要性卻不能輕忽：一九四一年時從臺灣起飛的日本海軍飛機，就曾壓倒駐防在呂宋島的美軍。日本飛機優異的長航程，成功協助日軍拿下菲律賓。

企業號派出十二架地獄貓戰鬥機，參與第一階段的戰鬥機掃蕩任務。巴庫提司麾下飛行員，在臺灣幾個主要空軍基地（臺南空軍基地、永康飛行場，以及高雄機場）附近與敵機交戰。大隊長史密斯旗開得勝，與伍德洛夫（Thomas J. Woodruff）中尉聯手擊落一架零戰五二型戰鬥機。

在接下來二十分鐘，第二〇戰鬥機中隊的其他飛行員與日本陸軍「鍾馗」式戰鬥機，以及日本海軍的零戰五二型發生激烈空戰。巴庫提司擊落二架鍾馗式，瘦高的菲力普（Alex Phillips）少尉則宣稱擊落四架零戰五二型。戰果同樣驚人的還有貝克（Douglas Baker）少尉；他朝一列鍾馗式戰鬥機俯衝，將行列中最後一架打得熊熊火起，而在幾秒鐘後，另一架鍾馗式橫向通過貝克前方，使他不費吹灰之力就命中這架敵機。這架鍾馗式隨即冒出濃煙，飛行員跳傘逃生。為了尋找僚機，貝克往下瞥了一眼，發現另一個攻擊機會。他決定嘗試一下海軍獨創的間接射擊術，在取好足夠的位移量後，隨即開火射擊。貝克的射擊十分精準，使這架鍾馗式戰鬥機變成一團火球。然後，貝克又與落單的納爾遜少尉聯手，擊落一架零戰五二型機。來自奧克拉荷馬州、年方二十三歲的貝克，正在朝全中隊擊落敵機數量最多的飛行員邁進。

首次參與大規模空戰的第二〇戰鬥機中隊，在這次長時間的激戰中，共擊落二十一架敵機。

雖然在早上對臺灣各機場的空中掃蕩中，美軍殲滅近三分之一的日本航空兵力，第二波攻擊又成功消滅剩餘日本飛機的大多數，但美軍仍免不了有損失。在攻擊高雄港時，一架復仇者式魚雷轟炸機和兩架地獄俯衝式俯衝轟炸機，被密集的高砲火網擊落。這些高射砲所造成的犧牲者，還包括另一架地獄貓式戰鬥機。所幸，倖存的空勤組員由潛艦順利救起。

隔天的十月十三日，由於日本已經喪失臺灣地區的制空權，使這天發生的空戰遠比前一天少。企業號的戰鬥機共擊落八架敵機，幾乎都是計畫偵察美軍特遣艦隊的偵察機。但勞勒卻在臺灣近海發現敵機，並立下戰功。當勞勒從空襲臺北市的任務返航，發現在海上有一個求生筏，裡面有一個飛行組員正朝他瘋狂揮手。於是，勞勒決定留在現場掩護這位被擊落的飛行組員，直到潛艦抵達為止。

勞勒駕機在低空盤旋時，他環伺四周，發現一架機身光亮的日本飛機從內陸往外飛。日本飛行員一定也在同一時間看到這些美國人，所以突然將飛機調頭，嘗試飛回陸地。以水上飛機的標準而言，這架被盟軍稱之為「保羅」（Paul）的愛知E16A「瑞雲」式水上飛機的速度非常快，它每小時可達二百七十英里。勞勒透過一條金屬線加大油門（這是要避免觸動為發動機降溫的注水系統），然後迅速將地獄貓的普惠發動機動力調到最大，很快地追上那架笨拙的水上飛機。他隨即用準星完成瞄準、扣下扳機，直到它爆炸為止。

大約五分鐘後，勞勒與他的分隊重新會合，卻又突然發現另一架水上飛機。由於勞勒知道這些日本水上飛機很可能會用機槍掃射海上的救生筏，於是他再度發動攻擊，擊落這架被盟軍稱之為「傑克」

（Jake）的零式水上偵察機。

最後，勞勒從值勤潛艦的報告中得知，她已經與救生筏會合，正準備將這位落海的飛行員送回企業號。

就在同一天，羅斯（William F. Ross）中尉所駕駛的復仇者式慘遭擊落。機上除羅斯外，還有無線電士奧德羅（Harry H. Aldro）和軍械兵麥克維（Charles E. McVay）。當這架復仇者失去控制、快速下墜時，羅斯聽到他朋友呼叫道：「趕快跳傘，盡快！」於是他從機艙內往旁邊跳，在空中拉下開傘索，然後降落在海面上。岸上日軍開火射擊，子彈命中他的肩膀。後來，這些日軍決定活捉他們。羅斯被送到醫院，一名意外的訪客在幾天後來訪，聲稱是擊落他的日本飛行員。與羅斯同機的其他兩人，在八個月後慘遭日軍謀殺。

第二天晚上，四架一式陸攻轟炸機穿透第三八特遣艦隊第四支隊外圍的警戒線，朝富蘭克林號發射幾枚魚雷。站在高處瞭望的企業號水兵，看見「大班傑明」的飛行甲板冒出一團火球，那是一架日本轟炸機從富蘭克林號的飛行甲板上方橫切過去所造成的，但沒有造成什麼嚴重損害。

在「臺灣大空戰」的第三天，戴維森支隊奉派向南航行兩百五十英里，對北呂宋的機場發動攻擊。巴庫提司麾下飛行員發現有若干敵機停放在地面，遂以機槍進行掃射，但除此之外，並沒發現多少可攻擊的目標。這次作戰仍稱得上成功，因為美軍不僅削弱敵人的空中兵力，也擊沉超過二十艘日本貨船、商船和油輪。

進軍菲律賓

東京不能讓菲律賓落入他人之手。菲律賓列島不僅控制整個西太平洋，同時也掌控日本從荷屬東印度群島（現稱印尼）運送石油回日本的海上生命線。這就是為何日本在攻擊珍珠港後，要立刻攻占菲律賓的原因。也正因為如此，當美軍發動攻擊，試圖重新奪取菲律賓時，就很可能在陸上遭遇頑強的抵抗，同時引發一場大規模海戰。

菲律賓解放之役在十月十五日正式開打。當天早上，企業號每個中隊長都親率所屬——總共有三十三架機身藍色、垂直尾翼塗上白色三角形的艦載機，朝岸上飛去。攻擊目標是馬尼拉。

在馬尼拉以東的空域，美日雙方空中兵力在此進行一場惡鬥。對地獄貓戰鬥機飛行員來說，情勢已經很明顯：他們一方面必須奮力殺出重圍，另一方面又要替轟炸機清除障礙。日本陸軍的戰鬥機不僅在數量上遠比企業號的十六架地獄貓戰鬥機還多，更試圖將美軍戰鬥機從地獄俯衝者式和復仇者式旁邊引開，但巴庫提司沒有讓這些日本人得逞。結果，整趟任務演變成一場大規模的空中纏鬥：美軍共擊落十一架被盟軍稱之為「奧斯卡」（Oscar）的「隼」式戰鬥機，自己則沒有傷亡。貝克宣稱擊落兩架敵機，使他的戰功居全中隊之冠。

由於未遭受日本戰鬥機的干擾，里拉和普里克特所率領的轟炸機群，對馬尼拉機場進行了精確的攻擊。因為機場上空有低雲覆蓋，使里拉的俯衝轟炸機無法像往常一樣，從高空進行俯衝。於是，企業號的地獄俯衝者式轟炸機與復仇者式魚雷轟炸機決定以平飛的方式進入目標區，並在穿越某些之前

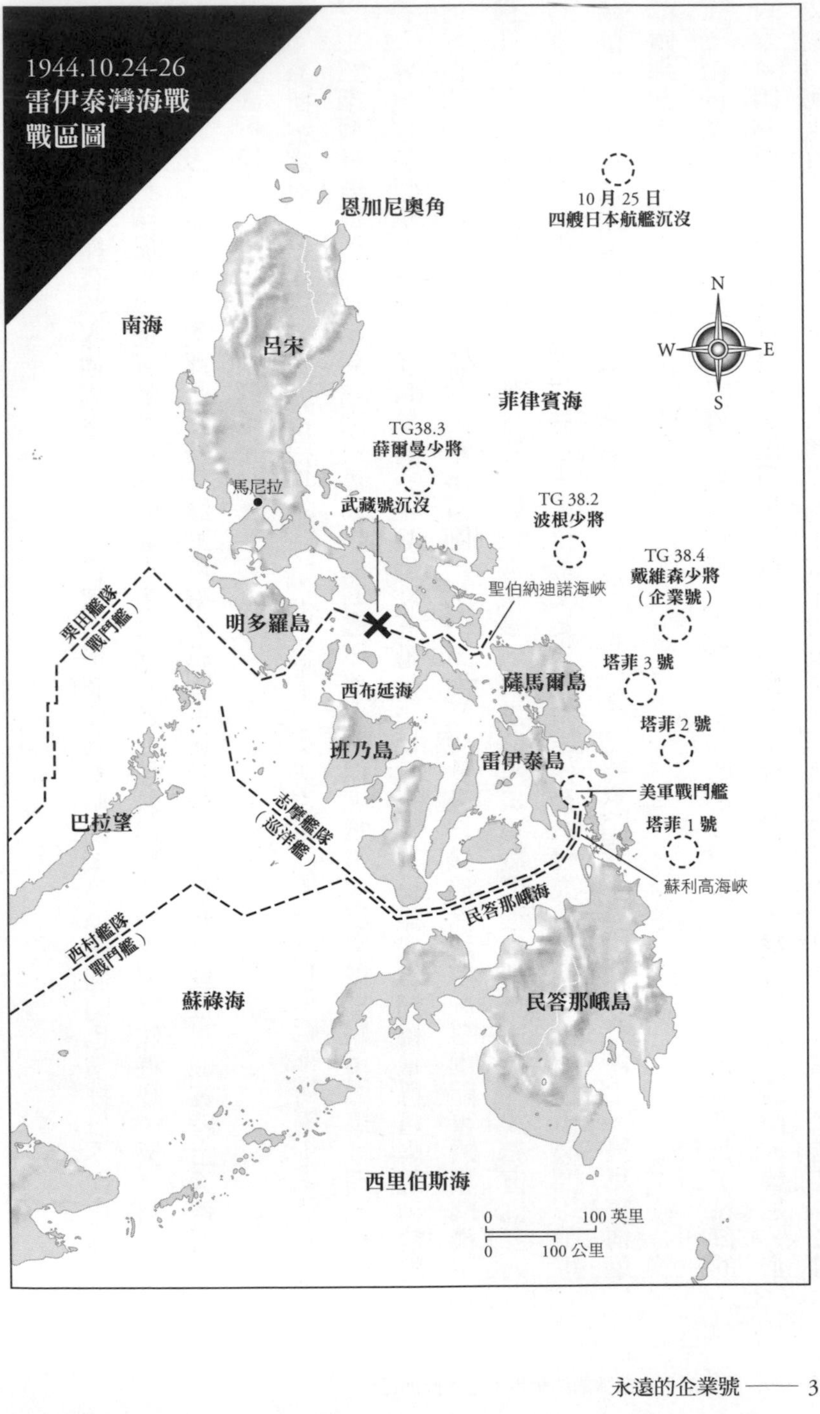
1944.10.24-26
雷伊泰灣海戰
戰區圖
恩加尼奧角
10 月 25 日
四艘日本航艦沉沒
南海
呂宋
N
W
E
S
菲律賓海
TG38.3
薛爾曼少將
馬尼拉
武藏號沉沒
TG 38.2
波根少將
TG 38.4
戴維森少將
（企業號）
聖伯納迪諾海峽
栗田艦隊
（戰鬥艦）
明多羅島
塔菲 3 號
薩馬爾島
西布延海
塔菲 2 號
班乃島
雷伊泰島
美軍戰鬥艦
志摩艦隊
（巡洋艦）
巴拉望
塔菲 1 號
蘇利高海峽
民答那峨海
西村艦隊
（戰鬥艦）
蘇祿海
民答那峨島
西里伯斯海
0
100 英里
0
100 公里

未發現、此時依然密集的高射砲火後，從低空投下炸彈，成功炸毀許多地面的飛機，也把跑道炸出許多彈坑。

攻擊領隊中，還包括曾隨企業號出征瓜達康納爾的霍利（Edward B. Holley）上尉。當他投下炸彈、準備脫離時，一架日本零戰五二型突然出現在他的復仇者式魚雷轟炸機前方，令他大吃一驚。霍利趕緊調整飛行方向，然後用機翼上的機槍擊落這架敵機。這是頭一次有敵機出現在第二〇飛行大隊所屬轟炸機前方機槍的殺傷範圍內，然後被擊落的例子，應該也會是最後一次。

當天接近下午時，日本出動大批飛機，企圖攻擊外海的美軍航艦，使戰鬥從陸地轉移到海上。美軍戰鬥機在離特遣艦隊二十到六十英里的範圍內，與來犯日機展開追逐戰。巴庫提司麾下戰鬥機飛行員又擊落另外十七架敵機，使該中隊當天的總擊落數來到三十五架。值得一提的是，巴庫提司和他的僚機在兩萬三千英尺高空，打下一架雙發動機的「狄娜」（Dinah）「百式司令部」偵察機，這架飛機顯然是攻擊部隊總領隊的座機。

美軍也免不了損失。斯諾（Norman Snow）少尉的地獄貓戰鬥機在纏鬥中被擊中，使他不得不降落在一艘驅逐艦附近海面。儘管驅逐艦官兵努力搶救，斯諾在爬出駕駛艙後還是不幸溺斃。漢納（Bruce Hanna）少尉的飛機則是與一架日本轟炸機相撞，失去一邊的機翼；他在千鈞一髮之際從嚴重受損的飛機中跳傘逃生，還好成功獲救。

接下來幾天，美軍持續對菲律賓各機場施壓。十月十七日，史密斯大隊長親自領軍前往馬尼拉以北五十英里的馬巴拉卡特市（Mabalacat），掃蕩該市東面的一座機場。美軍地獄貓戰鬥機俯衝進入目標區，以機槍和火箭大肆攻擊。此時，日本的零戰五二型則因為太晚起飛，還來不及爬升——史密斯知道這是難得的好機會，決心好好運用。第一輪攻擊還沒結束，史密斯就擊落兩架敵機，接著又發現第三架敵機出現在他的正前方。這架零戰五二型想轉身逃離，卻被史密斯開火擊中機腹，給予致命的一擊。史密斯在短短六十秒內，以不到八百五十發的五〇機槍子彈，擊落三架敵機。其他美軍戰機則擊落四架。

第二天，即十月十八日，企業號共發動五波攻擊，包括戰鬥機掃蕩和轟炸機轟炸。戰鬥機中隊宣稱在克拉克機場（美國在兩次大戰間所興建的大型設施），擊落二十七架日本飛機。菲力普少尉擊落一架隼式戰鬥機，這使他成為空戰英雄，而這天也剛好是菲力普二十三歲生日。貝克少尉在這天兩度飛臨馬尼拉，一舉擊落兩架日本戰鬥機，並在上午與其他同袍共同擊落第三架，然後在下午又擊落另外一架。第二〇戰鬥機中隊在當天總計共擊落敵機二十七架，己方則因各種原因損失五架。這個結果，進一步證明美國海軍飛行員的技術水準遠超過日本飛行員。日本飛行員在素質上的優勢曾讓企業號在一九四二年時吃足苦頭，但此種情形如今已完全扭轉。

然而，十月十八日也是第二〇飛行大隊在大戰期間最糟的一天。大隊在當日因為各種原因，所屬三個中隊共折損十五架飛機，並有六位空勤組員失蹤。損失的三架地獄貓戰鬥機中，只有福伊（William N. Foye）上尉在飛機沉入蘇比克灣（Subic Bay）前，及時脫身。負傷的福伊被友善的菲律賓民眾救上岸，但他的同袍當時並不知情。

由於已在海上連續作戰超過一個月，並且持續有飛機與人員折損，企業號及護航艦獲准離開前線，前往加羅林群島的烏利西環礁（Ulithi Atoll）稍事休息。但是企業號還在半路上時，一道命令讓官兵對休息和放鬆的憧憬霎時破滅。第三艦隊下令立即調頭，戴維森支隊不得不照辦。這個消息過了一些時間才慢慢傳開，但官兵們對原因的猜測卻很快獲得證實：在六月馬里亞納海戰後銷聲匿跡的日本艦隊，首次出現在海上。

日軍的計畫既大膽又複雜：三支強大的艦隊，從北呂宋到中菲律賓間，南北長達六百英里的軸線上協同作戰。兩支以戰鬥艦為主力的艦隊，將從西面穿越中菲律賓各島嶼，奇襲雷伊泰灣（Leyte Gulf）中的美軍兩棲登陸艦隊。與此同時，日本碩果僅存的四艘航艦將作為誘餌，把海爾賽的快速航艦部隊引到北方。史上最後一次大規模的艦隊交戰即將爆發。

戴維森的三八特遣艦隊第四支隊高速向西航行。十月二十四日黎明，企業號與富蘭克林號分別派出部隊對呂宋島以東海域進行搜索。搜索航程長達三百七十五英里（而非往常的兩百五十英里），已經是任務機航程的極限。美軍共劃出四個楔形的搜索區，範圍則延伸至島鏈以西海域；兩艘航艦各派出兩支搜索部隊，並由企業號負責南方的兩個搜索區。

日本艦隊主力據報現身在菲律賓群島以西的蘇祿海，並朝東航行。企業號的兩支搜索部隊在清晨六點起飛，每支部隊由六架轟炸機與八架戰鬥機組成，而非往常的三到四架。起飛的地獄俯衝者式則在機翼下掛載副油箱與兩枚五百磅炸彈。這些搜索部隊一點時間都不浪費，在十五分鐘內全數升空，朝任務區前進。為執行搜索任務，這些飛機從分布在廣大海面的菲律賓諸島上空飛過。在明亮的陽光照耀下，這些島嶼呈現出如螢光般的綠色。

接近上午八點時，其中一組搜索部隊發現三艘「看不出打算往哪裡航行」的日本驅逐艦。美軍飛機決定先按兵不動，如果可能的話，等回程時再收拾她們。

上午八點三十分左右，負責企業號北搜索區的摩爾（Raymond E. Moore）上尉，在具傳奇性的三寶顏半島西北方約一百英里海面有重大發現。機上人員正確識別出兩艘排水量三萬九千噸、配備十四英寸主砲的「扶桑」級戰鬥艦，以及最上號重巡洋艦和四艘驅逐艦。這支日本艦隊正以十五節的航速，朝北方航行。扶桑號是日本皇室最喜歡的戰鬥艦，裕仁天皇的弟弟曾兩度在該艦服役。扶桑號的姊妹艦「山城」號則帶著自己的護衛艦一起行動，構成兩個明顯的攻擊目標。

摩爾立刻用無線電，通知在鄰近搜索區執行任務的里拉中隊長；後者接獲訊息，隨即率隊轉往北方與摩爾會合。當這兩支部隊合兵一處後，就構成了一支可觀的打擊兵力，包括十二架轟炸機與十六架戰鬥機。駕駛地獄俯衝者轟炸機的巴恩斯（Robert J. Barnes）少尉，對這支陣容龐大、在艦尾留下寬廣白色浪花的日本南方部隊留下深刻的印象。他說：「這是俯衝轟炸機飛行員夢寐以求的景象，而她的防空砲火也非常嚇人。」

日本戰鬥艦用主砲朝十英里外的美軍機群，發射裝有定時信管的砲彈。這些砲彈打到一萬兩千英尺的高空，然後在距企業號機群不到五百英尺的空域爆炸，向四周噴出紅、黃和白的閃光。這種長程防空火力的準確度高得嚇人，不少空勤人員都不由自主地在座艙內縮了下身體。當天上午，日本戰鬥艦所發射的磷光彈，讓飛越這些軍艦上空的每個人都印象深刻。空中到處都是明亮的白色閃光，爆炸所產生的碎片向四處飛散，射向那些運氣不好的飛行員。

當兩支搜索部隊都抵達現場後，里拉率領轟炸機群飛到一萬五千英尺的高空，並分派攻擊目標。雖然地獄俯衝者轟炸機在此次任務中所掛載的五百磅炸彈，無法對戰鬥艦造成多嚴重的損傷，但放棄這個攻擊機會根本不在考慮之列。里拉的部隊攻擊領先的戰鬥艦山城號，摩爾的部隊則攻擊在後方稍遠處航行的扶桑號。當巴庫提司率領地獄貓戰鬥機飛到低空，用機槍和火箭壓制敵艦的高砲火力時，俯衝轟炸機也算準時間，對敵艦來次幾近完美的俯衝。兩支搜索部隊同時從早晨的太陽方向，朝這兩艘龐然巨艦俯衝。此種戰術，使敵軍砲手無法集中砲火對付單一的機群，可增加飛行員的存活率。

這幅景象讓空勤組員終身難忘：高速火箭從戰鬥機上射出，朝日本戰鬥艦灰色的艦體與上層結構呼嘯而去。俯衝轟炸機則在兩千英尺高度，投下機腹的炸彈。日本軍艦用五吋砲朝這兩種美軍機群射擊，砲火之猛烈猶如一座牆。雖然山本砲手對高度的判斷很在行，在前置量的掌握卻常常出現偏差。儘管如此，日本軍艦所打出的高射砲火依舊十分密集，部分飛行員根本無法看清楚自己是否有擊中目標。

第二〇轟炸機中隊宣稱兩艘戰鬥艦都被命中。一枚五百磅炸彈從扶桑號的二號砲塔邊緣穿入，然後在艦體內爆炸，導致二號砲塔內所有人員當場死亡。此外，艦體某些老舊的接縫也被炸裂，使海水從缺口中湧入，但日軍用抽水設備控制了情勢。扶桑號艦體中間至艦尾的部分也冒出大火，直到半小時後美軍飛機開始脫離時，火勢都還未撲滅。扶桑號的艦身傾斜，左轉脫離編隊，然後逐漸消失在視線中。

同一時間，山城號先是挨了幾枚接近彈，導致艦體輕微受損。接著，她的艦尾被一架地獄俯衝者所投下的炸彈命中，隨即引發爆炸。航空燃油的儲存槽炸裂，引發的大火將兩架水上飛機燒得乾乾淨淨。山城號一度向右傾斜至十五度，但艦上官兵藉著將海水灌入左邊艦體，讓該艦重新恢復水平。從空中、或是從旁邊的護航艦看過去，都會覺得這艘冒出滾滾濃煙的戰鬥艦麻煩大了。不過，持續的大火最後還是被成功撲滅，讓這艘戰鬥艦得以繼續航行。

重巡洋艦最上號也遭到美軍攻擊。她對某些企業號的空勤組員來說，並不陌生；企業號的艦載機在中途島曾重創這艘巡洋艦，也曾在塞班島西方發現過她。三枚炸彈在離最上號非常近的距離爆炸，但這艘久經戰陣的軍艦最終仍倖免於難。事實上，當美軍轟炸機開始攻擊後，最上號還冷靜地派出一架水上偵察機，替西村祥治中將蒐集迫切需要的情報。

地獄貓戰鬥機的低空掃射，也令許多日本官兵留下深刻印象。一位日本軍官回憶道：「敵人的子彈像雨點般地落在艦橋四周，許多子彈甚至穿進艦橋內。」山城號戰鬥艦上，約二十餘位官兵死於地獄貓的掃射。艦橋上一位士官在離西村中將只有幾英尺的地方中彈負傷，但這位將官對此卻面無表情。他依舊全神貫注在他最重要的任務上：於當天夜間從蘇利高海峽（Surigao Strait）中穿出，對停泊在雷伊泰灣的美軍艦隊發動攻擊。

巴庫提司麾下的戰鬥機飛行員令第二〇轟炸機中隊的人員印象深刻，並稱讚他們的表現「非常傑出」。俯衝轟炸機的人員滿懷感激的注意到，這些戰鬥機在飛行過程中始終保持在護航的位置，然後在轟炸機準備攻擊時先行俯衝，用機槍和火箭壓制敵艦上的高射砲，過程中完全不顧個人安危。這些行為雖未超過戰鬥機飛行員的任務範圍，但這一點都沒減損轟炸機飛行員對他們的衷心感謝。

巴庫提司的座機被日本高射砲火包圍，發動機中彈損毀，使他只好迫降在日本艦隊以東的海面。但令他自己都感到驚訝的是，他非但不難過，反而好奇地看著自己座機逐漸沒入清澈的海水中，然後一邊旋轉、一邊沉向海底深處。巴庫提司的友機在他上方低空盤旋，但日本戰鬥艦的主砲仍持續從十英里外朝美軍飛機射擊。一架地獄俯衝者轟炸機不顧日軍砲火，朝這位戰鬥機中隊長扔下一個雙人用救生筏，讓他可以待在上頭。攻擊結束後，這些深藍色的美軍飛機開始調頭飛回企業號。降落在企業號之前，他們已經飛了將近六個小時了。

在日本派往菲律賓的三支強大艦隊中，栗田健男中將所率領的中央兵力，於二十三日稍早通過巴拉望島（Palawan Island）時被美軍潛艦發現。接著，這艘潛艦做了一次出色的攻擊，擊沉兩艘巡洋艦，還擊傷另外一艘。懸掛栗田將旗的重巡洋艦「愛宕」號也被擊中。儘管如此，栗田此時所指揮的，仍然是一支強大的艦隊，共有五艘戰鬥艦、九艘巡洋艦，以及十三艘驅逐艦。他持續往東，朝明多羅島（Mindoro）與雷伊泰島之間的西布延海前進。

十月二十四日中午，第三八特遣艦隊第二支隊的無畏號航艦所派遣的偵察小組，在西村艦隊北北東方約三百英里海域，發現栗田艦隊的行蹤。當消息傳到企業號時，她正準備起飛一支由九架俯衝轟炸機、八架魚雷轟炸機，以及十六架戰鬥機組成的大規模攻擊部隊。已備便的攻擊機群在下午一時十五分順利起飛，這三十三架飛機在航艦上空繞了一圈後，啟程朝目標前進，而此行又是一趟單程長達三百英里、需要節省燃料的遠征。因為巴庫提司還在三寶顏外海的救生筏上等待救援，格雷接替擔任戰鬥機中隊的中隊長。

第二〇飛行大隊抵達栗田艦隊上空時，其他第三八特遣艦隊的支隊在過去四個小時內，已經對這支日本艦隊進行過數波攻擊。天氣非常好，能見度高達三十英里，企業號各中隊在下午三點鐘開始攻擊。

栗田艦隊分成一前一後兩個支隊。史密斯領軍找上在西方的支隊，並挑選最明顯的目標——以東京市行政區命名的超級戰艦「武藏」號（Musashi）。武藏號在一九四二年八月的瓜達康納爾登陸戰時開始服役，艦上防空火力最近剛進行大規模的提升，將二十五公厘機砲由原本的二十四門，大幅增加為一百三十門。美軍的情報單位估計，像武藏號這種「大和」級戰鬥艦的排水量約五萬噸，但實際數字超過六萬噸。不管如何，武藏號肯定是當時世上最大的軍艦。

在兩年前武藏號開始服役時，攻擊機群中的某些飛行員與空勤組員甚至還沒開始接受飛行訓練。現在，他們目瞪口呆地看著這艘龐然大物。當美軍機群飛到距武藏號約十五英里的空域，這艘戰鬥艦的主砲開始射擊，將巨型的高爆彈推到十五英里外的空中爆炸，向四面八方射出紫、紅、藍、黃、白等各種顏色的火球。雖然沒有對企業號的機群造成損失，仍舊令美軍人員為之緊張。

史密斯率隊繼續向西朝目標飛行，接著略微偏向北邊，讓下午的太陽位在攻擊機群正後方。地獄俯衝者與復仇者機群依照史密斯的指示，飛往這艘戰鬥艦上空；戰鬥機群則從掩護位置先行朝敵艦俯衝，壓制艦上的防空火力。

史密斯麾下各中隊猶如一支受過嚴格訓練的美式足球隊，完全按照事先排練的順序，有條不紊地進入攻擊：地獄貓戰鬥機在敵人艦隊中穿梭，壓制敵艦的防空火力，替俯衝轟炸機與魚雷轟炸機的攻擊提供支援。美軍機群將這種三度空間的攻擊模式運用得非常精巧，使海面的日本軍艦面對的是一道幾乎無法解決的難題：這些日本人必須在非常短的時間內，識別出美軍的攻擊將如何進行，然後設法在美軍飛機造成破壞前阻止他們。

攻擊開始後，美軍機群的行動完全按表操課。史密斯花了好幾個月演練這套戰術，讓所有成員把這套戰術銘記在心。普里克特少校率領魚雷轟炸機，呈四十五度角衝向目標左舷。同一時間，地獄貓戰鬥機則朝目標右舷俯衝，俯衝轟炸機則飛抵目標上空的攻擊發起點。換言之，栗田艦隊的高射砲手必須同時應付來自三個方向的威脅。企業號各中隊就位後，俯衝轟炸機從正上方開始俯衝，戰鬥機從東南方進入掃射，魚雷轟炸機則調頭從西南方發動攻擊。在十二艘日艦上有好幾百名高射砲手，被這些從高空、半空中、海面、左舷和右舷等不同高度、不同方位殺進來的攻擊者，弄得眼花撩亂、不知所措。

率領一支戰鬥機分隊的勞勒回憶道：「我們從一萬七千英尺開始加速，以六十度角朝敵人艦隊俯衝。當那艘巡洋艦一進入瞄準鏡，我立即用機上的六挺機槍開火，朝下方敵艦猛烈射擊……當高度來到三千五百英尺，這艘敵艦在瞄準器中顯得十分龐大……然後，我發射六枚火箭。我可以看到某些日本人在沒有防護的高射砲位上操作火砲，瘋狂地朝我們射擊。」

從武藏號正上方往下看，這艘戰鬥艦大得嚇人，她也確實如此。長度幾乎和企業號一樣，但比企業號寬上許多。庫柏（Jim Cooper）率領九架地獄俯衝者追蹤武藏號來到正上方，隨即伸出減速板，以非常陡的角度俯衝下去。約有四枚一千磅的炸彈命中，對這艘戰鬥艦的左舷艦首部分造成嚴重破壞，前艙損害管制小組人員全數陣亡，主計兵曹長的辦公室也遭破壞。

同一時間，普里克特的八架魚雷轟炸機也兵分二路，同步發動攻擊。魚雷轟炸機在一百五十英尺的高度將 Mk 13 型魚雷投入海中，看著它們順利啟動，朝選定方向以三十三節的高速破浪前進。這些魚雷在前進約兩百碼後，彈頭進入備炸狀態，然後繼續直線前進。以往那種讓科芬與馬丁等前中隊成員抓狂的「野生河馬」姿態（即彈頭浮在水面上前進），如今已不復見。至少有三枚魚雷命中武藏號，兩枚命中前段，一枚則命中中段。六百磅彈頭爆炸時所產生的巨大衝擊力與強烈水壓，不僅使撞擊點附近的鋼板炸飛，也對鋼製艦體結構造成嚴重的破壞。

從駕駛艙內，飛行員和空勤組員不太容易分辨在敵艦四周噴起的水柱，究竟是魚雷爆炸造成的，還是接近彈造成的。此外，他們同樣無法說清楚的，是他們的攻擊究竟對敵艦造成何種程度的破壞。這些空勤人員所看到的不外乎都是在龐大、深灰色的敵艦旁，深藍色海水突然激起高聳的白色水柱，然後灑在這艘軍艦的甲板上。雖然年輕、樂觀的飛行員通常只看得到「心中」希望看見的事物，但那天有一件事是確定的：這艘超級戰艦慘遭重創。大量海水從魚雷所造成的裂口湧入，淹沒了冷卻室和一間液壓機械艙室，使她的船舵無法作用。在甲板下方深處，搶修小組成員馬不停蹄地工作，嘗試將艦身中央損害管制區範圍內的裂縫堵上。

大約五分鐘內，史密斯的三十三架飛機已投下所有彈藥、成功重創目標，然後安全撤離。地獄貓戰鬥機共發射五、六十枚火箭，攻擊三艘武藏號的護航艦，並使其中一艘驅逐艦發生大爆炸，讓日軍防空砲火遭到進一步壓制。

在脫離目標區後，企業號的空勤人員向航艦報告指出，武藏號冒出濃煙、艦首下沉，明顯失去動力。事實上，此時該艦還能以十五節左右航速繼續航行，但命運注定不會讓她走太遠。幾分鐘後，三、四十架來自富蘭克林號、無畏號和「卡波特」號（USS Cabot，CVL-28）的美軍飛機再度對武藏號發動攻擊。

可預料的是，對武藏號而言，美軍的後續攻擊形同一場恐怖的大屠殺。美軍估計，武藏號共遭到十九枚魚雷和十七枚炸彈直接命中，另有多枚炸彈是接近彈。日本記錄則顯示有十一枚魚雷，外加十枚炸彈直接命中武藏號。不管實際數目為何，都已對武藏號造成致命的損害：她將戰旗降下，而艦上官兵還在最後時刻來臨前，將天皇的肖像轉移到其他軍艦上。到了晚上七時三十分，武藏號的傾斜已經達到三十度，隨即開始翻覆。六分鐘後，這艘戰鬥艦先是整個向左翻覆，然後從艦首開始，沉入四千英尺的海底；艦上的兩千四百名官兵中，有一千多人隨艦沉沒。

同一時間，重巡洋艦「妙高」號也因為被魚雷擊中、嚴重受損，必須調頭返航，使栗田中將的兵力減少為二十三艘，包括四艘戰鬥艦。雖然手中還握有可觀的兵力，但栗田還是決定轉向。這支艦隊最後被美軍發現時，正朝西方撤退。毫無疑問，栗田自認被擊敗了。

二十五日這天，各路美軍為攻擊日軍這支規模龐大的艦隊，共出動多達二百五十九架艦載機，朝日本軍艦蜂擁而上；其中，有十八架被日本軍艦的高射砲擊落，但企業號艦載機全身而退。對航艦飛行部隊來說，這一天的意義格外重大，大E的空勤組員和水兵也覺得與有榮焉，並渴望能多打幾回這種戰鬥。當天傍晚，戴維森的第三八特遣艦隊第四支隊已經來到薩馬爾島（Samar）與呂宋島之間，聖伯納迪諾海峽（San Bernardino Strait）以東約一百二十海浬的海域，並與第三八特遣艦隊第三支隊會合。後者目前的航艦兵力包括艾塞克斯號與萊克辛頓號，以及一艘輕型航艦「蘭利」號（USS Langley，CVL-27）。當天上午，薛爾曼（Frederick C. Sherman）少將的第三支隊在雷伊泰灣遭日軍打擊，損失航艦普林斯頓號，這是一九四二年以來，美國損失的第一艘快速航艦。

晚上八點剛過，官兵感覺企業號正在向右轉，從發動機傳來的共振經由甲板，傳到每個水兵的腳底。接著，艦上四處流傳的消息指出，波根（Jerry Bogan）少將的第三八特遣艦隊第二支隊也已經趕來會合，就連原本奉命前往東部海域補充燃油的第一支隊也被緊急召回，目前正在途中。然後，第三八特遣艦隊的第二、第三與第四支隊，加上威利斯．李中將的戰鬥艦隊，開始高速往北航行。因為

新收到的電訊情報指出，在呂宋島東北部外海，發現好幾艘日本航艦。

漢米爾頓回憶道：「最後的報告在晚上九點三十分到達，指出在聖伯納迪諾海峽的日本艦隊已調頭返航。本艦雖然沒有旗艦司令部進駐，但我們仍然有辦法和其他軍艦溝通。格洛弗艦長將所獲得的資訊告訴我，然後我們都認同海爾賽上將前往攻擊北方部隊的決定。」

漢米爾頓在海軍官校就讀時，就已經認識海爾賽；當時，這位未來的上將官拜中校，擔任一艘駐海軍官校軍艦的艦長兼拳擊教練。漢米爾頓知道海爾賽是個鬥士，而且期望有更多的仗可打。

另一場戰鬥

格雷現在身兼二職，除暫代第二〇戰鬥機中隊的中隊長，還要指揮夜間戰鬥機單位。二十五日清晨二點十五分，他擊落一架企圖接近特遣艦隊進行偵察的「九七式」飛艇。這象徵另一個漫漫長日的開始。

二十五日上午五點四十分，企業號派出七個二機偵察小組，搜索西方一個九十度的範圍。在每個偵察小組附近，不但有其他偵察機，空中還有一個攻擊機群待命，以便偵察機發現敵蹤時，可縮短反應時間，盡快進行攻擊。只可惜，這些偵察機並未發現敵人。過不了多久，又有日軍艦隊位於北面的消息傳來，指出該艦隊目前在北北西方約一百二十英里海域。小澤治三郎中將有四艘航艦、兩艘戰鬥艦和其他護航艦。這是個非常有誘惑力的目標，而這正是日本人想讓美國人覺得的。

並非只有企業號的官兵對海爾賽旺盛的戰鬥意志瞭若指掌，他們的敵人也一樣。如今，一九四二年那位親切和藹、偶爾嗜酒的比爾，已經變成（有人形容是劇變）兇猛且好出風頭的公牛。曾指揮所屬參與馬里亞納海戰的小澤中將，算準這位美國海軍最富進取心的上將，絕對不可能放過殲滅日本殘存航艦的機會。日本希望盡可能將絕大多數的第三艦隊兵力引誘至北方，讓前一天遭美軍痛擊的兩支日本戰鬥艦隊可相對容易地進入雷伊泰灣，攻擊以兩棲登陸艦隊為主的第七艦隊。

根據計畫，企業號當天將發動四波攻擊：其中兩波在上午出擊、一波在中午，最後一波則是在傍晚。在上午六點起飛的第一波由史密斯親自領軍，包括八架俯衝轟炸機、七架魚雷轟炸機，以及八架戰鬥機。這支攻擊部隊接收到即時訊息：里拉麾下的轟炸機飛行員收聽到一個報告，指出敵人航艦正準備轉向，朝迎風方向前進，以便讓飛機起飛。

小澤艦隊進入美軍視線範圍時，企業號空勤組員都被眼前的景象嚇得目瞪口呆。對多數人員而言，這四艘由戰鬥艦與其他軍艦護航的航艦，「看來就像整支日本海軍」。在經過前幾天的戰鬥，此種想法倒也沒有錯得太離譜：這四艘日本海軍僅存的航艦，分別是大型航艦瑞鶴號，以及另外三艘體型較小的輕型航艦瑞鳳號、「千歲」號和「千代田」號。

企業號的攻擊機群通過兩艘日本航艦，但未發動攻擊，因為她們已被分派給其他美軍航艦的飛行大隊。企業號機群飛向其他兩艘航艦：大的那艘是瑞鶴號，是偷襲珍珠港的六艘日本航艦中、碩果僅存的一艘；比較小的瑞鳳號則以全速在海上航行，她在兩年前的聖塔克魯茲海戰中，曾遭史壯和厄文痛擊，但在馬里亞納海戰的大劫難中則逃過一劫，因為當時企業號的第一〇飛行大隊並沒有攻擊她。

里拉率領其他七架俯衝轟炸機繞道西南方，讓太陽位在飛機的後方，然後從一萬兩千英尺開始，以近乎垂直的角度向下俯衝。這些地獄俯衝者一架跟著一架轉向、脫離編隊，然後俯衝，猶如一道致命的瀑布，衝向目標。在進行俯衝的這三十三秒內，美軍轟炸機只遭遇零星的高射砲火。當每架俯衝轟炸機都將所掛載的兩枚一千磅炸彈投下後，頭幾枚接近彈迫使瑞鳳號不得不減慢速度。接著，一枚炸彈命中瑞鳳號艦尾，將其飛行甲板掀起一大塊，也讓她的船舵暫時失去作用。當瑞鳳號開始冒出大火，從護航的一艘日本戰鬥艦、兩艘巡洋艦，以及大約九艘驅逐艦所射出的砲火也越來越猛烈，但美軍轟炸機仍然從高砲火網中竄出，投下炸彈。後續幾枚接近彈，使這艘航艦進一步受損。

與俯衝轟炸機的攻擊同步，復仇者式魚雷轟炸機群也下降到離海面數百英尺的高度，然後施放魚雷。雖然企業號的飛行員們無法確定是否有魚雷命中，但企業號的戰鬥機還是以火箭擊中兩艘巡洋艦和三艘驅逐艦。

小澤派出僅存的戰鬥機擔任戰鬥空中巡邏。這些日本飛行員知道他們僅存的航艦危在旦夕，個個拚死苦戰。某些飛行技術還不錯的零戰五二型飛行員，將擔任勞勒僚機飛行員的鄧比（George Denby）少尉擊落。另有一架地獄貓戰鬥機則是遭高射砲擊落，但兩位飛行員都存活。

在進入攻擊時，美軍飛行員在如森林般的日本艦隊灰色上層結構間奪路前進。對於日軍的高射砲，巴恩斯少尉如此聲稱：「這是我所看過最猛烈的砲擊。每艘軍艦的每一門火砲都在不斷地開火……你所飛過的每一艘軍艦，都在對你射擊。」

企業號的第二波攻擊機群在上午六點四十五分起飛，是當天四波攻擊機群中飛機數最少的，總共只有十五架，包括兩架復仇者魚雷轟炸機在內，其中一架還是從富蘭克林號借調來的。攻擊目標是日本的戰鬥艦；企業號的飛行部隊於是盯上了航空戰艦「伊勢」號，因為她艦尾的飛行甲板非常顯眼。

——

對史密斯來說，這天堪稱他這輩子最特別的一天。在企業號所進行的四波攻擊中，史密斯親自率領其中三波；其中有兩波攻擊，從前波著艦到下一波起飛，中間只隔四十五分鐘。總計在這天內，史密斯在空中的時間超過十小時。同樣地，飛行甲板組員也整日辛苦工作，只要有飛機降落，他們就忙著進行檢查、裝彈、掛彈，然後重新把油箱裝滿，讓飛機處在隨時可再度起飛的狀態。綽號「萬能梗」（Airedales）的企業號甲板組員，在這天充分顯示出他們為何能成為全艦隊的標竿。四波攻擊機群完全按計畫時間起飛，沒有任何拖延。這絕非易事，因為每波機群都包括俯衝轟炸機、魚雷轟炸機和戰鬥機，必須替每架飛機在飛行甲板上安排適當的位置、正確地武裝、加滿油，還要進行檢查。

中午出發的第三波攻擊機群包括二十一架飛機，目標是一艘改裝自客輪的「大鷹級」護航航艦。事實上，她可能是排水量一萬一千兩百噸的瑞鳳號。這艘頑強、堅韌的航艦，繼續吸引美軍對她發動攻擊。第三波攻擊在進行時，千歲號已經沉沒。她的姊妹艦千代田號，成為日本僅存的小型航艦。不論攻擊目標是誰，企業號飛行部隊聲稱有兩枚魚雷，以及至少四枚炸彈命中目標。不管該歸功於誰，到下午三點三十分時，瑞鳳號的艦尾首先沒入海中，接著艦身朝右翻覆，連同艦上二一四名官兵一同沉入海底。

大約一個小時前，企業號以尊敬、但並不溫和的方式，向瑞鶴號道別。從珍珠港事變後，這艘日本航艦就以她極具破壞力的戰力，橫越整個太平洋戰區。她麾下的各中隊曾在珊瑚海海戰中，與友軍航艦合作擊沉萊克辛頓號。接著，她又在東所羅門海海戰中，對企業號發動攻擊，並在聖塔克魯茲海戰時，和友軍聯手擊沉航艦大黃蜂號。最後，第二代萊克辛頓號的第十九飛行大隊，成功將瑞鶴號、連同艦上八百多名官兵送進海底。

史密斯當天最後一趟飛行任務，是在他最喜歡的時間，下午四點二十分出發。在沒有轟炸機需要護航的情況下，史密斯率領十六架各攜帶一千磅炸彈的地獄貓戰鬥機出擊。第二〇戰鬥機中隊報告指出，有好幾枚炸彈命中一艘輕巡洋艦，並可能擊中一艘戰鬥艦。一架地獄貓戰鬥機被擊落，但高效率的搜救工作，再度順利地將來自五架不同機種的空勤組員救回，其中包括一架復仇者式和一架地獄俯衝者的空勤組員。

在四波攻擊中，企業號共出動七十七架艦載機，投下十二枚魚雷、七十枚炸彈、發射一百零七枚火箭，以及二萬七千餘發機槍彈與機砲砲彈。這比第一〇飛行大隊先前在六月的某個晚上，對小澤機動部隊所投下的三十一枚炸彈，要多上不少。但投彈數量的差異，正好顯示海軍航空作戰的本質在過去的四個月當中，已經有了改變。他們以在白天持續不斷的攻擊，取代先前那種對目標進行一次性的打擊並在昏暗的天色中返航的模式。第二〇飛行大隊宣稱他們擊沉二艘航艦（可能是同一艘瑞鳳號），外加擊傷一艘戰鬥艦、三艘巡洋艦，以及四艘驅逐艦。

儘管因為擊沉這麼多敵軍重要戰艦（其中有些已和美軍交手兩到三年之久）而得意洋洋，當企業號痛擊小澤艦隊的同時，南方海域情勢的發展卻令官兵們驚訝不已。日軍欺敵戰術成功：當海爾賽率艦隊往北進發時，原本被認為已經敗退的日本中央和南方兩支艦隊（在前一天都曾遭到企業號攻擊），幾乎達成了目標。西村祥治的南方艦隊，包括扶桑號和山城號兩艘戰鬥艦，拼死想要穿越美軍在蘇利高海峽的防線。這道壁壘是由舊式戰鬥艦與新銳驅逐艦所組成，司令官是海軍少將奧登多夫（Jesse Oldendorf）。但此時，由栗田健男率領的中央艦隊，包括令人望而生畏的超級戰鬥艦大和號與航護軍艦，已出現在聖伯納迪諾海峽；美軍能與之對抗的，就只有部署在薩馬爾島外海，兵力與戰鬥力都不相稱的護航航艦支隊。這個丟臉的錯誤，是美軍各高級司令部一連串處置不當所造成的，所幸最後沒有造成嚴重的後果。戰區總司令麥克阿瑟未能協調好陸海軍之間的溝通與聯合作戰事宜，讓海爾賽的第三艦隊與金開德（曾在聖塔克魯茲海戰時駐節企業號）以兩棲艦艇為主的第七艦隊，各自追求自己的目標。結果就是，兩位司令官都沒有費心派人把守至關緊要的聖伯納迪諾海峽。但對華盛頓的高層而言，別說是將這三位資深指揮官撤職，就連略施懲戒，在政治上都是絕對不可想像的。

這場持續三天，通常被稱為雷伊泰灣海戰的激烈海空作戰，就這樣結束了。日本帝國海軍損失四艘航艦、三艘戰鬥艦、八艘巡洋艦，和十二艘驅逐艦。第二〇飛行大隊在兩天內，對日本的三支主力

艦隊都發動了攻擊，這種作戰節奏再也不會出現了。

除輕型航艦普林斯頓號以外，其他損失的美軍軍艦，都是代號「塔菲三號」（Taffy Three）的護航航艦支隊，在十月二十五日遭栗田的戰鬥艦與巡洋艦奇襲時所承受的。在與日本中央艦隊交戰過程中，美軍一共有兩艘小型航艦和三艘護航艦被擊沉。

歷史學家湯瑪斯（Evan Thomas）在評論這場海戰時指出：「這場海戰，形同敲響日本帝國海軍的喪鐘。從此以後，日本再也派不出可與美國在海上一戰的艦隊。一旦失去艦隊掩護，日本本土就會被切斷、人民會挨餓，並徹底暴露在美軍的攻擊下。」

雷伊泰灣海戰的結局

雖然這場大戰期間規模最大的海戰已告一段落，但美軍並未停下休息。快速航艦部隊將注意力轉向北方，對中部菲律賓的維薩亞斯群島（Visayan）和呂宋島北部發動攻擊。美國海軍藉空襲持續對當地日軍施壓，支援已登陸的美軍地面部隊。

十月二十七日的一次出擊中，企業號的飛行員發現一艘兩千五百噸的日本驅逐艦「不知火」號，正趕往救援另一艘在半路擱淺的驅逐艦。企業號的轟炸機在班乃島（Panay）北方海域逮到了不知火號，讓她挨了至少三枚炸彈。這艘服役僅六年的軍艦從艦首開始下沉，最後帶著艦上全部官兵沉入海中。

接下來兩天，企業號都在頻繁的出擊中渡過。十月三十日，特遣支隊遭遇日本最新、最讓人毛骨悚然的武器——自殺飛機，地點是呂宋東南方最大的島嶼薩馬爾島外海。由於航艦富蘭克林號的搜索雷達故障，入侵敵機在飛到距艦隊僅十八英里的地方，才被雷達偵測到。戴維森少將於是下令，要企業號將敵人的動態轉發給旗艦富蘭克林號。

在那電光火石般的幾分鐘內，雷達幕所顯示的情況非常混亂。企業號派出地獄貓戰鬥機前往攔截敵機。雖然給予的方位訊息正確，但飛行員卻以幾英里之遙，錯過了敵機。於是艦隊又引導從聖哈辛托號起飛的第二波戰鬥機前往攔截。雖然成功擊落四架零戰五二型機，但這些自殺飛機仍舊以高速朝海面的美軍軍艦俯衝。幾分鐘後，三架零戰五二型戰機，以及三架盟軍稱為「茱蒂」（Judy）的「彗星」式俯衝轟炸機，出現在美軍艦隊上空。三架自殺飛機衝向企業號和聖哈辛托號；其中兩架以些微的距離，錯過聖哈辛托號，最後一架則轉向側面，朝企業號右舷方向衝來。企業號的射擊指揮官禁止艦上的五吋砲開火，以免誤傷友軍軍艦，但二十公厘和四十公厘機砲則朝敵機射出猛烈且準確的砲火。過程中，漢米爾頓一直都站在艦島外側，將敵人動向傳達給下方甲板數以百計的水兵。

這架日本戰機雖然被好幾發砲彈命中而起火，但仍舊毫不動搖、直直地朝企業號衝來。眼看這架敵機只要略微修正方向，就可成功撞上企業號。但飛行員此時可能已經陣亡，使這架燃燒的飛機最後從艦島後方掠過，然後在左舷方向落海——她掠過時，高度只比飛行甲板略高一些。由於這架自殺飛機落海爆炸的位置與企業號非常接近，使不少碎片落在飛行甲板下方狹窄的通道上。

同一時間，三架自殺飛機衝向離企業號左舷約兩英里的富蘭克林號。第一架自殺飛機在距富蘭克林號咫尺之遙的地方被擊落，但第二架則以俯衝的方式直接撞上飛行甲板，造成一個巨大的火球，當場就有八十六人非死即傷。最後一架自殺飛機雖然也中彈起火，但飛行員仍能保持控制，於是駕機撞進貝勒森林號的後段艦身，造成九十多名官兵傷亡。

富蘭克林號的官兵花了一個多小時滅火，好不容易將火勢控制住。在當天的戰鬥結束後，富蘭克林號和貝勒森林號明顯必須離開第一線，駛往美國本土西岸的造船廠。在短短兩週內，富蘭克林號已兩度被敵人盯上。這讓某些企業號官兵開始想到，也許「CV－13」這個編號真的不太吉利，使該艦三番兩次引起敵軍注意。

即使是企業號那些久經戰陣的老兵，這次與神風特攻隊遭遇的經驗依舊讓他們神經緊張。他們剛剛親眼目睹新的敵人問世：這些視死如歸的日本飛行員，毫不畏懼地駕機朝美軍軍艦俯衝。這與二十個月前，在瓜加林環礁外海，因座機受重創、注定無法返回基地的中井大尉完全不同。這是一種在絕望中的最後奮勇之舉，戰鬥機飛行員們對此都能理解。但眼前，對薩馬爾島外海，從列兵到上將的所有美軍官兵而言，眼前的教訓十分清楚：要擊敗這些神風特攻隊的唯一方法，就是擊毀他們。

第二天下午，在駛往烏利西環礁途中，戴維森少將連同他的參謀從富蘭克林號移駐企業號，使企業號再度成為旗艦。戴維森頭腦聰明、博學多聞，再加上為人親切、天性討人喜歡，讓他和前一位駐節企業號的司令官「黑傑克」李維，形成強烈對比。戴維森迄今的軍旅生涯中，只有四年是擔任與飛行無關的工作。他在一九二〇年取得飛行員資格時，年方二十四歲，差不多就是海軍官校畢業生取得飛行資格的最低年齡。

十月三十日傍晚，在西布延海附近巡弋的美軍潛艦「石首魚」號（USS Hardhead，SS-365）上，一位目光銳利的瞭望員發現在零點七五英里外的海面，有某個東西在飄浮。調查結果證實是巴庫提司。他身體嚴重脫水、十分飢餓，再加上長期日曬與海水浸泡，渾身長滿水疱，但依然活著。石首魚號在報告中表示：「以他在這小小的求生筏上待了七天的情況來看，他的身體狀況算是相當不錯。」巴庫提司康復後重回飛行線，並且在飛行大隊於十一月轉調萊克辛頓號後，又擊落兩架敵機。然而，企業號在迎回一位領導者時，卻又失去另一位。里拉在十一月十日升任大黃蜂號飛行大隊的大隊長，並因此調往第三八特遣艦隊第一支隊。由於里拉的前任，施萊德（Fred Schrader）在空襲臺灣時不幸陣亡，隊上沒有可勝任的接替人選，里拉遂被調往第十一飛行大隊。里拉的空缺在在十一月十日由剛晉升少校的摩爾接任，當天剛好是第二〇轟炸機中隊的成立週年紀念日。

十一月十一日，是第一次世界大戰停戰紀念日，令人覺得有點諷刺。當天上午，企業號各中隊前往雷伊泰島北岸的奧爾莫克灣（Ormoc Bay）攻擊敵艦。從特遣艦隊所屬三個支隊派遣的機群，共擊沉四艘驅逐艦與四艘貨船。史密斯的第二〇飛行大隊表現更是傑出，在行動中，有一艘日本驅逐艦被炸翻覆，以及一艘驅逐艦與一艘貨輪皆中彈爆炸。此外，還有一艘小型護衛艦的艦首被炸斷，在海中載浮載沉。[3]

但戰損也持續發生。在接下來十天內，魚雷轟炸機中隊有一位空勤組員殉職。戰鬥機中隊的傷亡情況則更為嚴重，有五位飛行員在馬尼拉周邊陣亡，另有一位則陣亡在雅浦島。

儘管承受不少傷亡，第二〇戰鬥機中隊仍舊戰功彪炳。巴庫提司麾下的飛行員在十一月十三日擊落十二架敵機；而貝克在次日將他的擊落敵機數衝到十二架，打破由魯尼恩（Don Runyon）保持長達兩年的紀錄（九架）。

十一月十九日夜晚，兩個戰鬥機分隊在山農（Lafe Shannon）中尉指揮下，在特遣艦隊西方的空域，擊落三架一式陸攻（轟炸）機，將第二〇戰鬥機中隊的擊落敵機數衝高到一百三十五架，而且只用了五個星期。這讓第二〇戰鬥機中隊成為整個大戰期間，曾駐防企業號的各戰鬥機中隊中，戰果最好的一支中隊。更值得稱道的是，巴庫提司所部在擔任護航任務時，也有不俗的表現，幾乎和之前的死神中隊一樣好。第二〇戰鬥機中隊駐防企業號期間，只有兩架轟炸機曾經遭日機擊中。在這段期間內，魚雷轟炸機中隊損失二十一位組員，俯衝轟炸機中隊損失八位組員，但都不是敵人戰鬥機造成的。

在第二〇飛行大隊駐防企業號的三個月內，共折損四十二位空勤組員與四十七架飛機。這可不是小數目，甚至比從一九四二年年底到一九四四年年中，駐防企業號的第一〇飛行大隊還多。但一九四四年秋季的戰鬥的激烈程度，在太平洋戰區可說是前所未見。

當企業號在十一月二十三日抵達烏利西環礁時，第二〇飛行大隊調往萊克辛頓號。一九四五年一月下旬，史密斯麾下各中隊就在萊克辛頓號上，結束這次作戰部署。在第二〇飛行大隊離艦時，企業

3 譯注：應是排水量兩千噸的夕雲型驅逐艦濱波號。

號寫了一封古怪的「介紹信」給該中隊。信中，企業號告誡這些空勤組員，不該以相信企業號的態度去相信萊克辛頓號，因為就連企業號的飛行部門也只能為飛行大隊做到這麼多。換句話說，企業號的能耐也不過如此而已，何況是其他航艦的飛行部門。

十二月六日，企業號搭載萊克辛頓號的第十九飛行大隊抵達珍珠港。許多一九四一年的老兵深思這三年對當地所帶來的變化。在這時，太平洋戰爭的進程已徹底扭轉，但戰爭所造成的壓力仍持續存在。任何想在夏威夷渡過聖誕節的希望很快就破滅，因為一項嶄新的任務急需企業號去完成。

第十一章

堅定地活下去

（一九四五年一月至五月）

©Kan Sugahara via Naval History Magazine

富安俊助中尉，這位二十二歲的神風特攻隊隊員在一九四五年五月十四日駕機撞上企業號，使它非得退出作戰不可。

比爾·馬丁回來了。

如果在飛行部隊中，有任何人可被稱為企業號先生，非馬丁中校莫屬。這位久經戰陣的飛行員曾兩度隨第一〇飛行大隊駐防企業號。馬丁以第一〇偵察機中隊的一員參加瓜達康納爾海戰，接著又以第一〇魚雷轟炸機中隊中隊長身分，參加特魯克和馬里亞納海戰。現在，他將第三度駐防企業號，可說是史無前例。一九四四年十二月，馬丁奉派指揮一個特別的單位。

第九〇夜戰大隊是美國海軍僅有的兩個同類型單位之一。該大隊所屬戰鬥機中隊是在一九四四年春天，由東岸四支地獄貓戰鬥機單位抽調編成的，中隊長是麥卡洛（Robert J. McCullough）少校。配屬的復仇者魚雷轟炸機則擴編為第九〇夜間魚雷轟炸機中隊，中隊長是另一位企業號的老兵基彭上尉。

一九四四年九月下旬，在第九〇夜戰大隊抵達夏威夷沒多久，馬丁即奉派出任大隊長。他在到任後，立刻在巴貝爾角的機棚召開全體人員會議。在對麾下兩個中隊與大隊幕僚合計約兩百三十人發表演說時，馬丁誠摯且直接地告訴他們：「我們即將面對極為危險的任務，有誰不想參加的，上前一步。」

行列中的空勤組員和水兵四處張望，有半數人希望有人能接受這個「恩典」，但卻一個也沒有。看到這種情形，馬丁立刻下令：「部隊解散。」然後所有人回到自己的崗位。雷達技術士奧爾森（Arnold Olson）也參加此次會議，並對馬丁印象深刻。奧爾森回憶道：「這是我第一次看到馬丁中校，也可能是最後一次。但我確定我不想被留在後方。」

第九〇夜戰大隊依編制共有軍官一百零三位，但其中只有十二名少尉；這是因為該大隊需要有經驗的人員，所以少尉的編制人數遠比一般飛行大隊來得少。馬丁要求麾下空勤人員在投入戰鬥前，必須要有五十次晝間著艦和至少二十五次夜間著艦經驗。他麾下聚集許多願意為夜間飛行獻身的人員。和他一樣，這些人都是夜間飛行的信徒。為達成目的，他從先前擔任中隊長的第一〇魚雷轟炸機中隊帶來一批專才，包括巴爾登（Bill Balden）、「弩弓」科林斯、「快槍」韓德森、拉格斯，以及雷達鬼才柴斯。

企業號被挑選成為第一艘夜戰大型航艦一事，一點都不讓人意外。因為幾乎每次與航艦夜間飛行有關的前衛性嘗試，企業號都自願參與；從歐海爾的蝙蝠小組、馬丁的攻擊任務，以及哈默的海盜式夜間戰鬥機單位等，皆是如此。馬丁前同僚考德威爾（曾率領企業號的暫編第三〇〇飛行隊駐防瓜達康納爾）早已率領第一支專業的夜戰大隊，進駐輕型航艦獨立號。

在轉任夜戰航艦後，企業號的艦載機依編制共有三十架地獄貓夜間戰鬥機、兩架偵照機，以及二十七架配備雷達的復仇者魚雷轟炸機，而大隊的每架飛機在垂直尾翼都繪有指向前方的箭頭塗裝。與最近一次駐防企業號的第二〇飛行大隊的九十三架相比，九〇夜戰大隊的五十九架顯得單薄許多，但馬丁對夜間飛行深具信心。第九〇夜戰大隊證明自己物超所值，能夠全天候執行任務。

為適應新任務，企業號也有一番新氣象。安裝在硬性橡膠上的白色「勝利燈」，從飛行甲板左右兩側的第一道攔停網一直往後排列，以作為飛行員著艦時的參考。標準的紅色甲板邊緣燈，則在兩舷交錯排列至艦尾，並在甲板外側呈三十度的斜角，讓飛行員能及早發現航艦位置。這兩色燈組成的陣列，提升飛行員正確進入降落航道的能力，並只須降落信號官略微修正就能順利降落。這些改裝，使夜戰大隊的飛行員在降落時，很少需要重飛。

夜間飛行的作業程序，在空防前進管制中心增設外號「暴怒者」（Snapper）的空中交通管制官後，也獲得進一步改善。今後，當艦橋下令清出甲板，准許返航飛機進入降落航路時，「暴怒者」就會藉雷達的協助，引導飛行員抵達與航艦呈「正横」並且距航艦約一千六百碼的位置。而只要有需要，「暴怒者」就會透過一個安全的VHF無線電頻道，不斷地提供相關資訊給飛行員。之後，夜間降落信號官也改穿會發出亮光的衣服（暱稱「耶誕樹」），並將原有的指示板改成會發光的。

在淩亂失序的雷伊泰灣海戰後兩個月，戰爭情勢持續快速發展。一九四四年耶誕夜，企業號在新任艦長哈爾（Grover B. H. Hall）指揮下駛離珍珠港。第九〇大隊也從陸上基地起飛，在海上與企業號會合。為了向這艘傳奇的航艦致意，馬丁率領麾下的復仇者魚雷轟炸機隊，在空中排成代表企業號的「E」字。麥卡洛的地獄貓戰鬥機隊，則是在空中排成代表勝利的「V」字。接著，所有飛機安全著艦。在第九〇大隊降落完畢後，企業號官兵開始準備渡過該艦的第三個戰時耶誕節。文書兵麥克格拉席（John MacGlashing）表示：「每個人都設法讓自己很忙，不願去談論或多想關於戰爭的事，但這真的很難做到。」

在一堆嚴肅的事情中，偶爾還是會有輕鬆的事發生。和企業號新樂隊一起登艦的官兵中，包括一位來自馬里蘭州、十六歲時曾闖進全國小提琴大賽決賽的西克斯（Wilton Syckes）。但海軍卻要求他從小提琴名家，轉變成一名多才多藝的音樂家，以致當西克斯掙扎地從舷梯登上企業號時，除了水兵裝行李的帆布袋，還帶了一把小提琴，外加一個裝長號的箱子，引起不少人注意。

企業號官兵們很快就認定，新艦長是一位熱情的掌船者。與企業號其他艦長不同，哈爾之前已擔任過護航航艦「突擊者」號（USS Charger，CVE-30）的艦長。他很快就讓企業號艦上官兵留下深刻印象，但也讓一些人感到憂心：因為他開企業號就像在開福特A型汽車一樣。儘管常常不按牌理出牌，但其實「暴走」（Dynamite）哈爾對身為艦長該知道的本職學能，了解得很透徹。

作為一艘夜戰航艦，企業號比其他航艦更高度依賴無線電與雷達。艦上電工室配發了一大批保險套，但並不是讓電工在海外港口休假時避孕用的，而是為了保護復仇者式魚雷轟炸機上的雷達導引天線。細心照顧這些小型精密設備的，是艦上另一位前青少年小提琴奇才、現任電子技術士官奧爾森。當年，他在得知被無線電學校錄取時感到十分驚訝，因為他先前對無線電的經驗，僅止於轉動收音機的調頻鈕，收聽《菲伯．麥克基與茉莉秀》（*Fibber McGee and Molly*）和《阿莫斯與安迪秀》（*Amos 'n' Andy*）等廣播喜劇。他結訓後就順理成章成為空勤人員，但有件事卻讓他感到不寒而慄：雷達士絕不能讓自己被敵人俘虜，以免洩漏寶貴的資訊。

各式各樣的裝備都必須經過檢查與測試。舉例而言，敵我識別器的詢答系統所擁有的六個真空管，就需要頻繁地進行檢查。這些電子設備都是當時世界上的傑作：像飛機上的雷達測高儀在當時可是首屈一指，誤差不到五英尺；復仇者魚雷轟炸機的搜索雷達，則能發現在四十英里外的大型軍艦。

不服勤時，初來乍到企業號的第九〇大隊人員也和他們的前輩一樣，四處探索以熟悉艦上的每個角落。不久後，他們就會知道在機庫甲板附近，有哪些安全的隱蔽處可以躲在裡面用撲克牌或骰子小賭一把。艦上來自不同部門的酒鬼，都會根據某些共同的關係，發展出一個個小群體。全美國海軍都知道魚雷的高級酒精燃料，可以拿來「作樂」。企業號上的軍械部門也有自己的飲料來源，即諾頓投彈瞄準器所用的酒精；在這個瞄準器幾乎從沒派上用場的情況下，這些酒精自然移作他用。同樣地，飛行大隊和輪機部門（M部門）仍舊在輪機室，持續進行安全且能成功避人耳目的合作——他們合作產製的蘋果酒，雖然口感乏善可陳，卻十分有勁頭，而對艦上官兵來說，「勁頭」永遠是最重要的。

為執行夜戰任務，企業號也很快地修訂艦上的作息表。早班官兵執勤時間是早上六點到下午六點，接著由夜班人員接下絕大多數的作業。夜班通常在下午三點起床，廚房在晚上十一點半到次日凌晨一點半間供應熱食。

航艦的工作環境或許是全世界最吵雜的，再加上隨時可能拉戰備，官兵被允許可在非規定的區域休息。軍官們通常都會通融空勤人員和水兵，在任何可躲起來的地點，或任何允許的時間內小睡一下。

———

損失在兩天後陸續開始出現。兩架戰鬥機和一架轟炸機出了意外；前者在起飛時失事，後者則是在迫降時折損。十二月二十九日，又有一架復仇者式在降落時落海。這些意外事故造成各一位飛行員和空勤組員喪生。這些意外再次嚴肅地提醒官兵，航艦作業沒有什麼「例行公事」這回事。

企業號在海上渡過一九四五年元旦，僅小小慶祝一下。當她在一月五日與第三八特遣艦隊第五支隊會合後，又再次活躍起來。支隊指揮官是企業號官兵極為熟悉的前艦長加德納，他在一九四四年七月馬里亞納海戰後離任，目前已晉升為海軍少將，指揮世界上第一個夜戰航艦支隊。與企業號搭檔的是輕型航艦獨立號，而艦上的第四十一夜戰大隊大隊長，是另一位企業號的優秀「校友」考德威爾。

考德威爾的大隊在一九四四年八月曾納編特遣支隊，已有過實戰經驗。麾下的飛行員曾在十月二十四日至二十五日夜間，發現正往東航行、企圖穿越聖伯納迪諾海峽的栗田艦隊，但此一消息卻沒有得到第三艦隊司令部參謀的重視。第二〇飛行大隊在第二天早晨見識到艦隊司令部奉承上意的結果：栗田艦隊闖進了雷伊泰灣。

重返菲律賓

第三八特遣艦隊再度前往菲律賓，運用夜戰能力支援陸軍在呂宋島西岸仁牙因灣（Lingayen Gulf）的登陸作戰。一九四五年一月七日，企業號艦載機在本次戰役中首度出擊，麥卡洛的地獄貓戰鬥機攻擊一處企業號飛行員知之甚詳的地區：馬尼拉附近的克拉克機場。在黎明前黑暗的夜空中，十五架夜間戰鬥機從距呂宋島約兩百三十五英里外海的航艦，由彈射器彈射到空中，但有三架因為雷達故障而折返。麥卡洛率領剩下的十二架戰鬥機飛進重重的高射砲火中，掃射任何看得到的目標。但這次企業號攻擊機群對上的，是日本久經戰陣的高砲部隊。最後，在這些機群中，共有三架地獄貓遭日軍高砲火力擊中，其中又以中隊長的座機受創最重。麥卡洛面對一連串嚴峻的考驗。他設法駕馭這架操控系統受損、油門反應不靈活，而且液壓系統幾乎無作用的飛機返航。他的飛機掠過攔截索，衝破攔停網，撞翻甲板上停放的飛機，然後從左舷翻落海中。水兵們站在甲板上俯視這架經過猛烈撞擊、逐漸下沉的地獄貓，認為麥卡洛先生這下子大概已蒙主寵召了。

令人難以置信的是，麥卡洛中隊長從駕駛艙爬了出來，隨即被驅逐艦救起。他的傷勢經診斷為「尚能復原」後，隨即重返崗位。

與此同時，戰鬥仍照表定計畫有條不紊地進行。奈爾森上尉率領四架地獄貓前往北呂宋，並在那與敵機遭遇。在十分鐘的空戰中，奈爾森宣稱擊落一架百式司令部偵察機、一架零戰五二型戰鬥機，和一架隼式戰鬥機。在一次行動中擊落三架敵機，對夜間戰鬥機來說極為罕見。

兩個戰鬥機分隊前往攻擊林加延灣（Lingayen Gulf）和克拉克機場，並在飽含水氣的雲層下方，用機槍與火箭發動攻擊。但能見度實在太差，導致少尉吉布森（Charles Gibson）和蘇威爾（John Sowell）的座機在返航時互撞。有人看見蘇威爾的降落傘落到海中，但這兩位飛行員再也沒有被發現過。

魚雷轟炸機也非常地忙碌。韓德森率領布雷克中尉前往轟炸阿帕里（Aparri）與佬沃（Laoag）兩個機場，據報兩處目標都中彈起火。中尉多利和拉格斯也前往攻擊阿帕里和另一處機場，但在一片漆黑的情況下，根本不知有無造成損害。缺乏可觀測的戰果這一問題，將持續困擾那些野心勃勃的飛行員。

印度支那的插曲

第三艦隊司令官海爾賽的情緒在一月時一直不太好。雖然他的艦隊在雷伊泰灣海戰擊沉四艘航艦，以及兩艘世上最大戰鬥艦中的一艘，但海爾賽並不滿意，希望艦隊的擊沉紀錄上能再添加兩艘戰鬥艦。情報指出，兩艘同級日本戰鬥艦伊勢號與「日向」號，可能停泊在法屬印度支那的金蘭灣（Cam Ranh Bay）。第三八特遣艦隊奉命開往印度支那，這是一個歷史性時刻，代表盟軍海軍兵力在一九四二年後，首次重回南中國海。這是一支龐大的艦隊，共有各型軍艦一百零一艘，包括十三艘快速航艦和六艘戰鬥艦。

一九四五年一月十二日凌晨三點，加德納少將所屬兩艘夜戰航艦，開始讓塗裝成深藍色的艦載機起飛，進入昏暗的夜空中。這批飛機是海爾賽的前鋒，是後續對東京灣和越南領空多達一千五百架次空襲的第一波。但事實證明，印度支那並沒有日本重要軍艦活動的跡象。美軍飛行員先是用雷達搜索，接著再用肉眼從黎明時灰濛濛的天色中往下看。結論很明顯，伊勢號與日向號都不在這裡。實際上，這兩艘戰鬥艦正停泊在西南方八百英里的新加坡。

馬丁和同單位隊友幾乎與海爾賽一樣失望透頂。第九〇魚雷轟炸機中隊在甲板上備便了裝好魚雷，預備執行攻艦任務的復仇者式。這一回，魚雷已經過改良，本想藉此機會大顯身手。但由於沒有敵人軍艦可以攻擊，軍械人員開始卸下魚雷，改裝炸彈。依照標準酬載，每架復仇者可裝載四枚五百磅炸彈。

儘管低空雲層降低了能見度，基彭和其麾下十一架轟炸機仍舊發現一支由十五艘船艦組成、正沿著海岸航行的大型船團，而其護航軍艦中，包括一艘輕巡洋艦。基彭親自下手攻擊這艘六千噸的輕巡洋艦「香椎」號，並有兩枚炸彈在這艘軍艦的左右兩旁爆炸。其他的復仇者飛行員也有斬獲；詹寧斯（Joseph F. Jennings）中尉宣稱有兩枚炸彈擊中一艘護航艦，導致該艦起火燃燒，而蘭登（James D. Landon）少尉則以一枚五百磅炸彈，命中一艘商船的船尾。同一時間，地獄貓戰鬥機也用機槍（多數時間都在射擊，而不是以大角度急遽降低高度來閃躲防空砲火）和火箭，來壓制敵艦的防空砲火。總計，企業號的飛機共擊沉一艘商船，並使另外兩艘陷入熊熊大火中。明顯受創的香椎號調頭朝海岸前進，但稍後仍被第三八特遣艦隊第三支隊的轟炸機擊沉。

日軍的空中對抗行動微不足道，使美軍航艦飛行員在這天當中，一共只擊落十二架敵機。麥卡洛的地獄貓戰鬥機對西貢著名的新山一機場進行兩波攻擊，但也只對機場掃射而已，未遭遇敵機。

第二天，一月十三日，企業號駛入颱風的暴風範圍，隨即身處在大浪和暴雨中。照飛行員的說法，這是一種「狗屎」天氣：雲層又厚又低，強風不斷呼嘯，幾乎不可能進行任何軍事行動。許多水兵爬進吊床，待在上面忍受船艦的劇烈搖晃。那些下定決心要吃些東西的人，即便只是喝杯咖啡而已，有時都要用雙手才能不讓手上的東西飛出去。與之前和往後所有在大洋執勤的水兵一樣，「大E」早已對這片世上最大海洋的本性有所了解。

一月十六日與十七日，快速航艦部隊對中國沿岸發動打擊，卻在香港遭遇驚人的防空砲火，蒙受嚴重的損失，讓飛行人員用「不可思議的激烈」來形容當時戰況。第三八特遣艦隊在第一天就因各種原因損失十二架飛機，第二天更大幅增加到四十九架。麥卡洛的八架夜間「貓頭鷹」在一次白晝戰鬥機巡邏任務中，僅遭到相對微弱的抵抗，只有一架地獄貓在廣東上空擊落一架鍾馗式戰鬥機。但這個戰果可說是得不償失：一架戰鬥機在強風吹襲、黑暗的夜空中失蹤，另有一架則飛進海中，還有至少三架飛機在甲板上墜毀或重落地，兩名飛行員均不幸殉職。

令人畏懼的福爾摩沙——臺灣

一週後，快速航艦部隊又回到臺灣附近海域，持續對島上日本海空軍基地施壓。當日本得知美國海軍的位置後，日本廣播電台，特別是知名的「東京玫瑰」就開始宣揚說只有少數美國軍艦可以在中國沿岸海域的冒進中倖存。不過，企業號的官兵其實不太理會廣播的宣傳內容，卻很欣賞東京玫瑰所放的音樂。

根據情報內容，馬丁計畫以八架飛機，對在臺灣北端的基隆港內停泊的船艦發動攻擊。但他們在一月二十二日準備執行攻擊時，一開始就出師不利：兩架復仇者無法從甲板上起飛，只得另外派兩架預備機起飛接替，接著另一架又因為發動機故障折返。儘管如此，在破曉前，馬丁和基彭已各率領三

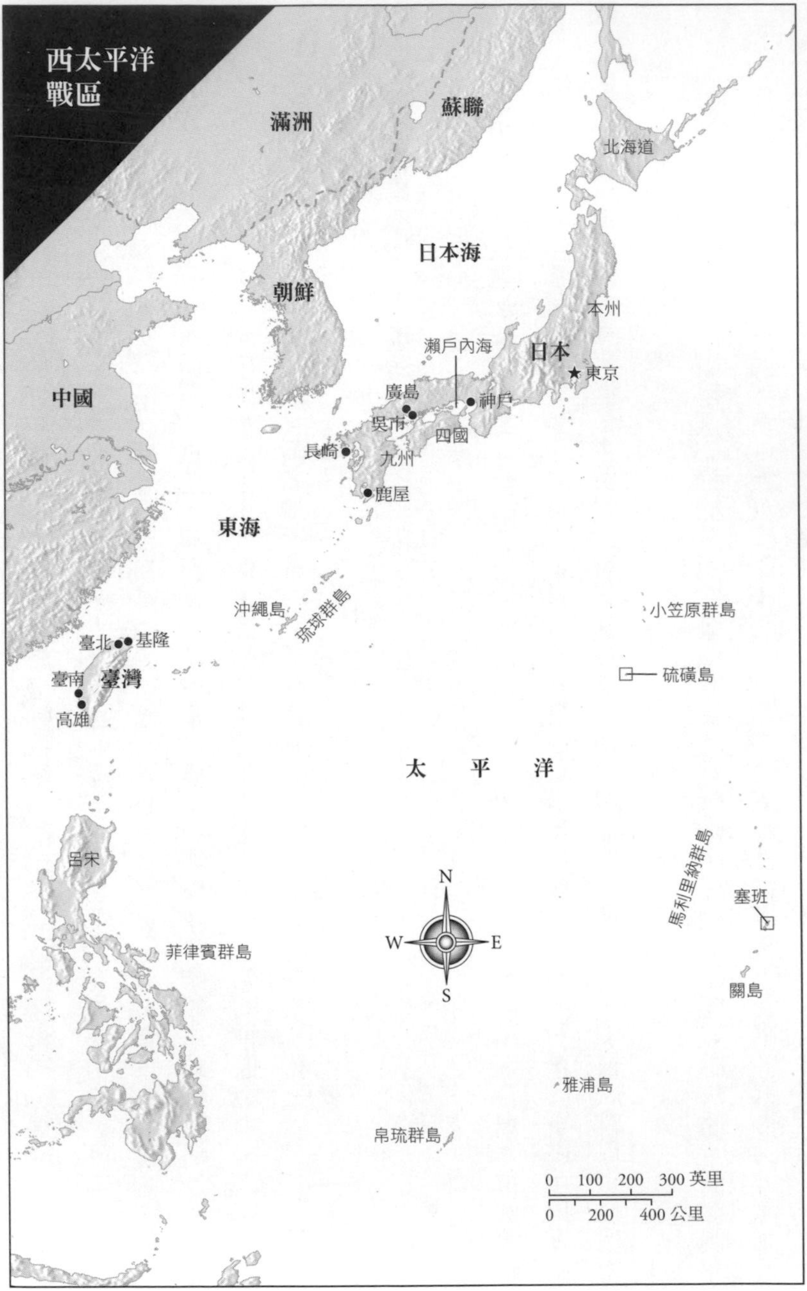
西太平洋
戰區
滿洲
蘇聯
北海道
日本海
朝鮮
本州
瀨戶內海
日本
★東京
中國
廣島
神戶
吳市
四國
長崎
九州
鹿屋
東海
沖繩島
琉球群島
小笠原群島
臺北
基隆
硫磺島
臺南
臺灣
高雄
太平洋
呂宋
馬利里納群島
N
塞班
W
E
菲律賓群島
S
關島
雅浦島
帛琉群島
0 100 200 300 英里
0 200 400 公里

架飛機上路，準備進行攻擊。這些美軍飛機掛載炸彈和火箭，期望能對目標發動迅速而猛烈的攻擊，盡可能攻擊港內的船艦，然後快速脫離。

但計畫沒有生效。

日本的雷達偵測到接近的美軍飛機，有充分的時間讓高射砲和探照燈備戰。因此，當美軍機群飛抵基隆港，日軍探照燈的耀眼強光直接朝駕駛艙照射，讓飛行員幾乎看不清任何東西。日軍高射砲似乎也由雷達進行管制，對美軍飛機投以準確、猛烈的砲火。這些狀況，讓基彭麾下飛行員不知所措。基彭透過無線電報告他很難看見任何目標，同時還要閃躲密集的高射砲火，但儘管如此，他還是決意要攻擊。

評估過情勢後，馬丁開始在六千英尺的空中盤旋，構成一個顯著的目標，誘使許多日軍高射砲朝他射擊。但馬丁此一突如其來的舉動，讓部分美軍飛機得以穿透敵軍防禦火網飛到低空，利用砲口焰短暫照亮漆黑夜空的瞬間，以炸彈和火箭攻擊短暫出現在眼前的目標。

在馬丁機群的頑強攻擊下，日本一艘小型貨船被擊沉，部分碼頭設施起火燃燒。然後，他們調頭朝海上飛去。到這時，他們才赫然發現有半數的飛機失蹤。不管那天晚上發生什麼事，基彭上尉和他的僚機庫普（Chester Koop）中尉與伍德（John Wood）少尉，連同機上所有機員都從此不見蹤影。企業號損失的不只是九名訓練有素的空勤人員。對官兵來說，更重要的是，他們是難以取代的袍澤。

在返回烏利西環礁途中，美軍特遣艦隊順道痛擊沖繩島，而企業號在過程中又損失另一位袍澤。企業號特地在海上舉行一場紀念儀式，以向自夏威夷出發迄今，已確定或疑似殉職的十八位飛行員和空勤人員等人致敬。基彭的殉職尤其令官兵感到不捨。因為這位魚雷轟炸機中隊中隊長在特魯克和馬里亞納等先前看來最惡劣的情況下都能倖存，卻在此役不幸陣亡。第九〇夜間魚雷轟炸機中隊的日誌記載道：「我們當中有許多人，都曾在第一〇魚雷轟炸機中隊和現在這個中隊，與他共同生活和飛行過很長一段時間。他的殉職是如此地令人感到難以置信。對我們全體而言，他是一位勇敢的飛行員、一位真正的朋友和袍澤。」

在烏利西環礁的兩個星期，企業號大多數的時間都在進行海上大掃除，將全艦從頭到尾徹底清理一遍，以及讓官兵好好休養生息。許多水兵在短暫的上岸結束後，仍感到意猶未盡，選擇待在船舷邊作點事情轉換心情，包括閱讀來自國內許許多多的耶誕祝賀郵件。籃球和排球也是受大家歡迎的休閒運動，能使緊張的情緒得到放鬆，這也是航艦比其他空間不足的軍艦略占優勢之處。但是，在相對輕鬆和略顯輕率的外表下，有些人注意到在部分官兵間，有一種被壓抑的哀傷情緒——這是四星期前，那些如今已不在的戰友們還活著時，不曾出現過的情形。

接著，他們又準備回到海上，回到戰爭之中。

揮軍東京

隨著史普勞恩斯上將和密茲契中將重新接掌指揮權，快速航艦部隊也轉隸第五八特遣艦隊，目的地則是日本本土。在艦隊目前所擁有、為數超過一百艘的船艦中，只有企業號，以及或許其他三艘船艦，以往曾涉足敵人海域——也就是三年前，杜立德率隊空襲東京之時。

當獨立號航艦重返晝間作戰任務後，她的夜戰航艦任務由原本隸屬第五八特遣艦隊第三支隊的航艦沙拉托加號取代。這是個令人吃驚的轉折，但卻替加德納少將的單位增加不少額外的戰力。沙拉托加號上有一支特編的飛行大隊，由一支晝間戰鬥機中隊、一支間戰鬥機中隊，加上一支夜間魚雷轟炸機部隊所組成。他們的目標，是在敵人家門前二十四小時不斷地發動空中攻擊。美軍計畫在二月中旬對本州進行為期兩天的空襲，讓東京的注意力遠離美軍實際目標：一處布滿硫磺、外形像豬排的島嶼，也就是硫磺島。

北太平洋的天氣很符合當時的季節：寒冷、多雲、下著毛毛細雨，而波濤洶湧的海面呈現一片灰色。二月十六日清早，當飛機從航艦起飛後不久，飛行員在三千英尺以上的高度，發現機翼竟結了一層冰，這還只是他們平常在雲幕下進行編隊的高度。企業號的戰鬥機在當天下午稍晚時才起飛，但立刻就損失一架。盧斯康比（Francis “Tex” Luscombe）少尉（他享有一個令人妒忌的盛名，即「最有女人緣的男士」）在航艦附近墜海；雖然有人看見他從駕駛艙內爬出來，然後爬到一個副油箱上，但他在救援抵達前不久即不幸溺斃。

其他十一位飛行員繼續駕機朝指定的目標前進，以機槍和火箭攻擊本州的機場。這些地獄貓戰鬥機曾與日本海軍戰鬥機在空中纏鬥了一陣子，卻未獲得任何戰果。一架美軍戰機在戰鬥中受損，飛行員只得迫降在海面，但最後成功獲救。

隨後，新任的魚雷轟炸機中隊副中隊長韓德森，駕機前往日本本土近海執行一項重要的新任務。

以當時慣用的說法，此一任務叫做「無線電反制」，要利用機載發射器從空中干擾敵軍的雷達。與韓德森同機的是中尉霍巴赫（Ted Halbach）和盧密斯（Henry Loomis）；他們在這架機身龐大的格魯曼飛機內，操作深奧且機敏的電子設備。海軍航空已日趨成熟，而企業號上這支經驗豐富、技藝高超的飛行大隊則為未來的發展指出方向。

企業號在十七日執行夜間攻擊任務，一名復仇者式機組員不幸陣亡，明顯是眩暈症的犧牲者，這是夜戰空勤人員常有的職業風險。儘管只觀測到極少的戰果，但企業號已經替海軍航空史增添了新頁。她和僚艦已做到某些軍事權威認為不可能發生的事情：與一支強大的陸基空中武力當面對決，並贏得區域制空權後全身而退。這對東京接下來即將要面對的情形，是個凶兆。

同一時間，美軍特遣艦隊在波濤洶湧的海上破浪前進，朝南駛往六百英里外的硫磺島。

日以繼夜攻擊硫磺島

二月十九日抵達硫磺島海域後，企業號和沙拉托加號隨即派出戰鬥機執行戰鬥空中巡邏，來保護兩棲攻擊部隊；後者此時已將兩個師的海軍陸戰隊送上岸，另有一個師還在海上。對東京方面而言，他們無法承受丟失硫磺島的後果，因為美軍長程戰鬥機可以從這個島起飛，替來自馬里亞納的B－29轟炸機護航。日本轟炸機與神風特攻隊紛紛從日本本土起飛，朝西南方飛向這個小島，尋找最優先的目標，即美軍航艦，並伺機發動攻擊。第九〇夜間戰鬥機中隊在第一天晚上，就擊落一架日本轟炸機。

但美軍的空中警戒線無法做到滴水不漏，沙拉托加號就在二月二十一日遭日軍痛擊。

三分鐘內，這艘太平洋戰爭的老兵遭到五枚炸彈命中，隨即引燃甲板上的飛機，將她的飛行甲板變成煉獄。冒出的大火又吸引更多的入侵者——兩小時後，沙拉托加號再度遭炸彈命中，艦上的飛行大隊大部就殲，另有一百二十三名官兵陣亡，使這艘巨型航艦不得不退出戰場。在沙拉托加號退出後，必須獨立扛起兩棲登陸艦隊夜間空中防禦任務的企業號，調轉到第七艦隊。

和往常一樣，敵人不是唯一的威脅來源。二月二十二日晚上，當美軍艦隊處於紅色警戒階段，「弩弓」科林斯駕機從雲層中開始下降。緊張過度的美國砲手誤以為是神風特攻隊來襲，遂朝科林斯開火射擊，其他軍艦的高射砲也跟進。領先的復仇者魚雷轟炸機冒出濃煙，開始墜落，然後從人們的眼前消失。亨利奇（Henry Hinrich）少尉的座機也嚴重受損，但他成功迫降在海面上；亨利奇的機組員後來引起附近一艘美國海軍巡邏艇的注意，但艇上人員起初還懷疑他們的身分，直到聽見絕對錯不了的美式粗話後，才澄清所有疑慮。

在這次意外事件中，另一位來自禿鷹旅且備受愛戴的「弩弓」科林斯，和其他兩名機組員同時陣亡。韓德森繼任中隊長，這是第九〇夜間魚雷轟炸機中隊在三十天內的第三任中隊長。

二月二十三日下午四時三十分，麥卡洛的夜間戰鬥機起飛執行戰鬥空中巡邏，這在當時已經是稀鬆平常的情景。但這是後續一連串不可思議任務的開端：在接下來的七天中，企業號隨時都有艦載機在空中飛行。這個紀錄之所以能達成，部分應歸功於五位沙拉托加號的飛行員抵達增援。企業號在這段時間內，平均每小時派出一架復仇者和兩架地獄貓升空，晝夜不斷。部分架次飛往父島進行掃蕩，其他則在硫磺島上空巡邏。同時，韓德森的復仇者則前往小笠原群島一帶搜尋臨機目標，以集束炸彈轟炸地面設施與停留在機場的飛機。在這七天的飛行任務中，企業號共損失三架飛機，但機組員全數獲救。另有一架日本轟炸機被執行夜戰任務的地獄貓戰鬥機擊落。

與此同時，空中任務也持續進行、未見減弱。不僅機庫甲板工作人員從來沒有閒下來過，飛行甲板也總是有各種作業在進行。在降落信號官將晝間指示板更換為會發光的夜間用型的同時，機工人員和軍械人員也忙著將飛機備便和掛彈，讓飛機隨時可升空值勤。

三月二日晚上十一點三十分，最後一批夜航貓頭鷹們降落在企業號上，完成此一連續一百七十五小時的飛行任務。對企業號而言，從來沒有一次任務能與這次相比擬，未來可能也不會有。

在這七天內，美軍共有五十艘船艦因為互撞、惡劣的海象，或敵人砲火而受損，其中有一艘則沉沒。但日本飛機僅在二月二十八日那天，曾以炸彈命中一艘驅逐艦，然後在三月二日又命中另外一艘不過是顆未爆彈。第九〇夜戰大隊在空中防禦方面的表現，近乎完美。

神風特攻隊

在烏利西環礁獲得迫切需要的休息後，企業號和護航艦在三月十四日啟航，再度朝日本本土方向前進。此時，硫磺島的激烈戰鬥還在進行，美軍完成全島的掃蕩是在兩個星期後。鑑於日軍飛機唯有從九州的機場起飛，才能飛到硫磺島灘頭，因此，史普勞恩斯上將計畫對九州各地機場發動連串攻擊，藉此壓制神風特攻隊對美軍艦隊的威脅。從三月十八日晚間起，馬丁麾下空勤組員不斷地在暗夜中騷擾敵軍基地，並攻擊已知的雷達陣地。

和以往大不相同的是，這回他們遭遇大量空中目標。三月十八日晚上，攻擊總領隊指示瓦騰伯格（Robert Wattenberger）中尉前去處理一個極端難纏的目標。瓦騰伯格回憶道：「為追擊這架敵機——他一會穿進雲層、一會又繞著艦隊飛行，躲進一朵又一朵的積雨雲中——我幾乎飛遍整個西太平洋上空，才把他擊落。」同樣堅持不懈的還有威廉斯中尉；他在不佳的天候狀況下，持續追蹤選定的目標長達三小時，才成功將對手擊落。除此之外，還有其他兩位飛行員也打下敵機，但又有一架地獄貓戰鬥機被美軍自己的高射砲擊落。飛行員雖然獲救，不過這次事件也再次證明那些過分緊張、又愛亂扣扳機的砲手，始終是友軍飛行人員的威脅。

企業號飛行部隊在三月十九日持續進行空中掃蕩。戰鬥機中隊宣稱摧毀一架敵機，而魚雷轟炸機中隊的復仇者也可能擊落一架敵機。創下擊落紀錄的魚雷轟炸機飛行員是永遠戰志昂揚的韓德森；他緊咬一架大型、外號「艾蜜莉」（Emily）的二式大型飛行艇，然後在清晨五點左右將這架飛艇打落海中。二十四小時後，另一位第一〇魚雷轟炸機中隊的前隊友拉格斯，也確定擊落一架敵機，並可能擊落第二架。這些戰果證明了歐海爾和菲利浦等人在一九四三年下半年時，對復仇者式這種大型又不靈活的飛機的信賴，果然其來有自。

由於美軍目前是在日本本土外海、遠較狹窄的海域中作戰，使日本不必花太多心力，就能發現美軍航艦的位置。日本飛機連續四天從陸上基地出發，川流不息地攻擊美軍艦隊。更重要的是，日本已學會如何有效地攻擊美軍艦隊。某些日軍飛機成功穿透美軍戰鬥機與高射砲所布下的防線。三月十八日上午，一架被雷達操作人員誤認為友軍飛機、由技藝精湛的日本飛行員駕駛的俯衝轟炸機，成功投彈命中企業號。

當時在飛行甲板的官兵中，包括十九歲的雷達技術人員奧爾森；事發當時他正在右舷彈射器上處理一架地獄貓戰鬥機的雷達。奧爾森看見這架敵機從右舷方向往左，呼嘯地通過飛行甲板上方，然後炸彈就擊中了前升降機。奧爾森回憶道：「這枚炸彈的引信故障，因此沒有爆炸，然後就在艦島旁的甲板中央停了下來。一些勇敢的水兵遂以滾動的方式，將這枚炸彈移動至艦尾，然後把它推落海中。」對奧爾森這位原本有機會在迪士尼樂團舉行眾所矚目的首演，卻因珍珠港事變而推遲的小提琴家而言，這次事件讓他在意料之外近距離地目擊了所謂的戰場。一位士兵在此次攻擊中受重傷，但企業號的損失十分輕微；有些值夜班的水兵甚至沒有察覺遭到攻擊，繼續在帆布床上睡大覺。

還有更多敵機接踵而來。第二天，也就是三月十九日，早班人員在凌晨三點四十五分起床，將床鋪整理好並將防火服裝穿上後，就前往餐廳吃早餐。官兵們都假定「戰備令」會在日出前六十分鐘的五點十三分下達。在距日本本土僅五十英里的海域，為了能妥善應付技術純熟、行動積極的日本空中兵力，哈爾艦長要求企業號從黎明前到黃昏後的這段時間內，需保持在「全員戰備」的狀態：所有人員就戰鬥部位，並且全艦保持靜默。

三月十九日上午，第五八特遣艦隊第一支隊的胡蜂號航艦遭敵軍炸彈命中，造成一百名官兵陣亡。但艦上損害管制小組對狀況的處理十分專業，使這艘航艦還能靠自己的動力駛離戰區。幾分鐘後，企業號的前任搭檔，航艦富蘭克林號在未保持「全員戰備」的情況下，遭日本俯衝轟炸機重創。企業號的官兵站在甲板，或從艦島上，望著遠方海平面令人反胃、如羽毛狀噴發的黑色濃煙。那正是富蘭克林號，而她此刻正冒出熊熊大火；當艦上彈藥被大火引爆時，還可看見爆炸的閃光。富蘭克林號上共有八百多人喪生，是美國航艦作戰史上，傷亡最慘重的一次。她最後被拖離戰區，然後啟程返國，再也沒有回到戰場。

不出美軍所料，日軍接二連三地發動攻擊。三月二十日，另一位意志堅定的日本海軍彗星式俯衝轟炸機飛行員冒險對企業號發動攻擊。他巧妙地躲開地獄貓戰鬥機的攔截，替自己爭取到足夠的時間進行瞄準，然後從低雲中突然殺出，直接衝著企業號的艦首而來。這架日本轟炸機隨即投下五百五十磅的炸彈，在距企業號艦體僅五十英尺的地方落海，只造成輕微的損失。這架日機在投彈後迅速脫離返航，美軍的高射砲火雖然十分猛烈，但都未能擊中他。某些護航軍艦的砲火準頭奇差，若干五吋砲砲彈甚至在距企業號不遠的空中爆炸。兩枚裝有近發引信的砲彈，因為感應到某個固體目標，遂按照設計原理自動引爆，並向四面八方射出大量彈丸。若干五十五磅重的彈丸，在企業號前甲板的高射砲砲位上方爆炸，將暴露在砲位的跑手橫掃在地。更糟的是，六架滿載汽油與彈藥、準備起飛的地獄貓戰鬥機也被波及，瞬間變成一團團火球，火勢更迅速隨著流動的燃油在飛行甲板四處蔓延。

面對這場自聖塔克魯茲海戰以來最嚴重的災難，企業號的相關應變小組立刻做出反應。孟洛（John Munro）少校手下那支紀律嚴明的損害管制小組開始嘗試滅火，但高熱隨即引爆數千枚高砲砲彈和高射機槍彈，迫使大多數小組成員必須撤離，以免被流彈所傷。

不斷冒出的火舌與越來越濃的黑煙，使艦島內絕大部分空間的人員必須撤離，以免窒息。因此，戰情中心、通信中心和飛行管制所都暫時撤離，其中前兩部門的人員轉移到備用區域繼續執勤。此刻，企業號只能仰仗護航軍艦提供主要的空中防禦和通報新的威脅情資。與此同時，又有更多的日機臨空，並將目標指向「漢考克」號（USS Hancock，CV-19）與聖哈辛托號兩艘航艦，但未能得逞。

同一時間，企業號持續與大火奮戰。部分消防水管被燒壞，還有一處飛行甲板的木質結構整個被燒焦坍塌，將下方機庫甲板暴露在頂層的大火中。這是一個極為危險的時刻，倘若大火向下延燒，將機庫內加滿油且掛好彈的飛機及彈藥庫引燃的話，將引發一場大災難。在這千鈞一髮之際，坐鎮損害管制中心的孟洛下令啟動上方的灑水系統，對部分機庫甲板艙間灌水，順利解除這個致命威脅。

哈爾艦長下令企業號轉向，以便與風向呈直角，讓風勢將危害最烈的濃煙吹離艦體。這時，頭戴面罩的水兵也開始朝燃燒中的前飛行甲板移動；他們低著頭以對抗炙人的高熱，不斷地用噴嘴朝起火地點噴灑白色、濃稠的消防泡沫。漸漸地，他們成功將大火與燃料和氧氣隔絕，火勢開始獲得控制。

不到一小時內，企業號的大火撲滅了，使她得以繼續留在特遣艦隊。在這次意外中，共有十位官兵喪生，包括一位在驚慌之餘，縱身跳入海中的軍官。

修理、喝啤酒和恢復士氣

企業號在三月二十四日回到烏利西環礁後，將主要心力放在「療傷」上。在重型維修艦「傑森」

號（USS Jason，AR-8；她是這型維修艦的首艦）人員的支援下，艦上的維修部門（R部門）幾乎是二十四小時不間斷地進行修繕工作。

部分企業號官兵終於可以從連續不斷的作戰任務，以及三月二十日的大火所造成的沉重壓力中解放，能略微放鬆一下。為了讓官兵調適心情，美軍特地在岸上舉辦啤酒派對，允許官兵用極便宜的價格，喝上兩到三瓶啤酒，但必然有人喝了更多。

在烏利西環礁停留十天後，相關維修工作均已完成，企業號重新回到前線。身為美國海軍碩果僅存的夜戰航艦，她再度編入老長官的部隊，即拉德福少將的第五八特遣艦隊第四支隊。該支隊下除企業號外，還有約克鎮號與無畏號，以及一艘輕型航艦蘭利號。一些企業號老兵還記得在一九四三年年底的吉爾貝特—馬紹爾海戰，當時拉德福正是企業號所屬特遣支隊的指揮官。除此之外，企業號的老搭檔第一〇飛行大隊，在戰前企業號飛行員海蘭德（John Hyland）的指揮下，目前正駐防在航艦無畏號，執行該大隊第三次戰鬥巡弋任務。拉德福支隊在四月七日抵達沖繩附近海域，剛好是登陸作戰開始後第七天。

奉命支援「冰山作戰」的航艦，被迫只能在距灘頭一定距離的箱型海域中活動，因而喪失了機動性方面的優勢，使敵人比較容易發現她們的位置。日本從九州派出上千架次的飛機發動攻擊，除傳統的攻擊部隊，也包括神風特攻隊。這使一九四五年四月和五月成為整個大戰期間，東京發動「特別攻擊」的極盛期。而在自殺攻擊的威脅下，此時期則是美國海軍運勢最糟的時候。

儘管有一流的領導者，美軍官兵士氣卻開始下滑。馬丁利用時間對麾下空勤人員做了一次意見調查。結果，在第九〇飛行大隊的八十名飛行員中，僅有十人對夜間飛行仍然保有熱情，卻有二十三人表示不想再擔任夜戰任務；其他人當中，有超過百分之四十的人員雖不反對繼續執行目前任務，卻不願再加入其他夜戰大隊。考量到第九〇飛行大隊成員以志願參與任務的人居多，這個結果令人感到喪氣。

雖然很少有飛行員願意承認，但夜戰單位不像其他晝間作戰單位那麼有魅力和引人注目。此外，相較於單位的損失，他們只有很少的戰果能獲得認可，連帶使獲頒勳獎表揚的機會大幅減少。雖然一心追求勳獎章的空勤人員只是少數，但幾乎所有擔任此種困難、極端危險任務的人員，都迫切需要基本的認可。例如麥卡洛的地獄貓戰鬥機中隊，就很少有與敵機接戰的機會：從一九四五年一月迄今，僅有九位飛行員擊落區區十三架敵機，魚雷轟炸機中隊則擊落三架。

轟炸機飛行員必須確認擊中敵軍的主力作戰艦，才有資格獲頒海軍十字勳章，但這在夜戰單位中幾乎不可能達成。第九〇魚雷轟炸機中隊在二月美軍攻擊東京時，曾在情蒐任務上有精彩的表現，但由於相關電子偵察任務還在保密中，所以一概不能透露。一位機組員曾單獨標定二十四處日本雷達陣地的位置，但此一情報雖然價值連城，卻必須保密。

不知基於何種原因，絕大部分可說是不切實際的樂觀，但有些空勤組員開始幻想能在下次出擊結束後輪調回國。然而，就目前戰況發展來看，他們恐怕別無選擇，只能繼續留下來作戰。隨著日機的抵抗越來越激烈、頻繁和持續不斷，企業號的飛行部隊在沖繩島還有大量任務需要執行。

神風特攻隊在四月十一日大舉來襲，並對準企業號發動一波又一波的攻擊。艦上砲手在上午敵機來襲時，擊中一架自殺飛機。不過，這架飛機在距飛行甲板非常近的位置爆炸，導致一名水兵被震波推落艦外，但成功獲救。

當天下午，一架掛載著炸彈，被美軍誤認是彗星式俯衝轟炸機的零戰五二型戰鬥機，以陡峭的角度朝企業號快速俯衝而來。立刻就有大量高射砲火朝這架日機猛射，使敵機在距企業號右舷艦首僅幾英尺的地方落海，機上所帶炸彈也隨之爆炸。緊接著，又有一架神風特攻飛機朝企業號俯衝，但艦上前段飛行甲板的高射砲手早已有所警覺、嚴陣以待。密集的高射砲火，迫使這架自殺飛機調整方向，進入盤旋以尋找更好的機會。其他幾架日機雖然穿透特遣支隊的外圍屏障，但都在得手前就已被擊毀。

企業號遭受不小的損害。那兩枚在近距離連同飛機一起爆炸的炸彈，摧毀一座雷達，並使部分艦體凹陷，造成某些發電裝置位移，也導致若干油槽破裂。但企業號仍堅守崗位，承擔起該負的責任。

當天黃昏，在天色逐漸暗下來之際，雷達螢幕顯示有許多「吸血鬼」在美軍艦隊外圍盤旋。第九〇大隊隨即起飛。地獄貓戰鬥機和復仇者魚雷轟炸機，對介於本州和沖繩島之間的神風特攻隊基地，進行地毯式攻擊。第九〇大隊的飛機以轟炸或機槍掃射，掃蕩奄美大島和其他日軍機場。這時，又有一位曾在第一〇魚雷轟炸機中隊服勤過的老兵康明斯上尉，也繼韓德森與拉格斯之後，用魚雷轟炸機擊落大型日軍飛機。康明斯在任務中瞥見一架日軍運輸機，他隨即追上這架飛機，然後開火射擊。他的雙聯裝五〇機槍很適合幹這種活，於是這架外號「塔比」（Tabby）的零式運輸機因此擊落墜海。

企業號在四月十四日得知羅斯福總統死訊。對企業號的官兵而言，這是向一位與這艘軍艦關係最密切的人道別。在十二年前那個不凡的年代，就是羅斯福下令由重建基金撥款建造兩艘新的航艦。海軍部長福萊斯特（James Forrestal）下令美軍軍艦降半旗三十天以示哀悼。不過，福萊斯特也指示：「由於目前仍處戰時狀態，前線官兵毋須配戴致哀的標誌，發砲致哀的儀式也一併取消。」另一方面，對於即將繼任的副總統，大家所知不多，只知道他來自密蘇里州，在第一次世界大戰時當過砲兵。

企業號再度返回烏利西環礁，又開始進行再熟悉不過的修繕工作，維修艦傑森號熟練的維修師傅也再度前來支援。為評估企業號吃水線下的受損程度，維修人員將左舷的油箱部分注水，讓艦體傾斜八度；這使人們在艦內行走時，會有暈眩的感覺。維修人員評估，要修復神風特攻隊所造成的損害，可能要超過兩週的時間。此外，艦上官兵也注意到，這艘全美國海軍最勇敢善戰的軍艦，這回將在港口內待上相當長的一段時間，甚至超過海軍許可程度，卻無能為力。在這段期間，加德納少將離艦，不再指揮夜戰航艦支隊。

加德納少將的惜別宴會，是一次非比尋常的盛宴，不但有火雞、各種飲料，甚至還供應雪茄。席間，哈爾艦長對那些一心期待早點返回美國本土的人，澆了一大盆冷水。事實上，哈爾告訴大家，企業號在十天內就要北返，接受新的任務。不過，加德納的告別演說則給大家帶來一絲希望，暗示第九〇飛行大隊應該很快就會解編，但此時他拒絕透露更多細節。

企業號航海日誌的保管者清楚知道，第一〇飛行大隊的第二次海上巡弋，是從一九四四年一月到七月，時間約六個月；第二〇飛行大隊在轉往萊克辛頓號前，則是曾在企業號駐防近四個月，接著在萊克辛頓號又待了兩個月。在經過四個月的海上部署後，夜戰單位空勤組員們猜測，他們至少還要在海上出六十天的任務。第九〇魚雷轟炸機中隊的飛行日誌記載道：「沮喪的氣息籠罩著全艦。」

此時，企業號官兵還不知道的是，第九一飛行大隊準備飛到一艘新的航艦「好人理查」號（USS Bon Homme Richard，CV-31）上，但這艘新航艦要到五月底才會抵達烏利西環礁。在這以前，企業號仍將是史普勞恩斯上將麾下唯一的夜戰航艦。

難以忘懷的五月

企業號在五月三日重新與艦隊會合時，看起來有點孤獨。身為唯一的夜戰航艦，她被編入薛爾曼少將的第五八特遣艦隊第三支隊；支隊中還包括特遣艦隊指揮官密茲契中將的旗艦碉堡山號，而支隊作戰官則是企業號官兵的另一位老朋友佛萊利中校。由於麾下共有十五艘快速航艦可供調遣，密茲契認為他有足夠的力量再度對日本本土發動攻擊。雖然自無畏號航艦於四月十六日遇襲以來，就再也沒有其他航艦遭日軍命中，但艦隊司令部的參謀仍然計畫對奄美群島發動日間及夜間空襲，壓制從九州到沖繩間的日軍機場。

五月九日凌晨三點四十五分，四架企業號戰鬥機起飛，準備前往奄美大島上空執行拂曉時分的戰鬥空中巡邏。但有一架飛機在起飛時，一頭從航艦左舷栽進海裡。飛行員塔克（James T. Tucker）中尉從此下落不明。意外的原因究竟是飛行員發生眩暈、發動機失效或儀器故障，始終未能得知。他是該中隊第十一位陣亡者，也將是最後一位。

與此同時，神風特攻隊仍舊持續不斷來襲。數以百計的日本飛行員冒死來犯，但面對美國海軍布下的重重防禦網，絕大多數的日機不是被雷達導引的地獄貓或海盜式戰鬥機擊落在半途，就是被美國軍艦大量的高射砲所擊碎，徒然犧牲生命，卻無法獲得什麼戰果。但總是有更多的攻擊者來犯，其中有些技術高超，有些運氣特別好，或兩者兼而有之。五月十一日，兩架兼具技術與運氣的自殺飛機，差一點摧毀碉堡山號航艦。

日機連同所帶的炸彈，撞進碉堡山號的甲板，並直達內部。隨即引發恐怖的火勢，期間超過三百五十位美軍喪生。某些碉堡山號的戰鬥機剛結束戰鬥空中巡邏任務返航，看見火焰有如火山爆發般地從母艦冒出，飛行員只得調頭要求轉降企業號。自從一年前哈默的夜間戰鬥機調離後，這是頭一回有海盜式戰鬥機在企業號的飛行甲板作業。

密茲契手下參謀有十三人陣亡，其餘則被迫撤離旗艦轉移到企業號。哈爾艦長和副長卡布勒（William Kabler）中校將部分軍官從原本的艙房中遷出，以騰出空間，安頓這些為數不多的艦隊參謀。當碉堡山號由護航艦伴隨、自戰區撤離後，密茲契和麾下參謀又將注意力轉回到持續進行的攻勢作戰，這正合馬丁的胃口。

馬丁建議對日本本土機場進行一系列的攻擊，並將夜間攻擊範圍延伸到更遠的機場。為執行此種大膽的攻擊，馬丁仰仗的除韓德森外別無他人；只要是夜間攻擊任務，不管類型為何，韓德森都樂此不疲。在頭一天晚上，馬丁和韓德森率領復仇者魚雷轟炸機前往攻擊九州。整體來說，這是一趟令人愉快的任務。他們大肆攻擊毫無戒備的機場和軍事設施；在某處機場內，韓德森甚至發現一個模擬的航艦飛行甲板，用燈光清楚標示出來，於是他立刻動手將其炸毀。

到了第二天（即五月十二日，也是企業號服役七週年紀念日）的晚上，狀況就大不相同。日軍預先做好還擊準備，好幾打強力探照燈射向黑暗的夜空，其中多數由雷達指引。某些飛行員根本看不見任何東西，其他飛行員還報告在強烈的燈光下，無法發現目標位置。然而，對那些和馬丁一樣久經戰陣的飛行員，則把握這個機會與探照燈的操作人員鬥法。他們拋下大小經過剪裁、可對已知日本雷達波段進行干擾的金屬碎屑，讓這些雷達失效，然後再以機槍、炸彈和火箭，攻擊地面任何移動的目標。

同一天晚上，企業號的戰鬥機襲擊了鹿屋市和鹿兒島灣，並宣稱在黎明前共擊落八架敵機。楊格（Owen Young）上尉只差一點點，就可名列空戰英雄行列；他擊落三架「傑克」（Jake）零式水上偵察機、一架「東尼」（Tony）日本陸軍三式戰鬥機，又和拉特洛比（Charles Latrobe）中尉共同擊落一架「皮特」（Pete）零式水上觀測機。拉特洛比也獨立擊落另一架敵機，而史密斯上尉和凱尼恩上尉也各擊落一架敵機。這真是第九〇夜間戰鬥機中隊戰果最豐碩的一天，或者說「一晚」。

次日，即五月十三日清晨，韓德森在十五分鐘內，可能擊落一架結構粗壯的「喬治」（George）日本海軍紫電式戰鬥機，並且確定擊落一架二式水上戰鬥機。這使韓德森的官方作戰紀錄累積到確定擊落三機，另有一架可能擊落，但使用的卻是復仇者魚雷轟炸機。更重要的是，在這幾天的夜間攻擊中，企業號沒有損失任何一架飛機。

最後的神風特攻

五月十四日，當太陽在清晨五點三十分從菲律賓海升起，企業號已在九十三分鐘前進入「全員戰備」狀態。飛機都已備便、砲手已就定位，戰鬥配給也已完成分發。這時艦上有兩種型態的哨兵進行守望工作：負責監視航艦正上方的是視力良好的水兵，海平線外的空域則由「電子哨兵」，也就是雷達，來負責掃視。在陽光照映下，官兵們發現天氣十分良好：風速達十五節的南風，將三千英尺以下的積雲全部吹散。

清晨六點剛過，第九〇飛行大隊的夜間戰鬥機陸續返航。他們整晚對日軍機場進行地毯式攻擊，盡可能將日本轟炸機與自殺飛機擊毀在地面。過去五小時，地獄貓戰鬥機又擊落三架敵機，大大地激勵了麥卡洛手下那些殺敵心切的飛行員。在過去三天，他們已經擊落十二架敵機。

但還是有些基地在航艦艦載機的作戰半徑外。當太陽升起後，機體塗有赭紅色太陽旗標誌的日機，也隨著初升的太陽，從九州機場跑道起飛，朝外海飛去。美軍艦載雷達很快就發現這些日本飛機，並將他們標記在綠色的雷達幕上。編隊飛行的日本機群，以及單機行動的飛機，分別從不同的高度與方向接近美軍艦隊。在看似亂無章法的背後，是精密的計算。神風特攻隊的指揮官想利用這種方式，盡可能混淆美軍的雷達操作人員。

當美軍的雷達偵測到接近的入侵者之時，執行夜間攻擊任務返航的地獄貓戰鬥機已進入等待航線，正繞著企業號飛行，準備依序降落。戰機攔截管制官立刻透過麥克風，下令部分待命機立刻就防禦位置。飛行員匆忙將機輪和襟翼收起，加油門開始朝西北方爬升。

雷達偵測到有二十六架敵機出海朝美軍飛來。當這些敵機與擔任特遣艦隊空防任務的地獄貓戰鬥機遭遇後，立刻就有十六架被美機擊落。另有六架雖成功穿越戰鬥機防禦網，仍難逃被高射砲擊落的命運。其他日本飛機則調頭離去，尋找比較容易成功的目標。

最後一架留下來的，則一心想著要光榮地為國犧牲。

上午六點二十三分，雷達在距艦隊二十英里的空域，又發現更多敵機正在接近。在接下來十七分鐘內，瞭望哨三度用雙筒望遠鏡監看西南方：長長的煙霧出現在早晨的天空中，說明了美軍戰鬥機在空中巡邏時展現的絕佳效率。

十分鐘後，驅逐艦「杭特」號（USS Hunt，DD-674）被派去回收一具日軍飛行員的遺體。此時，美軍的地獄貓還在和狡黠的日本零戰五二型戰機，進行三度空間的貓抓老鼠遊戲。其中一位日本飛行員特別難纏，他不斷地駕機進出雲層。地獄貓的飛行員數度嘗試用雷達或光學瞄準鏡來鎖定這架敵機，但總是無法成功。這位日本飛行員擁有不尋常的耐心，明顯是打算利用低雲爭取時間，等待機會發動攻擊。

這位入侵者是日本海軍第七二一飛行大隊第三〇六中隊的富安俊助中尉。三〇六中隊的成員個個決心堅定、一心只想為國殉身。三天前，該中隊另一位飛行員小川清也為了對碉堡山號進行自殺攻擊，獻出自己的生命。

富安俊助和他的同僚小川一樣，只有二十二歲。在親戚們的印象中，他是一位令人感到愉快的年輕人，喜愛體育與音樂，有時還會動筆作畫。他在遺書中鼓勵家人要「堅定地活下去」。但在這天早上，他卻將技能運用在另一個方向。富安俊助率領其他二十一架零戰五二型戰鬥機，對美軍艦隊發動「有去無回」的攻擊。這回，他以自己生命證明，他同樣也能「充滿熱情地慷慨赴死」。

突然間，富安俊助發現一個機會。於是在上午六點五十三分，他將機首對準美國的航艦支隊，加速朝其中一艘航艦的右舷衝過去。

航艦上的水兵也十分警覺，幾乎是立刻就將這架單槍匹馬來襲的飛機，籠罩在旺盛的高砲火力中。在蓬鬆白雲下方的天空，開始冒出一大群棕黑色的汙點。這是美軍透過雷達指引高射砲，朝敵機的方向發射裝有微型無線電感測裝置的砲彈。當這些感測裝置偵測到附近有飛機時，就會觸發引信，讓砲彈爆炸。

由於察覺到沒有勝算，富安俊助將飛機重新拉起，再度鑽進雲中，然後不時從雲層中飛出，以評估眼前情勢。每次從雲中出現時，他都會來個大坡度轉彎，或是突然變換方向，以免被美軍高射砲命中。

富安俊助慢慢朝目標移動，現在已經來到距企業號僅約兩英里的空域。接著，他又突然調頭，向後飛了約一英里左右。富安俊助明顯未打算更換攻擊目標，或許是因為他知道企業號的名聲響亮，有

「日本帝國最難對付的敵人」的稱號。

不到三分鐘，富安俊助終於找到為國捐軀的機會了。

當富安俊助的零戰五二型從一千五百英尺的雲層衝出，哈爾艦長下令向左急轉彎，將艦尾轉移到原本的右舷位置，以便有更多的高射砲能朝這架飛機射擊，迫使飛行員進行改正，以免衝過頭。

企業號水兵現在有機會好好把富安俊助看個清楚。他所駕駛的零戰五二型戰鬥機將上半部塗裝成墨綠色，整架飛機就像一個漂浮的大炸彈。上午六點五十七分，他以三十度的角度開始俯衝，直接朝企業號而來，不再閃躲高射砲與攔截機朝他射來、在他飛機四周爆炸的砲火。陸戰隊砲手馬洛尼（Jack Maroney）回憶道：「所有人都在朝他射擊。」

一架飛機竟能承受如此猛烈的砲火，實在讓人覺得不可思議。某位目擊者估計，這架日本飛機可能挨了五十五枚砲彈，口徑從二十、四十公厘，到五吋都有。

在俯衝的最後階段，富安俊助察覺到有可能衝過頭、錯過企業號的右舷，於是在距企業號約兩百碼的位置，利用生命中的最後時刻，將飛機突然來個向左滾轉，同時將操縱桿往後拉，作了一個一流的破S型運動。

這是一次漂亮的飛行。

企業號艦橋上，密茲契的作戰官佛萊利走上前，希望能看清楚狀況。突然間，他的身體往後退，整個人跌坐在地上。佛萊利大喊道：「臥倒！」

旁邊護航艦上的官兵們，難以置信地看著這架自殺飛機的飛行員在俯衝時，做了一個四十五度的轉向，直接撞進企業號以花旗松打造的飛行甲板，將一號升降機正後方甲板撞個粉碎，隨即引發猛烈爆炸。整艘航艦因此劇烈晃動，全艦官兵都感受到爆炸的威力。

爆炸之後，首先冒出的是紅色的火焰，然後是黑色和灰色的煙，接著在頂端部分又變成白色，而其力道則將重達十五噸的升降機主體，拋上約四百英尺之高，其剩餘部分不是四散到空中，就是順著升降機上下的通道往下掉。在企業號的前段砲位中，通常紀律嚴明的跑手紛紛離開崗位，爭相朝舷側的方向看，但只見一大塊升降機的碎片，側傾在海面。

當時，在企業號右舷的戰鬥艦華盛頓號，艦上攝影師記錄到這驚天動地的一刻：在一股巨大煙柱的頂端，高掛著大半塊升降機。

擔任戰鬥機中隊情報官的史蒂芬（Albert Stephan）中尉回憶道：「我們看到這架日機衝來時，立即趴在甲板上……在不到一秒內，就看到爆炸的衝擊波將附近砲位的鋼板折斷，然後看見這塊斷裂的鋼板從我們頭上呼嘯而過。」

飛行員的住艙和住艙之間的防水隔艙整個被炸碎，留下一個舞池般大小的瓦礫堆。飛行甲板向上翹起近五英尺，二十五架飛機報銷了。

那些大難不死的官兵，包括機庫甲板軍官威金森（Charles B. Wilkinson）中尉在內。威金森也和企業號前任副長漢米爾頓一樣，有傑出的體育表現，曾在一九三〇年代三度入選明尼蘇達州大學的美式足球校隊，並奪下冠軍。在第二次世界大戰結束後十年，威金森擔任奧克拉荷馬大學美式足球隊總教練，名聲與日中天。當這架日本飛機撞擊到航艦，引發劇烈爆炸時，威金森剛好站在一根樑柱的後方。他心裡有數，知道如果再往升降機靠過去約三英尺的話，他早已死於非命。

孟洛少校早已是美國海軍中經驗最豐富的損害管制官。他從一九四三年起在企業號服役，這次則是繼三月十八日、三月二十日，以及四月十一日後，企業號在七個星期內第四度遭受損害。但以這次的災情最為慘重，遠比東所羅門海戰或聖塔克魯茲海戰還嚴重。

災情藉由傳令和聲力電話傳送到損害管制中心：前機庫甲板有多處失火，已對彈藥庫造成威脅；航空燃油的供應系統被毀、輸油管破裂，高揮發性油料也從油槽中漏出。另一方面，海水則從艦體裂口湧入，加上艦內三吋和六吋的水管斷裂，使淹水情形更為嚴重。每種狀況都相當嚴重，聯合起來更足以對航艦產生致命的威脅。

和瓜達康納爾海戰時一樣，企業號立刻採取行動——艦上所有人同心協力，共同對抗眼前的困境。前段上層甲板的狀況最為嚴重，損害搶修小組立刻開始工作。結構工程人員、木工和帆纜士各自呼朋引伴，在大火燃燒所發出的轟鳴聲中，高聲下達命令，協助消防人員展開滅火作業。有些水兵排成一列，然後抬起五吋砲的砲彈和火藥包，以徒手方式依次傳給下一個人，直到行列末端的人將這些爆裂物丟到海中為止。其他官兵則協助那些受傷、陣亡或垂死的人員，用各種方式將他們帶離現場。

企業號在十七分鐘內就贏得了勝利。火勢最猛烈的部位已經得到控制，其餘部分也在兩小時後全部撲滅。

在爆炸時，有八個人被震波推落、或是自行跳到海中，其中包括海軍陸戰隊員凱爾（Walter Keil）。凱爾是被震波從二〇公厘高射砲砲位推落海中；他在落海後游到一塊大型的碎片旁（應該就是升降機的殘骸），而當時早已有兩個人在上頭避難。接著，凱爾看到海中有另一名水兵，但在殘骸上的水兵認為那人傷勢過重，無法救援。儘管如此，凱爾還是從殘骸邊游開，嘗試協助這個傷患。這位傷者是機械士里斯蘭德（Robert F. Riessland），他對凱爾說：「反正我都要死了，你走吧……別管我，就讓我淹死在這。」但凱爾就是不願放棄，一直陪伴這位素不相識的同袍好幾小時，確保他的身體浮在水面，並不斷給他加油打氣，直到獲救為止。第二天，凱爾和里斯蘭德都被驅逐艦送回企業號，而後者後來也順利康復。在近六十年的時間內，這個故事都無人知曉，直到二〇〇四年，凱爾才因為英勇救人，榮獲「海軍及陸戰隊獎章」（Navy And Marine Corps Medal）。

這次爆炸，也使通往前段砲位的輸電系統不是阻斷，就是摧毀。但企業號其他的高射砲仍然持續戰鬥。雖然部分殘骸還在悶燒中，但企業號的砲手在接下來一個多小時內，擊落兩架敵機。

當日軍攻擊告一段落，企業號終於有時間統計傷亡情形。全艦共有十四人陣亡，包括三名初級軍官，另有六十多人受傷，其中半數是重傷。若與東所羅門海戰陣亡六十六人、聖塔克魯茲海戰陣亡四十四人相較，這次攻擊的損失相對輕微，更別提富蘭克林號與碉堡山號慘重、多達數百條的人命損失。但海上服役生涯最重視的就是袍澤之情。陣亡者中，有三位是從一九四二年起，便在艦上服役的老兵。

企業號上還有另外一位傷亡者。當升降機通道內的積水被抽乾後，官兵們發現了那架日機的殘骸和他的飛行員。富安俊助的遺體大致完好，情報軍官從遺體上搜出不少個人文件，包括身分證明和一些捆好的錢。

在太平洋戰爭中，關於種族或文化差異所產生的問題，其實已發生過好幾次——不論是真實的差異，或是憑空想像的差異，而且同樣的問題在雙方身上都曾發生過。但一般而言，美國海軍對日本陣亡者的處理比較恰當，即使是採非基督教的葬禮儀式；戰鬥艦密蘇里號與護航航艦「薩金特灣」號（USS Sargent Bay，CVE-83）都曾有過案例。所以，企業號也就蕭規曹隨。當天下午，醫療部門將敵軍飛行員的傷口縫合完畢後，將遺體用褥墊仔細包裹，從艦尾投進大海中。

這位神風特攻隊員的姓名一度被誤譯成 Tomi Zai，且一錯就錯了幾十年。經過交戰雙方戰後持續、一絲不苟的研究，終於解開謎團。富安俊助的某些個人物品，以及若干座機的碎片，於二〇〇三年送還給他的家人。

是時候檢討了。第九〇夜戰大隊進駐企業號近五個月時間，共有三十二名飛行員和空勤組員陣亡。這是一個相當高的數字，但考量他們在夜間駕駛這些高性能飛機於航艦起降的風險，這個數目還可能會更糟糕。兩個飛行中隊因各種因素，一共折損八十五架飛機，但其中有高達三十一架是在甲板上被日軍的炸彈或神風特攻隊擊毀。企業號遇襲後，類似的威脅明顯減少：美國海軍下一支夜戰部隊，好人理查號上的第九一飛行大隊，在九個星期的戰鬥中，只損失十架飛機。

五月十五日上午，密茲契中將和麾下倖存的參謀轉移到新航艦「蘭道夫」號（USS Randolph，

CV-15），這是他們五天內第三度轉換旗艦。五月十五日以後，企業號東返。雖然艦上還有二十五架飛機，但飛行甲板嚴重受損，無法起降任何飛機。因此，企業號先前往烏利西環礁，再到布雷默頓，然後前往西岸。她的戰爭足跡，從珍珠港到中途島、瓜達康納爾、荷蘭地亞、特魯克、馬里亞納、雷伊泰、硫磺島、沖繩，再到日本本土，終於結束了。

第十二章

企業號，一艘有靈魂的軍艦

（一九四五年至一九五八年）

©Enterprise Assn.

四位從一九三八年到一九四五年，始終都在企業號服役的人員。從左至右依序為發餉員卡特（Stanley W. Carter）、文書士官長馬丁（James M. Martin）、布魯爾（Sam H. Brewer）中尉，以及塔克（Ralph E. Tucker）中尉。

在富安俊助中尉了結自己的生命與企業號的戰鬥生涯的兩星期後，企業號這艘百戰功高的航艦回到珍珠港，受到熱烈歡迎。在五月三十日的歡迎會上，有些人還記得「大E」在一九四一年十二月八日，駛入被濃煙和油汙染黑的珍珠港，以及兩個月後她自馬紹爾突襲戰返航，受到英雄式歡迎的情景。因此，當地民眾想要用比以往更熱烈的方式歡迎企業號。這天，企業號入港時，岸上至少有兩支樂隊演奏奔放活潑的樂曲，港內所有船艦也大聲鳴笛致意。但所有歡迎儀式中最吸睛的，是一車車由巴士載來的海軍婦女隊成員，對企業號官兵送出甜甜的微笑，讓艦上許多官兵也擠在飛行甲板下方狹窄的通道上，想看得更清楚一些。

企業號受到的損害仍舊清晰可見，例如前升降機通道附近裂開一個大洞，以及彎曲變形的飛行甲板。當時曾目睹這一切的人並不清楚，但他們看到的是最後一艘被神風特攻隊擊傷的快速航艦。不過，珍珠港的民眾其實沒有多少時間可向企業號表達憐憫，因為不到四十八小時後，哈爾艦長就要帶這艘航艦再度上路，朝東北方航行。

這是一趟為期五天、共兩千六百四十五英里的航程，目的地是布雷默頓。企業號在六月七日抵達，再度受到熱烈歡迎。艦上官兵用氣球把一面五百七十八英尺長的長旒旗升上天空，代表該艦自一九四三年十一月一日離開布雷默頓後所經歷的天數。[1]

一九四五年時，普吉特海灣的海軍碼頭對修船已有豐富的經驗。布雷默頓的技工手腳快又有效率，立刻動手將可修理的修好，而那些損害太嚴重或沒有修復價值的部位則直接換掉。當時，絕大多數的人都不知道，對日本本土的入侵作戰預定在十一月展開，下一支將部署在企業號的飛行大隊，也是她的第五支飛行大隊，已在夏威夷待命，準備與她會合。但八月十四日那天，當企業號還在瀰漫著乙炔刺鼻味道的乾塢內，由技工敲打鉚釘以固定火砲，焊接工人忙著進行電焊作業時，一道消息從西太平洋戰區傳來：在兩枚原子彈摧毀兩座日本城市，以及蘇聯對日本宣戰後，裕仁天皇決定介入。他駁回強硬派戰爭內閣的意見，宣布接受盟軍的投降條件。隔天，一九四五年八月十五日，第二次世界大戰結束了。

頓時間，路上汽車猛按喇叭、港內所有船艦鳴笛，人們歡呼、哭泣、禱告。五彩碎紙從辦公大樓向外飄散。在普吉特海灣對面、距離約二十五英里的西雅圖，記者描述此時市中心情景：「人們高聲歡呼、盡情暢飲，或者狂按喇叭，全城陷入狂歡狀態以慶祝勝利。」街道上人山人海，包括許多來自海軍碼頭的人員。水兵們爬到路燈上，和位於二樓的女秘書們互傳飛吻；愛國民眾紛紛掏錢請路過的軍人喝酒。那些原本不認識、今後也不太可能再碰面的人們相互擁抱與接吻。在這個美國西北部城市的夏日，一切是這麼不可思議地美好，所有人都變得年輕、有活力，而且充滿希望。

短暫地沉浸在歡樂的喧囂後，企業號的官兵不由得靜下來，開始想到那些已經不在的朋友們。在過去四年，共約一百五十餘名艦員犧牲，但這個歷史上意義重大的時刻仍然需要關注。《布雷默頓太陽報》（*Bremerton Sun*）以頭版頭條報導戰爭結束的消息時，也同時刊載美國海軍決定取消六十億美元的合約，預料將有七百萬人因此失業的消息。但企業號的官兵並不在失業人口之中；她在九月中旬全部修復完畢後，通過胡安·德富卡海峽（Juan De Fuca）向那片熟悉的太平洋前進，執行在夏威夷

1 譯注：是一面狹長而小的旗幟，各國的設計圖案跟用途都不盡相同。

的最後一趟任務。

永別了，珍珠港

對企業號來說，戰後的珍珠港已不再是以前熟悉的樣貌，完全變成了另一個世界。在三個多月前，企業號曾駛入珍珠港，而當時的她是一艘上層甲板因爆炸受損、焦黑，急需修復以便盡快返回戰場的軍艦。但六月那時的戰時氣氛，已隨不久前於東京灣舉行的正式受降儀式結束而消散，九月的珍珠港如今洋溢著和平氣氛。企業號搭載索夫維爾（William W. Soverel）的第五十五夜戰大隊，以及數百位自戰俘營獲釋的戰俘與從醫院出院的官兵，滿心歡喜地朝美國本土前進。這是企業號將海外美軍官兵載運回國的四趟「魔毯行動」（Operation Magic Carpet）中的第一趟。

那年夏天，企業號得知該艦部分失蹤人員的消息：共十二人淪為日軍戰俘，其中八人熬過戰俘營生活。第一批成為日軍戰俘的企業號官兵，是三年半前在攻擊馬可斯島時遭擊落的希爾頓中尉和他的無線電士雷明。

四位在聖塔克魯茲那場混戰中被俘的空勤人員活了下來。第一〇戰鬥機中隊的羅德斯和米德被一艘日本船艦救起。同樣被日本船艦救起的，還有第一〇魚雷轟炸機中隊的格拉瑟（Mick Glasser）與無線電士尼爾森。格拉瑟的運氣向來比較好；美國海軍在一九四四年將格拉瑟還活著的消息告訴他的家人，他也在當年十月收到由紅十字會轉去的信件。但在這之前，尼爾森被認為已經陣亡；他的雙親好不容易在熬過喪子之痛後，為他舉行了追思儀式，老家鎮長還用他的名字替一條街命名作為紀念。

在北卡羅來納州的伊登頓市（Edenton），第一〇飛行大隊為戰鬥機飛行員特恩布爾（Fred Turnbull）與魚雷轟炸機飛行員羅斯仍然生還的消息而歡欣鼓舞。他們是在一九四四年十月空襲臺灣時，不幸被俘。但羅斯的機組員奧德羅和麥克維，卻不幸在一九四五年六月，連同其他十二位美軍戰俘遭日軍謀殺。

又過了一段時間，企業號才完成所有失蹤人員的清查作業。企業號的老兵也終於得知在中途島海戰後，失蹤的無畏式俯衝轟炸機機組員歐弗萊赫帝與蓋德的命運：他們被一艘日本驅逐艦救起，但由於在審訊時拒絕合作，於獲救十天後被丟入海中。顯然，無人因為這起謀殺事件被日本當局起訴。

在那些曾跨越赤道的老兵當中，戰前所發生的一些故事尤其讓人苦樂參半。在一九三九年的演習中，企業號收到從關島基地傳來、急需一位機工士官長的請求，文中還特別註明「越快越好」。當時的艦長波納爾就把麾下最優秀、曾在跨越赤道儀式中扮演海神尼普頓的克魯伯士官長派去。這個新職是如此愉快，以致克魯伯甚至把妻子一起接去。克魯伯夫人在當地待到一九四一年九月，才因為國際局勢緊張，連同所有平民被撤回美國本土。懷孕的克魯伯太太在返回克魯伯於堪薩斯州的老家後，產下一個男孩。

在克魯伯太太回到美國的三個月後，日軍突破美國薄弱的防禦工事攻克關島。克魯伯和其他五個人一起逃入山區，一直躲到一九四二年九月，才和其他兩人被日軍捕獲。日軍將這些俘虜斬首，但當地居民卻依照基督教儀式將他們安葬。儘管日軍透過嚴刑逼供，甚至威脅要殺雞儆猴，但島上的原住民查莫洛人（Chamorro），卻始終沒有背叛倖存的無線電士特威德（George Tweed）。

這故事後來有個不錯的結局，克魯伯的兒子後來也加入海軍，成為一名士官，而他自海軍退伍後，也回到堪薩斯州的老家。

完成對失蹤人員下落的清查後，就可能對總損失人數進行最終的估計。在戰爭期間，企業號至少有三百八十四位官兵陣亡，空勤和水兵都有。損失最慘重的單位是企業號原本的第六飛行大隊；在一九四一年至一九四三年間，共有一百零五人陣亡。在大戰期間所有的美軍航艦中，企業號是陣亡人數第三高的，僅次於富蘭克林號的八百多人和碉堡山號的五百二十九人；不過，後兩艘航艦的傷亡主要都是在單一攻擊事件中所造成的。

九月二十五日，里斯（William L. Rees）上校接替哈爾，成為企業號的新艦長，切斷這艘航艦與先前戰時歲月的連結。接著，企業號出發前往東南方，然後轉向，通過一片她在戰前就不曾到過的海域。同行的還有兩艘輕型航艦和兩艘戰鬥艦——大E要與「大蘋果」會面了。

紐約和勝利遊行

一九四五年十月十一日，企業號抵達巴拿馬運河西端，將世界最大的海洋，也是她在這場史無前例大戰中的主要舞台留在身後。從運河的東端駛出後，她重回首次海外巡弋時所到過的加勒比海，然後再次進入大西洋。企業號在大戰期間共航行二十七萬五千海浬，足足可繞行赤道十一圈。如今，她準備回家了。

十月十七日，在整個太平洋走透透的企業號來到紐約市。在她緩緩駛入哈德遜河時，可以感受到這是一個全然陌生的水域，畢竟這是她首次造訪紐約。以旗艦指揮官身分作鎮企業號的，是海軍中將薛爾曼，而他正是老萊克辛頓號在珊瑚海海戰奮戰後沉沒時的艦長。這支太平洋艦隊分遣隊，除旗艦企業號，其他軍艦也都稱得上是沙場老將。企業號在河道上緩慢地前進著，而在她的前方的是輕型航艦「蒙特雷」號（USS Monterey，CVL-26），後方則是「巴丹」號（USS Bataan，CVL-29）。另一方面，在這三艘航艦上方，有一座飛船跟著航艦的航跡飛行，而航艦後方也還有驅逐艦同行。這些軍艦全都歷經人為和自然的風暴，在神風特攻隊的自殺攻擊，以及「海爾賽颶風」中倖存下來（海爾賽在擔任第三艦隊司令時，曾因為忽視海上天氣的轉壞，導致三艘船艦沉沒，還有多艘船艦受創）。

十月二十七日是海軍節，同時也是老羅斯福的生日。隨著一百零一架飛機從三艘航艦起飛的那一刻起，慶祝活動就提前開始了。第五十五夜戰大隊派出四十四架飛機，發出嗡嗡聲地從曼哈頓的摩天大樓上空飛過，然後在鄰近布魯克林區的弗洛伊德·貝內特機場（Floyd Bennett Field）降落。海軍最後動員超過五十艘軍艦和潛艦，參與此次盛會。《時代》雜誌稱這支無敵艦隊為「人民的艦隊，百分之九十的官兵原本都是平民，在國家有難時挺身而出」。

為期十天慶祝活動正式開始後，企業號水兵享有最多關注。如果他們之中有人認為這是企業號應得的，那也確實如此。停泊在哈德遜河畔的企業號，吸引超過二十五萬名訪客，熱切地想要親眼目睹這艘「美國海軍戰鬥力最強的軍艦」。在這些蜂擁而來、只為登艦參觀企業號的人群中，大約只有百分之一能記起超過兩到三位與企業號有關人員的姓名。公牛海爾賽很容易上榜，雖然他與企業號的直接隸屬關係早在三年多前就已經結束。上榜名單中，排名第二的也許是歐海爾。除此之外，也許有千分之一的參觀群眾，能夠說出林賽、史壯或維塔薩等人的名字。

但有個小小的隱憂浮現。美國能從事並贏得這場戰爭，靠的是龐大的工業規模，加上美國海軍徵召四百萬人入伍，而損失約六萬二千餘人一事，難免會讓人覺得戰爭之勝利，裝備的貢獻遠比人員還要重要。但這樣的想法就可能導致一項結果：如此一來，企業號這艘軍艦，就變成了所有曾在她上面服役過的官兵的代名詞，一如戰鬥艦亞利桑那號成為珍珠港陣亡的二千四百名美軍的墓碑，以及美國民眾對整件事發自內心憤怒的象徵。（在瓜達康納爾外海與服役的巡洋艦一齊沉沒的蘇利文五兄弟，則是少數被記起的人名，但這主要歸功於他們成為一九四四年一部廣受歡迎電影。）

在海軍節當天，杜魯門總統搭乘那艘嶄新、因為在東京灣擔任受降典禮會場而取得歷史地位的戰鬥艦密蘇里號，前來校閱軍艦。隨後約有五萬群眾湧入中央公園，聽杜魯門如何表達他對海軍的敬意。現場可能沒有人會聯想到，這位總統將從隔年起，開始大幅削減海軍的航空兵力，並造成災難性的後果。

之後，企業號成為在岸邊舉行的一系列正式慶祝活動中，最重要的代表。事實上，紐約市對舉辦盛大歡迎儀式並不陌生：兩週前，主角是尼米茲上將，而下一場儀式則預定在十二月十四日舉行，主角換成海爾賽。

在整個二戰絕大部分時間，企業號都擁有三支樂隊，分別在軍事典禮、音樂會和舞會中擔綱演出。三支樂隊的成員名單有部分是重疊的。通常，在戰鬥艦、航艦，以及重巡洋艦上，都會有一支編制約二十三人的樂隊，可以集中到支隊司令部來，組成一支聯合樂隊。一九四五年時，企業號的主要樂隊是「五十一號」樂隊，此一名稱取自成員在華盛頓特區海軍音樂學校畢業的期別。這些樂手通常來自R部門，並同時接受損害管制和急救方面的訓練。

參加遊行的樂隊需要一名指揮，而企業號先前參加過的遊行，可能就是一九三八年在波多黎各的那次。結果，在企業號上服役兩年的老兵，號兵班克斯（Arlond Banks）因為曾在讀高中時當過樂隊指揮，自告奮勇擔起這個工作。經過兩天在飛行甲板的密集訓練後，樂團首席朗格林（James Lundgren）認定，「五十一號」樂隊已經備便，等著在紐約的遊行中大顯身手。

那個星期五下午，班克斯高視闊步、不時揮舞手中的指揮棒，帶領企業號樂隊走在勝利遊行隊伍最前方，沿著已經改名為美國大道的原第六大道行進。走好幾組軍人和紐約市警察前方，樂隊高聲演奏〈起錨進行曲〉、〈海軍陸戰隊進行曲〉和其他傑出的軍樂，帶領身著白色制服的水兵、卡其色制服的陸戰隊，以及藍色制服的警察，配合音樂節奏，大步邁進。

遊行一直持續到晚上。壓軸的戲碼是第五十五飛行大隊的地獄貓和復仇者機隊，閃著紅色的燈光，從紐約市上空飛過。

最終戰績

一九四五年秋天，企業號吸引無數關注的目光。根據海軍部一九四五年所公布的數字，認定企業號的空勤組員在整個大戰期間，共擊落九百一十一架日本飛機，另擊沉七十一艘船艦。事實上，大戰期間部署在企業號的十八個中隊或分遣隊，共確認在空中擊落四百零四架敵機，另有五百零七架敵機是在地面被擊毀。擊落敵機數最多的是第二〇戰鬥機中隊的一百三十五架，以及第一〇戰鬥機中隊在兩次駐防企業號時的一百二十一架。

戰時在企業號服役的飛行員中，共產生十七位空戰王牌，這項紀錄讓企業號在美國海軍二十六艘快速航艦中排名第七。企業號的空戰英雄中，以第二〇戰鬥機中隊的貝克居冠，他在企業號駐防期間共擊落十二架敵機。當他隨單位轉調萊克辛頓號，並在一九四四年不幸失蹤前，擊落敵機數已經累計十六架。其他在擊落敵機數領先的飛行員中，還包括第六戰鬥機中隊的魯尼恩，在企業號駐防期間共擊落九架；第一〇戰鬥機中隊的戴文和維塔薩則各擊落八架。

至於被擊沉的七十一艘日本船艦，究竟是被哪些中隊擊沉的，或其中有多少艘是像超級戰鬥艦武藏號一樣，是和其他飛行大隊聯手擊沉的，則不得而知。

魔毯行動

沉浸在鎂光燈、群眾的崇拜和喝采聲中的企業號，沐浴在勝利的光環裡。但突然間，美國開始快速重返承平時期。此時的企業號雖然已沒有艦載機，卻仍然有任務在身。為執行新任務，企業號進行一些改裝，增設數千張床鋪，餐廳也被擴大。改裝後的企業號再度投入「魔毯行動」，將歐洲戰場的美軍運回本土。

企業號在一九四五年十一月出發，艦上官兵也帶著與當地女孩的甜蜜回憶離開。她在十一月下旬抵達英國的南安普敦（Southampton），並在當地接待由英國海軍大臣亞歷山大爵士（Sir Albert V. Alexander）所率領的海軍部代表團。這是頭一次有這等規模的代表團登上英國以外的軍艦。企業號升起英國海軍部旗幟，代表至少有三位海軍部最高階層官員蒞艦。亞歷山大爵士夫人代表英國海軍部，將英國海軍部旗幟贈送給企業號，並在致詞時表示：「這面海軍部旗幟，代表我們對企業號光榮戰績的尊敬，如果您能收下這份禮物，海軍部肯定會非常自豪。這也是有悠久歷史的偉大海軍，對美國海軍同袍的英勇與高超能力，獻上最誠摯的敬意。」

在那之後幾十年，企業號的水兵們一直把這面旗幟，視為與總統單位褒狀同樣重要的榮耀。但這並不是企業號「贏」得的旗幟，而是友軍所贈送的紀念品。

在接待過程中，亞歷山大爵士還特別說道：「如果企業號能像納爾遜的勝利號（HMS Victory）一樣永久保存下來的話，將會是一件意義重大的事情。」

懷著對這艘具歷史性的軍艦可能將永久保存的期待，企業號搭載四千四百多名乘客，搖身一變成為高速的平頂運輸艦。一九四五年的耶誕節是經過四年戰爭後，第一個在和平時期的耶誕節，所有人都希望能盡快自歐洲動身返國。但海神波賽頓卻出面攪局。企業號在北大西洋一連遭遇四場風暴，不僅使部分艦首彎曲變形，也延緩她抵達美國的時間。當她終於在十二月二十四日抵達紐澤西州的貝永港（Bayonne）後，乘客和船員都以最快速度離艦，只有一小部分家在附近的人，能有幸與家人好好過節。

耶誕節當天早上，艦上牧師辦公室的電話響起。來電的是紐澤西州當地的孤兒之家，表示這些院童都沒有機會能按傳統的方式過節，詢問企業號能否幫忙，讓這些院童能過個特別的耶誕節。

全世界都知道企業號渾身是膽，現在更發現原來她還有一顆溫暖的心。由於多數官兵還待在艦上，所有人於是都動員起來，著手準備一場耶誕晚會。雖然有些人還在宿醉，但幾乎所有人都熱烈響應；有人動手籌措晚會，有人去找耶誕樹，有人張羅小禮物，當然還包括孤兒院吃不到的耶誕大餐。

大約一百四十名孤兒接受企業號的熱情款待。艦上那些遠離家鄉的官兵努力設法讓這些院童在離艦前，都能獲得糖果、冰淇淋，以及繡有代表企業號「E」字的水兵帽。雷達兵凱尼恩（Richard Kenyon）說出當時官兵的想法：「在這個耶誕節，究竟是誰比較高興？是那些孩子？還是那些平時粗暴易怒的老水手們？誰也說不上來。」

在一九四五年即將結束的此刻，人們無可避免會回顧最近發生的一些事。在不久以前，企業號還馳騁在美國國防的最前線；事實上，早在戰爭爆發前就已經如此。在一九四一年十二月時，美國海軍共有官兵三十八萬三千人，以及七百九十多艘各型船艦，包括七艘快速航艦。四年後，這些數字暴增好幾倍，官兵人數高達三百四十萬人，以支援六千七百六十八艘各式船艦，包括九十九艘各型航艦。

戰後，大規模裁軍啟動後，企業號仍肩負若干使命。一九四六年一月一日，企業號再度啟程往東，前往亞速群島（Azores）將當地的三千三百四十五名官兵，以及兩百一十二名陸軍婦女輔助隊成員接回美國。在啟程後第十六天，里斯艦長又將企業號帶回紐澤西州貝永港。總計企業號在四趟魔毯行動中，共將一萬三千七百七十九名人員，送回他們夢寐以求的目的地：家。

編入預備役

當企業號抵達貝永港後，她的鍋爐熄火了，輪機室也停機，而之後的三任艦長都只是擔任看管人。艦上只留下最少量的人員，執行例行性的維護工作。一九四六年五月，企業號進入一處乾塢，開始為封存作業做準備，整個程序將持續到一九四七年。從這時起，她的動力系統就再也沒有啟動過了。

即便在這個已大幅減員的階段，還是可以找到從一開始就待在艦上的「甲板主人」。企業號在一九三八年開始服役時有兩千一百位官兵，而在這些人當中，有四位老兵在一九四六年時還留在艦上。他們是布魯爾（Sam H. Brewer）中尉、卡特（Stanley W. Carter）發餉員、馬丁（James M. Martin）文書士官長，以及塔克（Ralph E. Tucker）中尉。卡特是四人當中，最後一位離艦的。在一九四六年年末的惜別晚宴上，艦長卡拉文（Conrad Craven）中校送他一支紀念錶，然後請綽號「尼克」（Nick）的卡特說幾句話。卡特坐下不發一言，在艦上八年半的光陰是難以用言語形容的。

一九四七年一月底，戴維斯（Lewis E. Davis）中校接任艦長，繼續從事看守人的工作。戴維斯是企業號第十五任、也是最後一任艦長，而他也是歷任艦長中，唯一非海軍官校畢業的艦長。就任十七天後，他主持最後一項正式任務：將艦上的艦首旗降下。企業號在美國海軍服役時間不到九年，但其中有超過一半的時間，她充分實踐海軍部長史文森的夫人在一九三六年的命名下水儀式上，所引用的那句莎士比亞名言：「我已為我的國家做出貢獻。」

——

企業號曾經首屈一指，但如今編入預備艦隊後，只能待在貝永港中無所事事。與企業號命運相同的軍艦還有很多。到一九四七年時，海軍只剩下五十二萬九千名官兵，僅為大戰期間人數最多時的六分之一。

企業號擁有無可匹敵的戰功與持久不衰的聲譽，但她的未來仍舊充滿不確定性。雖然她早已整修完畢，現在卻像海軍的浮木般被丟在岸邊，在進步的潮流與歷史的退潮之間進退不得。與後繼型航艦相較，企業號的艦體較小，性能也較差。對企業號進行性能提升也不符經濟效益，因為此時服役或建造中的艾塞克斯級就多達二十四艘，根本沒必要用到企業號。更何況，艾塞克斯級的下一代，即噸位更大的「中途島」級，首批兩艘都已在服役中。

導致企業號前途堪慮的原因，還不僅是噸位和設計問題。一九四五年一月，當第九〇飛行大隊剛開始投入戰鬥時，海軍航空部隊對於未來的微弱呼聲，已經受到國內關注。馬力不足的渦輪式噴射發動機已安裝在海軍第一代的噴射機，即麥克唐納公司所製造的ＦＨ－１「幽靈」（Phantom）式上，並執行首次試飛。雖然還要等兩年後，這種裝有兩個噴射發動機的飛機才開始進入海軍服役，卻已清楚點出未來發展方向。然而，新型噴射機不但機體較大、重量較重，降落時的速度也更高，超過企業號飛行甲板的負荷。

如果企業號要再次回到現役，她只能繼續使用螺旋槳飛機。企業號在一九五三年轉為專做反潛任務的航艦，舷號改為CVS－6。她將配備改良型的復仇者式，以執行反潛任務，但此一構想從未實現。即使在韓戰期間，企業號也還是留在預備艦隊，無用武之地。

最後一役

早前，老兵和輿論都支持保留企業號。鑑於她已明顯不適合留在艦隊，遂有人建議將這艘航艦改為博物館，放置在紐約或舊金山的市區。戰後預算吃緊的美國海軍在一九四六年宣布，他們無力負擔搬運企業號的經費，更別提後續維護經費。

一九五四年，曾在企業號上服役的官兵成立「企業號協會」（USS Enterprise Association），第一任主席是前軍械兵考克蘭（Mike Cochrane）。繼考克蘭後擔任主席的，包括受到廣大歡迎、贏得最多賭金的彼姆斯。有趣的是，彼姆斯在贏得賭金時，正擔任職司風紀的糾察長。

協會關於建立海上博物館的概念，贏得高層的支持。最富盛名的支持者是退休的海軍五星上將海爾賽，他再三鼓吹保留這艘他昔日旗艦的重要性。國會也通過一項決議，贊同將企業號保留作為博物館，並放置在華府的提議。然而，從波多馬克河（Potomac River）所吹來凜冽的政治寒風，讓這股熱情迅速冷卻。一九五六年，美國政府堅持協會需要負擔企業號的搬運和後續維護經費。換言之，協會必須在短短六個月內，籌募兩百萬美元的經費。

企業號的老兵意識到這是一個無法達成的任務，於是開始與海軍談判。由協會捐贈十萬美元，美國海軍則將企業號獨特的三腳桅杆，豎立在海軍官校的體育場內，並命名為「企業號塔」，而艦上的其他部件也可到全國各地進行展覽。除此之外，美國海軍也同意將第一艘核子動力航艦命名為企業號。

美國海軍履行了絕大多數的承諾，但企業號的桅杆卻始終未曾送達海軍官校。企業號在一九五六年十月從美國海軍除籍。對企業號而言，這無異於宣判死刑。雖然協會成員都清楚接下來會發生什麼事，但在它成為事實時，還是讓人十分痛心。從一九四二年到一九四六年，在企業號上擔任鉗工的桑多瓦爾（Pedro Sandoval）說道：「當我聽說她要賣給拆船公司，不禁痛哭流涕。」電機兵蘇圖（Ed Suto）一想到這個消息，整個人感到痛徹心扉。拆船工作將從一九五八年開始。

傳奇流傳

雖然船艦本身已經消失，但企業號的傳奇仍然流傳。時任海軍中校史塔福（Edward P. Stafford）在作家海明威的鼓勵下，以五年時間撰寫《大E傳記》（*The Big E*）這本著作，於一九六二年正式出版。史塔福嚴謹且具文學性的筆法，替後來每位海軍船艦史的作者設立了標準。但令人驚訝的是，在接下來四十多年內，卻只有少量以企業號為主軸的書籍問世。除企業號協會發行過一本紀念冊，以即歷史學家厄文（Steve Ewing）在一九八二年出版的一本圖片集外，就再也沒有其他作品出現。

但新媒體也開始注意到企業號。《歷史頻道》在二〇〇八年製作了十集的影集來介紹這艘航艦，影集名稱叫作《戰役三六〇度》（*Battle 360*）。這部影集運用電腦CG動畫，以及艦上老兵與歷史學家的評論，將企業號的事蹟介紹給新世代。這系列影集，讓許多認為企業號就是電影《星際爭霸戰》（*Star Trek*）中那艘傳奇性太空船的年輕人（甚至包括一些其實並不十分年輕的人），有機會了解這艘二次大戰時期，最富傳奇性的航空母艦。

許多博物館中，都有和企業號有關的展覽品，包括南卡羅來納州愛國者點的海軍與海事博物館（Naval and Maritime Museum, Patriots Point）、位於彭薩科拉的海軍航空博物館（National Museum of Naval Aviation）、德州聖體市的萊克辛頓號航艦博物館（USS Lexington Museum）、威斯康辛州奧旭寇旭市試飛員協會博物館的二戰展館（EAA World War II Museum），以即加州奇諾市的飛機博物館（Planes of Fame Air Museum）等。海軍官校那座未完成的桅杆塔，也是企業號的印記。

有其他幾艘航艦以各種不同的方式與程度，被當作博物館保存下來，包括艾塞克斯級航艦約克鎮號（CV-10）、無畏號（CV-11）、大黃蜂號（CV-12）和萊克辛頓號（CV-16，是在一九四三年到一九四五年間參戰的那艘），而她們如今仍靠泊在查爾斯頓、紐約、加州阿拉米達（Alameda）和聖體市等地。另外，中途島號（CV-41）則停泊在聖地牙哥。這些航艦的服役時間都比企業號長，但沒有任何一艘的戰功能與企業號相比。這個評價絕對沒有詆毀前述幾艘航艦，或是她們同級的姊妹艦，甚至後繼的「福萊斯特」級與「尼米茲」級航艦之意，只是單純地陳述事實。在一九四二年十一月後，沒有任何一艘軍艦在為贏得戰爭所作的貢獻上能超越企業號。而且，一艘軍艦若變成靜態的博物館，就無法展現她的特性。就像飛機屬於天空一樣，船艦也應該在海上活動——當飛機與船艦被擺到陸上時，某些精髓勢必會消失。撇開龐大的維護費和維護工作不談，那些被保存的軍艦還必須進行調整，以適應各種不同的考量，例如當地的環保法規，以及設置無障礙設施和紀念品店等。博物館是對那些過去在戰時或平時於這些軍艦上服役的人們的一種敬意，但靜靜地停泊在碼頭的軍艦，其差異只不過是介於標本展示中心和動物園之間而已。

許多這類型博物館都缺乏一種氛圍，那是一種情緒上的感動。企業號官兵最重視的就是這種感覺。在歐海爾最後一次任務中，和他並肩作戰的科楠就曾說：「孩子們為了買糖果和冰淇淋跑來跑去……這種感覺真的很糟。在我心目中，始終覺得企業號是真正的海上貴族，我不想看到她被拴起來的樣子。」

對未來世代而言，拆解企業號是嚴重的損失。在二十一世紀，傳統的海軍和空中武力在戰鬥中僅扮演次要角色。當參加過二次大戰的世代全數凋零後，只有這些老兵曾用過的裝備還能與這個時代維持模糊的聯繫。一艘大型、原封不動、未經現代化，還保留一九四六年時模樣的航艦，將是無價的歷史資產。富蘭克林號與碉堡山號兩艘航艦後來都修復，也是企業號外的可能選項。但這兩艘航艦分別在一九六四年和一九七三年被海軍拋棄，送入拆船廠中拆解。

大E的重生

依然有其他方式可對參戰老兵表達敬意。正如同「大Ｅ」是美國海軍第八艘使用這個艦名的軍艦，舷號ＣＶＮ－65的核子動力航艦也成為第九艘沿用「企業號」之名的軍艦。ＣＶＮ－65代表了歷史性的一步：世界上第一艘核動力航艦，由艦內八個核子反應爐推動。此外，ＣＶＮ－65與ＣＶ－6間的關聯不僅只有名稱。這艘核動力航艦的首任艦長普瓦上校還是上尉時，曾與第六戰鬥機中隊一齊在瓜達康納爾奮戰。

普瓦上校非常嚴肅地看待自己的職責。他做了件或許是美國海軍史上絕無僅有的事：設法將老企業號的五個舷窗，安裝在新的核動力航艦企業號上。懷特夫人（老企業號首任艦長懷特上校的遺孀）所致贈的一套銀器，也被放到這艘新企業號上。

新一代「大Ｅ」在一九六一年開始服役，排水量高達八萬三千噸，幾乎是前一代「大Ｅ」的四倍。在接下來近五十年裡，ＣＶＮ－65共執行超過二十四次海外部署任務，主要是在地中海、西太平洋與阿拉伯灣，其中包括兩次環球巡弋，也曾六度部署在越南外海。艦上八座核子反應爐非常昂貴，以致計畫中的五艘姊妹艦都遭到擱置。她在二〇一二年三月完成最後一次部署，然後在當年年底退出現役。

對那些海軍純粹主義者而言，船艦命名是一個讓人頭疼的問題。水兵們常常嘲諷說，美國海軍在替某型軍艦命名時，非常重視前後的一致性，例如潛艦就是用城市、州名、政治人物和魚類來命名。在一九七〇年代，海軍為了慫恿國會能同意撥款建造新航艦，遂用政治人物來替這些最重要的軍艦命名；不過在此之前，已有兩艘航艦被命名為「羅斯福」號和「甘迺迪」號。其他在一九七〇年後下單建造的每一艘航艦，都以美國總統的姓名來命名，例如華盛頓（CVN-73）、雷根（CVN-76），甚至還包括主張「大海軍計畫」的卡爾．文森（Carl Vinson）眾議員（CVN-70）。這份名單上還包括其他政治人物，像是在二次大戰後，一度打算解散海軍航空兵力的杜魯門（CVN-75），還有老布希（CVN-77）；後者在一九九〇年代一場海軍航空人員參加的宴會爆出性騷擾事件後，主導對海軍尾鉤協會（The Tailhook Association）的清算行動。最後，海軍終於獲得足夠的支持，讓他們的聲音能夠暫時壓過政客的喧鬧，以讓企業號這個名稱重新浮上檯面。CVN－78曾經一度有機會承接這份光榮，但共和黨政客傾向將這艘預定在二〇一五年服役的新航艦，命名為「福特」號。

於是，「大E」支持者發起一項網路請願活動，許多人在網頁上留下真心誠意的評語。例如某篇留言寫道：「用政治人物來替航艦命名，是高度愚不可及的行為。」另一則留言說：「歷史常常告訴我們，紀念過去的英勇行為通常是毫無價值的。而那些對過往不尊重的人，卻常常是未來被紀念的人。請各位記得，我們立國靠的是理想，而不是某個個人，請依照這個原則替我們的軍艦命名。」

作為福特級航艦的第二艘，CVN－79曾有機會承接企業號的艦名，但海軍再度於政治算計中敗下陣來。二〇一一年，CVN－79取名為「甘迺迪」號，儘管前一艘舷號為CV－67的甘迺迪號才剛剛於二〇〇七年退役。

不過，有四十四艘其他類型的船艦，是依照企業號官兵的姓名來命名的；在中途島海戰陣亡的霍爾德（Randolph M. Holder）中尉與謝爾頓少尉，更兩度被用來替船艦命名。最近一艘以企業號官兵姓名命名的，是飛彈驅逐艦「皮克尼」號（USS Pinckney，DDG-91）；這位英勇過人的廚師在聖塔克魯茲海戰時，將一名失去知覺的同袍，從令人窒息、高溫的艙間內救出。皮克尼在一九七五年過世，這艘以他為名的驅逐艦則在二〇〇四年開始服役。

領袖製造廠

企業號就像一座領導者製造廠，像阿米巴原蟲一樣，在各階層中孕育出一代又一代領導者。那些從他們指導者身上學習到知識的人，也會如同海軍的DNA一樣，將這些價值傳遞給下一批官兵。在企業號上服役的老兵，持續為海軍和國家貢獻數十年，其中至少有兩位戰前曾在企業號服役的飛行人員晉升為上將，包括從一九七〇年到一九七四年出任參謀首長聯席會議主席的摩爾（Thomas H. Moorer）上將，以及在一九六七年到一九七〇年指揮太平洋艦隊的海蘭德上將。

第九〇夜戰大隊大隊長馬丁最後晉升中將，指揮在地中海的第六艦隊。他創下的四百次夜間著艦記錄，整整保持了四十年才被超越，而他也將海軍航空部隊打造成了可以全天候、晝夜不間斷作戰的利器。佛萊利也晉升為中將，並創辦海軍航空安全中心（Naval Aviation Safety Center）。他在一九五八年退休後不久，即因癌症過世，在世時建立涵括四個世代的航空王朝。殺手肯恩後來出任輕型航艦「塞班」號（USS Saipan，CVL-48）艦長，儘管他視力不佳，卻仍然繼續飛行，直到一九五七年在一場噴射機意外事件中殉職。

在中途島海戰聲名大噪的麥克勞斯基，最後以海軍少將的官階光榮退伍。他的繼任者黎士禮也一樣。因為身體因素在一九四四年以少校官階退伍的貝斯特，一直對在戰爭未結束前就離開戰場感到十分遺憾。退伍後，他進入蘭德公司，成為一位安全事務專家。

直言不諱的拉瑪奇則出乎所有人、包括他自己的意料之外，晉升為海軍少將。他的軍人生涯在一九七〇年代，因為海軍軍令部長朱瓦特（Elmo Zumwalt）的人事精簡政策而結束，和拉瑪奇一齊退伍的還包括卡莫迪。

史壯在聖塔克魯茲海戰後獲頒國會榮譽勳章，持續他傑出的飛行生涯。史壯的一位下屬還記得他是一位他「見過最令人討厭的混球」，但他「真的很棒、非常棒」。史壯在一九六〇年到一九六一年間，曾擔任航艦萊克辛頓號的艦長，最後以海軍少將退伍。

維塔薩率領自己的飛行大隊，隨後也出任超級航艦「星座」號（USS Constellation，CV-64）艦長，最後以上校官階退伍。他對戰鬥機的設計和飛行員訓練，都留下深遠影響。美國海軍知名的戰鬥機武器學校「捍衛戰士」（Top Gun）就是在他的支持下，於一九六九年成立。

第二〇飛行大隊的大隊長史密斯也以少將官階退伍，他在一九七一年逝世。

所有曾在企業號駐防過的飛行部隊人員中，最積極進取的或許是韓德森。這位專注的夜間攻擊飛行員覺得承平時期的海軍生活太過單調乏味，遂在遠東地區投入商業界，並與一名澳洲女子結婚。一九八六年，當他正準備介紹女兒與世界特技飛行冠軍得主認識時，卻突然病逝。

一九四六年成立的美國海軍藍天使（Blue Angels）特技飛行隊，實際上是由曾在企業號服役的飛行員主導成立的。這支飛行隊的首任隊長是一九四三年十一月隨第二戰鬥機中隊駐防企業號的沃里斯，其他幾位成員是第一〇戰鬥機中隊前後任隊友，包括威肯多、羅德斯和費特納。

接著，就要說到克羅姆林了。

一九四七年時，這位約翰大叔官拜上校，在五角大廈工作。當時美國海軍正與新成立的空軍發生激烈爭執，因為後者對海軍航空部隊造成嚴重的威脅。一九五〇年，克羅姆林因被指認出將海軍上將反對創建空軍的信件洩漏出去，因而提早離開軍隊；《紐約時報》形容他是「在暴風雨中不知閉嘴的海燕」。克羅姆林在同年退伍，卻在退伍前收到一份內容十分簡單的通知，表示根據他的戰功，海軍已將他晉升為少將。在退伍後，克羅姆林成為一位活躍的右翼政治人物，經常與種族隔離主義者站在同一陣線，也曾出馬角逐州長和聯邦參議員，但都沒有成功。

然而，幾乎每個曾在企業號與克羅姆林中校共事過的人，對他都非常尊敬。甚至，在克羅姆林離艦有一段時日後，曾在企業號服役的水兵也都知道，如果遇上個人或專業方面的問題，還是可以向克羅姆林上校，或克羅姆林少將請求協助，好像他仍然是企業號的副長一樣。事實上，克羅姆林確實是企業號官兵心目中永久的長官。

曾在戰時執掌企業號的多位艦長中，最後一位逝世的，是一九四四年下半年擔任艦長的格洛弗，他在一九八八年過世。

公牛海爾賽上將在一九四二年率領企業號走向光榮。雖然在他擔任艦隊司令官時，讓艦上許多官兵感到困擾，但他始終對企業號十分忠貞。即便是在挽救企業號失敗後，他仍然對企業號念茲在茲，直到一九五九年過世為止。

從企業號開始服役，到日本投降的這段期間，企業號共經歷九位艦長。但他們之中沒有任何人的影響力能與克羅姆林、漢米爾頓、損害管制官孟洛，還有長期在艦上服役的士官，例如馬丁士官長和糾察長彼姆斯等人相提並論。這些人就像人體內的肌腱，將企業號的官兵緊密連結在一起。這種集體的智慧，加上由下而上的領導能力，將這艘約克鎮級航艦轉化成一件重要的戰略資產。每一艘成功的軍艦都會培育出優秀的官兵，但沒有一艘能像企業號一樣，培育出這麼多人才。

副長漢米爾頓逝世於一九九四年，享年八十八歲。他回首從前時，曾述說企業號全體官兵在關鍵時期的心情：「在開戰後頭一年，或者是一年半的時間裡，官兵們心裡都有一些質疑……特別是一九四二年和一九四三年，企業號常常得孤軍奮戰的那段時間。好像只有企業號在與全世界對抗，這令大家感到格外孤獨。我始終認為我們終將贏得勝利，但我也知道這可能得花上很長的時間。當時，我的座右銘是『在一九四八年重返金門大橋』。但實際上，我們提早了三年。」

也許，每一個登上企業號的人都會有同樣的感受，並對自己不僅是身處在一艘軍艦，而是融入一個群體感到滿意。曾與戰時每一任艦長共事的文書士諾爾伯格說道：「我始終認為企業號所擁有的某種性格，到如今依然存在……她雖然已經解體，但她仍然活在我們這些還活著的人心中。我真的愛死了CV－6企業號。」

轟炸機機組員克洛普（Arthur Kropp）說道：「我看不出戰爭有任何魅力。我所看到的是許多破壞和許多不好的事情。戰爭毫無魅力可言。但我們的國家值得我們為她奮戰，這就是我們為何參戰的原因。」

企業號許多最成功的人員當中，包括第二〇戰鬥機中隊的泰勒（Jack C. Taylor），他開了一家名為「企業號」的租車公司。他說：「當我加入海軍時，還是個乳臭未乾的年輕小夥子。當我離開時，卻帶著滿滿的自信，覺得我可以愉快地過生活、做適合自己的事。」

不過，也許沒有人比下述這位匿名水兵所說的話，更能代表所有曾在企業號服役官兵的心聲——他堅持認為：「我絕對不會選擇到艦隊的其他船上服役。企業號是一艘有靈魂的軍艦。」

二〇一一年，還有約四百五十名老兵參與企業號協會的活動。在某次協會舉辦的大會中，當相關事務都已處理完畢、但時間還有剩餘時，有些成員建議何不在會議結束時，也和會議開始時一樣，大家一起背誦《效忠宣誓》（Pledge of Allegiance），於是大家照辦。這個儀式也因此變成協會的傳統，這些老兵也會一直這樣執行。

追思與評價

企業號對一九四二年勝利的貢獻不容否認。她所屬的各飛行中隊在中途島海戰，擊沉四艘敵人航艦中的三艘，永久剝奪日本的戰略主動權。在瓜達康納爾海戰，她對岸上的海軍陸戰隊提供不可或缺的空中掩護。第一〇飛行大隊在十一月戰鬥最高潮期間，與仙人掌航空隊並肩作戰，對取得重要的勝利貢獻卓著。

但若從另一個角度分析，如果說企業號在某個時間點遭到敵軍擊沉或重創，對太平洋戰爭的發展將會產生何種影響？在一九四一年十二月，倘若她沒有因為天候因素，延遲抵達珍珠港，很可能已在港口中遭到日軍摧毀。若企業號在珍珠港，或是中途島海戰中折損，將會使後來的瓜達康納爾海戰，以及更後面的其他作戰都無法進行。又如果她在東所羅門海戰，或聖塔克魯茲海戰中嚴重受創、甚至被擊沉，則她對仙人掌航空隊的實質支援將會減少。前述任何一種假設若真的發生，將會影響美國海軍發動攻勢的能力，特別是當時美國幾乎每個月都會出現航艦不足的情形。

如果沒有企業號，美國海軍會輸掉太平洋戰爭嗎？在一九四二年時或許有可能。但最終，美國無與倫比的工業能力，以及燃燒的怒火，勢必會將局勢扳回，而美國海軍戰艦最後也同樣會在東京灣下錨。只不過，若無企業號的協助，戰爭可能會持續到一九四七年，過程中又將多付出數以千計的人命。

企業號，CV-6，走進了歷史。她是美國歷史上獲得最多榮耀的軍艦。多年來，舉凡衝鋒陷陣、奮戰不懈、克敵制勝、任勞任怨，她不但通通做到，而且做得更多。除此之外，更重要的是，當成功似乎遙遙無期，而風險看似非常大的時候，她仍然用行動證明，她才是太平洋的主宰。

謝誌

紀錄歷史和添加防腐劑有異曲同工之處：你不能加得太早，但當你要加的時候，往往已經太遲了。

開始寫作本書時，企業號的歷史已經來到最後一刻。我在二〇〇九年開始動筆時，一九三八年開始在企業號服役的兩千一百名官兵中，只剩下四人還在世。之前我為寫作其他幾本書而曾詢問過的企業號老兵，將近半數也已離世；而在本書手稿完成前，又有許多對本書有貢獻的人過世。因此，寫作第二次世界大戰歷史的作者越來越覺得，因為能直接詢問身歷其境者的機會越來越少，他們所完成的每一本書，都有可能是同類型著作中的最後一本。

本書與《旋風》（*Whirlwind*，二〇一〇年由西蒙與舒斯特〔Simon & Schuster〕出版）都是由同一個創作團隊所完成。經紀人霍恩費舍（Jim Hornfischer）本身就是第一流的海軍歷史學家，而本書從開始到完成，都有賴編輯拉布里（Roger Labrie）的協助。

從本書開始寫作時，我就得到「企業號協會」（USS Enterprise Association）的慷慨協助。我的朋友奧爾森（Arnold Olson）更在聯繫其他企業號老兵這件事上，提供無價的協助；因為這些老兵有些已經很難找到。協會網站的管理者謝波爾德（Joel Shepherd），也讓這個網站成為以軍艦史為主題的網站中，最好的一個。

我虧欠拉塞爾（Ron Russell）甚多；他不僅是海軍老兵，同時也是中途島會戰網路論壇的管理者，更是一流的原稿編輯和校對專家。此外，我也從歷史學家厄文（Steve Ewing）和哈伯蘭（Chuck Haberlein）等人身上，獲得許多額外的協助。

我要特別感謝撰寫一九六二年版《大E傳記》這本著作的作者史塔福（Edward P. Stafford）。本書在創作之初，即從他那獲得許多鼓勵。

巴瑞特・提爾曼（Barrett Tillman）

寫於二〇一一年五月

企業號官兵

巴恩希爾（James C. Barnhill）　S（補給）部門，一九四一年至一九四四年（二〇一〇年辭世）

貝斯特（Richard H. Best）　第六轟炸機中隊中隊長，一九四一年至一九四二年（二〇〇一年辭世）

卡莫迪（Martin D. Carmody）　第一〇偵察機中隊，一九四二年至一九四三年（二〇〇八年辭世）

考利（David Cawley）　第十偵察機／轟炸機中隊，一九四二年至一九四四年（二〇一四年辭世）

丹尼爾（James G. Daniels）　第六戰鬥機中隊／降落信號官，一九四一年至一九四二年（二〇〇四年辭世）

格拉斯（Jack Glass）　第一〇轟炸機中隊，一九四二年至一九四四年（二〇一八年辭世）

高登（Donald Gordon）　第一〇戰鬥機中隊，一九四二年至一九四四年（二〇一〇年辭世）

格瑞茲（Ronald W. Graetz）　第六魚雷轟炸機中隊，一九四一年至一九四二年（二〇一七年辭世）

格雷（James S. Gray）　第六戰鬥機中隊中隊長，一九三九年至一九四二年（一九九八年辭世）

戈瑞（Lester Gray）　第一〇戰鬥機中隊，一九四三年至一九四四年

哈默（Richard E. Harmer）　第一〇一夜間戰鬥機中隊中隊長，一九四四年（一九九九年辭世）

韓德森（Charlie E. Henderson）　第一〇魚雷轟炸機中隊／第九〇夜戰魚雷轟炸機中隊，一九四二年至一九四五年（一九八六年辭世）

科楠（Alvin B. Kernan）　第六魚雷轟炸機中隊，一九四二年至一九四四年（二〇一八年辭世）

科勒斯（Norman Jack Kleiss）　第六偵察機中隊，一九四一年至一九四二年（二〇一六年辭世）

勞勒（Joseph T. Lawler）　第二〇戰鬥機中隊，一九四四年（二〇〇八年辭世）

李（James R. Lee）　第一〇偵察機中隊中隊長，一九四二年（二〇〇〇年辭世）

黎士禮（Maxwell E. Leslie）　飛行大隊大隊長，一九四二年（一九八五年辭世）

林塞（Robin M. Lindsey）　第六戰鬥機中隊／降落信號官，一九四一年至一九四三年（一九九四

年辭世）

曼金（Lee Paul Mankin）　第六戰鬥機中隊，一九四二年（二〇一一年辭世）

馬布爾（Carl J. Marble）　S（補給）部門，一九三八年至一九四一年

馬丁（William I. Martin）　第一〇魚雷轟炸機中隊中隊長／第九〇夜戰大隊大隊長（一九九六年辭世）

麥理查（Richard H. May）　第一〇戰鬥機中隊，一九四三年（二〇一一年辭世）

納爾遜（Robert S. Nelson）　第一〇魚雷轟炸機中隊，一九四三年至一九四四年

諾爾伯格（Bill Norberg）　文書士，一九四一年至一九四五年（二〇一一年辭世）

奧爾森（Aronld Olson）　第九〇夜間戰鬥機中隊，一九四五年（二〇一三年辭世）

拉瑪奇（James D. Ramage）　第一〇轟炸機中隊中隊長，一九四三年至一九四四年（二〇一二年辭世）

瑞希爾（Russell Reiserer）　第一〇戰鬥機中隊，一九四二年至一九四三年（二〇〇九年辭世）

西克斯（Wilton Syckes）　R（維修）部門，一九四四年至一九四五年（二〇一四年辭世）

維塔薩（Stanley Vejtasa）　第一〇戰鬥機中隊，一九四二年至一九四三年（二〇一三年辭世）

惠勒（Charles C. Wheeler）　第五部門，一九四一年至一九四四年

對本作品提供貢獻的名單

David Baker III（特別感謝）；Jim Bresnahan（特別感謝）；Laura Clark Brown；CDR Pete Clayton；Paul Clegg；Michael J. Crawford；Robert C. Cressman；Cleo J. Dobson 夫人；Robert F. Dorr；James H. Farmer；海軍少將 James H. Flatley, Jr.；Kevin Flynn；Richard B. Frank；Jock Gardner；Reagan Grau；Jon Guttman；Janis Jorgensen；Donald M. Kehn, Jr.；Sander Kingsepp；Loraine Koski；Richard Latture；Rich Leonard；Leslie N. Long；Joseph E. Low；John B. Lundstrom；Helen McDonald；Owen Miller；Rick Morgan；Seth Paridon（特別感謝）；Norman Polmar；海軍中校 Robert R. Powell；Jonty Powis；David Reid；Mary Ripley；Henry Sakaida；Joel Shepherd；William J. Shinneman；海軍中校 Doug Siegfried（特別感謝）；Joseph A. Springer；Paul Stillwell；Randy Stone；Kan Sugahara（特別感謝）；多賀谷修牟；Bill Vickrey；Michael Weeks；Ron Werneth；Tracy White；海軍中校 Jack Woodul；Jenny Wraight。

最後，我也特別感謝以下單位：

美國海軍航空博物館布勒圖書館（Beuhler Library at the National Museum of Naval Aviation）

J-aircraft.com

美國太平洋戰爭博物館（National Museum of the Pacific War）

美國第二次世界大戰博物館（National World War II Museum）

美國海軍歷史與遺跡檔案館（Naval History and Heritage Command）

《海軍歷史》雜誌（*Naval History*）

馬里蘭國家首都公園中的牛頓・懷特寓所（Newton White Mansion, Maryland-National Capital Park）

皇家海軍歷史部（Royal Navy Historical Branch）

美國海軍尾鉤協會（The Tailhook Association）

北卡羅來納大學教堂山分校（University of North Carolina, Chapel Hill）

美國海軍研究協會（U.S. Naval Institute）

企業號協會（USS Enterprise Association）

日本

貝蒂一式陸上攻擊機（Betty）：三菱重工，G4M 海軍雙發動機陸基轟炸機。

克勞德九六式艦載戰鬥機（Claude）：三菱重工，A5M 海軍單座，固定起落架戰鬥機。

戴夫九五式水上偵察機（Dave）：中島公司，E8N 雙翼水上偵察機。

狄娜百式司令部偵察機（Dinah）：三菱重工，Ki. 46 陸軍雙發動機偵察機。

艾蜜莉二式飛行艇（Emily）：川西重工，H8K 海軍四發動機巡邏轟炸機。

喬治紫電式戰鬥機（George）：川西重工，N1K1 海軍單發動機陸基戰鬥機。

傑克零式水上偵察機（Jake）：愛知公司，E13A 單翼雙浮筒偵察機。

茱蒂彗星式俯衝轟炸機（Judy）：海軍航空技術廠，D4Y 航艦型俯衝轟炸機。

凱特九七式艦上攻擊機（Kate）：中島公司，B5N 航艦型單發動機三座魚雷轟炸機。

馬維斯九七式飛行艇（Mavis）：川西重工，H6K 海軍四發動機巡邏轟炸機。

內爾九六式陸上攻擊機（Nell）：三菱重工，G3M 海軍雙發動機陸基轟炸機。

奧斯卡一式戰鬥機（Oscar）：中島公司，Ki. 43 陸軍單發動機戰鬥機。

皮特零式水上觀測機（Pete）：三菱重工，F1M 雙座雙翼水上飛機。

盧夫二式水上戰鬥機（Rufe）：中島公司，A6M2N 零式戰鬥機的水上飛機版。

塔比零式運輸機（Tabby）：中島公司，L2D，道格拉斯 DC-2 客機的翻版。

東條「鍾馗」二式單座戰鬥機（Tojo）：中島公司，Ki. 44 陸軍單發動機戰鬥機。

東尼「飛燕」三式戰鬥機（Tony）：川崎重工，Ki. 61 陸軍單發動機戰鬥機。

瓦爾九九式九九式艦上爆擊機（Val）：愛知公司，D3A 海軍單發動機雙座，固定起落架俯衝轟炸機。

零式艦上戰鬥機（Zeke/Zero）：三菱重工，A6M 海軍單發動機戰鬥機。

美日艦載機簡介

美國（表中數字為服役年份）

復仇者式（Avenger）：格魯曼公司，TBF 航艦型三座魚雷機，一九四二。

卡塔林娜（Catalina）：團結飛機公司，PBY 雙發動機海上巡邏機，一九三六。

海盜式（Corsair）：沃特公司，F4U 航艦型戰鬥機，一九四三。

寇蒂斯 SBC（Curtiss SBC）：寇帝斯公司，航艦型雙座偵察雙翼機，一九三八。

無畏式（Dauntless）：道格拉斯公司，SBD 航艦型雙座俯衝轟炸機，一九四一。

毀滅者式（Devastator）：道格拉斯公司，TBD 航艦型二座魚雷轟炸機為，一九三七。

格魯曼 F3F（Grumman F3F）：格魯曼公司，艦載型單座雙翼戰鬥機，一九三六。

地獄貓式（Hellcat）：格魯曼公司，F6F 航艦型戰鬥機，一九四三。

地獄俯衝者式（Helldiver）：寇蒂斯公司，SB2C 航艦型雙座俯衝轟炸機，一九四三。

魚狗式（Kingfisher）：沃特公司，OS2U 雙座水上飛機，一九四〇。

諾斯洛普 BT（Northrop BT）：諾斯洛普公司，雙座航艦型俯衝轟炸機，一九三八。

海鷗式（Seagull）：寇蒂斯公司，SOC 雙座水上飛機，一九三五。

野貓式（Wildcat）：格魯曼公司，F4F 航艦型戰鬥機，一九四一。

部門	職責
V-3 部門	航空描圖、飛航管制和氣象預報
V-4 部門	戰情中心；雷達及無線電維護
V-5 部門	飛機的維護和彈藥裝填和吊掛
V-12 部門	負責、處理炸彈和火箭的通電

資料來源：USS Enterprise Association

航艦的部門分類與職責

航空母艦是一艘龐大的軍艦，她的組織架構都是為了維持這個海上機場的順暢作業所設的。因此，除一般我們所知的軍艦部門之外，航艦還設有以服務空勤單位為主的部門。以下為企業號的部門分類與職責。

部門	職責
第一部門	艙面部門，艦首五吋砲
第二部門	艙面部門，四〇高砲
第三部門	艙面部門，艦尾五吋砲
第四部門	陸戰隊分遣隊，左舷二〇機砲
第五部門	艙面部門，爆炸性軍品處理，右舷二〇機砲
A 部門	淡水機、小艇、輔助系統、製冰機
B 部門	鍋爐
C & R 部門	工程與修復
E 部門	電力
H 部門	軍醫、牙醫
K 部門	通訊（無線電、訊號、聲力、電子）
M 部門	主機
N 部門	導航（航海）
R 部門	工程與修復站、樂隊、船艦維護
S 部門	補給、收支、食勤
V-1 部門	飛機起飛、降落與搬運作業
V-2 部門	加油料、潤滑油；機庫的飛機搬運作業

戰鬥星	戰役 / 作戰地區	任務內容	日期
13	荷蘭地亞—新幾內亞作戰	登陸作戰	1944 年 4 月 21–24 日 D 日，4 月 22 日
14	馬里亞納「掠食者作戰」	塞班島登陸戰	1944 年 6 月 11–24 日
		「馬里亞納射火雞」	1944 年 6 月 19 日
		第一次菲律賓海海戰	1944 年 6 月 20 日
		追擊小澤機動部隊	1944 年 6 月 20 日
15	西太平洋作戰	小笠原群島父島空襲	1944 年 8 月 31 日–9 月 2 日
		加羅林群島雅浦島空襲	1944 年 9 月 6 日
		帛琉群島空襲	1944 年 9 月 10–16 日
		貝里琉島登陸戰	1944 年 9 月 16 日
		沖繩群島空襲	1944 年 10 月 10 日
		台灣空襲	1944 年 10 月 12 日
		馬尼拉空襲	1944 年 10 月 15–18 日
16	雷伊泰登陸戰	呂宋空襲	1944 年 10 月 15 日及 17–19 日
		雷伊泰灣海戰	1944 年 10 月 24–26 日
17	呂宋作戰	呂宋登陸作戰	1945 年 1 月 6–7 日
		台灣空襲	1945 年 1 月 3、4、9、15 日
		南海空襲	1945 年 1 月 12–16 日
18	第 90 夜間航艦航空大隊	東京與本州空襲	1945 年 2 月 15–16 日
19	硫磺島登陸戰		1945 年 2 月 23–3 月 12 日
20	沖繩作戰	為登陸行動預前空襲九州	1945 年 3 月 18–20 日
		沖繩登陸戰	1945 年 4 月 7 日–5 月 15 日
		九州與四國空襲	1945 年 5 月 11–16 日

資料來源：USS Enterprise Association

代表企業號遭遇日軍炸彈擊中。

戰鬥星頒發紀錄

第二次世界大戰期間的太平洋戰區，美日雙方共進行了二十二次戰役。任何軍艦只要參與一次戰役，海軍部就會頒發一枚戰鬥星（Battle Star），並在戰後與「亞太戰役紀念獎章」（Asiatic-Pacific Campaign Medal）共同佩掛。企業號共參與了二十次戰役，因此獲頒至今為止尚未有其他軍艦可超越的二十枚戰鬥星。

戰鬥星	戰役 / 作戰地區	任務內容	日期
1	珍珠港	反潛作戰	1941 年 12 月 7 日–10 日
2	太平洋空襲	馬紹爾 - 吉爾貝特群島	1941 年 2 月 1 日
		威克島	1941 年 2 月 24 日
		馬可斯島	1942 年 3 月 4 日
3	中途島會戰		1942 年 6 月 4 日–6 日
4	瓜達康納爾登陸戰	協同海陸第一師登陸作戰	1942 年 8 月 7 日–9 日
5	瓜達康納爾攻防戰		1942 年 8 月 10 日–25 日
6	東所羅門海海戰		1942 年 8 月 24 日
7	聖塔克魯茲島海戰		1942 年 10 月 26 日
8	瓜達康納爾海戰		1942 年 11 月 13 日–15 日
9	拉納爾島海戰		1943 年 1 月 29–30 日
10	吉爾貝特島作戰	馬金島登陸戰	1943 年 11 月 19 日–12 月 4 日
11	馬紹爾群島作戰	瓜加林環礁登陸 馬洛拉普環礁和塔洛亞島空襲	1944 年 1 月 28 日–2 月 8 日
12	亞太空襲	特魯克島	1944 年 2 月 16–17 日
		帛琉群島、雅浦島、烏利西環礁、沃萊艾環礁	1944 年 3 月 30 日–4 月 1 日
		特魯克島	1944 年 4 月 29 日–5 月 1 日

	部署	日期	大隊長	作戰任務	戰力	中隊	架數與機型
第10飛行大隊	第1次部署任務	1942年10月16日—1943年5月10日	蓋恩斯少校	聖塔克魯茲島海戰、瓜達康納爾海戰、拉納爾島海戰	87架	VB-10	18架SBD-3型無畏式俯衝轟炸機
						VS-10**	18架SBD-3型無畏式俯衝轟炸機
						VF-10	36架F4F-4型野貓式戰鬥機
						VT-10	15架TBF-1型復仇者式魚雷轟炸機
第6飛行大隊	第1次部署任務	1943年11月10日—12月9日	歐海爾少校（1943年11月26日失蹤）菲利浦少校（1943年12月4日生效）、	馬金島、塔瓦拉、瓜加林環礁	69架	VB-6	18架SBD-2/3型無畏式俯衝轟炸機
						VF-6	36架F6F-3型地獄貓式戰鬥機
						VT-6	15架TBF-1型復仇者式魚雷轟炸機
第10飛行大隊	第2次部署任務	1944年1月16日—7月15日	紐曼中校（1944年2月23日轉任CV-6飛行長）肯恩少校（1944年2月23日接任）	馬紹爾群島「燧發槍作戰」、特魯克島攻擊、帛琉攻擊、荷蘭地亞登陸戰、馬里亞納「掠食者作戰」、菲律賓海海戰	68架	VB-10	18架SBD-3型無畏式俯衝轟炸機
						VF-10	31架F6F-3型地獄貓式戰鬥機
						VF(N)-101	4架F4U-2(N)型海盜式戰鬥機
						VT-10	15架TBF-1C型復仇者式魚雷轟炸機
第20飛行大隊	第1次部署任務	1944年8月16日—11月23日	史密斯中校	小笠原群島空襲、帛琉登陸戰、琉球群島和臺灣空襲、雷伊泰登陸、雷伊泰灣海戰、菲律賓群島空襲	72架	VT-20	20架SB2C型地獄俯衝者式轟炸機
						VF(N)-78	32架F6F-5型地獄貓式戰鬥機
						VF-20	4架F6F-3(N)型地獄貓式夜間戰鬥機
						VB-20	16架TBF-1C型復仇者式魚雷轟炸機
第90夜間飛行大隊	第1次部署任務	1944年12月24日—1945年5月31日	馬丁中校	呂宋登陸戰、東京空襲、硫磺島戰役、沖繩戰役	55架	VF(N)-90	34架F6F-5(N)型地獄貓夜間戰鬥機
						VT(N)-90	21架TBM-3D型復仇者式魚雷轟炸機

* 6月4日—13日，接收約克鎮號VB-3和VB-5

** 1943年3月1日改稱VB-20

	部署	日期	大隊長	作戰任務	戰力	中隊	架數與機型
企業號飛行大隊	第1次部署任務	1941年12月7日—1942年3月	楊格中校	珍珠港；馬紹爾群島、威克島和馬可斯島襲擊。	72架	VB-6	18架SBD-2型無畏式俯衝轟炸機
						VS-6	18架SBD-2型無畏式俯衝轟炸機
						VF-6	18架F4F-3型野貓式戰鬥機
						VT-6	18架TBD型毀滅者式魚雷轟炸機
	第2次部署任務	1942年4月8日—26日	麥克勞斯基少校	杜立德空襲東京。	72架	VB-6	18架SBD-2/3型無畏式俯衝轟炸機
						VS-6	18架SBD-2/3型無畏式俯衝轟炸機
						VF-6	18架F4F-3型野貓式戰鬥機
						VT-6	18架TBD-1型毀滅者式魚雷轟炸機
	第3次部署任務	1942年4月30日—5月26日	麥克勞斯基少校	運送陸戰隊野貓式戰鬥機中隊至艾菲特島，之後轉往珊瑚海，但未能趕上一九四二年五月七日至八日的珊瑚海海戰。	72架	VB-6	18架SBD-2/3型無畏式俯衝轟炸機
						VS-6	18架SBD-2/3型無畏式俯衝轟炸機
						VF-6	18架F4F-4型野貓式戰鬥機
						VT-6	18架TBD-1型毀滅者式魚雷轟炸機
	第4次部署任務	1942年5月28日—6月13日	麥克勞斯基少校	中途島海戰	77架*	VB-6	18架SBD-2/3型無畏式俯衝轟炸機
						VS-6	18架SBD-2/3型無畏式俯衝轟炸機
						VF-6	27架F4F-4型野貓式戰鬥機
						VT-6	14架TBD-1型毀滅者式魚雷轟炸機
	第5次部署任務	1942年6月15日—8月25日	黎士禮少校	瓜達康納爾戰役、東所羅門海海戰	87架	VB-6	18架SBD-2/3型無畏式俯衝轟炸機
						VS-5	18架SBD-2/3型無畏式俯衝轟炸機
						VF-6	36架F4F-4型野貓式戰鬥機
						VT-3	15架TBF-1型復仇者式魚雷轟炸機

附錄

飛行大隊

企業號的飛行大隊並非一成不變，在不同年代有不同的飛行大隊進駐。過去飛行大隊是以航空母艦來命名，如企業號飛行大隊，之後則改由船艦舷號為大隊番號，因此進駐 CV — 6 企業號的就會是第六飛行大隊。

隨著戰爭的發展，飛行大隊的下屬中隊，會因為其他航艦飛行大隊的任務調配，以及原航艦沉沒或維修，使得這些飛行中隊必須與其他的大隊聯合編制。偶爾，中隊之間會因為任務需求，臨時調遣艦載機往來於各中隊甚至各航艦之間，甚至出現臨時調遣至陸上基地的狀況，如在瓜達康納爾韓德遜機場的第三〇〇飛行隊就是一個案例。

一般來說，飛行大隊由四個中隊所組成，分別是偵察、戰鬥、轟炸與魚雷轟炸，以 VS、VF、VB 和 VT 來代表。一九二二年，美國海軍航空部隊成立時，即以字母「V」來代表飛船以外的飛行中隊；S 代表偵查（Scout）；F 代表戰鬥（Fighter）；B 代表轟炸（Bomber）和 T 代表魚雷（Torpedo）。以下就是企業號飛行大隊的編制更動。

永遠的企業號（全新修訂版）

太平洋戰爭中的美國精神

作者 巴瑞特・提爾曼（Barrett Tillman）
譯者 揭仲
主編 洪源鴻
責任編輯 柯雅云
企劃 蔡慧華
封面設計 張巖
內頁排版 宸遠彩藝

社長 郭重興
發行人兼出版總監 曾大福
出版發行 八旗文化／遠足文化事業股份有限公司
地址 新北市新店區民權路 108-2 號 9 樓
電話 02-2218-1417
傳真 02-8667-1065
客服專線 0800-221-029
信箱 gusa0601@gmail.com
Facebook facebook.com/gusapublishing
Blog gusapublishing.blogspot.com
法律顧問 華洋法律事務所／蘇文生律師
印刷 成陽印刷股份有限公司
出版日期 二〇二一年九月／二版一刷

定價 五六〇元
ISBN 9789860763355（平裝）
9789860763348（ePub）
9789860763331（PDF）

永遠的企業號：太平洋戰爭中的美國精神
巴瑞特・提爾曼（Barrett Tillman）著／揭仲譯
二版／新北市／八旗文化／遠足文化事業股份
有限公司／ 2021.09
譯自：Enterprise: America's Fightingest Ship and
the Men Who Helped Win World War II
ISBN 978-986-0763-35-5 (平裝)

1. 第二次世界大戰　2. 航空母艦　3. 美國

712.84　110013034

本書初版為《企業號的故事：一艘勇猛航艦的誕生與凋零》（2016.09）